Kirchen – Klöster – Kapellen

Herausgegeben von der
Region Hannover und dem
Evangelisch-lutherischen Sprengel Hannover

Sascha Aust · Simon Benne · Marcus Buchholz · Heinz Koberg
Martin-G. Kunze

Mit Fotografien von Thomas Langreder

KIRCHEN
KLÖSTER
KAPELLEN
IN DER REGION HANNOVER

HERAUSGEGEBEN VON DER REGION HANNOVER UND DEM EVANGELISCH-LUTHERISCHEN SPRENGEL HANNOVER

Dank an die VGH Versicherungen, die Klosterkammer Hannover und die Verlagsgruppe Madsack, Hannover, die mit einem finanziellen Beitrag die Neuauflage dieses Buches ermöglicht haben.

Bibliografische Information der Deutschen Bibliothek

Die Deutsche Bibliothek verzeichnet diese Publikation in der Deutschen Nationalbibliografie; detaillierte bibliografische Daten sind im Internet über http://dnb.ddb.de abrufbar.

© Lutherisches Verlagshaus GmbH, Hannover 2005

www.lvh.de

Alle Rechte vorbehalten

Bauhistorische Betreuung und Redaktion: bhb – Büro für historische Bauforschung, Dr. Stefan Amt, Hannover

Umschlaggestaltung: Udo Wagner/Frank Kasimir, Druckhaus Göttingen

Umschlagfoto vorn: MEV Verlag GmbH, Wolframstraße 3, 86161 Augsburg

Umschlagfoto hinten: Abendmahlsrelief auf der Altarwand im Kloster Mariensee

Bildbearbeitung: Silvia Bergmann, Druckhaus Göttingen

Typographie: Gesetzt aus Century Old Style und Dax Bold

Satz, Layout und Druck: Druckhaus Göttingen im Göttinger Tageblatt GmbH und Co. KG

Buchbindearbeiten: Buchbinderei B. Gehring, Bielefeld

ISBN 3-7859-0924-1

Printed in Germany

Inhaltsverzeichnis

Dr. Michael Arndt und Dr. Ingrid Spieckermann
Vorwort der Herausgeber 9

Sigrid Maier-Knapp-Herbst
Zum Geleit 11

Martin G. Kunze
Kirchen des Mittelalters
Marktkirche – Aegidienkirche – Kreuzkirche – Nikolaikapelle:
Merkmale mittelalterlicher hannoverscher Stadtgeschichte 13
Edelhofkapelle Ricklingen 23

Simon Benne
Prunk und Kultur: Die Barockzeit in Hannover 25
Ein Monument religiöser Toleranz: Die Neustädter Hof- und Stadtkirche St. Johannis 27
Wo Sackmann predigte: St. Nikolai in Limmer 33
Hannovers Dorfkirche: Die Kapelle Wülferode 35

Marcus Buchholz
Conrad Wilhelm Hase: Kirchbau im 19. Jahrhundert 37
Christuskirche: Meilenstein der Neugotik 39
Dreifaltigkeitskirche: Heimliche Bischofskirche 43
Apostelkirche: Blickfang in der List 47
Michaeliskirche: Ein Segen für die Ricklinger 51
Gartenkirche: Mutter vieler Gemeinden 53
Lutherkirche: Im Wandel der Zeit 57

Sascha Aust
Kirchen bis zum 1. Weltkrieg
Misburger St. Johanniskirche musste Kupferdach opfern 63
Lister Matthäuskirche hatte drei Kirchenschiffe in einem Jahrhundert 67
Zwei Hase-Schüler konkurrierten um die Herrenhäuser Kirche 71
Geflügelte Löwen wachen über die Markuskirche 75
Bethlehemkirche: Der Mittelturm drohte einzustürzen 79
Geheimnisse umgeben die St. Nicolaikirche in Bothfeld 83

Martin G. Kunze
Kirchen der Nachkriegszeit bis 1970
St. Petri Döhren „Notkirche" 87
St. Thomaskirche in Hannover – Oberricklingen 91
Die Evangelisch-lutherische Bugenhagenkirche in der Südstadt 93
Die Auferstehungskirche in Hannover - Döhren 95

Simon Benne
Kirche der Zukunft – Zukunft der Kirche: Das Evangelische Kirchenzentrum Kronsberg 99

Heinz Koberg
Persönliche Vorrede 105

Seit dem Jahre 800 verbreitete sich das Christentum 107
Zwei Bischofssitze zum Anfang 107

Die lange Zeit der Romanik 109
Die Kirche in Idensen 109
Erste Stiftsgründung 871 112
Zwei Kirchen prägen das Stadtbild 113

Durch ein 1000-jähriges Portal in die Ronnenberger Michaeliskirche 115
Am Anfang standen Kapellen 119
Die Otzer Kapelle wuchs mit der Bevölkerung 120
Fünf Klöster im Calenberger Land 123
Widekind von Schwalenberg stiftete das älteste Kloster in Calenberg 123
Barsinghausen 123
Acht Orgeln in 400 Jahren 126
Das Kloster als Wirtschaftsfaktor 126
Barocke Konventgebäude 126
Der Wennigser Kirchturm ist älter als das Kloster
Der Wiederaufbau begann 1666 129
Mittelalterliche Kunstschätze wurden hinter Mauern aufgefunden 130
Der Heilige Augustinus bewacht die Damenempore 131
Frühe romanische Kirchen im nördlichen Deistervorland 135
In der St. Agathen-Kirche in Leveste ist die gotische Malerei erhalten 135
Die Kirche in Stemmen 137
Der Turm in Gehrden wurde zum Symbol des Stadtwappens 138
Eine Stiege führt zu den Glocken 139
St. Lucas in Pattensen liegt an der Kreuzung alter Straßen 141
Der gotische Neubau 142
Die Blasiuskirche in Großgoltern bezahlte König Georg II. aus seiner Privatkasse ... 144
Frühe Kirchengemeinden entlang der Leine 149
Die Kirche in Mandelsloh 149
Schon 1784 kam ein Blitzableiter auf den Turm von St. Osdag 151
Die Helstorfer Kirche jenseits der Leine 152
Der Kirchturm in Niedernstöcken ist weithin sichtbar 153
Kleinod im Kirchenkreis: Die Kapelle in Esperke 155
In Basse: 300-jährige Barockkirche am romanischen Turm 156
Die Kirchen in Neustadt a. Rbge. und Jeinsen im Schutz mittelalterlicher Burgen .. 159
Die Kirche in Neustadt 159
An einer Leinefurt wurde um 1100 die erste Jeinser Kirche gebaut 161
Die Kirche in Wilkenburg 165
Die Gotik löst den romanischen Stil ab 167
Die Fachwerkkapelle in Northen 167
Der Altarschrein in Schwüblingsen 169
Die gotische Kapelle in Laatzen wurde nach 1945 wieder aufgebaut 171
Zwei Marienklöster an der Leine 173
Mariensee 173
Die Kirche Mariensee lässt zwei Bauphasen erkennen 174
Nach den Regeln der Zisterzienser 176
Von der romanischen Basilika in Marienwerder blieben nur die Außenmauern 177
Eine Kreuzigungsgruppe beherrscht die Hauptapsis 180
Der Hinüber'sche Klostergarten war lange Zeit berühmt 181
In einem Jahrtausend vier Kirchen in Sievershausen 183
Von Wettmar bis Wipshausen 183
Die Bauentwicklung 183
Johannes der Täufer steht wieder im Chor der Kirche in Uetze 185
„Utisson" ist 1022 erwähnt worden 187
Der König half den Brandopfern 188
Vier Jahre Bauzeit 188
In Hänigsen vergingen 100 Jahre zwischen Plan und Erweiterungsbau 188

300 Jahre nach der Reformation kamen wieder Katholiken in das Calenberger Land 192
Die Bonifatiuskirche in Gehrden ist nach Süden ausgerichtet 193
Pfarrwitwenhäuser nach der Reformation 195

Ein besorgter Vater gründete in Wülfinghausen ein Kloster für seine Töchter 197
Die Kirche in Boitzum 201
Die Kirche in Holtensen 201

Die Kirche in Alferde ist gelegentlich Rallyeziel 203
Der Helm auf dem Turm der Kirche in Eldagsen wurde nach der Brandzerstörung 1678 aufgesetzt 205
St. Andreas in Springe: „Die Hütte Gottes bei den Menschen" 206
Zur Wiedereinweihung kam der blinde König 207

In der Pankratiuskirche in Burgdorf steht eine Nachbildung des alten Taufpokals 211
Falsches Datum in Stein gemeißelt 212
Die Orgel ist 400 Jahre alt 213
Die Engenser Kapelle war lange Zeit Abstellkammer 214
In Altwarmbüchen: Wo früher gebetet wurde, wird heute „regiert" 215

Kirchhorster Gotteshaus an der Stelle einer frühen heidnischen Kultstätte 217
Signale aus dem Untergrund 217
Wilhelm Uhlhorn war der Chronist 217
Die Patrone schenkten der Kirche zwei Höfe in Horst 217
Kriegsvolk verbrannte das Turmholz 219

Nach dem Dreißigjährigen Krieg begann die hohe Zeit der Barockkünstler 221
Der Kirchhorster Taufengel wurde 158 Jahre lang benutzt 222
Sehnde 223
Kirchwehren 223

Die schönste Barockkirche steht in Schloss Ricklingen 225
Der Turm war zu schwer 226
Der Kirchenstifter 227
Die Barockkirche in Osterwald hatte zwei Vorgänger 229
Eigenwilliger Altar 230

Der Baustoff Raseneisenstein 235
Die Marienkirche in Isernhagen hatte eine frühe Vorgängerkapelle 235
St. Marien ist ein Wahrzeichen 236
Fresken aus dem 15. Jahrhundert 236
Grabplatten der Bauernfamilien 237
Das Taufbecken der Petrikirche in Großburgwedel ist vor dem Jahr 1200 geschaffen worden 238
Richtpunkt Kirchturm 239
Eine Kapelle für 414 Taler in Fuhrberg 241

Am romanischen Michaelisturm in Bissendorf steht ein barockes Kirchenschiff 243
Die Chronik in der Turmspitze 244
Alte Kirchenbücher berichten 245
Die Mellendorfer Kirche: Skelett als Zeitmesser 246
Als der Pastor noch die Sünder „abkanzelte" 248
Zehnjähriger Streit um Hellners Kirche in Brelingen 248
Bautagebuch eines Tischlers 249
Die Negenborner Kapelle auf einem uralten Fundament 251

Die Kirche in Alt-Garbsen von Ludwig Hellner 253
In Obershagen läutet eine Glocke aus dem frühen 14. Jahrhundert 254
Hellners Kirche steht seit 1837 am romanischen Turm St. Nicolai in Oesselse 255
Die Altenhagener St. Vincenz-Kirche ist fälschlich Hellner zugeschrieben worden 256

Auf Hellners Klassizismus folgte die Neugotik von C. W. Hase 259
Wettmar 259
Die Calenberger Herzogin gab der Elisabethkirche in Langenhagen den Namen 259
Die Schenkung der Herzogin 262
Nach dem Bau der Eisenbahn war die Lehrter Kirche zu klein 262
Wenn der Roggenschnitt beginnt, läutet in Lehrte die Ernteglocke 263
Ein Misthaufen sollte den Kirchbau verhindern 263
Der Turm verlor Ziegelsteine 264
Weitere Spuren von Hase im ehemaligen Landkreis Hannover 266
Die Kirche in Dedensen 268

Siedlungsland Mittlere Leine 269
Eine romanische Grabplatte in Seelze 269
Grabplatte unter Brandschutt 270
„Durstige Schäfchen" 271
Spätgotische Kapelle in Gümmer 271
In Luthe war ein vorgeschobener Posten 272
Rundfenster am Kirchturm ist Kolenfelder Wappensymbol 273

Vier Kapellen rings um Hemmingen 277
Arnum 277
In Hemmingen steht ein spätgotischer Altar ohne Flügel 278
Über der Deveser Kapelle hängt eine Glocke von 1643 279
Privatinitiative rettet die Kapelle in Harkenbleck 279
Kapellen unter Denkmalschutz zwischen Deister und Benther Berg 281

Zwischen Romanik und Jugendstil: St. Martin-Kirche in Bennigsen 285
Die Kirche in Gestorf 288

Zwischen Schneeren und Otternhagen 289
Schneeren: 120 Jahre ohne Turmaufsatz 289
Mardorf: Kapelle mit achteckigem Grundriss 291
Um 1200 eine Kapelle für Bordenau 291
In Büren schwankte der Turm 292
Otternhagen 292
Laderholz 292
Lutter 292

Zwischen 1200 und 1850: Kirchen und Kapellen in der Gemeinde Sehnde 294
Die Kirche in Ilten 294
Die Kirche in Wassel 295
Eine alte Glocke in Höver 295
Gotische Kapelle in Bilm 296

In der Martinskirche Engelbostel ist die alte Malerei rekonstruiert 297
Das romanische Taufbecken soll seit 1988 wieder in das Kirchenschiff 297
Rätselhafter Kopf in der Mauer 298

Schlusswort 301

Anhang
Anmerkungen 303
Abbildungsverzeichnis 312
Verzeichnis der Orte 313
Verzeichnis der Namen 315

Vorwort der Herausgeber

Eine Vielfalt von sakralen Bauwerken lässt sich in und um Hannover bestaunen: von der Idenser Kirche aus dem frühen 12. Jahrhundert, deren Fresken die ältesten in dieser Gegend sind, bis zum Kirchenzentrum Kronsberg aus dem Jahr 2000, das zur Weltausstellung für den neuen Expo-Stadtteil errichtet worden ist; von den fünf Klöstern um Hannover herum bis zu den Citykirchen in Hannovers Innenstadt; von der gemütlich kleinen Kapelle in Bilm bis zur majestätisch großen Christuskirche in der hannoverschen Nordstadt. Jede Kirche, jedes Kloster, jede Kapelle hat ihre eigene Geschichte; und jede hat ihre eigenen Geschichten zu erzählen. Die Gebäude sind Zeugen kulturgeschichtlicher Epochen, und in ihnen bündeln sich – teilweise seit vielen Jahrhunderten – der Glaube, die Erfahrungen und die Hoffnungen von Menschen aus Hannover und Umgebung.

Dieser Bildband zeigt ausgewählte kirchliche Bauwerke aus der Region Hannover bzw. – so die kirchliche Bezeichnung – aus dem Sprengel Hannover vor Augen. Das Buch gliedert sich in zwei Teile. Der eine führt Sie zu 25 Kirchen und Kapellen in der Stadt Hannover. Die Darstellung richtet sich nach Epochen. Der Schwerpunkt liegt auf Kirchbauten bis zum Ende der Kaiserzeit. Exemplarisch werden auch einige Nachkriegsgebäude vorgestellt. Verfasst haben diesen Teil die Journalisten Sascha Aust, Simon Benne, Markus Buchholz und Martin-G. Kunze.

Der andere – umfangreichere – Teil stellt rund 90 Kirchen, Klöster und Kapellen aus dem hannoverschen Umland vor. Er geht zurück auf das 1991 vom damaligen Landkreis Hannover herausgegebene Buch „Kirchen, Klöster, Kapellen im Landkreis Hannover", dessen Text und Bilder von dem Journalisten Heinz Koberg stammen. Der beliebte Bildband ist inzwischen vergriffen. Das Buch ist eine Zusammenstellung von 54 Artikeln, die in den Bezirksausgaben der Hannoverschen Allgemeinen Zeitung und der Neuen Presse erschienen waren. Die Artikel hat Koberg weitestgehend unverändert ins Buch übernommen. Zum Aufbau schreibt er: „Es war unmöglich, eine überzeugende Systematik festzulegen... Ich habe einen Kompromiss gewählt und manche Epochen zusammengefasst, die Stilmerkmale gemeinsam haben. Andererseits ordnete ich die Kapitel räumlich." Die Neuauflage hat Kobergs Aufbau beibehalten – auch um dieses Dokument heimatbezogenen Forschens wieder zugänglich zu machen. In den Text hat Dr. Stefan Amt den derzeitigen baugeschichtlichen Kenntnisstand eingearbeitet und mitunter Umstellungen vorgenommen. Die Bilder wurden fast vollständig neu fotografiert. Sie stammen – ebenso wie die Bilder im Hannover-Teil – von Thomas Langreder, Dr. Ulfrid Müller und von Kirchengemeinden.

Die redaktionelle Arbeit lag in den Händen von Andreas Hesse, Corina Kruse-Roth, Andreas Listing, Dr. Ingrid Spieckermann und Dirk Stelter. Der Architekturhistoriker Dr. Stefan Amt begleitete das gesamte Buch fachlich. Bei der Überarbeitung von Heinz Kobergs Buch wirkte Christine Blümel mit. Die Bildredaktion besorgten Andrea Röcher und Astrid Hienen.

Der Ev.-luth. Sprengel und die politische Region Hannover legen „Kirchen, Klöster, Kapellen in der Region Hannover" gemeinsam vor – zum 30. Deutschen Evangelischen Kirchentag, der 2005 zum vierten Mal Gast in der Landeshauptstadt ist.

Wir wünschen bei dem Streifzug durch unsere Kirchen, Klöster und Kapellen Freude und Anregung.

Hannover im Mai 2005

Dr. Michael Arndt
Regionspräsident Region Hannover

Dr. Ingrid Spieckermann
Landessuperintendentin
Evangelisch-lutherischer Sprengel Hannover

Adam und Eva in der Hölle (Ausschnitt aus dem rechten Altarflügel in der Marktkirche Hannover)

Zum Geleit

Kirchen, Klöster und Kapellen sind Ausdruck der Werte und Normen unserer christlich-abendländischen Kultur, sie gehören zum Reichtum unserer Kulturlandschaft. Kirchen, Klöster und Kapellen sind Orte des Glaubens und der Geschichte. Sie sind Zeugnis nicht nur der Zeit ihrer Entstehung, sondern auch von Veränderung und Entwicklung in der Welt und unserer Identität.

Mehr denn je sind wir heute darauf angewiesen, an solchen Orten unser Gedächtnis zu schärfen, uns unserer christlichen Grundlagen zu vergewissern und in der Geborgenheit unseres Glaubens zu wachsen.

Kirchen, Klöster und Kapellen können Heimat sein; ein Ort, wo zu erfahren ist, was man tut und nicht tut, ein Ort, an den man sich zurückziehen kann, wo man allein sein kann und Teil einer Gemeinde, traurig und froh, vergewissert und neugierig. Ein Ort, von dem aus wir dem Fremden und Neuen, dem Anderssein und der „Anderheit" begegnen können, und wo wir lernen, mit Fremden und Fremdem umzugehen, Stand zu halten, Selbst-Bewusstsein zu entwickeln.

Elisabeth von Calenberg hat den Grundstein für den Allgemeinen Hannoverschen Klosterfonds gelegt, ein Vermögen mit kirchlicher Zwecksetzung, das heute als Stiftung öffentlichen Rechts von der Klosterkammer Hannover verwaltet wird und dessen Kern die Calenberger Klöster Barsinghausen, Mariensee, Marienwerder, Wennigsen und Wülfinghausen sind. Das dies so ist, verdanken wir dem entschiedenen Bekenntnis der Elisabeth von Calenberg zur Reformation, aber auch einem glücklichen Zufall der Geschichte. Während der Druck der Landstände dafür sorgte, dass die Calenberger Klöster, obgleich evangelisch geworden, nicht aufgehoben, sondern als Versorgungseinrichtungen für die unverheirateten Töchter des Adels erhalten blieben, war es die Verständigung innerhalb des Schmalkaldischen Bundes über den Umgang mit Kirchengut seit 1537, der dafür sorgte, dass die Erträge der Vermögen der Klöster für die drei Zwecke ministeria ecclesiae, Schule, Arme verwendet wurden.

Mit den Calenberger Klöstern besitzt der Allgemeine Hannoversche Klosterfonds in der Region Hannover fünf kulturell und geistlich bedeutende Einrichtungen. Diese Klöster gehören in ihrer gegenwärtigen Gestalt zu dem großen, in Deutschland einmaligen Erbe der Reformation, das die Klosterkammer Hannover als Stiftungsorgan des Allgemeinen Hannoverschen Klosterfonds bewahrt. Sie sind in diesem Buch ausführlich beschrieben.

Mit ihrer umfassenden Sorge für die materielle Existenz der Klöster und mit erheblichen finanziellen Zuwendungen für die Erhaltung von Kirchen und für die Arbeit in Kirchen trägt die Klosterkammer mit den Erträgen des Allgemeinen Hannoverschen Klosterfonds dazu bei, dieses große Erbe zu bewahren. So hat sich die Klosterkammer Hannover an der Entwicklung des Signets „Verlässlich geöffnete Kirche", das inzwischen an vielen Kirchen in der Region Hannover verliehen werden konnte, fachlich und finanziell maßgeblich beteiligt.

Der 30. Evangelische Kirchentag in Hannover ist ein willkommener Anlass zur erweiterten Neuauflage dieses Buches. Die Klosterkammer hat gerne dazu beigetragen.

Möge das Buch viele Freundinnen und Freunde finden und für die Klöster gewinnen und ein guter Begleiter durch die Region Hannover sein.

Sigrid Maier-Knapp-Herbst
Präsidentin der Klosterkammer Hannover

Die Marktkirche SS. Jacobi et Georgii

MARTIN-G. KUNZE
Marktkirche – Aegidienkirche – Kreuzkirche – Nikolaikapelle: Merkmale mittelalterlicher hannoverscher Stadtgeschichte

Wer heute in nord-südlicher Richtung vom Steintor zur Ruine der Aegidienkirche geht oder in ost-westlicher von der Georgstraße (Höhe Opernhaus) bis zur Leine hinter dem Landtag, der braucht dafür kaum zehn Minuten.

Länger waren unsere Vorfahren vor achthundert Jahren auch nicht unterwegs. Der Unterschied zu heute: Größer war damals das gesamte „Hanovere" mit seinen 2 000 Bewohnern nicht.

Seine Bedeutung bestand im Wesentlichen darin, Kreuzungspunkt der großen Handelsstraßen und der Pilgerwege zu sein. Fahrende Kaufleute, die z.B. auf dem Weg zwischen Bremen und Hildesheim waren, konnten hier ausruhen und auch ein wenig ihren Geschäften nachgehen. Immerhin gab es nicht nur Handwerker und Kaufleute in „Hanovere", sondern im Zentrum auch einen bescheidenen Markt, – neben der Pfarrkirche St. Georgii et St. Jacobi, dem Vorgängerbau der heutigen Marktkirche also. An der südlichen Seite des Marktplatzes mit seinen für heutige Verhältnisse bescheidenen Maßen von 20 mal 7 m, der Pfarrkirche St. Georgii gegenüber, entstand gerade der erste aus Stein errichtete Profanbau, das Rathaus. Ansonsten lebten die Einwohner in mehr oder weniger einfachen Holzhäusern an engen unbefestigten Straßen. Nur wenige Gassen waren mit Holzbohlen ausgelegt, die den schweren Ochsenkarren der durchziehenden Kaufleute Halt gaben, damit sie bei schlechter Witterung nicht im Morast versanken.

Da Handel und Handwerk in den folgenden Jahren immer mehr an Bedeutung gewannen, profitierte auch Hannover von diesem wirtschaftlichen Aufschwung. Die Einwohnerzahl wuchs, was dem Landesherrn Herzog Otto von Braunschweig-Lüneburg nur recht sein konnte. Denn auch ihm brachte der zunehmende Handel Vorteile, durch Zölle und Steuereinnahmen.

Mit der Verleihung des Stadtrechtes an Hannover 1241 sicherte er den Bürgern zu, ihre Waren nun ohne Einschränkungen in seinem Herrschaftsgebiet verkaufen zu dürfen. Das stärkte die Wirtschaft, füllte die Kassen des Herzogs und der Stadt und stärkte das Selbstbewusstsein der Bürger.

Türme der Marktkirche und Aegidienkirche (im Vordergrund)

Westseite des Marktkirchenturms

Die Bürger des 13. und 14. Jahrhunderts waren auch fromme Menschen. Doch ihr zunehmendes Selbstbewusstsein wurde in regelmäßigen Abständen durch Katastrophen erschüttert. Verregnete Sommer mit Missernten und mehr noch die regelmäßige Wiederkehr des „schwarzen Todes", der Pest, schafften tiefe Verunsicherungen. Diese Katastrophen wurden als Strafen Gottes gedeutet. Pilgerfahrten an heilige Stätten, wie ins spanische Santiago di Compostella oder auch repräsentative Kirchenbauten sollten den strafenden Gott gnädig stimmen.

Ende des 13. Jahrhunderts gab es zwei Kirchen im Stadtgebiet. Im Zentrum stand der aus Bruchsteinen errichtete Vorgängerbau der heutigen Marktkirche. Patron war der Heilige Georg, der wahrscheinlich im 4. Jahrhundert lebte. Er galt als mutiger Kämpfer, hatte er doch einen Drachen erlegt, der mit Vorliebe die Söhne und Töchter einer nahen Stadt verspeiste. Das Erstaunliche: Der Heilige Georg war bereits tot, als Märtyrer geviertelt, ehe er sich so mutig gegen den Drachen in die Bresche warf. Doch der Erzengel Michael hatte ihn wieder zum Leben erweckt, damit er im Zeichen des Kreuzes das Untier töten konnte. Daraufhin bekehrten sich die Bewohner der Stadt und der König zum christlichen Glauben. Wer seine Kirche also nach diesem Patron benennt, hofft, dass mit Glaubensstärke alle Plagen zu überwinden sind.

Die andere Kirche im Zentrum Hannovers stand am südlichen Stadttor, die Aegidienkirche. Beide, die Markt- und die Aegidienkirche, waren im romanischen Stil erbaut und wurden wahrscheinlich um 1150 geweiht. Aegidius, der Namenspatron, soll im 7. Jahrhundert gelebt haben. Er war ein vornehmer Athener, der sich eines Tages in die Provence aufmachte, wo er sich als Einsiedler nieder ließ. Eine Hirschkuh sicherte ihm mit ihrer Milch das Überleben. Um 680 gründete er die Benediktinerabtei St. Gilles in Südfrankreich, die vom 11. Jahrhundert an zu einem beliebten Wallfahrtsort wurde. Da die Aegidienkirche am südlichen Stadttor stand, diente sie Pilgern sicher auch als letzte Einkehr, bevor es ins Land hinaus ging.

In den Klöstern vor und am Rande des frühen Hannovers gab es zwar noch einige Kapellen, doch etwas ganz neues war vor dem nördlich gelegenen Steintor entstanden: Die Kapelle des Hospitals St. Nikolai hatte um 1325 einen Chor bekommen, – im neuen gotischen Stil. Gebaut wurde der Ursprungsbau der Hospitalkapelle wahrscheinlich zwischen 1250 bis 1284. Außerdem beherbergte die „capella leprosorum extra muros" (die Leprosenkapelle vor den Mauern der Stadt) zudem einen besonderen Schatz. Den soll 1289 der Mönch Johannes nach Hannover gebracht haben. Ihn hatte der Kölner Kanoniker Gerhard geschickt, um Reliquien der 11 000 Jungfrauen zu überbringen. Welche Teile der Jungfrauen nach Hannover kamen und wie viele Reliquien es waren, ist unbekannt. Doch allein in der Nikolaikapelle wurden zwölf dieser Reliquien verehrt.

Mit der zunehmenden wirtschaftlichen Bedeutung Hannovers änderten sich die Ansprüche der Bewohner. Repräsentativer sollten ihre Kirchen sein, die Frömmigkeit und das Selbstbewusstsein der Bürger widerspiegeln, bzw. der in Ständen gegliederten Stadtgesellschaft. So begann man in der ersten Hälfte des 14. Jahrhunderts gleich den Bau von drei Gotteshäusern, und alle im neuen gotischen Stil, den Baumeister vor Jahren in Frankreich und Oberitalien kennen gelernt und in die norddeutsche Tiefebene mitgebracht hatten.

Als erste war 1333 die Kirche „St. Spiritus et Crucis", die Kreuzkirche, fertig. Im Bau war noch die gotische „SS. Jacobi et Georgii", die heutige Marktkirche. Sie wurde seit 1319 um die kleine Vorgängerkirche „St. Georgii" herumgebaut, so dass dort weiter Gottesdienste gefeiert werden konnten. Als die Seitenmauern der neuen Kirche standen und der

Chor geweiht worden war, 1342, brach man den alten Bau ab. Die Marktkirche hatte neben dem Namenspatron Georg mit Jakobus noch einen zweiten Patron dazu bekommen. Dieser Anhänger Jesu, ein Bruder des Johannes, gehörte zum engsten Jüngerkreis. Er soll wegen der Verkündigung des Evangeliums im Jahr 43 enthauptet worden sein. Damit war er der erste Märtyrer unter den Aposteln. In Spanien entstand die Legende, dass er dort gleich nach der Himmelfahrt Christi gepredigt und viele Menschen bekehrt habe. Und er soll auch dort gestorben sein. Deswegen pilgerte man seit dem 11. Jahrhundert auf dem Jakobsweg in seine Kirche nach Santiago di Compostela und bekam, wenn man den langen Pilgerweg bewältigt hatte, als Zeichen dafür eine Muschel, die den Pilgerhut schmückte.

Das Besondere dieser hannoverschen „Marktkirche" waren nicht nur die großen Ausmaße, auch nicht, dass sich die Kirche zwei Patrone leistete, sondern die Bausteine, die dafür gebrannt wurden, ca. 3,2 Millionen Backsteine.

Alle drei Kirchen hatten mehrere Funktionen. Zum einen war die Einwohnerzahl gestiegen, im 13. Jahrhundert auf mehr als 4 000. Die bestehenden Kirchen waren also zu klein geworden. Zum anderen waren sie auch Ausdruck des weiterhin gewachsenen städtischen Selbstbewusstseins, zumindest der verschiedenen Stände.

Am deutlichsten wird das an der „Bürgerkathedrale", an der Marktkirche. Ihr 97 m hoher Turm sollte von weither zu sehen sein. Als Symbol des Wohlstandes und der Unabhängigkeit. Ob der Turm möglicherweise deutlich macht, dass die Stadt nicht von den Katastrophen des 14. Jahrhunderts verschont geblieben war, ist unter Fachleuten umstritten. Denn allgemein wird angenommen, dass der Turm nicht, so wie geplant, zuende gebaut werden konnte. Darauf könnte hindeuten, dass ein kleiner viereckiger Dachreiter oben auf dem viergieblign Turm sitzt und keine lange, hohe Kirchturmspitze, so wie in anderen Kirchen der norddeutschen Backsteingotik, z.B. in Lüneburg und Lübeck. Der Grund dafür könnte sein: Das Geld war knapp geworden und mehrfach hatte die Pest während der Bauzeit gewütet.

Machen wir jetzt einen Zeitsprung ins 21. Jahrhundert. Vor der Südseite der Marktkirche, dem Alten Rathaus gegenüber, wird eine Besuchergruppe von Marion Wrede begrüßt. Sie ist Kirchenpädagogin. Ein neuer Beruf, den es an großen Kirchen mittlerweile bundesweit gibt. Ihre Aufgabe und beruflicher Anspruch: Sie will gemeinsam mit den Besuchern „ihre" Kirche mit Hand, Herz und Kopf erkunden.

Nicht durch eine Fülle von Fakten und Daten, dafür liegt in der Markkirche viel erklärendes Lesematerial aus, sondern Marion Wrede will die Besonderheiten und Eigenheiten der Kirchen zeigen.

Zuerst erklärt sie, dass die **Marktkirche** die südlichste der norddeutschen Backsteinkirchen ist, – eine dreischiffige Halle, die um 1360 geweiht wurde. Mit dem im Westen vorgelagerten Turm misst sie in der Länge 61,5 m und hat eine Gesamtbreite von 26,6 m. Dann zeigt Marion Wrede auf den Turm und bittet die Besucher zu raten, was für ein Zeichen im östlichen Turmgiebel ist. Ein fünfzackiger Stern in einem Kreis: Ein Pentagramm. Eigentlich ist es das uralte Zeichen des Drudenfußes. Doch wie so vieles aus vorchristlicher Zeit, wurde später auch das Pentagramm neu interpretiert und galt im 14. Jahrhundert als Symbol Christi. Es symbolisiert u.a. die fünf Wunden, aus denen er blutete.

Die sechseckigen Sterne aus zwei übereinander gelegten Dreiecken an der Nord- und Südseite des Turmes, die Hexagramme, drücken Gottes Verbundenheit mit den Menschen aus, die sich zu Liebe wandelt. Da die beiden Dreiecke auch als männliche und weibliche Kraft gedeutet werden, stehen sie zudem für Lebenskraft, die aus Liebe entspringt.

„Die Taufe" im „Limburgschen Chor"

Epitaph des Ehepaares Statius Vasmer und Catarina von Wintheim.

Doch bedeutend für die weitere Wahrnehmung der Marktkirche ist das Pentagramm mit seinen fünf Zacken. Die Zahl fünf taucht nämlich häufig inner- und außerhalb der Mauern auf. So lassen an der Süd- und Nordseite des Kirchenschiffes je fünf Fenster Licht nach innen, eingerahmt von je fünf Strebe- oder Stützpfeilern. Auch hatte die Kirche einst fünf Eingänge.

Die Patrone der Marktkirche, SS. Georgii et Jacobii, sind u.a. über dem Hauptportal an der Westseite des Turmes als Steinfiguren zu sehen, wenn auch als Neuschöpfungen. Jakobus wurde im Krieg zerstört und Georg hielt der Umweltbelastung nicht stand. Er steht jetzt innen im nördlichen Nebenchor. Jürgen Weber, ein Bildhauer aus Braunschweig, hatte zwei Ersatzfiguren geschaffen, etwas bizarr und daher auffallend.

Bevor die Besuchergruppe ins Innere der Kirche kommt, wird sie auf die schwere zweiflügelige Bronzetür aufmerksam gemacht. Eine Reliefarbeit von Gerhard Marcks, die der Rat Hannovers 1957 zum 600-jährigen Bestehen der Marktkirche stiftete. Sie zeigen den auferstandenen Christus, herrschend über der Welt. Unter ihm, auf der linken Türseite, ist zu sehen, was Menschen in ihrer Verworfenheit und Zwietracht treiben, z. B. Kriege führen. Die rechte Seite zeigt die Schönheit und Eintracht menschlichen Tuns, z. B. miteinander arbeiten oder sich das Abendmahl spenden.

Nachdem die Besuchergruppe die Tür in der Glaswand passiert hat, sie trennt den Vorraum vom Kircheninnenraum, verstummt das Stimmengewirr für einen Augenblick. Sie ist beeindruckt von der lichten fünfjochigen Halle, die vor ihnen liegt.

Das Haupt- und die Seitenschiffe sind gleich lang, nur die Absiden der Seitenschiffe sind kürzer als der Hauptchor. Hell ist die Kirche, und innen ebenso durch roten Backstein geprägt wie außen. Je vier mächtige Rundpfeiler, die wegen ihrer aufstrebenden Höhe dennoch nicht wuchtig wirken, trennen Haupt- und Seitenschiffe.

Marion Wrede berichtet darüber, dass die Marktkirche 1943 im Bombenhagel weitgehend zerstört war. Sie wurde von dem hannoverschen Architekten Dieter Oesterlen zwischen 1946 und 1952 wieder aufgebaut. Da es keine Abbildungen von der Marktkirche gibt, wie sie in ihren ganz frühen Tagen ausgesehen haben mag, sie also nicht rekonstruierbar ist, hat Oesterlen sie sehr schlicht wieder aufbauen lassen. Dabei orientierte er sich an der norddeutschen Backsteingotik.

Turm der Marktkirche

Im Laufe ihrer siebenhundertjährigen Geschichte ist die Marktkirche innen nach dem jeweiligen Zeitgeschmack umgebaut worden. Zum Beispiel wurden im 17. Jahrhundert an der Nordwand mehrstöckige Emporen eingezogen, sowie der alte gotische Schnitzaltar herausgenommen und durch einen voluminösen Barockalter ersetzt, auch waren die Wände hell verputzt und die Gewölbe des Mittelschiffes trugen zum Teil Malereien.

Dann gehen die Besucher durch das nördliche Seitenschiff bis zum Messingtaufbecken im Chor. Mit 1,40 m Durchmesser eignet es sich kaum zum Gebrauch. Das Programm auf der achteckigen Kesselaußenwand zeigt u. a. die Figuren, die zu dieser Kirche gehören. Da sind in zehn Nischen neben zahlreichen Heiligen auch Jakobus mit der Pilgermuschel am Hut zu sehen, aber auch die Jünger Petrus und Johannes.

Wie ein großes aufgeklapptes Buch wirkt das zweiflügelige Altarretabel im Hauptchor. Diese Wirkung, so erklärt Marion Wrede, ist auch beabsichtigt. Immerhin stammt der Altar aus der frühen Zeit der Kirche, als die meisten Gottesdienstbesucher nicht lesen konnten. Diese 21 in Lindenholz geschnitzten Szenen des Altaraufbaues erzählten ihnen die Leidens- und Auferstehungsgeschichte Jesu. Sie beginnt im linken oberen Rahmen mit dem Einzug in Jerusalem und endet auf dem rechten Flügel ganz außen mit Christus als Weltenrichter. Die einzelnen Figuren sind mit Attributen versehen, die damals allgemein bekannt waren, und daher sind sie leicht auf jeder neuen Tafel wieder zu erkennen, z.B. Judas, der stets mit einem Geldbeutel abgebildet wurde.

Jakobus ist gleich auf vier Bildern zu sehen, mit seinem typischen Hut, aber noch ohne Muschel. Auch im Garten Gethsemane ist er mit Petrus dabei. Ein Kelch in diesem Bild verdeutlicht die Bitte Jesu, dass der „Kelch an ihm vorüber gehen möge".

Das Zentrum des Retabels zeigt die Tafel mit der Kreuzigungsszene und dem bekannten Bildprogramm. Also auf der rechten Seite, unter dem linken Arm Jesu, stehen die schlechten Menschen, wie Pilatus. Links u.a. Maria und die deutlich herausgeputzte Maria-Magdalena mit einem Salbgefäß. Wenn auch der Gekreuzigte seine größte Erniedrigung erfährt, nämlich wie ein Verbrecher ans Kreuz genagelt zu sein, so ist er doch der Gesalbte, also der Herrscher. Denn nur Könige wurden gesalbt.

Teufel bewachen auf einem anderen Bild das Reich des Todes. Sie halten das Höllentor fest verschlossen, damit niemand entweicht. Auch Adam und Eva, die ersten Menschen, sind in diesem Totenreich.

Nackt dargestellt haben sie, logischerweise, keine Bauchnabel.

Bis 1663 war dieser mittelalterliche Sakramentsaltar der Hauptaltar der Kirche, dann wurde er gegen einen Barockaltar ausgetauscht und kam in die Aegidienkirche. Später landete er, zum Glück, im damaligen Welfenmuseum, von wo er während des Krieges ausgelagert wurde. So überstand dieses wertvolle Kunstwerk die Zerstörung der Marktkirche.

Die Rückseiten des zweiflügeligen Altars schildern Ausschnitte aus dem Leben der beiden Heiligen Jakobus und Georg.

Ein besonderer Schatz der Marktkirche sind die wenigen noch erhaltenen Fenster des Hauptchores direkt hinter dem Altar. Die ältesten stammen aus dem frühen 15. Jahrhundert. Auch sie zeigen u.a. Szenen aus den Georgs- und Jakobuslegenden.

In der südlichen Apsis, also rechts neben dem Altar, erstaunt die Besucher ein weiteres Taufbecken. Im ersten Augenblick sieht es wie eine Kopie des im nördlichen Chor stehenden aus. Das ist kein Wunder, denn es stammt wie das andere aus einer Hildesheimer Werkstatt und wurde dort um 1500 gegossen. Anders aber ist das Material, Bronze, und es ist ein wenig kleiner, lässt sich daher besser nutzen. Daher ist die südliche Apsis auch die Taufkapelle der Kirche.

Die „Taufe" wurde eigentlich für die Aegidienkirche gefertigt. Da sie aber nach ihrer Zerstörung 1943 nicht wieder aufgebaut wurde, kam sie, wie schon der Altar, in die Marktkirche in den „Limburgschen Chor", so heißt die Taufkapelle.

Fünf Löwen tragen den Taufkessel, der, ebenfalls aufgeteilt in zehn Nischen, vollplastische Figuren von Heiligen und Aposteln zeigt.

Wie schon an der Außenseite der Kirche, so stehen auch innen Grabmäler an den Wänden. Die ältesten der elf Epitaphe und Grabplatten stammen aus dem 16. Jahrhundert und erinnern an bedeutende hannoversche Familien. Eine hängt oben an der Westwand des nördlichen Seitenschiffes, eine Grablegung, geschaffen vom Steinmetz Jeremias Sutel. Darauf macht Marion Wrede besonders aufmerksam, weil sich mit diesem Schöpfer des Epitaphs, das an Statius Vasmer und seine Ehefrau Catarina von Wintheim erinnert, sie starben 1600 und 1598, eine „Räuberpistole" verbindet. Sutel hatte einen Auftrag nach einer Vorlage eines gewissen Herrn Meiers ausgeführt. Da die Ausführung so lebensecht gelang, erregte sie die Eifersucht des Herrn Meiers und er erstach den begabten Jeremias Sutel.

Bevor die Besuchergruppe die Kirche verlässt, steigt sie noch hinab unter die Kirche in den „Bödekersaal". Pastor Wilhelm Bödeker, sein Standbild steht an der Nordseite der Kirche, war ein populärer und sozial engagierter Geistlicher im 19. Jahrhundert. Der nach ihm benannte Saal ist zwischen den Fundamenten der Pfeiler und auch den Außenmauern der Vorgängerkirche angelegt. Doch dieser Versammlungsraum entstand erst durch den Wiederaufbau der Kirche. Bis dahin hatte sie kein Untergeschoss. Da aber die Marktkirchengemeinde einen Gemeindesaal und die Pastoren eine Sakristei brauchten, wurde ein Teil der Kirche unterhöhlt und man fand die Fundamente der Vorgängerkirche und sogar einige Gräber.

Die Besuchergruppe verlässt nun die Marktkirche und geht mit der Kirchenpädagogin die Knochenhauerstraße hinunter, bis links im Kreuzkirchhof die **Kreuzkirche** auftaucht, ein vierjochiger gotischer Saalbau aus Lindener Kalkstein, der sich an den Turm im Osten anschließt. Ein Barockturm, wie die Besucher erstaunt feststellen. Die Erklärung: 1631 hatte ein Sturm den gotischen Spitzhelm herunter stürzen lassen, und so baute man ihn im Stil der Zeit wieder auf. Damals übrigens mit einer Taube auf der Spitze. Die hätte man für das Sinnbild des Heiligen Geistes halten können. Doch wahrscheinlicher ist, dass der Ratsherr Johann Duve, der viel Geld in den Turmbau gesteckt hatte, bei der Taube eher seinen dauerhaften Ruhm im Sinn hatte. Denn die Taube ziert auch sein Familienwappen und im Altdeutschen heißt sie „duve".

Johann Duve, 1611–1679, war im 17. Jahrhundert ein wohlhabender und einflussreicher Mann Hannovers. An so ziemlich allen Geschäften, die viel Geld abwarfen, war er beteiligt, in der Münzprägung wie in der Textilmanufaktur. So ein bedeutender Mann hatte natürlich Sonderrechte. Das macht schon die Grabkapelle deutlich, die er 1655 an die Südseite der Kreuzkirche anbauen ließ. Mindestens elf „Duves" sind dann hier auch bestattet worden. Jedenfalls fand man dort unter der Kapelle diese Anzahl von Särgen.

An der Süd- und Westseite des Turmes macht Marion Wrede auf geheimnisvolle Zeichen in den alten Steinen aufmerksam. Sie sind eine Art Rechnungen. Die Steinmetze kennzeichneten mit jeweils eigenen Zeichen ihre Steine, so dass der Bauherr sehen konnte, wer welche Steine bearbeitet hatte und wieviel Lohn ihm zustand.

Die Kreuzkirchenpfarrei besteht bereits seit 1284. Damals spaltete sie sich von der Marktkirche ab und weihte 1333 ihre Kirche als St. Spiritus et Crucis. Wie die Marktkirche, so war auch die Kreuzkirche ein Opfer der schweren Bombenangriffe 1943 geworden. Erst 1959 bis 1961 konnte sie wieder aufgebaut werden, auch unter Verwendung des alten Steinmaterials.

In der quadratischen Turmhalle der Kirche laufen die Kreuzrippenbögen bis zum Boden und wölben sich wie ein Zelt über die Besucher. Im Zentrum des Gewölbes, in dem die Rippenbögen zusammenlaufen, trägt ein farbiger Schlussstein die Jahreszahlen 1333 und 1960. Ein merkwürdiger Vogel hockt zwischen diesen Zahlen, die an die Weihe der Kirche und ihre Wiedereinweihung mehr als 600 Jahre später erinnern. Da den Vogel züngelnde Flammen umgeben, erraten die Besucher relativ schnell, um wen es sich handelt. Es ist der Phoenix, der unverletzt aus der Asche wieder aufsteigt. Dieses alte Symbol aus der ägyptisch-griechischen Mythologie hat eine christliche Umwandlung erfahren. Jetzt gilt dieses Unsterblichkeitszeichen als Auferstehungssymbol, und das begleitet die Besucher in den Innenraum.

Die Kreuzkirche St. Spiritus et Crucis

Zahlreiche Epitaphien stehen an der Westwand und den Seitenwänden. Die älteste Grabplatte im Eingangsbereich der Nordseite entstand noch vor der Einweihung der Kirche, nämlich 1332. Sie stammt aus der ehemaligen Schlosskirche, die, ebenfalls im Krieg zerstört, nicht wieder aufgebaut wurde. Darauf ist „Herr von Steenhus" mit seiner Kinderschar zu sehen. Der Name „Steenhus" deutet darauf hin, dass er oder bereits seine Vorfahren wohlhabend genug war, um sich ein Steinhaus leisten zu können. Auf der einen Seite der Grabplatte stehen seine Söhne, ihnen gegenüber die Töchter. Zehn bis zwölf Kinder muss das Ehepaar „von Steenhus" schon gehabt haben. Das Auffällige an der Szene ist, und darauf macht Marion Wrede die Besucher aufmerksam, dass eine Tochter die Arme vor dem Leib gekreuzt hat. Das bedeutet: Sie ist früh gestorben. Alle vor und hinter ihr stehenden Brüder zeigen auf sie. Und auf dem Rand der Platte sind die lateinischen Worte „orate pro ea" eingraviert. Das, so die Kirchenpädagogin, müsste doch als Aufforderung gelten, für die Verstorbene zu beten.

Von besonderem Wert und der Blickfang in der Kirche ist der Altar aus der Werkstatt Lucas Cranachs. Auch er stammt aus der Schlosskirche.

Doch bevor die Besucher diese Kostbarkeit erreichen, werden sie auf den Taufkessel links vor dem Chor aufmerksam gemacht. Er erinnert an die beiden Taufen in der Marktkirche. Kein Wunder, stammt doch die Bronzearbeit, ca. 1450, wahrscheinlich auch aus einer Hildesheimer Werkstatt. Marion Wrede nimmt an, da der Kessel auf drei Füßen steht, es sind kniende vollplastische Handwerkerfiguren, dass unter dem Kessel tatsächlich Feuer gemacht wurde, um das Taufwasser zu erwärmen. Was auch Sinn macht, da die Säuglinge erst ein oder zwei Tage alt waren, wenn sie getauft wurden. Evangelisten, eine Kreuzigungsgruppe, die Heilige Katharina, aber auch der Hildesheimer Bischof Bernward sind als Halbrelief um den Kessel herum gruppiert.

Auf der rechten Seite steht im Chor die Kanzel, deren moderne Steinreliefs an der Vorderseite die vier Evangelisten zeigen: Johannes mit dem Adler, Markus mit dem geflügelten Löwen, der Stier ist das Symbol Lukas´ und der Engel gehört zu Matthäus.

Eine weitere Kostbarkeit in der Kreuzkirche ist der Altar. Zwischen 1515 bis 1525, das genaue Datum ist nicht bekannt, ist die Altartafel in der Werkstatt Lukas Cranachs gemalt worden. Cranach, so erfahren die Besucher, wurde als Lucas Müller in der oberfränkischen Stadt Kronach geboren, von der er dann auch seinen Künstlernamen ableitete. Zu sehen ist

Turm der Kreuzkirche

der Mittelteil eines ehemaligen Flügelaltars, der eine Auftragsarbeit für die Einbecker Stiftskirche St. Alexander war. Im Zentrum ist eine bunte Kreuzigungsszene. Auch hier wieder das Schema wie in der Marktkirche: Auf der rechten Seite, also unter dem linken Arm des Gekreuzigten, sind die bösen Menschen versammelt, mit dem Symbol, das das Schlechte erkennen lässt, einem Hund. Außerdem steht auch wieder Pontius Pilatus dort. Und der rechte Mitgekreuzigte dreht sich angewidert von Jesus weg.

Auf der anderen Seite, dort wo die Guten sind, stützt der Jünger Johannes die Mutter Jesu, ein Kind will sein Brot dem leidenden Christus reichen, und vor dem Kreuz kniet in einem üppigen Barockkleid, tief dekolletiert, Maria Magdalena, „die Sünderin".

Auf eine Dreistigkeit des Künstlers Lucas Cranach macht Marion Wrede die Besucher besonders aufmerksam. Da steht in der Menge, natürlich links, ein kleiner Junge an der Hand eines Mannes, nämlich Paulus. Der Knabe trägt unverkennbar die Gesichtszüge Martin Luthers, so, wie man sie von mehreren Cranach-Porträts kennt. Paulus zeigt auf

Bronze-Taufkessel (ca. 1450)

vorstellbar, wie die Ängste gewesen sein müssen, die die Anlieger ausgestanden haben, wenn sie in diesen engen Gewölben Schutz vor Bomben suchten.

Immerhin wurden die drei ältesten Innenstadtkirchen 1943 weitgehend zerstört, die Marktkirche, die Kreuzkirche und die Aegidienkirche. Die Gesamtzahl der Bewohner, die im Umkreis dieser drei Gemeinden lebten, betrug 1939 noch 28 500 Menschen. Ein Jahr nach dem Krieg waren es nur noch 2 500. So ist es verständlich, dass es keinen Sinn mehr machte, alle Kirchen wieder aufzubauen.

Obwohl die englische Militärregierung nach 1945 kein Baumaterial für zerstörte Kirchen bewilligen wollte, wurde für die Marktkirche eine Ausnahme gemacht. Denn sie ist die Predigtkirche der evangelischen Landesbischöfe und das Wahrzeichen der Stadt. Die Kreuzkirche dagegen musste bis zu ihrer Wiederherstellung insgesamt 18 Jahre warten. Heute beherbergt sie die Studentengemeinde. Marion Wrede führt die Besuchergruppe wieder zurück Richtung Marktkirche. Kurz davor, dort, wo die Kramerstraße rechts von der Knochenhauerstraße abbiegt, ist ein großer roter Punkt auf das Pflaster gemalt. Wer darauf steht, sieht in allen vier Himmelsrichtungen einen anderen Kirchturm. Im Osten, sozu-

den Gekreuzigten. Er weist dem kleinen Martin den Weg. Dreist ist diese Szene insofern, als die Auftraggeberin, die Einbecker Stiftskirche St. Alexander, damals eine katholische Einrichtung war. Später erwarb der zum Katholizismus übergetretene Herzog Johann Friedrich den Altar und stellte ihn in der Schlosskirche auf. Denn die war natürlich, vorübergehend, auch wieder katholisch geweiht worden. Und wie so vieles, was diese Kirche schmückt, z. B. auch drei wertvolle Messing-Kronleuchter aus der Aegidienkirche, kam auch der Altar nach dem Wiederaufbau 1961 in die Kreuzkirche.

Gruselig kann es manchem Besucher werden, wenn die Kirchenpädagogin einen eisernen Rost aus dem Boden an der hinteren Südseite des Kirchenschiffes anhebt und eine steile Treppe sichtbar wird. Zwängt sich der Besucher hinab, dann steht er vor kaum mannshohen Gewölben, die mit unregelmäßig verlaufenden Gängen verbunden sind. Wahrscheinlich wurden unter dem Kirchenboden Gräber von Priestern und Mönchen angelegt, die dann in später gemauerten Gewölben zusammen gefasst wurden. Am Ende dieser Grabanlage, sorgsam durch ein Eisengitter verschlossen, liegen Schädel und Knochen. Das Makabre aber sind die Beschriftungen vor den Gewölben: Luftschutzraum ist da zu lesen. Kaum

Altartafel aus der Werkstatt Lucas Cranachs

sagen vor der Nase, die Marktkirche, im Westen, jenseits der Leine, die Neustädter Kirche, im Norden die Kreuzkirche und im Süden die Aegidienkirche.

Eine Ruine ist die **Aegidienkirche** an der Kreuzung der Osterstraße zur Marktstraße heute, ein Mahnmal. Sie ist die jüngste der drei gotischen Innenstadtkirchen. 1347 begann der Neubau der dreischiffigen Hallenkirche aus Deistersandstein. Auch ihr Turm wurde, wie der der Kreuzkirche, zu Beginn des 18. Jahrhunderts „barockisiert".

Nach den Bombenangriffen im Herbst 1943 standen nur noch die Außenmauern und ein Rest des Turmes. Da die Innenstadtgemeinden auf zehn Prozent ihrer Vorkriegsgröße geschrumpft waren, gab es für die Aegidienkirche als Gemeindekirche keine Verwendung mehr. Die Ruine wurde der Stadt übergeben.

Heute ist sie ein Mahnmal für alle Opfer der Kriege und der Gewalt. Am Turmeingang steht die Friedensglocke, ein Geschenk der hannoverschen Partnerstadt Hiroshima. Jeweils am 6. August eines jeden Jahres wird die Glocke um 8:15 Uhr im Rahmen einer Gedenkstunde angeschlagen, zur Erinnerung an den ersten Atombombenabwurf, der genau zu dieser Zeit 1945 das Zentrum Hiroshimas dem Erdboden gleich machte.

Zwei Kunstwerke fallen in dieser Ruine der Mahnung und Erinnerung besonders auf: Zum einen die Installation „Schattenlinien" von Dorothee von Windheim. Die Künstlerin hat auf dem Boden die Umrisse eingearbeitet, die die Schatten der Sonne werfen, wenn sie über die fünfgiebelige südliche Seitenmauer scheint. Zum anderen steht an der Westseite vor dem Turm eine Muschelkalk-Skulptur. Sie trägt den Titel „Demut" und wurde 1960 von dem hannoverschen Bildhauer Kurt Lehmann geschaffen.

Wie oben erwähnt, konnte man die mittelalterliche und kann man auch die heutige Innenstadt in zehn Minuten durchqueren.

In Richtung Norden erreicht man dann das Steintor. Der Name erklärt, dass dort im Mittelalter wohl das erste große steinerne Stadttor der hannoverschen Wehranlagen war. Am nördlichen Ende des Platzes, umtost vom lärmenden Autoverkehr, gibt es noch erstaunlich viel Grün. Grabsteine unter Bäumen weisen darauf hin, dass hier ein Friedhof gelegen hat. Seit dem 14. Jahrhundert war er vor der Stadtmauer Begräbnisplatz für die Bewohner des Nikolaistiftes, also eher ein Armenfriedhof und Ruhestätte für die, die Epidemien dahin rafften.

Später nahm der Nikolaifriedhof auch die Verstorbenen der Markt- und Kreuzkirchengemeinden auf.

Die Ruine der Aegidienkirche

Die reich verzierten Grabsteine und ihre Inschriften berichten darüber, dass ab dem 16. Jahrhundert hier vor allen Dingen einflussreiche Bürger der Stadt ihre letzte Ruhestätte fanden.

Doch ehe man heute, vom Steintor kommend, diesen 1866 aufgelassenen Friedhof erreicht, geht man an den kläglichen Überresten der **Nikolaikapelle** vorbei, immerhin des ersten gotischen Kirchenbaus in Hannover aus dem Jahr 1325.

Unmittelbar an der sechsspurigen Einfahrt in einen Kreisverkehr ist die Ruine des Chores der Nikolaikapelle, sind die Kalkbruchsteine, nicht nur der Umweltverschmutzung, sondern auch ständiger Erschütterungen des Autoverkehrs ausgesetzt.

Auf alten Bildern sieht man auch das Hauptschiff der Kapelle, ein einfacher Bau mit je vier rechteckigen Fenstern an den Außenseiten. Auf das Satteldach wurde 1742 ein Dachreiter aufgesetzt. Im Laufe der Jahrhunderte wurde die Kapelle ständig um- und ausgebaut und beherbergte ab 1883 auch die englische Gemeinde Hannovers.

Der erste gotische Bau Hannovers – die Nikolaikapelle

Von diesem Hauptgebäude standen nach der schweren Bombardierung Hannovers, wie auch vom fünfseitigen gotischen Chor, nur noch die Außenmauern.

Die Bau- und Verkehrsplanung in den fünfziger und sechziger Jahren verweigerte sich der Rücksichtnahme auf historische Bedeutungen und ihrer Erhaltung. Das Primat des Autos stand mit dem zunehmenden „Wirtschaftswunder" im Vordergrund innerstädtischer Planungen. Die Ruinen des Langhauses der Kapelle und der danebenstehenden Denkmalhalle, aber auch Teile des Chores wurden abgebrochen, damit die Straße verbreitert werden konnte.

Zahlreiche Grabplatten und -steine an der Kapelle, aber auch unmittelbar daneben, erinnern an bedeutende Bürger der Stadt.

Nach der weitgehenden Missachtung dieses historischen Ensembles scheint es eine „Bewusstseinsänderung" zu geben. Planungen der Stadt sehen vor, die breite Straßenführung wieder zu reduzieren, wenn dafür Geld vorhanden ist. Da diese Aussichten nicht allzu rosig sind, bietet die Stadt vorerst zur Erhaltung der wertvollen Grabmale Patenschaften an.

Das „Mahnmal" Aegidienkirche

Edelhofkapelle Ricklingen

Gar nicht weit vom viel befahrenen Ricklinger Kreisel und dem ebenfalls nicht gerade verkehrsberuhigten Ricklinger Stadtweg meint man, sich plötzlich mitten in einem Dorf zu befinden. Der Edelhof mit seinen alten, mit Efeu oder wildem Wein bewachsenen Fachwerkhäusern, dem großen Herrenhaus und romantischen Park erinnert an seine Jahrhunderte alte Vergangenheit als Rittergut. Wenn auch auf dem Edelhof seit Jahrzehnten keine Landwirtschaft mehr betrieben wird, ist er doch bis heute eine Idylle inmitten der Großstadt geblieben. Was *„Kriege und der Zeiten Zahn"* seinen Bauten *„Böses haben angetan"*, wurde hier *„mit Lieb und viel Bedacht nach Kräften wieder gut gemacht"* – durch Instandsetzung, Umnutzung und Neubebauung. Heutiger Besitzer des „Ritterguts Ricklingen" ist Victor Jürgen v. der Osten.

Der Wiederaufbau der zum Edelhof gehörenden Kapelle, die durch Bomben des 2. Weltkrieges schwer beschädigt worden war, wurde Anfang 1966 abgeschlossen und konnte am 1. Mai 1966 neu geweiht werden. Zwischenzeitlich war das Gotteshaus für landwirtschaftliche Zwecke gebraucht worden, nicht „missbraucht", wie manche meinten, denn diese Umfunktionierung war das einzige Mittel, im Krieg Dachziegel zu erlangen, die nötig waren, um die Kapelle vor ihrem endgültigen Untergang zu bewahren.

Das genaue Jahr der Erbauung der Edelhofkapelle ist nicht bekannt; Victor Jürgen v. der Osten geht davon aus, dass seine Vorfahren, die Herren v. Alten, die Kapelle um 1300 erbaut haben, und zwar aus Steinen der ihnen gehörenden Brüche am Lindener Berg. Danach wäre die Edelhofkapelle der älteste noch erhaltene Sakralbau im Stadtgebiet Hannovers. Sie wurde auf einem rechteckigen Grundriss von ca. 5 mal 10 Metern in romanischem Stil erbaut. Auf der Westseite des Satteldachs sitzt ein kleiner Glockenturm. Je zwei Rundbogenfenster öffnen die breiten Außenwände im Süden und Norden. Eine Laibung an der Ostseite umschließt zwei Spitzbogenfenster. Das weist darauf hin, dass sie erst in späterer Zeit gesetzt wurden. Der „Herr vom Edelhof" liebt sein kleines Kirchlein, und er kennt viele überlieferte Geschichten, die sich mit ihr verbinden. So erklärt er zu den tiefen Rillen in den Steinquadern, die sich neben dem auf der Südseite gelegenen Eingang befinden: *„Bevor die Ritter in die Schlacht zogen, wetzten sie symbolisch ihre Schwerter an dem Stein; den Sand, der dann herausrieselte, fingen sie in*

Die Edelhofkapelle Ricklingen

kleinen Beutelchen auf. Er sollte sie als Glücksbringer beschützen."

Den Innenraum beherrscht eine blau gestrichene Prieche aus der Barockzeit, die sich über Eck von der Westwand bis zur Hälfte der Ostwand zieht. Acht Balken tragen die schmucklose, dunkel gestrichene Holzdecke. Buntes bringen zwei kleine Fenster an der Altarwand in den Innenraum. Dargestellt ist Mariae Verkündigung. Es handelt sich um eine Arbeit des Münchner Künstlers Charles Crodel, der sie anlässlich der Wiedereinweihung der Kapelle entworfen hat.

Schlicht ist der Altar gehalten: Ein rechteckiger Block aus hell verputzten Sandsteinen. Daneben steht ein moderner Taufstein. Ein als Blumenbecken im Edelhofpark genutzter alter Taufstein aus der Renaissance hätte hier besser gepasst, bedauert Victor Jürgen v. der Osten. Sein Großvater, Hans-Bruno v. Alten, hatte diesen aber großzügig der bereits in den fünfziger Jahren restaurierten Kirche in Grasdorf, wo der Baron Patronatsherr war, zur Wiedereinweihung gestiftet.

Zwischen Taufstein und Altar steht auf einem Sockel eine 50 Zentimeter hohe Bronzeglocke aus dem 14. Jahrhundert. Sie hing einst im Dachreiter der Edelhofkapelle neben einer aus dem Geburtsjahr Luthers (1483) stammenden, schon seit längerem in

Der Altar der Edelhofkapelle mit der Bronzeglocke (14. Jh.)

die Michaeliskirche verbrachten Glocke. Sie wurde von Baron von Alten an die Nachbarkirche ausgeliehen, als deren Glocken im 2. Weltkrieg „eingezogen" worden waren, um sie für Kriegszwecke einzuschmelzen. Wegen ihres historischen Wertes entgingen die beiden Edelhof-Glocken diesem Schicksal, so dass sich Victor Jürgen v. der Osten um die Rückkehr der kleinen, älteren, in der Michaeliskirche nicht mehr benötigten Glocke bemühte, was ihm 1995 auch gelang.

Vor der Zerstörung der Kapelle hing ein Seil vom Glockentürmchen herab und endete außen neben der Eingangstür. Mehrfach wurde daran täglich gezogen und geläutet. Aber nicht, um die Bewohner des Edelhofes zur Andacht zu rufen, sondern um sie morgens in der Frühe zur Feldarbeit zu holen, sowie die Mittagspause und den Feierabend anzukündigen.

An der Südseite des Kirchenraumes ist in die Innenwand das Wappen der Familie von Alten mit seinem Wappenspruch „sola nobilitat virtus" (Allein Tugend adelt) eingelassen. Die Herren von Alten werden im Zusammenhang mit Ricklingen gleich nach 1300 erstmals erwähnt, verfügten hier aber wahrscheinlich schon länger über Lehnsbesitz, aus dem das „adlige Gut" (= Edelhof) entstand. Ungeklärt ist die Bedeutung der Namen auf der Sichtseite der Balken, die die Empore tragen. Es sind die Namen Ricklinger Bauern. Und auch dafür hat v. der Osten eine Geschichte parat:

„Das sind möglicherweise Namen der Familien, die sich im ‚Ricklinger Wasserkrieg' von 1718 hervorgetan haben. Die Hannoveraner begannen damals mit Befestigungsarbeiten am ‚Schnellen Graben', durch den Wasser der Leine vor der Stadt in die tiefer gelegene Beeke, und damit auf Ricklinger Gebiet, geleitet wurde. Das bedeutete eine erhöhte Hochwassergefahr für die Ricklinger, was diese verständlicherweise nicht so gerne hatten.

Die Glocken der Edelhofkapelle läuteten daher Sturm, etwa 50 Ricklinger Bauern kamen zusammen und zogen bis an die Zähne bewaffnet mit Forken, Mist- und Eishacken, Äxten und Barten gegen das Bauwerk und zerstörten es. Hannover baute dieses zwar wieder auf und klagte auf Schadensersatz. Nach einem mehr als 50 Jahre dauernden Prozess kam es schließlich zu einem Vergleich, aufgrund dessen Hannover künftig Entschädigungsleistungen an die vom Hochwasser betroffenen Ricklinger Bauern zahlen musste."

Kirchlich genutzt wird die Edelhofkapelle heute von der Michaelisgemeinde, meistens für Trauungen und Taufen. Kultur bringt der Besitzer des Edelhofes, Victor Jürgen v. der Osten, in das historische Gemäuer mit Konzerten, Lesungen und Theater.

„Es ist keine Wieskirche wie im Allgäu" fasst Victor Jürgen v. der Osten zusammen *„dennoch vermittelt diese Kapelle eine Stimmung, die ich nur als ‚himmlisch' bezeichnen kann."*

Simon Benne
Prunk und Kultur: Die Barockzeit in Hannover

Ein Abglanz von Venedig sollte in der Karnevalszeit auf Hannover fallen: Im Rathaus gab es Umzüge mit Maskeraden, bei Hofe wurden Episoden aus dem Leben des einfachen Volkes inszeniert, und die Adeligen feierten ausgelassen in ihren Stadthäusern. Die Welfenherzöge, die Hannover 1636 zur Residenzstadt erkoren hatten, wetteiferten mit anderen Fürsten darum, die bizarrsten Feierlichkeiten auszurichten. Dem seit 1679 regierenden Herzog Ernst August konnten die Festlichkeiten kaum prunkvoll genug sein. Er reiste zur Karnevalszeit gerne gleich ganz nach Venedig, mitsamt seinem Hofstaat. Um die kostspieligen Ausflüge wenigstens in Grenzen zu halten, genehmigten die Landstände ihm 1688 das Geld, um ein Opernhaus nach venezianischem Vorbild am Leineschloss zu bauen – es bot 1 300 Besuchern in fünf Rängen Platz, Agostino Steffani und später Georg Friedrich Händel wurden Hofkapellmeister.[1]

Teurer noch als der gesamte Opernhausbau fiel das Karnevalsfest aus, mit dem der Herzog 1693 seine Erhebung zum Kurfürsten feierte: Mit 34 511 Talern schlugen die Feierlichkeiten zu Buche – das entsprach etwa den Jahreseinnahmen aus dem Fürstentum Göttingen. Drei Jahre zuvor hatte man einen Elefanten die Treppen des Leineschlosses hinauf geführt, damit sich die Herzogin Sophie in ihrem Gemach an dem exotischen Tier delektieren konnte. Ausschweifende Feste gehören ebenso zum Hannover der Barockzeit wie prunkvolle Bauten. Die Präsentation fürstlicher Macht erforderte eine gewisse Üppigkeit. Im 17. Jahrhundert war die Stadt eine aufstrebende Residenz, in der die absolutistischen Herzöge ein ausschweifendes Leben mit dem Anspruch auf Unterordnung und höfische Disziplin vereinten.

Ebenso wie dies heute eher kurios anmutende Gebaren gehörten zur Repräsentation eines absolutistischen Fürsten allerdings auch die Förderung der Künste und die Beschäftigung namhafter Gelehrter bei Hofe. Von 1668 an gab es eine französische Schauspielgruppe in Hannover, und Herzog Johann Friedrich schmückte sich seit 1676 mit dem Universalgenie Gottfried Wilhelm Leibniz, der als Hofrat unter anderem die Leitung der Bibliothek übernahm. In den folgenden Jahren baute er diese auf etwa 50 000 Bücher aus. Bereits ein Jahrzehnt zuvor hatte der Herzog, der Calenberg seit 1665 regierte, damit begonnen, den Großen Garten in Herrenhausen anzulegen. Bis heute ist in der Gestaltung der Anlage etwas von dem Drang jener Zeit erkennbar, auch die Natur zu beherrschen. Für die herrschaftlichen Jagden legte der Herzog bei Kirchrode ein Wildgehege an, den Tiergarten.[2]

Von jener Epoche, in der Hannover danach strebte, eine glanzvolle Residenz zu sein, ist wenig geblieben. Das Leineschloss beispielsweise, ein altes Minoritenkloster, in dem die Herzöge residierten, wurde im Krieg zerstört. Es verfügte 1669 über nicht weniger als 108 Räume, darunter sechs Festräume und 25 fürstliche Appartments. Auch Hannovers Kirchen aus der Barockzeit lassen heute, nach zahlreichen Umbauten und den Schäden, die der Zweite Weltkrieg angerichtet hat, kaum noch etwas von der Pracht jener Zeit erahnen. Wer bei barocken Bauwerken niederbayerische Klosterkirchen vor Augen hat, Legionen von mit Blattgold verzierten Putten und Altäre von ausladendem Prunk, wird in Hannovers Barockkirchen wenig dergleichen finden. Umso mehr lohnt es sich, den Spuren jener Zeit nachzugehen und die Geschichten neu zu entdecken, die sich mit den Barockkirchen verbinden.

Spiegel der Geschichte Hannovers: Die Neustädter Hof- und Stadtkirche.

Ein Monument religiöser Toleranz: Die Neustädter Hof- und Stadtkirche St. Johannis

Ihr eindrucksvoller Turm prägt seit mehr als drei Jahrhunderten einen Teil von Hannovers Silhouette. Die Neustädter Hof- und Stadtkirche gilt vielen nicht nur als „die einzige protestantische Barockkirche Hannovers",[3] wobei sie durch verschiedene Umbauten und besonders die Zerstörung im Krieg freilich viel von ihrem barocken Charakter verloren hat. Keine Kirche spiegelt so sehr wie diese auch die Geschichte der unterschiedlichen Konfessionen in Hannover wider, keine kann so wie diese für sich beanspruchen, religiöse Toleranz und gleichzeitig lutherisches Denken zu verkörpern, und keine erinnert so wie diese an die Entwicklung Hannovers zu einer bedeutenden Stadt.

Herzog Georg von Braunschweig-Lüneburg erhielt 1635 durch eine welfische Landesteilung das Fürstentum Calenberg, ein Jahr später machte er Hannover zu seiner Residenz. Das ehemalige Minoritenkloster an der Leine ließ er zum Schloss umbauen. Obwohl die Altstadt zur Residenz erklärt worden war, entwickelte sich die Calenberger Neustadt zur eigentlichen Residenzstadt: Jenseits der Leine gab es genug Baugelände für die großen Pläne der Herzöge, die dort keine Rücksicht auf die zahlreichen Privilegien nehmen mussten, mit denen die Altstadt ausgestattet war. So erlebte die Calenberger Neustadt, in der viele wichtige Regierungsgebäude angelegt wurden, einen beispiellosen Aufschwung.[4]

In der allmählich ohnehin zu eng werdenden Altstadt bestand ein Statut aus dem Jahre 1588, nach dem nur Lutheranern dort Wohnrecht gewährt wurde. Die Neustadt hingegen unterstand nicht der Jurisdiktion der Altstadt, dort herrschte Religionsfreiheit. Neben Lutheranern ließen sich hier Hugenotten aus Frankreich, Katholiken aus Italien und auch viele Juden nieder, es entstand zwischen den Verwaltungsgebäuden des Herzogs und den Stadthäusern des Hofadels eine beinahe „multikulturelle" Gesellschaft, in der neben der lutherischen Mehrheit auch konfessionelle Minderheiten ihren Platz fanden.

Zwischen Leine und Ihme entwickelte sich so die „Straße der Toleranz":[5] An der heutigen Lavesallee wurde die reformierte Kirche gebaut, in der heutigen Clemensstraße die katholische Propsteikirche St. Clemens, und in der Roten Reihe erinnert heute eine Gedenkstätte an die 1938 zerstörte Synagoge. Hier lebten die Juden, die zu Johann Friedrichs Zeit den gesamten Geldverkehr der herzoglichen Privatkasse abwickelten, und hier ließen sich auch die reformierten Glaubensflüchtlinge aus Frankreich nieder, um Seidenstrümpfe oder Gobelins zu produzieren.[6] Die Herzöge förderten die Entwicklung der Calenberger Neustadt mit Steuererleichterungen für die Siedler zwischen Leine und Ihme: Um den Ausbau voranzutreiben, erhielten im Jahr 1650 Neubewohner kostenlos das Bürgerrecht, Baugrundstücke wurden ihnen unentgeltlich zur Verfügung gestellt.[7]

Es passt zur konfessionellen Offenheit der Calenberger Neustadt, dass gerade dort eine lutherische Kirche entstand, die ihren Bau einem katholischen Herrscher verdankt – und das mitten in einem Jahrhundert religiöser Intoleranz.

1665 übernahm Herzog Johann Friedrich, ein Sohn von Herzog Georg, die Regierung im Fürstentum Calenberg. Er war bereits einige Jahre zuvor zum Katholizismus konvertiert. Die Landstände, also Adel, Geistlichkeit und Städte, fürchteten nun eine Rekatholisierung des Fürstentums, doch dazu kam es nicht. Calenberg blieb protestantisch. Allerdings wurde die Schlosskirche im Leineschloss katholisch, und die herzoglichen Beamten mussten sich nach einem neuen, lutherischen Gotteshaus umsehen.

Dazu kam, dass auch die lutherische Gemeinde dringend ein geräumiges Gotteshaus brauchte. Pläne zum Bau einer neuen Kirche hatte es schon vor dem Amtsantritt Johann Friedrichs gegeben: Bereits 1660 hatte man den so genannten Judenteich zwischen Leine und Ihme aufgefüllt und auf dem Gelände den Neustädter Marktplatz angelegt, der für einen Kirchbau geeignet war.[8]

Nun beschlossen die Landstände den Bau einer neuen lutherischen Kirche, den der katholische Herzog finanziell unterstützte.[9] Dass die protestantischen Landstände den von ihnen finanzierten Bau auch als verhaltene lutherische Demonstration[10] gegen die Konfession des Herzogs gesehen haben mögen, wird sich auf das Baubudget nicht nachteilig ausgewirkt haben. Ein glückliches Wechselspiel von konfessionellem Selbstbewusstsein und religiöser Toleranz ermöglichte so den ersten großen Kirchenbau in Hannover nach der Reformation.

Noch heute zeugt von jenem konfessionellen Pluralismus, dass über dem Südeingang der Kirche das Wappen der (evangelischen) Calenbergischen Landschaft, also der Vertretung von Adel, Geistlichkeit und Städten, angebracht ist, während sich an der Nordseite vor dem Altarraum das Wappenfenster des (katholischen) Herzogs mit dem welfischen Sachsenross befindet. Es ist eines von drei Fenstern, die noch aus dem 17. Jahrhundert stammen. Sie waren während des Zweiten Weltkriegs ausgelagert.

So entstand in den Jahren 1666 bis 1670 die Kirche sowohl als Gotteshaus für die Hofbeamten – der Generalsuperintendent, der höchste Theologe des Landes, predigte hier, und noch heute ist es traditionell die Kirche des Landessuperintendenten – als auch als Stadtkirche für die lutherische Ortsgemeinde.

Dieser Doppelfunktion verdankt sie bis heute ihren etwas sperrigen Namen „Neustädter Hof- und Stadtkirche". Wahrscheinlich stammten die Pläne von dem Italiener Hieronimo Sartorio, vor Ort hatte der herzogliche Hofbauschreiber Brand Westermann die Bauleitung. Ausgeführt wurde der Bau vom hannoverschen Ratsherrn Johann Duve, einer schillernden Unternehmerfigur, der auch die Emporenbilder stiftete.

Die Neustädter Kirche war nach der Reformation der erste große Sakralbau im heutigen Niedersachsen, bei dem sich die protestantischen Raumvorstellungen schon von der Planung an verwirklichen ließen.[11] Anders als bei vorreformatorischen Kirchen, die nach der Reformation umgestaltet wurden, gab es in diesem Fall keine Vorgaben, an die man gebunden war. Anderswo gestaltete man katholische „Messkirchen" nachträglich in „Predigt- oder Gemeindekirchen" um, indem man sie mit festem Gestühl ausstattete.

Denn oberster Grundsatz lutherischer Kirchenbauten in dieser Zeit war die Zweckmäßigkeit: Ein einfacher Grundriss, ein festes Gestühl, Altar und Kanzel sollten im Mittelpunkt stehen. Außerdem entsprachen Emporen und nach Möglichkeit eine Orgel den Anforderungen des lutherischen Gottesdienstes, bei dem Evangelium, Predigt und Gesang im Vordergrund stehen.

Bei der Neustädter Kirche konnten von Anfang an liturgische Bedürfnisse in die Ausgestaltung des

Lutherische Zweckmäßigkeit: Die Neustädter Kirche war der erste große Sakralbau Hannovers nach der Reformation.

Raumes einfließen. In der Architektur spiegeln sich so auch theologische Gedanken wider. Der Grundriss ist ein schmales Rechteck, ein einheitlicher Predigt- und Kanzelraum mit Doppelempore und – später aufgestelltem – Kanzelaltar, an der östlichen Schmalseite mit einer geraden, abgeschlossenen Chornische. Es gibt keine Stützen, die den Raum gliedern.[12]

Diese erste barocke, protestantische Saalkirche des Fürstentums war ohne Vorbild – im Gegenteil, ihre Architektur stand selbst Modell für viele andere Kirchen. Wegen Einsturzgefahr musste der Kirchturm schon nach wenigen Jahren erneuert werden, er wurde 1700 fertig gestellt. Die Kosten trug der Premierminister des Herzogs, Graf Franz Ernst von Platen. Dafür erhielt er für seine Familie ein Erbbegräbnis in der Kirche. Mit dem Neubau des Turms erhielt die Kirche auch neue Glocken und eine Willenbrock-Orgel.

Überhaupt verbinden sich mit der Kirche die Namen illustrer Persönlichkeiten, da das Gotteshaus auch als Begräbnisstätte für Hofprediger und -beamte diente. Der Fußboden bestand aus Grabplatten. Darunter befanden sich Grabkammern, die durch Scheidewände voneinander getrennt waren. Im 19. Jahrhundert hatte man – auch, weil sich ein moderiger Geruch ausbreitete – den Fußboden mit einem neuen Belag überzogen. Erst bei Renovierungsarbeiten 1902 entdeckte man die Grabplatten wieder, die in Vergessenheit geraten waren. Die Gräber wurden nun mit Sand aufgefüllt, 34 der Grabplatten stellte man an den Außenwänden der Kirche auf, deren Mauern so zu einem Geschichts- und Geschichtenbuch aus Grabsteinen wurden.

Die Namen der Mächtigen und Gebildeten vergangener Jahrhunderte sind hier verewigt – oder die derer, die sich im Umfeld jener Großen bewegten. Eine der Grabplatten erinnert beispielsweise an den fürstlichen Lakaien Nicolaus Gerhard Uden, der 1683 die Nachricht vom Sieg über die Türken bei Wien nach Hannover brachte.[13] Die prachtvollen Rahmen entsprechen – ebenso wie die Gemälde der Hofprediger über der Empore – ganz den stilistischen Gepflogenheiten des Barock.

In der Kirche wurde auch einer der bedeutendsten Gelehrten seiner Zeit beigesetzt: Der Geheime Hofrat Gottfried Wilhelm Leibniz, der 1716 starb. Als Historiker beschäftigte er sich mit der Geschichte des Welfenhauses, als Theologe bemühte er sich um die Einheit der christlichen Kirchen, als Aufklärer stritt er für eine europäische Friedensordnung. Außerdem entwickelte der Universalgelehrte auch das so genannte binäre Zahlensystem, das moderne Datenver-

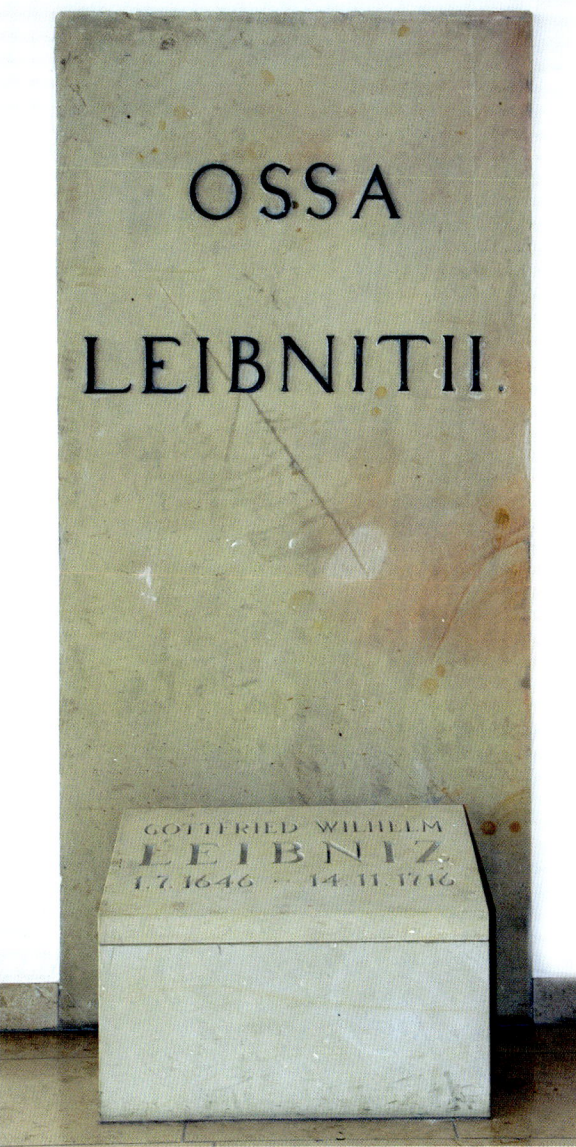

Illustre Persönlichkeiten: Die Grabstätte Leibniz'.

arbeitung möglich macht, und eine auch heute noch beeindruckende Rechenmaschine. Bei der Öffnung der Gräber 1902 wurden die sterblichen Überreste Leibniz' in eine gesonderte Truhe umgebettet.[14] Seit einem Umbau 1994 lagern seine Gebeine („Ossa Leibnitii") in einer Kupferkassette in einem kleinen Sarkophag in der Nähe des Altarraumes.

Ursprünglich gab es im Kircheninnenraum zwei Emporen. 1870 wurde die obere entfernt, außerdem wurden bei dem Umbau unter anderem neuromanische Fenster eingesetzt.[15] Im 19. Jahrhundert wurde die Kirche immer weniger Mittelpunkt der noblen Gesellschaft, sie verlor an Bedeutung.

Die Kurfürsten von Hannover waren seit 1714 in Personalunion auch Könige von England.

Sie residierten dort, und die Stadt Hannover und die Neustädter Kirche verloren sie mehr und mehr aus dem Blick. Nach dem Ende der Personalunion 1837 wollte sich der alte Glanz nicht wieder einstellen: König Georg V. plante ein neues Regierungsviertel um sein neues Schloss, das Welfenschloss, in dem heute die Universität untergebracht ist. Die Christuskirche wurde neue Hofkirche. Das königliche Patronat der Neustädter Kirche übergab er an die Stadt Hannover, die es seit 1849/50 inne hat.[16]

In der Nacht auf den 9. Oktober 1943 traf eine Brandbombe die Kirche. Das Gotteshaus wurde schwer beschädigt, beim anschließenden Wiederaufbau ging sein barocker Charakter endgültig und unwiederbringlich verloren.[17] Die Zerstörungen waren so stark, dass man sogar den vollständigen Abriss in Erwägung zog. Die Kirche wurde dennoch 1956 bis 1958 wieder aufgebaut und am 1. Advent 1958 von Landesbischof Hanns Lilje eingeweiht.

An den Außenmauern finden sich noch verschiedene Ornamente – etwa Früchte und Blüten als ambivalente Symbole für Schönheit und Vergänglichkeit – als Spuren der barocken Gedankenwelt. Im heute eher schlicht wirkenden Innenraum erinnern seit der Zerstörung nur noch einige Relikte, die im Krieg gerettet wurden, an den früheren Prunk der Einrichtung.

Dazu zählen auch die barock gestalteten Porträts von Hofpredigern über den Emporen. Sie zeigen hannoversche Persönlichkeiten wie den Magister David Ruprecht Erythropel (1653 – 1732), der Hofkaplan in Hannover war und den Trauergottesdienst bei Leibniz' Beerdigung in der Kirche hielt. Er war auch der erste Geistliche, der nach dem Tod des katholischen Herzogs Johann Friedrich wieder eine evangelische Predigt in der nun erneut protestantisch gewordenen Schlosskirche hielt. Auch die Kronleuchter stammen noch aus dem 17. Jahrhundert – der vor dem Altarraum wurde allerdings erst 1994 angefertigt.

Das Bruchstückhafte der Figuren, die an der Altarwand um ein modernes Werk des Künstlers Jacques Gassmann (aus dem Zyklus „Passion" von 1994) angebracht sind, erinnert an das, was hier seit den Zer-

Barockes Firmenlogo: Baumeister Duve verewigte seinen plattdeutschen Namen an der Fassade - mit dem Relief einer Taube.

Die Spanische Orgel

Sie ist eine der Attraktionen der Neustädter Kirche: Die „Spanische Orgel", die seit 2001 als dritte Orgel über der Empore der Neustädter Kirche thront, ist nördlich der Pyrenäen einzigartig. Anders als die meisten Instrumente dieser Art hier zu Lande hat die mit Blattgold belegte, in warmen Farben erstrahlende Orgel nur eine einzige Tastatur. Die Register sind auf beiden Seiten gleich, die Pedale sind nur kurze Stummel.

Besonders charakteristisch sind die 90 horizontalen Orgelpfeifen, die „Trompeten". Das Instrument steht als Nachbau einer Orgel aus dem kastilischen Lerma von 1618 ganz in der Tradition spanischer Orgelbaukunst. Die mehr als eine halbe Million Mark teure Rarität – finanziert wurde sie mit Hilfe von Landeskirche und Klosterkammer – gehört der Musikhochschule Hannover. Durch zahlreiche Orgelkonzerte hochkarätiger Musiker hat die Neustädter Kirche ihren Ruf als Ort kultureller Veranstaltungen seit ihrer Installation weiter ausgebaut.

Als „City-Kirche" in Hannovers Innenstadt hat sich die Kirche in den vergangenen Jahren auch als Ort von Vorträgen einen Namen gemacht. Ganz nach lutherischer Tradition kommt jedoch bei kulturellen Veranstaltungen der (Kirchen-)Musik eine besondere Bedeutung zu.

störungen im Krieg fehlt: Es sind Reste des prachtvollen Kanzelaltars von 1758, der ursprünglich die gesamte Wand ausfüllte.

Der von Johann Dietrich Heumann und Johann Friedrich Blasius Ziesenis gestaltete Altar galt als „die bedeutendste lutherische Kanzelaltarwand des Spätbarock".[18] Die barocken Relikte und die zeitgenössische christliche Kunst vereinen sich heute dennoch zu einer spannungsvollen Symbiose. Die vier unteren Figuren stellen die vier Tugenden Glaube, Liebe, Hoffnung und Weisheit dar. Darüber sind Moses mit den Gesetzestafeln und Johannes der Täufer angebracht, der der Kirche ihren Namen gibt; ganz oben ist der auferstandene Christus zu sehen.

In den Jahren 1990 bis 1992 wurde die Kirche noch einmal renoviert: Der Fußboden wurde saniert, Stühle ersetzten die Bänke. Die Seitenemporen, auf die man nach dem Krieg verzichtet hatte, wurden eingezogen, der hintere Bereich zugunsten des Leibnizsaals abgetrennt. Das Leibniz-Grab fand einen würdigen Platz unter der Seitenempore.

Auch 23 von ursprünglich 27 Emporenbildern kehren erst jetzt, also fast fünf Jahrzehnte nach der Zerstörung im Krieg, in die Kirche zurück. Sie zeigen Szenen aus dem Neuen Testament, besonders aus der Passionsgeschichte.

Welcher Künstler sie geschaffen hat, ist unklar. Gestiftet wurden sie von Johann Duve. Der Bauunternehmer erhielt 1660 vom Herzog den Großauftrag, 42 Fachwerkhäuser nördlich der Calenberger Straße zu errichten.

So entstanden unter anderem die Rote Reihe und die heutige Neustädter Straße. Beim Bau der Kirche hat Duve sich selbst außen an der Ostseite verewigt: An der Rückseite der Sakristei zeigt ein Relief eine Taubenfamilie. Dies ist kein Symbol für den Heiligen Geist, sondern eine Anspielung auf die plattdeutsche Bedeutung seines eigenen Familiennamens: „Duve" heißt „Taube".[19]

So hat der Mann, der das Gesicht der Calenberger Neustadt prägt, an exponierter Stelle ein dezentes „Firmenlogo" hinterlassen.

Heiliger der Fischer: St. Nikolaus.   *Hemdsärmeliger Menschenfischer: Pastor Sackmann.*

Insel der Stille: Die St. Nikolai-Kirche in Limmer.

Wo Sackmann predigte: St. Nikolai in Limmer

Wie eine kleine Oase liegt St. Nikolai zwischen alten Fachwerkhäusern und Backsteinbauten, umgeben von mächtigen Bäumen, eine Insel der Ruhe mitten in einer städtischen Umgebung. Hier, um die Kirche herum, lässt sich noch etwas vom früheren, dörflichen Charakter Limmers erahnen – von der Umgebung, in der vor drei Jahrhunderten der vielleicht wortgewaltigste Prediger, den Hannover je hatte, mit barocker Wucht und ohne falsches Harmoniebedürfnis die Konfrontation mit den Mächtigen seiner Zeit wagte.

Die erste urkundliche Erwähnung Limmers verdanken wir kriegerischen Auseinandersetzungen: Im Jahre 1189 versuchte der spätere Kaiser Heinrich VI. vergeblich, die mittelalterliche Burg Limbere der Grafen von Roden zu erobern, die in der Nähe der heutigen Kirche lag. Ein lateinischer Gedenkstein auf dem Kirchhof erinnert daran, wie er schon beim ersten Angriff schmachvoll zurückgeschlagen wurde („primo insultu inhoneste repulsus est").

Die Burg verfiel im Laufe der Zeit, in ihrer Umgebung jedoch entwickelte sich ein kleines Bauerndorf.[20] Wann genau hier die ersten Kirchen aus Holz oder Stein erbaut wurden, ist nicht bekannt. Sicher ist jedoch, dass an der kleinen, aus Bruchsteinen gebauten Kirche, die im 18. Jahrhundert an der Stelle von St. Nikolai stand, 1784 „einige Stellen so wandelbar geworden, dass sie einzustürzen drohten".[21]

Die alte Kirche wurde abgerissen, und an ihrer Stelle entstand in den folgenden Jahren zum Preis von 2753 Thalern, 14 Groschen und 1 Pfennig ein schlichter, rechteckiger Kirchenraum. Am 9. Oktober 1791 wurde er feierlich eingeweiht – eine Kirche ohne Turm, ohne Altarraum, ohne Sakristei. Sie sah so schmucklos aus, dass sie als „Schafstall von Limmer" bespöttelt wurde.

Vier Jahre später wurde unweit der Kirche ein Glockenstuhl für drei Glocken errichtet, der so sehr von Bäumen und Sträuchern umwachsen war, dass das Wort die Runde machte, in Limmer hingen die Glocken im Zwetschenbaum.[22] Was heute möglicherweise als pittoreskes, liebenswert bescheidenes Dorfkirchlein im Grünen idyllisiert würde, galt den Menschen jener Zeit, deren Alltag die vermeintliche Dorfidylle war, als rückständig und unwürdig.

Im Jahre 1898 wurde die Kirche um Altarraum und Sakristei erweitert, und sie erhielt endlich einen Turm, was auch den angenehmen Nebeneffekt hatte, dass die Gefahr der Verwechselung mit einem Schafstall nun ein für alle Mal ausgeschlossen war. Selbst das ehemalige hannoversche Königshaus ließ es sich nicht nehmen, sich an den Baukosten zu beteiligen.[23]

Den Innenraum erfüllt eine erhabene und etwas düstere, jedoch gerade dadurch auch warme Atmosphäre. Im Jahre 1910, Limmer war ein Jahr zuvor von der Stadt Linden eingemeindet worden, gestaltete man das Kircheninnere von Grund auf um: Die Bänke und die dominierenden Emporen mit ihren reichen Verzierungen wurden eingebaut, die zuvor niedrige Decke bis unter den Dachstuhl hochgezogen.

Der Raumeindruck muss sich dadurch gewaltig verändert haben. Großzügig wirkt das Innere der Kirche heute, und doch verleihen die fast jugendstilhaften Ornamente an der Decke und die Formen und Farben des Gestühls St. Nikolai etwas Leichtes, beinahe Verspieltes.

Wie eine „Predigt ohne Worte"[24] wirkt der Altar von 1898 an der Ostseite. Sein Bildprogramm widmet sich Opferszenen aus dem Alten Testament: Abels Tieropfer, Aarons Räucheropfer, Isaak, der das Holz zum Brandopfer trägt und Melchisedek, der Brot und Wein als Gabe darbringt. Das Kreuz des geopferten und auferstandenen Christus jedoch überragt diese Szenen.

In der Turmhalle gemahnen verschiedene Grabplatten an die Vergänglichkeit des Lebens. Neben dem Grabstein des Pastors Tilemann Herbort, der von 1606 bis 1624 als Pastor in der Kirche wirkte, die Grabplatte zeigt ihn mit seiner Familie unter dem Kreuz Christi kniend, ist ein Epitaph besonders beeindruckend, das 1912 bei Bauarbeiten unweit der Kirche auf dem Vollmeierhof gefunden wurde, in dem heute die Kindertagesstätte untergebracht ist.

Hans Jürgen Rosenmeyer und Christina Raschen betrauern ihre Kinder Heinrich und Ilsabey Catrina, die im Alter von 18 beziehungsweise vier Jahren starben, mit einem barock anmutenden Memento Mori: „Kurz ist die Zeit / Geschwind der Todt, / ach wie geschwinde / und behände ist komm / meine Todesnoth".

Sonst erinnert wenig in der Kirche an die Barockzeit. Auf dem Altar stehen zwei Barockleuchter von

1787, gestiftet von der Bauersfrau Engel Christina Hermanns, und zwei Gemälde über der Empore, die Kreuzigung und Kreuzabnahme zeigen, haben schon in der 1785 abgerissenen Kirche gehangen. Doch die modernen Zeichnungen und Gemälde an der Westseite und an den Seitenwänden stammen von einem zeitgenössischen Künstler. Der Maler Thomas Schäfer stellt in ihnen die Frage nach dem Wesen des Menschen. Das große Himmelfahrtsfenster ist aus dem Jahr 1946, drei Jahre später entstand das Nikolaus-Fenster über dem südlichen Seiteneingang, das den Patron der Kirche zeigt.

Der Heilige galt im Mittelalter nicht nur als Schutzpatron der Kinder, sondern auch der Fischer. Wahrscheinlich auch, weil die Dorfbewohner im nahe gelegenen Fluss ihre Netze auslegten, wurde gerade er zum Patron der Kirche bestimmt. Auch die großen Fenster an der Südseite – eines zeigt Szenen aus dem Alten, eines Szenen aus dem Neuen Testament – wurden nach dem Krieg wieder hergestellt. Bei einem Luftangriff war die Kirche 1943 beschädigt worden.

Die St. Nikolai-Kirche von heute ist nur noch im Kern ein Bauwerk des Barock. Dennoch ist der Name einer Gestalt untrennbar mit St. Nikolai verknüpft, die durch und durch barock erscheint, auch wenn sie mit den hierarchischen Ordnungen des Absolutismus immer wieder in Konflikt geriet. Der Pastor Jacobus Sackmann, der von 1680 bis 1715 im Vorgängerbau der heutigen Kirche predigte, ist der wohl volkstümlichste Theologe, mit dem Hannovers Kirchengeschichte aufwarten kann. Sein Porträt – es hing bereits in der alten Kirche – ist in St. Nikolai neben der Kanzel angebracht.[25]

Sackmann wurde 1643 als Sohn eines vermögenden Bürgers in der Calenberger Neustadt geboren, also in der Nähe des herzoglichen Schlosses. Das hinderte ihn nicht daran, seine Predigten mit originellen Seitenhieben auf kurfürstliche Bestechungspraktiken ebenso wie mit Tiraden gegen dumme Hildesheimer Prälaten zu spicken. Wenn Streithähne abends im Krug aneinander gerieten, warf sich der handfeste Theologe seinen Priesterrock über und ging höchstpersönlich mit einem hebräischen „Schalom lecha" dazwischen.[26]

Als Herzog Anton Ulrich in Wolfenbüttel sich anschickte, seine Enkelinnen mit dem katholischen, späteren Kaiser Karl VI. und dem orthodoxen Sohn Peters des Großen zu verheirateten, gemahnte er seine Gemeinde, doch ja beim rechten lutherischen Glauben zu bleiben und sich kein Beispiel an denen zu nehmen, die Prinzessinnen Papisten und Moskowitern zur Frau gäben. Ob Sackmann auch gepredigt hat, der Herzog würde die jungen Damen sogar den Teufel und seine Mutter ehelichen lassen, wie behauptet wurde, ließ sich bei der anschließenden Untersuchung des Konsistoriums nicht ganz klären. Einen großen Teil seiner Zeit muss der streitbare Pastor damit verbracht haben, gegen Anklagen Stellung zu nehmen und sich vor Generalsuperintendent und Konsistorium für seine verbalen Ausfälle gegenüber den Mächtigen zu rechtfertigen – Respektlosigkeiten, die in Zeiten absolutistischer Strenge besonders schwer wogen. Das Konsistorium untersagte ihm 1711, Gemeindeglieder von der Kanzel herab als „Diebe, Ochsen, Esel und Schurken" zu titulieren.[27]

Dabei lässt sich oft nicht genau bestimmen, wo in seinen humorvoll-furiosen Predigten die Grenze zwischen Selbstironie und unfreiwilliger Komik verlief. So soll er etwa am Ende einer Leichenpredigt erklärt haben, der Verstorbene sei „nächst dem Pastor der nützlichste Mann im ganzen Dorf gewesen".[28]

Immerhin erzielte Sackmann mit seiner respektlosen, hemdsärmeligen und bäuerisch derben Art eine Breitenwirkung, von der mancher Hofprediger nur träumen konnte. Im Schloss wurden seine teils niederdeutschen Predigten heiß diskutiert, und bis zu 100 Menschen sollen aus der Residenzstadt Hannover ins dörfliche Limmer gekommen sein, um Sackmann reden zu hören und anschließend darüber zu lachen, wie er einzelne von der Kanzel herab für ihren sündigen Lebenswandel beschimpft hatte.

Kurfürstin Sophie – sie selbst soll verkleidet und inkognito in den Gottesdienst nach Limmer gefahren sein – schickte Abschriften der Predigten in alle Welt. Sogar in Versailles, am Hof des Sonnenkönigs Ludwig XIV., wurden sie gelesen.

Nach Sackmanns Tod 1718 wuchs sein Nachruhm schnell. Predigten wurden in Unterhaltungsblättern abgedruckt, und um seine Person sponnen sich so viele Anekdoten, dass es heute schwer ist, den historischen Sackmann dahinter zu erkennen.[29] Obwohl die unangepasste Art des Pastors nicht recht zur ständischen Gesellschaft und zum barocken Ordnungsdenken passen mag, ist er in seiner wortmächtigen Wucht durchaus eine barocke Figur, ein seltsamer Heiliger und ein weiser Narr.

Wie eine plattdeutsch-derbe Ausgabe von Filippo Neri schaffte er es, sowohl die Bauern als auch die Gebildeten seiner Zeit zum Lachen zu bringen. Und oft wird sich im Gelächter über die Verfehlungen der Mächtigen klammheimliche Zustimmung verborgen haben.

Hannovers Dorfkirche: Die Kapelle Wülferode

Es blieb kaum ein Stein auf dem anderen: Bei der Renovierung der Wülferoder Kapelle, die 2001 begann und erst 2003 abgeschlossen war, nahmen Bauarbeiter die Ziegel aus dem Fachwerk heraus, behandelten die morschen Balken und bauten die Mauern dann Stück für Stück wieder auf. Ein stabilisierendes Stahlgerüst wurde in die Wände eingezogen, ein alter, überflüssiger Schornstein im Inneren entfernt und der Fußboden von Grund auf saniert. Auch die Empore, unter der immer wieder Putz abgeplatzt und die am Ende nur noch für kleine Gruppen zugelassen war, wurde erneuert. Das alte Chorgestühl und eine für den kleinen Raum zu groß wirkende Kanzel verschwanden, letztere wurde durch ein schlichtes Pult ersetzt.

Die Schäden entpuppten sich dabei als weitaus größer als zunächst erwartet: Besonders der Dachstuhl hatte darunter gelitten, dass nach dem Krieg Dachziegel gestohlen worden waren. Eine Zeitlang hatte es damals hineingeregnet, und erst jetzt, als der Putz abgenommen wurde, bemerkte man die Schäden, die durch Pilzbefall an den Deckenbalken angerichtet worden waren. Viele der tragenden Balken mussten ausgetauscht werden. Außerdem wurden insgesamt sieben verschiedene Arten von Holzwürmern bei der Renovierung unschädlich gemacht.[30]

Mit insgesamt etwa 200 000 Euro schlug die Sanierung der Kapelle aus dem Jahr 1756 bei der Landeskirche, der Denkmalpflege und der Kapellengemeinde zu Buche. Nach einer allein am praktischen Wert orientierten Kosten-Nutzen-Analyse hätte sich eine so umfassende Renovierung der kleinen Kapelle womöglich nicht gelohnt: Nur zweimal monatlich, jeweils am 1. und 3. Sonntag im Monat, gibt es regelmäßige Gottesdienste in der denkmalgeschützten Kirche, die zur St. Johannis-Gemeinde Bemerode gehört. Doch wie kaum ein anderes Gebäude steht das pittoreske Kleinod, das mehr als zwei Jahrhunderte lang Mittelpunkt des Dorfes war, für die Identität der Wülferoder. Der 1974 nach Hannover eingemeindete Ort hat etwa 900 Einwohner. Wer das dörfliche Wülferode besucht, kann leicht vergessen, dass er sich in der niedersächsischen Landeshauptstadt befindet. Und die Kapelle ist in „Hannovers Dorf" noch so etwas wie eine klassische Dorfkirche. Generationen von Wülferodern sind hier getauft oder konfirmiert worden, viele Paare lassen sich heute gerne in dem malerischen Fachwerkbau trauen. Die Kapelle ist klein, sie misst gerade 80 Qua-

Malerisch: Die Wülferoder Kapelle nach der Renovierung.

dratmeter, nur rund 100 Menschen finden hier Platz. Aber die Geschichte des Ortes lässt sich nicht ohne ihre Geschichte erzählen. Da ist zum Beispiel die Geschichte vom Fest zu Ehren der Jungfrau Maria, bei dem offenbar einst so ausschweifend gefeiert wurde, dass die Obrigkeit dem Treiben schließlich ein Ende setzte. Eine steinerne Kapelle, die der Gottesmutter geweiht war, wird in alten Urkunden erstmals 1474 erwähnt. Zweimal im Jahr musste der Pastor von Kirchrode dort predigen – unter anderem an jedem 2. Juli, dem Tag der „Heimsuchung Mariens". Dieser Brauch hielt sich auch nach der Reformation über Jahrhunderte hinweg. Um die Gottesdienste herum rankten sich im Laufe der Zeit jedoch immer mehr volksfestartige Lustbarkeiten, und 1835 ersuchte der Ortsbauermeister das Königlich Großbritannisch-Hannoversche Amt, die „Kermiße" doch bitte einzustellen, da sie die Menschen unnötig zur Verschwendung, zu Lärm und Unfug anhalte. Auch der Pfarrer von Kirchrode machte sich aus sittlichen Erwägungen heraus dafür stark, die Kirchmesse abzuschaffen, zumal der Gottesdienstbesuch an diesem Jahrmarktstag ohnehin zu wünschen übrig lasse. Die Königliche Landdrostei gab dem Ersuchen statt, und so geriet Wülferodes Marientradition in Vergessenheit.[31]

Wenn Kriege im Dorf wüteten, wurde auch die Kapelle in Mitleidenschaft gezogen. Ihr Schicksal spiegelt so auch immer ein wenig das Schicksal Wülferodes wider – etwa bei den Verwüstungen des Dreißigjährigen Krieges. Der „Capellen Hoff war von Schwedischen Völckern gantz abgebrandt und eingeäschert, die Länderey aber lagk gantz wüste und öde" und die „Kirchenglocke war Anno 32 von den Finnen und Lappen entzweygeschlagen und hinweggenommen", heißt es in Aufzeichnungen von 1644.[32] In diesem Jahr bekam die Kapelle die Glocke, die sie noch heute hat. Schwedische Truppen hatten sich in dem Gotteshaus regelrecht verschanzt und besonders das Dach schwer beschädigt. Im Jahre 1650 kam ein Handwerksmeister eigens aus Hannover, um die Löcher zu reparieren, doch auch in den folgenden Jahren mussten immer wieder Schäden am Dach behoben werden.

Im Jahre 1754 schließlich wandte sich Pastor Ernst mit einem „unterthänigsten Memorial" wahrscheinlich direkt an den König: Die Kapelle sei so verfallen, dass bei Regenwetter gar kein Gottesdienst mehr darin gehalten werden könne, klagt er. In drastischen Worten verstand er es, die Unumgänglichkeit eines Neubaus zu illustrieren: Die Mauern seien überall geborsten, die Balken mürbe und teils verfault, und überhaupt könne ein Sturm das verfallene Gebäude leicht ganz zum Einsturz bringen.[33]

Dennoch ließ das Königliche Konsistorium erst den zuständigen Oberamtmann aus Koldingen und den verantwortlichen Superintendenten aus Pattensen die kleine Kirche begutachten. Erst als diese vermeldeten, dass die Kapelle wirklich in beklagenswertem Zustand sei und dass die Wülferoder mit 300 Reichstalern den Löwenanteil der Baukosten sogar selbst bezahlen wollten, gab das Konsistorium grünes Licht.

Nach den Plänen des hannoverschen Zimmermeisters Heinrich Georg Blume entstand daraufhin der Bau so, wie er noch heute zu sehen ist. Die Gemeinde, zu der nur 27 Häuser gehörten, leistete beim Bau nicht nur Hand- und Spanndienste, sondern lieferte auch das benötigte Eichenholz selbst. Als das neue Gotteshaus am 3. März 1757 endlich mit großem Zeremoniell eingeweiht wurde, versammelte sich das ganze Dorf vor der Schule, und singend zog man feierlich zu der kleinen Kapelle.[34]

In der Kirche, deren Inneres fast anrührend schlicht wirkt, gibt es drei Stücke, die nicht nur die Renovierung zu Beginn des 21. Jahrhunderts überstanden haben. Sie stammen sogar noch aus der Zeit vor dem Neubau in der Mitte des 18. Jahrhunderts. Neben der Glocke, die nach den Verwüstungen des Dreißigjährigen Krieges angeschafft wurde, ist da der sechseckige Taufstein von 1661. Sein Becken wird von drei Engeln getragen, auf den sechs Außenfeldern sind die vier Evangelisten dargestellt, die Taufe Jesu und die Nikodemus-Szene. Mittelpunkt des Kirchenraums jedoch ist der Altar, dessen Bild ein unbekannter Künstler 1677 angefertigt hat. Die Bauernmalerei zeigt das letzte Abendmahl, umrahmt wird die Szene von den kunstvoll geschriebenen Einsetzungsworten Jesu. Die Altarplatte zeugt vom Pragmatismus der früheren Einwohner von Wülferode. Sie ist ein umgedrehter Grabstein. Offenbar hatte er beim Kapellenbau 1756 in seiner alten Funktion ausgedient und wurde kurzerhand recycelt.

Schlicht und dennoch ergreifend: Blick auf den Altar der Kapelle.

Marcus Buchholz
Conrad Wilhelm Hase: Kirchbau im 19. Jahrhundert

Ein wenig grimmig blicken die Wasserspeier vom Dach der Christuskirche. Einige Gesichter sind noch rußgeschwärzt, anderen fehlt ein Ohr. An der Ostfassade blickt jedoch ein Kobold wieder ganz freundlich drein. Er hat eine Kirche im Arm. Diese Figur stellt den Baumeister Conrad Wilhelm Hase (1818 – 1902) dar. Der Professor für Baukunst an der Technischen Hochschule und Konsistorialbaumeister der Landeskirche Hannovers hat mit dem Bau der Christuskirche die Baukunst der Hannoverschen Schule begründet.

Viele der 26 evangelischen und acht katholischen Kirchen, die zwischen 1850 und 1914 in Hannover entstanden sind, wurden von Hase oder seinen Schülern entworfen. Neben der Christuskirche – ein Vorzeigebau der Neugotik in Deutschland – baute Hase in Hannover die Apostelkirche in der List und die heutige Erlöserkirche in Linden. Einflüsse des romantischen Klassizismus, des Rundbogenstils und der norddeutschen Backsteingotik des späten Mittelalters schlagen sich in seiner Formsprache nieder. Einer der wichtigsten Lehrsätze für Hase war: „Wahrheit in der Kunst".[1] Die Architektur eines Gebäudes müsse aus der Konstruktion und dem Baustoff hervorgehen.[2]

Bei der Kirchenkonferenz in Eisenach 1861 formulierte Hase maßgeblich das gemeinsame „Regulativ für den evangelischen Kirchbau" der norddeutschen Landeskirchen mit. Seine Gestaltungsgedanken und die seiner Schüler prägen noch heute das Stadtbild Hannovers mit seinen zahlreichen neugotischen Kirchbauten.

Im Zuge der Industrialisierung im 19. Jahrhundert wuchsen die Vororte von Hannover so an, dass nicht mehr nur ein Kirchenkreis die vor den Toren Hannovers liegenden Orte und Gemeinden fassen konnte. Aus den Mammutgemeinden der Christuskirche – sie zählte um 1875 mehr als 30 000 Mitglieder – oder der Gartenkirche sind zahlreiche Tochtergemeinden hervorgegangen.

In wenigen Jahren wurde der Kirchbau in Hannover vor allem unter der Federführung des damaligen Superintendenten von Hannover, Gerhard Uhlhorn, vorangetrieben. Er wollte die geistliche Versorgung der Arbeitervorstädte durch Gemeindegründungen und Kirchneubauten sichern: „Mehr Kirchen und an den Kirchen tüchtige Pastoren, die das Herz auf

Am Hauptportal der Christuskirche stehen mannsgroße Statuen: Paulus und Petrus (rechts), Abraham und David (links).

dem rechten Fleck haben und aus dem Glauben Christus verkündigen, daran liegt uns."[3]

Mit darum notwendig gewordenen Kirchneubauten wurden vor allem Hase und seine Schüler beauftragt. Dabei übernahmen die meisten seiner Schüler die charakteristische Bauweise der Hannoverschen Schule und vervollkommneten sie.

Dazu zählen Carl Knust (Michaeliskirche), Christoph Hehl (Dreifaltigkeitskirche), Rudolph Eberhard Hillebrand (Gartenkirche, Lutherkirche) sowie Wilhelm Lüer, Ludwig Frühling, Fritz Wegener und Karl Börgemann.

An der Nahtstelle zwischen City und Nordstadt steht die Christuskirche: Mit diesem Bau hat Conrad Wilhelm Hase die Baukunst der Hannoverschen Schule begründet.

Christuskirche: Meilenstein der Neugotik

Eine goldene Metallkugel schaukelte an diesem Tag an der Christuskirche am Ausleger eines Autokrans 30 Meter in die Höhe. Es war der 25. März 2003, der Tag, an dem die 1864 eingeweihte Kirche erstmals neuen Schmuck angelegt bekam: Die so genannte Bekrönung wurde auf das Dach des Ostchores in Richtung Klagesmarkt gesetzt – samt Wetterfahne und Stern. In der neuen aus Kupfer geformten und mit Gold überzogenen Krone befinden sich Dokumente – aus dem Jahr 2003: Ausgaben der Hannoverschen Allgemeinen Zeitung sowie der Neuen Presse, ein Bericht über die aktuelle Situation der Christuskirchengemeinde. Und ein Foto von Prinz Ernst August von Hannover mit Gemahlin Caroline Prinzessin von Hannover. „Das ist so Tradition", sagt Kirchenvorsteher Peter Troche. Auch im Mittelalter habe man in der Bekrönung Zeugnisse über die Stifter und Erbauer hinterlegt.

Schon im Original – einer maroden und im Zweiten Weltkrieg zerschossenen alten Bekrönung verbarg sich ein Schatz: ein alter Stadtplan von Hannover aus der Zeit, als die Kirche erbaut wurde sowie Zeitungen von 1863. Auf einer handschriftlichen Liste aller am Bau Beteiligten ist neben Baumeister Conrad Wilhelm Hase auch der Bauherr König Georg V. genannt. Denn der letzte König von Hannover war der Schutzherr für die Christuskirche; bis heute hat das Welfenhaus das Patronat über das Gotteshaus – so auch des Königs Nachfahre Prinz Ernst August.

Nicht nur der Inhalt in der neuen Bekrönung gibt Zeugnis über das Patronat: An der Rückwand im inneren Westteil der Christuskirche hängt ein Ölbild des damaligen Bauherrn. Georg V. beauftragte den Baumeister Conrad Wilhelm Hase, einen prächtigeren Entwurf der Kirche zu planen. Denn der Standort der zukünftigen Pfarrkirche lag ganz in der Nähe des sich im Bau befindlichen Welfenschlosses. Die Pfarrkirche sollte zugleich als Schlosskirche der Welfen dienen.

Der 1859 gegründeten Christuskirchengemeinde kam dieser Auftrag des Königs nur recht, musste sie doch nichts für die Finanzierung in Höhe von rund 500 000 Mark beisteuern. Zumal der Bevölkerungsanteil der zwischen dem Dorf Hainholz und der Stadtgrenze von Hannover gelegenen „Vorstadt" innerhalb weniger Jahre enorm anwuchs. Zählte die Gemeinde 1867 bereits 16 167 Mitglieder, so waren es zehn Jahre später rund 32 000.[4]

Bereits zehn Jahre vor Baubeginn hatte sich Hase mit den Plänen der Christuskirche beschäftigt. Doch weil der Patron einen größeren und prunkvolleren Bau verlangte und der Bauplatz im nördlichen Teil des als Viehmarkt genutzten Klagesmarktes zu klein war, musste Hase noch einmal umplanen. Was Hase nun auf dem Zeichenbrett entwarf, war nicht nur der erste Kirchenneubau des 19. Jahrhunderts in Hannover, sondern auch eine „architektonische Sensation":[5] Mit ihren filigranen Bekrönungen, zahlreichen Fialen und Giebeln bekam das äußere Erscheinungsbild der Christuskirche seinen unverwechselbaren Charakter. Besonders die Größe und das Volumen dieses auffälligen Sakralbaus mit seinem 71 Meter hohen Pyramidturm und dem Kirchendach mit einer Firsthöhe von 32 Metern sorgten in den hannoverschen Architektenkreisen für Aufsehen.

Schon der Eingangsbereich aus raumgreifenden Bauteilen war etwas ganz Neues: Die beiden westlichen Stützpfeiler des Turms zog Hase soweit vor, dass Platz für eine Vorhalle entstand, die er mit einem gewaltigen Ziergiebel ausstattete. Vor allem wegen der geringen Ausdehnung des Bauplatzes hatte

Der Innenraum zeigt die Grundlagen für die Neugotik: Das Langhaus hat eine Kreuzform als Grundriss.

Die Statuen im Hauptportal deuten die räumliche Einteilung der Kirche an: Mit Paulus und Petrus (links) verkörpert die Südseite außen und innen das Neue Testament, mit David und Abraham (rechts) bildet die Nordseite das Alte Testament ab.

Hase den Turm ein wenig in die Kirche hineingeschoben und auf der Fläche des westlichen Mittelschiffgewölbes errichtet. Sowohl die äußere Form der Kirche als auch die Gestaltung des Innenraums zeigen die architektonischen Grundlagen für die Neugotik der Hannoverschen Schule an: Der hohe, spitze Turm wird über dem westlichen Haupteingang gebaut, das Langhaus hat eine Kreuzform als Grundriss. Im Inneren sind die toten Winkel der dreischiffigen, kreuzgewölbten Hallenkirche abgedeckt, schmale, nur zu Gängen gestaltete Seitenschiffe sind angelegt, das Querschiff ist geöffnet zum Chorraum, in dem der Altar steht. Hase schuf einen weiten, offenen Raum, indem er zwischen Querhaus und Chor Seitenschiffjoche einschob und keine Seitenemporen bauen ließ. Das Ensemble von Kanzel und Lesepult ist bereits Hase'sches Programm. In der Zeitschrift des Architekten- und Ingenieurs-Vereins zu Hannover schreibt Hase: „Um der Kanzel eine bedeutungsvolle und zugleich practische Stellung zu geben, (...) zeichnet sich vorzüglich eine Anordnung aus, welche vor allen andern genannt zu werden verdient. Es ist darin das altchristliche System der Ambonen, die zwar nun nicht im Langschiffe, sondern da, wo der hohe Chor beginnt, angebracht sind, und zwar einer, wie in der alten Kirche, an der Südseite fürs Vorlesen der Epistel und einer an der Nordseite für die Predigt des Evangeliums, beide mit dem Aufgange vom Chore aus."[6] Als Empfehlung für den evangelischen Kirchbau in Norddeutschland setzte sich darum die vom Altar getrennte, seitliche Stellung der Kanzel an einem Pfeiler des Chorbogens oder des Mittelschiffes durch.[7]

Bereits im Hauptportal wird der Besucher auf die räumliche Einteilung der Christuskirche hingewiesen: Rechts vom Eingang stehen als mannsgroße Statuen Paulus und Petrus; sie symbolisieren den Neuen Bund zwischen Gott und Mensch durch Christus. Links stellen Abraham und David den Alten Bund mit seinem Volk Israel dar. Die Südseite der Kirche verkörpert außen und innen das Neue Testament, die Nordseite das Alte Testament. Dies verdeutlicht sowohl das Tympanon über dem Nordportal des Seitenschiffes – es zeigt die Austreibung aus dem Paradies –, als auch das Relief über dem Südportal des Seitenschiffes. Hier ist die Huldigung an den geborenen Jesus durch die Könige aus dem Morgenland dargestellt. Im Inneren der Kirche bildet der Altar mit dem gekreuzigten Christus die Mittellinie. Ursprünglich wurde diese Linie durch mehrere in der Mitte des Kirchenschiffes hängende Radleuchter und das zentral stehende Taufbecken unterstrichen – zum Zeichen des durch Christus geschehenen Erlösungswerkes.

Der vergoldete Bronzealtar, der neben der Kanzel und dem Taufbecken auf Entwürfe von Hase zurückgeht, wird vom Kruzifix beherrscht. Unter dem Gekreuzigten ist Christus als Opferlamm dargestellt mit einer Siegesfahne, die ein Symbol für die Auferstehung ist. Darunter sind Oblate und Kelch abgebildet – dazwischen die Einsetzungsworte für das Abendmahl aus dem ersten Korintherbrief. Links und rechts davon sind die alttestamentlichen Opfergestalten Aaron und Isaak, Melchisedek sowie Abel platziert. Direkt auf der Rückseite des Altars in dem von Hase etwas eigenwillig gestalteten Chorraum mit fünf kleinen Kapellen ist die Grablegung Jesu als Relief zu sehen. Auch die ursprünglichen Kacheln waren thematisch bedruckt – mit Versen aus dem Alten und Neuen Testament. Reste davon sind noch heute im Umgang des Chorraumes und unter den Holzdielen im Kirchenschiff erhalten. Diese Entdeckung haben Bauarbeiter bei den umfangreichen Restaurierungs- und Renovierungsarbeiten der Christuskirche gemacht.

Und die Geschichte zur Sanierung der Christuskirche scheint unendlich zu sein. Waren bereits 1939 zum 75-jährigen Jubiläum des Baus Reparaturen an den Säulenkapitellen, dem Dach und dem von Salpeterausblühungen beschädigten Gewölbe abgeschlossen, brannte wenige Jahre später, am 25. März 1945, die Kirche fast völlig aus. Erst nach der Währungsreform 1948 konnte aus Spenden der Gemeinde und Zuschüssen der Landeskirche mit dem Wiederaufbau begonnen werden: Der Innenraum wurde neu gestaltet – mit dem Ziel, das Backsteinrot der Pfeiler, Gurtbögen, Gewölberippen und Fenstergewände deutlich vom Weiß der Wand- und Gewölbeflächen abzuheben. Im Turm wurde ein neuer Glockenstuhl eingebaut. Die drei Glocken mit einem Gesamtgewicht von 6 000 Kilogramm sind die ursprünglichen – die aus Stahl gefertigten Glocken haben den Sturz in die Tiefe beim Brand 1945 unbeschadet überstanden. An Heiligabend 1953 feierte die Gemeinde in ihrer Kirche wieder Gottesdienst.

Drei Jahrzehnte später begann die längste, bis heute nicht abgeschlossene Sanierung des Gotteshauses. „Wir betreiben immer noch Kriegsschadenbeseitigung", erzählten damals die Bauarbeiter. Von 1987 bis 1993 wurde der Turm instand gesetzt und stabilisiert – das war auch notwendig; nur wenige Meter vom Fundament entfernt wurde ein U-Bahn-Schacht gebaut. Nach und nach haben die Restaurateure in den neunziger Jahren die Nord- und die Südseite renoviert, indem vor allem Fialen und Giebel aus Back- und Sandstein erneuert wurden. Nahezu jeder Stein musste mit einer speziellen Säure gesäubert werden. Der Vorplatz wurde gepflastert, Baumreihen angepflanzt; die Stadtmission Hannover hat die ehemalige Taufkapelle im Eingangsbereich zu einer Begegnungsstätte umgebaut.

Der vergoldete Bronzealtar geht auf Entwürfe von C.W. Hase zurück.

Wenn Kirchenvorsteher Peter Troche einmal um das Gotteshaus spaziert, fällt ihm sofort wieder etwas Neues auf, das repariert werden müsste – ein im Wind wankender Giebel, ein heraus gebrochener Stein in der Wand. Bis 2009 soll aber alles fertig sein, hofft die Gemeinde. Im Innenraum muss noch vieles renoviert werden: die Orgel, die Heizung, der Fußboden. Und wenn Troche bei seinem Rundgang um die Christuskirche an der Ostseite emporschaut, dann sieht er nicht nur die neue, goldfarbene Bekrönung, sondern auch eine riesige Plakatwand am Baugerüst hängen: Hier – an der Nahtstelle zwischen City und Nordstadt – haben Firmen in den vergangenen Jahren eine attraktive Werbefläche gefunden. „Das war für uns lukrativ", sagt Troche. Mit den nicht immer unumstrittenen Werbebannern konnte die Gemeinde helfen, die Bauarbeiten zu finanzieren.

Einem Kirchenvorsteher ist es zu verdanken, dass die Dreifaltigkeitskirche in der Oststadt den Zweiten Weltkrieg nahezu unbeschadet überstanden hat.

Dreifaltigkeitskirche: Heimliche Bischofskirche

Wache hat er gehalten. In der Nacht vom 8. zum 9. Oktober 1943, als tausende Bomben auf Hannover hagelten – Bomben aus Flugzeugen der Alliierten. Und er bewies Mut in dieser Schreckensnacht, der Kirchenvorsteher Bark. Während der Luftangriffe in dieser Nacht saß Bark auf dem Dachboden des Kirchenschiffes. Sieben Brandbomben schlugen durch das Kirchendach ein. Bark löschte die Brandherde. „Seinem Mut und seiner Umsicht ist es zu verdanken, dass die Dreifaltigkeitskirche nicht gänzlich niederbrannte",[8] erinnerte sich Pastor Alfred Röhrbein bei seiner Pensionierung 1955.

Die britische Besatzungsmacht wählte die Dreifaltigkeitskirche als Garnisonskirche: Die 1883 eingeweihte neugotische Backsteinkirche war eines der wenigen nur leicht beschädigten Gotteshäuser Hannovers. Dank Kirchenvorsteher Bark.

Doch nicht nur die Engländer, die die Kirche wieder instand setzten, feierten darin sonntags um 12 Uhr ihre Gottesdienste. Nachdem die Dreifaltigkeitskirche zum Erntedankfest am 30. September 1945 wieder eingeweiht wurde, nutzten sie auch andere: Der im Mai 1947 eingeführte Landesbischof Hanns Lilje hielt dort öfter Gottesdienste, einmal auch eine Christmette in der Weihnachtsnacht.

So galt die Dreifaltigkeitskirche bis zur Wiedereinweihung der Marktkirche als „heimliche Bischofskirche".[9] Hier wurden die Eröffnungsgottesdienste anlässlich der Zusammentritte der Synode und des Landtages gefeiert. Im Gemeindehaus wurde Essen vom Roten Kreuz an Bedürftige ausgegeben. Auch die Studentengemeinde fand in der Dreifaltigkeitskirche vorübergehend eine Heimat.

Eine charakterisierende Aussage über die Gemeinde trifft der damalige Studentenpfarrer Grawit zum 75-jährigen Bestehen der Kirche: „Hannover war eine Trümmerstadt. Das Bestehen nur der Dreifaltigkeitskirche war für mich ein Symbol des Überdauerns, sowohl, was das äußere Gebäude anbetraf (...), als auch, was seine Gemeinde anbetraf, denn diese Gemeinde war erstaunlich vollzählig."[10] Bereits 1950 zählte die Gemeinde wieder 13 000 Mitglieder – Männer- und Frauenkreise trafen sich monatlich, Nähkreis und Kirchenchor, Jungen- und Mädchengruppen wöchentlich.

Nach Kriegsende stand das nahezu unversehrte Kirchengebäude wie ein Fels in den Trümmern des Stadtteils – für die Gemeinde ein Zeichen der Hoffnung in der gesellschaftlichen Depression.

Von Hoffnung, die aus Glauben an die Botschaft des Evangeliums entsteht, erzählt noch heute das Altarbild in der Dreifaltigkeitskirche: das Ölgemälde „Christus auf dem Meere" von Professor Bernhard Plockhorst aus Berlin.

Der Kirchenvorsteher Kapitän von Alten hatte das romantische Bild zur Einweihung der Kirche gestiftet.

Vom lebendigen Glauben spricht das Altarbild: Es zeigt den sinkenden Petrus.

Die Darstellung vom sinkenden Petrus und stehenden Christus ist geprägt durch die Spannung von Bewegtheit und feierlicher Ruhe. Das Bild beherrscht den gesamten Kirchraum. Es ist einer der wenigen Kirchenräume in Hannover, der Zeugnis vom ursprünglichen Gestaltungsgedanken der Hannoverschen Schule gibt.

Der Architekt Christoph Hehl hat die Ausstattung der Dreifaltigkeitskirche zum Teil nach den Forderungen des Eisenacher Regulativs für den evangelischen Kirchbau entworfen: Die Kanzel ist seitlich zwischen Altarraum und Querhaus aufgestellt, die Orgel befindet sich im Rücken der Gemeinde.

Noch heute wird in dem Gebäude deutlich, wie Hehl es verstanden hat, durch die gestalterische Verwandtschaft von Altar, Kanzel und Orgelprospekt eine Beziehung zwischen Chorraum, Vierung und Kirchenschiff bis zur Rückwand herzustellen. Sämtliche Elemente waren aus Eichenholz angefertigt, zierliche Fialen, Pflanzen- und Blattverzierungen variieren in allen Teilen des Ensembles.

Selbst der Unterbau des Taufsteins im Chorraum hinter der wuchtigen sechskantigen Kanzelsäule korrespondiert in seiner Form mit dem Altar: Wie den Taufstein stützen den Altartisch aus Deistersandstein gehauene Säulen. Die fünfteiligen Rosetten und die kleinen kleeblattförmigen Öffnungen finden sich als Motiv in den Wimpergen über den Haupt- und Seiteneingängen sowie an Altar, Kanzel und Orgelprospekt.

In seiner aufwändigen und detailreichen Planung verbindet Hehl in lebendiger Weise seine reiche Formsprache mit der komplizierten Gestaltung des gesamten Baukörpers. Bleibt er in Grundzügen zwar noch der neugotischen Stilbildung seines Lehrers Conrad Wilhelm Hase verbunden, deutlich im Kreuzgrundriss des Langhauses mit Seitenschiffen und Querhaus, so zeichnet sich aber auch eine Ent-

Die von den Gebrüdern Bahlsen gestifteten Chorfenster geben Aufschluss über den Namen der Dreifaltigkeitskirche: Die Hand Gottes, Christus als Weltenrichter, die Taube als Symbol des Heiligen Geistes stellen die Trinität dar.

wicklung ab: Im Gegensatz zur von Hase erbauten Christuskirche tendiert Hehl eher zu einer „kräftigeren Architektur".[11]

Die Vielfalt von Giebeln und Fialen an der Christuskirche ist bei Hehls Bau nicht mehr zu finden. Auch der Turm der Dreifaltigkeitskirche hat ein eher kantigeres Profil im Vergleich zu von Hase entworfenen Türmen.[12]

Hehl entwickelt auch mit seiner Innenarchitektur die Vorstellungen der Hannoverschen Schule weiter: Sämtliche Decken haben ein Kreuzrippengewölbe; die Vierungspfeiler, die Einfassungen der Fensternischen, die Wand- und Gurtbögen, die Gewölberippen sowie die Brüstungen der Emporen sind aus unglasierten roten Verblendsteinen gemauert; die Wandfelder sind geputzt und mit Blattranken, Blumen, Bändern und Sprüchen der Bergpredigt ausgemalt. Durch die Anordnung der Sitzreihen auf und unter den Emporen, die das Querhaus und den Chorraum einbeziehen, wird der Eindruck eines zentrierten Raumes verstärkt. Die Seitenschiffe sind mit durchgehenden Emporen bis zum ersten Joch des Chorraumes ausgestattet. Auf der verhältnismäßig kleinen Fläche konnten darum 798 Sitzplätze untergebracht werden.

Viele Sitzplätze auf kleinem Raum – das kam der Gemeinde damals nur recht. Von 1870 bis 1880 stieg die Zahl der Mitglieder von 4 000 auf 8 000. Bis zur Einweihung der Dreifaltigkeitskirche mussten sich die Gemeindeglieder mit einer kleineren, mit nur 260 Sitzplätzen ausgestatteten Kapelle an der Bernstraße zufrieden geben. Bereits 1868 hatte der Kirchenvorstand der Gartenkirchengemeinde beschlossen, für die entfernt liegenden Ortschaften Bütersworth und Ostwende eine selbstständige Parochie einzurichten: „Weil der Fußweg zur Kirche mit eineinhalb Stunden zu weit war und dadurch auch die Seelsorge behindert wurde."[13]

Adlige Familien und Hofbeamte hatten im Laufe des 18. Jahrhunderts ihre Ländereien, Gärten und Sommerhäuser zwischen den Ringmauern und Landwehren an Bauern, die so genannten „Gartenleute" verpachtet. Innerhalb eines Jahrhunderts entwickelte diese Region zwischen Döhrener Turm und Lister Platz Großstadtcharakter.

Die Mitgliederzahl der Gartenkirchengemeinde wuchs rasch an. Tochtergemeinden mussten gegründet, Kirchneubauten errichtet werden. So wurde der Kirchenvorstand der Dreifaltigkeitsgemeinde am 6. Juli 1876 in sein Amt eingeführt. In ihrer ersten Sitzung beschlossen die Vorsteher, dem „Wunsch des Königs Georg von Hannover entsprechend, der künftig zu erbauenden Kirche den Namen Dreifaltigkeitskirche beizulegen",[14] schreibt der damalige Gemeindepastor Theodor Gelpke.

Am 25. Juni 1880 – dem 350. Jahrestag der Augsburger Konfession – wurde der erste Spatenstich gesetzt, an der Bödekerstraße. Und das, obwohl es regen Widerstand in der Gemeinde gegen den Standort gab. Das Baugelände lag ganz am Rande der damaligen Bebauung und ganz in der Nähe der rauchenden Schornsteine des Hannoverschen Guß- und Walzwerkes. Auf Anraten des damaligen Stadtdirektors Hermann Rasch hatte der Kirchenvorstand sich jedoch umstimmen lassen.

Schließlich sei eine Stadtentwicklung der Bödekerstraße bis zum Lister Platz geplant. Und der Stadtdirektor hatte Recht. Dass die Dreifaltigkeitskirche nicht mehr alleiniger Ausgangspunkt des Stadtteils war, zeigte sich bereits bei der Einweihung am 4. August 1882: Im gleichen Jahr wurde die benachbarte Bürgerschule an der Friesenstraße eröffnet, nur ein Jahr später wurde eine Kinderbewahranstalt, die Bödekerkrippe, im Schatten der Kirche errichtet.

Noch heute zieht die Dreifaltigkeitskirche mit ihrem 56 Meter hohen Turm, ihrem aus stadtplanerischen Gründen nach Osten ausgerichteten Hauptportal, ihrem 42 Meter langen und 25 Meter breiten Kirchenschiff die Blicke in der dicht bebauten Oststadt auf sich. Der Innenraum des Sakralbaus bildet eine Oase der Ruhe inmitten des quirligen Stadtlebens. Und bei einer andächtigen Betrachtung der 1958 eingesetzten, von den Gebrüdern Bahlsen gestifteten Chorfenster wird die Bedeutung des Namens „Dreifaltigkeit" deutlich: Links in einer Rosette auf rotem Grund ist die Hand Gottes dargestellt, in der Mitte thront Christus als Weltenrichter auf einem Regenbogen, rechts ist eine Taube vor einem Dreieck – Symbol des Heiligen Geistes – zu sehen.

Die Dreifaltigkeitskirche ist sowohl in ihrer äußeren Gestalt als auch im Innenraum ein Zeugnis des Kirchenbaus der Hannoverschen Schule. Das ist nicht nur Kirchenvorsteher Bark zu verdanken, der den Sakralbau in der Bombennacht vor den Flammen bewahrte: Auch die Küsterin Martha Hoffmann bewies Courage. Bis Kriegsende versteckte sie das Altarkreuz und mehrere Leuchter hinter einem Schrank in einem Abstellraum im Turm – so fielen sie nicht der Waffenproduktion zum Opfer.

Heute stehen Leuchter und Kreuz wieder an Ort und Stelle – auf dem Altar der Dreifaltigkeitskirche. Dank Frau Hoffmann.

Bis heute ist die Apostelkirche in der List ein Blickfang an der Celler Straße. C.W. Hase hat sie geplant.

Apostelkirche: Blickfang in der List

Es war ein himmlischer Garten auf Erden. Plätscherndes Wasser, gedämpftes Licht, wild wuchernde Pflanzen, aromatisch duftender Rindenmulch, feiner, weißer Sand. Einen ganzen Sommer lang hatte das Paradies in der Lister Apostelkirche an der Celler Straße ein Zuhause.

Im Jahr 2000 war das, im Jahr der Expo in Hannover, als das Expo-Projekt „Garten Eden" das Innere der Kirche in einen 340 Quadratmeter großen Dschungel verwandelte. Besucher suchten unter meterhohen Bananenstauden, Stehpalmen oder Birkenfeigen Ruhe und Besinnung.

Das Projekt hatte Erfolg – mehr als 80 000 Gäste haben während der fünf Monate die Apostelkirche aufgesucht. Nach der Expo mussten die rund 500 subtropischen Pflanzen wieder ausziehen – und dennoch, Blattwerk ist in und an der 1884 eingeweihten Kirche geblieben, es war schon immer da: Ob an Fenstergewänden, unter Giebeln, an den Stirnseiten der Kirchenbänke, an der Kanzel oder gar am Altar, an vielen Stellen in und an der Kirche sind angedeutete Knospen oder Blätter in Holz geschnitzt oder in Stein gehauen. Gilt die von Conrad Wilhelm Hase geplante und von Karl Börgemann erbaute Kirche als puristisches, neugotisches Exempel der Hannoverschen Schule, so zeugen diese detailreichen Ornamente auch von hoher planerischer Sorgfalt.

Auch in der Festschrift zur Einweihungsfeier am 28. September 1884 wird über die Apostelkirche bemerkt: „Ein reiner Backsteinbau, in frühgotischem Stile gehalten, fesselt sie schon äußerlich trotz ihrer Einfachheit das Auge des Beschauers."[15]

Bis heute ist der Hase'sche Sakralbau ein Blickfang. Das besondere Charakteristikum sind die ausladenden Strebebögen an Nord-, Süd- und Ostseite, auf die der Gewölbeschub übertragen wird. Mit ausgefeilter Detailarbeit plante Hase auch die Verbindungsstelle zwischen dem im Westen angelegten Turm und dem Langhaus. Vier Bauteile treffen hier mit unterschiedlichem Zweck zusammen: der mit Kupfer gedeckte Turm, das Turmtreppenhaus, das Emporentreppenhaus und die Westwand der Kirche.

Wie schon bei der Zionskirche (heute Erlöserkirche in Linden), hatte Hase auch bei der Apostelkirche mehrere Baukörper mit unterschiedlichen Funktionen zu einer äußerlichen Einheit zusammengefügt. Als „kathedralartige Basilika"[16] mit ihren Strebebögen hat Hase die Apostelkirche mit sehr hohen Seitenschiffen geplant.

Ein Charakterzug: An vielen Stellen des Baus sind Knospen oder Blätter zu sehen.

Die Höhe der Kirche wird besonders im Innenraum deutlich. Dort sind die Emporen an Nord- und Südseite sowie die Westempore für die Orgel hoch angelegt. Auffallend sind auch die mehrfach gestuften und unterhalb des Gewölbeansatzes phantasievoll gestalteten Pfeiler. In der Festschrift zur Einweihung heißt es: „Hohe Pfeiler tragen das sternbedeckte Gewölbe und stützen zugleich die hinter ihnen liegende Empore."[17] Noch heute sind im kreuzförmigen und weiß getünchten Gewölbe vereinzelt Sterne zu erkennen. Das Querschiff trennt Chorraum und Langhaus voneinander – in der Vierung tritt der kreuzförmige Grundriss deutlich hervor.

Während der Kirchenraum in Einfachheit gehalten ist, ziehen besonders die Formen im Chorraum die Blicke auf sich. Sowohl Altar, Kanzel als auch Taufbecken, Lesepult und das gesamte Gestühl gehören zur ursprünglichen Ausstattung der Kirche.

Denn die Apostelkirche hat den Zweiten Weltkrieg weitgehend unbeschadet überstanden, während fast alle Häuser bis zum Hauptbahnhof ausgebombt wurden. Als Pastor Friedrich Kwiatowski Trinitatis 1959 seine Aufstellungspredigt in der Apostelkirche hielt, lag unter der Kanzel eine rostige Brandbombe: Sie ist „ein Andenken an die Zerstörungen und an die Bewahrungen im Krieg",[18] hat Kwiatowski in der Festschrift zum 100-jährigen Bestehen der Gemeinde geschrieben.

Und er hatte Recht. Die reiche und bunte Ornamentik des in gotischen Formen gestalteten und aus Backstein aufgebauten Altars spricht eine starke symbolische Sprache: Über dem Kruzifix sind eine Taube und eine Hand zu sehen, Symbole des Geistes und Gottvaters. Unter dem Kreuz befindet sich der Pelikan, der mit seinem eigenen Blut seine Jungen ernährt, ein urchristliches Zeichen für Christus. In den beiden Seitenfeldern sind rechts die Opferung Isaaks und links der Brot und Wein darreichende Priesterkönig Melchisedek dargestellt.

Auf die Vorsprünge des Altaraufsatzes sind vier Engel gesetzt, die Brot und Kelch und Schriftrollen tragen. In den fünf Fenstern des Chorraums sind Christus und die zwölf Apostel abgebildet. Die Kanzel im Süden vor dem Chorraum und das Lesepult im nördlichen Teil des Querschiffes sind aus Eichenholz. Die Kanzel trägt in den vier Wandnischen die Bilder der vier Evangelisten, am Aufgang zur Treppe steht eine aus Holz geschnitzte Lutherstatue. Das in das Querschiff in die Mitte gesetzte Taufbecken aus grauem Sandstein zeigt an seinem Fuß die vier Flüsse des Paradieses. Außerdem sind auf dem Fuß die vier Kardinaltugenden in lateinischer Schrift nachzulesen: Weisheit, Gerechtigkeit, Tapferkeit und Mäßigung.

Tugendhafte Mäßigung musste die Gemeinde auch beim Bau der Apostelkirche an den Tag legen: Neun Jahre lagen zwischen der Idee zum Bau und der Einweihung der Kirche. Der damalige Superintendent von Hannover, Gerhard Uhlhorn, hat neben dem Bau der Apostelkirche den gesamten Kranz der Kirchen um die damalige Altstadt herum – Christus-, Paulus-, Dreifaltigkeits-, Zions- und Lutherkirche – geplant und gefördert. „Werden die Massen in unsern großen Städten nicht ausreichend mit Gottes Wort versorgt, dann schütten wir hier mit Eimern weg, was wir dort tropfenweise mühsam wieder zu-

Einen ganzen Sommer lang hatte das Paradies in der Apostelkirche ein Zuhause: Im Expo-Jahr 2000 verwandelte das Projekt „Garten Eden" die Kirche in einen Dschungel.

sammen zu bringen suchen",[19] schreibt Uhlhorn in einem Sendschreiben im April 1879.

Uhlhorn hatte die enorm steigende Mitgliederzahl der Christuskirchengemeinde im Blick. Sie wuchs in der Zeit von 1859 bis 1879 von 7 000 auf mehr als 32 000 an. Im gleichen Jahr formuliert der Kirchenvorstand der Christuskirche: „Werfen nicht die Zustände, die in einer Massengemeinde wie der unsrigen unausbleiblich sind, ihre dunklen Seiten über die ganze Landeskirche. Es sage doch auch Niemand, dass wir einer zweiten Kirche nicht bedürfen."[20]

Das Anliegen war deutlich: Eine zweite Kirche sollte gebaut, eine neue Gemeinde gegründet werden. Woher aber die Mittel zum Bau einer neuen Kirche nehmen? Die Gemeinde war arm, kirchliches Vermögen nicht vorhanden. Bereits 1875 begannen Gemeindeglieder mit Wochensammlungen zugunsten des Kirchenbaus. Mit Erfolg: Schon im folgenden Jahr 1876 wurde der Platz zum Kirchen- und Pfarrhausbau an der Celler Straße in der Größe von 120 Quadratruten zum Preis von 53 600 Mark gekauft.

Der Bau der Apostelkirche war jedoch mit 100 000 Mark veranschlagt. Immerhin war zur Grundsteinlegung am 11. Oktober 1880 die Hälfte der Finanzierung gesichert: Durch einen im Hannoverschen Sonntagsblatt am 18. Februar 1877 erschienen Spendenaufruf steuerten viele Gemeinden der Landeskirche, sowie das Kultusministerium einen großen Teil zum Kirchbau bei. Und das, obwohl von einem „Garten Eden" auf Erden noch gar nicht die Rede war.

Apostelkirche auch in Berlin

Nachdem die hannoversche Apostelkirche im Jahr 1884 eingeweiht wurde, hat sie schnell Beachtung bei Architekten und Theologen in Berlin gewonnen. Auch in zahlreichen Neubaugebieten am Berliner Stadtrand wurden zur gleichen Zeit viele Gemeinden gegründet und mussten entsprechend viele Kirchen gebaut werden.

Kaiserin Auguste Viktoria plante in Berlin-Rummelsburg, ein Duplikat der Apostelkirche zu errichten. In der von der Kaiserin unterzeichneten Stiftungsurkunde vom 4. Mai 1890 heißt es: „Ich habe bestimmt, dass für die Gestalt derselben, die von Professor Hase erbauten Apostelkirche in Hannover zum Muster zu nehmen ist."

Am 21. Oktober 1892 wurde die in etwas vergrößerter Form gebaute Kirche in Berlin-Rummelsburg eingeweiht. Der Bau ist gut erhalten.

Die reiche und bunte Ornamentik des aus Backstein gehauenen Altars spricht eine starke symbolische Sprache.

Der Lindener Theodor Knust vervollkommnete mit seinen Plänen der Michaeliskirche in Ricklingen das neogotische Erbe seines Lehrers C.W. Hase.

Michaeliskirche: Ein Segen für die Ricklinger

Für manche war es ein Graus: Diese Schlange, die sich um die nackten Körper windet, sie in die Tiefe schraubt. In die Hölle. Dort, wo der Teufel mit spitzer Nase und dunklen Flügeln auf sie wartet. Auf die Sünder, die Diebe, die Huren, die Trinker. Diesem Schrecken sollte ein Ende bereitet werden. 1938 – zum 50-jährigen Bestehen der Kirche. Kurzerhand beschloss der Kirchenvorstand, das große Wandbild an den beiden Stirnseiten des Chorraumes mit weißer Farbe überzustreichen. Damit verschwand die Hölle aus der Michaeliskirche in Ricklingen. Und damit verschwand auch der Graus für so manchen Gottesdienstbesucher. Das Wandbild geriet in Vergessenheit. Jedenfalls für die nächsten 44 Jahre.

Bei der Restaurierung des neogotischen Backsteinbaus an der Stammestrasse im Jahr 1981 entdeckten Handwerker das hinter mehreren Lagen weißer und grauer Farbe versteckte Wandbild wieder. Und nicht nur die Hölle, sondern auch den Himmel. Christus ist als Weltenrichter dargestellt, der im Jenseits über Gut und Böse entscheidet, die zwölf Apostel sind seine Berater – ein seltenes Motiv, das an das von Michelangelo in der Sixtinischen Kapelle in Rom geschaffene Altarbild erinnert.

Die Denkmalpfleger und der Kirchenvorstand waren sich einig: Der Urzustand der Kirche müsse wieder hergestellt werden. Und dazu zählte auch die Freilegung des von dem Ricklinger Maler Karl Grono 1906 erschaffenen Wandbildes. Auch wenn viele Ricklinger davon nicht begeistert waren, dass der „Graus" wieder in die Kirche einzieht. Mit der umfangreichen Restaurierung kehrte aber auch wieder eine warme Atmosphäre in die Kirche ein: Die ganz aus Holz konstruierten Emporen, mit einigen Schnitzereien und sparsamen Farbmustern versehen, wurden von rotbrauner Lackfarbe befreit.

Die Kacheln mit Hirschmotiven im polygonal gebrochenen Ostschluss wurden freigelegt, in Lettern der Vers aus dem 42. Psalm: „Wie der Hirsch lechzt nach frischem Wasser, so schreit meine Seele, Gott, zu dir" rekonstruiert, der Fußboden bekam einen rotbraunen Fliesenbelag. Das Innere der Hallenkirche wandelte sich in bestimmten Abständen – immer wieder wurde es dem Zeitgeist angepasst. In den fünfziger Jahren etwa bemalte man das Chorgewölbe mit einem blauen Sternenhimmel. Der Holzaltar jedoch blieb unberührt und ist nach wie vor in seiner Ursprünglichkeit zu sehen. Sein Relief zeigt

Jahrzehnte lang war das Wandbild in Vergessenheit geraten – bis es Handwerker im Jahr 1981 entdeckten.

auf der linken Seite Moses mit den Gesetzestafeln, auf der rechten Seite wacht der Nomade und biblische Stammvater Abraham mit einem Hirtenstab über eines seiner Schafe. Im Zentrum ist die Opferung Isaaks dargestellt.

Über diesen alttestamentlichen Motiven hängt Christus am Kreuz, Zeige- und Mittelfinger der rechten Hand sind gestreckt – zum Zeichen des Segens. Und für viele Ricklinger war es ein Segen, als elf Jahre nach der Gründung ihrer eigenen Gemeinde am 29. September 1887, am Michaelistag, der Grundstein für ihre Kirche gelegt wurde.

Im Zuge der Industrialisierung im 19. Jahrhundert wuchs die Bevölkerung im hannoverschen Vorort Ricklingen um das Doppelte an. 2 300 Burger wohnten 1888 im ursprünglich dörflich geprägten Ricklin-

Das Altensche Wappen über dem Kirchenportal erinnert an die Schenkung des Grundstückes von der Familie von Alten.

gen. Die Edelhofkapelle – erbaut um 1300 aus Steinen aus den Brüchen am Lindener Berg – war für die Gottesdienste zu klein geworden. Zumal das Nutzungsrecht abgelaufen war und die Kapelle im Besitz der Lindener Familie von Alten war.

Der damalige Kapellenvorstand musste handeln und forderte, von der Lindener Mutterkirche, der St. Martins-Gemeinde, unabhängig zu werden. Im Februar 1877 hatten die Ricklinger die Eigenständigkeit ihrer Gemeinde schriftlich: „Mit dem 1. April 1877 soll die neue Parochie Ricklingen (...) ins Leben treten",[21] heißt es in der Gründungsurkunde – ausgestellt von der Königlichen Kirchencommission von Linden und Ricklingen.

Doch der Weg zur eigenen Kirche war steinig. Das Grundstück bekam die Gemeinde zwar von der Familie von Alten geschenkt – daran erinnert das Altensche Wappen über dem Kirchenportal –, aber die Finanzierung des Gotteshauses bereitete dem Kirchenvorstand einiges Kopfzerbrechen: Die Kosten wurden mit 54 000 Mark veranschlagt, doch nur 9 000 Mark waren bei Baubeginn in der Kasse.

Für den Bau der Kirche gingen darum die Kerkenspendensammler durchs Land – bis in die Lüneburger Heide. Dafür hatten die Ricklinger aber einen Architekten für ihre neue Kirche gefunden: Theodor Knust aus Linden entwarf die Baupläne. Knust pflegte und vervollkommnete mit seinen Plänen das neogotische Erbe seines Lehrers Conrad Wilhelm Hase. Der fünffachsige Saal des Backsteinbaus entspricht dem musterhaften Typus der Langhauskirche mit dem Grundriss eines Kreuzes.

Der Geistliche müsse von jedem Platz der Kirche aus zu sehen sein, war ein vorherrschender Grundsatz der von Hase begründeten Hannoverschen Schule. Entsprechend den Grundsätzen seines Lehrers hat Knust auch den Altar in einen östlich angelegten Chorraum gesetzt, die Kanzel auf einem Pfeiler am Chorbogen positioniert.

Der Turm mit einem hohen Pyramidhelm wurde über dem westlichen Haupteingang zur Stammestraße hin errichtet. Nur noch eine der drei Glocken im Turm hat historischen Wert: Sie stammt aus dem Geburtsjahr Martin Luthers, 1483, und wird daher auch Lutherglocke genannt. Die beiden anderen Glocken stammen aus dem 20. Jahrhundert, ihre Vorgänger wurden während des 1. Weltkrieges zur Waffenproduktion eingeschmolzen.

Wer ist Michael?

Ein Relief über dem Portal der Michaeliskirche zeigt einen mit Flügeln ausgestatteten Reiter, an der linken Hüfte trägt er ein Schwert. Unter seinem Pferd liegt ein Drache, dessen Krallen gespreizt sind. Der Reiter heißt Michael, er ist einer der vornehmsten Engel in der Bibel.

Von diesem Erzengel leiht sich die Ricklinger Kirchengemeinde ihren Namen. Am Michaelistag, 29. September 1887, wurde der Grundstein der Kirche gelegt. Das Relief zeigt eine Szene aus der neutestamentlichen Apokalypse: Michael und seine Engel siegen im Himmel über den siebenköpfigen Drachen – Sinnbild für das Böse – und werfen ihn auf die Erde. Aus dem Hebräischen übersetzt bedeutet Michael „Wer ist wie Gott?". Er gilt als der Seelengeleiter – die älteste Vorstellung griechischer Mythologie. Noch heute wird Michael im Totenoffizium der katholischen Kirche angerufen mit der Bitte, „dass der Bannerträger Sankt Michael die Seelen ins heilige Licht führe". Michael empfängt demnach die Seligen im Paradies, so wie Petrus an der Himmelspforte.

Gartenkirche: Mutter vieler Gemeinden

Als die Sirenen heulen, werden tausende von Menschen aus dem Schlaf gerissen. Etliche rennen in die umliegenden Luftschutzbunker. Auf dem Weg sehen die Menschen noch die leuchtenden Markierungen am Himmel, die Tannenbäume. Da fallen auch schon die ersten Bomben. Einschlag folgt auf Einschlag. Gewaltige Explosionen erschüttern die Stadt. Mehr als 500 Flugzeuge kreisen über Hannover. Sie tragen tausende Phosphorbrand- und Stabbrandbomben mit sich. Es ist die Nacht vom 8. auf den 9. Oktober 1943. Binnen Stunden verwandeln die Bomber der Alliierten Hannover in ein Trümmerfeld. Alles ist in glutroten Feuerschein getaucht, die Gartenkirche und das anliegende Pfarrhaus stehen in Flammen. Dachstuhl, Inneneinrichtung und Orgel verbrennen, der Turmhelm stürzt auf den Gartenfriedhof, über die Marienstraße rinnt Phosphor.

Das Deckengewölbe des 1887 bis 1891 erbauten Sandsteinbaus hielt dem Inferno stand. Altar, Kanzel und Taufstein – von Säulen auf einem Vierpassfuß getragen – blieben erhalten. Das ist die Bilanz in den Tagen nach dem 9. Oktober 1943. Der Kirchenvorstand fasste bereits einige Wochen nach Kriegsende den Beschluss zum Wiederaufbau der Kirche. Bis dahin nutzten die Gemeindeglieder die an der Nordostecke des Sakralbaus gelegene Kapelle zum Feiern von Gottesdiensten. Bis heute hat dieser Raum mit seinen Wölbungen und einer Mittelsäule konstante Bedeutung für die Gemeinde: Seit 100 Jahren wird dort jeden Mittwoch um 18 Uhr Abendmahl gefeiert – heute angelehnt an die liturgische Form der Evangelischen Messe. Die Farbgebung der Säule in diesem Raum der Andacht ist typisch für die gesamte Bemalung der Kirche: Blattornamente, Bögen und Fresken der Gewölbe sind in blau und rot mit Gold abgesetzt gehalten – als symbolische Marienfarben.

Denn zum Jubiläum ihrer Gründung vor 250 Jahren am 15. September 1996 wurde der gebräuchliche Name „Gartenkirche" um „St. Marien" erweitert. Damit wird an die 1349 erstmalig erwähnte Marienkapelle vor dem Aegidientor gedacht, deren voller Name lautet: „Unserer lieben Frau vor dem Tor von St. Aegidien". Ein spätgotisches Relief dieser alten Kapelle, das auch an die Bewahrung Hannovers vor einem Überfall durch Herzog Heinrich den Älteren von Braunschweig und Lüneburg im Jahr 1490 erinnert, hängt heute in der Kirche. So stiftet der Rat der Stadt Hannover, der bis heute Patron der Gartenkir-

Seinen Höhepunkt bildet das Gewölbe der Gartenkirche im Altarraum, wo ein Engelkopf im goldenen Strahlenkranz zu sehen ist.

che ist, der Gemeinde zum 1. Advent 1849 eine Taufschale mit der Inschrift: „Die Stadt Hannover der Marienkirche in der Vorstadt Hannover (...)".

Zu diesem Zeitpunkt existiert die Gemeinde bereits seit 100 Jahren. Infolge des Dreißigjährigen Krieges verlegte Herzog Georg 1636 seinen Hofstaat in die Stadt Hannover. Die Folge war, dass in den anschließenden Jahrzehnten zahlreiche Hofbeamte und Adlige gegen Erbzins Land an Hopfen- und Gemüsebauern im Gebiet hinter den Landwehrtürmen abgaben. Diese Kleinbauern – später wurden sie Gartenleute oder Gartenmänner genannt – gehörten weder zu den Bürgern der Stadt noch zu eigenen Ortsverbänden. Die sozialen Bedingungen unter den Gartenleuten waren schlecht. Um die Le-

Vieles in der Gartenkirche erinnert noch heute an die Bombennacht im Oktober 1943.

bensverhältnisse aufzuwerten, wurde Anfang des 18. Jahrhunderts eine Schule gegründet, 1741 der Gartenfriedhof angelegt. Wegen der Forderung nach einer neuen Gemeinde von Konsistorialdirektor Johann Peter Tappe wurde 1746 eine selbständige Parochie vor den Toren Hannovers gebildet.

Am 15. September desselben Jahres gründeten die Gartenleute im Gasthaus „Zum Wilden Mann" ihre Gemeinde. Drei Jahre später konnten die Gartenleute in einem kleinen bescheidenen barocken Saalbau ihre Gottesdienste feiern. Um den Bau der „Neuen Kirche vor Hannover" zu finanzieren, wurden unter dem Gebäude Grabkammern eingebaut, die die Bürger kaufen konnten. Der Grabstein des Abtes von Loccum, Georg Ebell – eingemauert in die Südwand der heutigen Kirche – gibt Zeugnis davon.

Etwa 100 Jahre nach der Gründung setzte auch in dieser Region vom Döhrener bis zum Lister Turm die Entwicklung Hannovers zur Großstadt ein. Die Gemeinde wuchs schnell an. Neue Kirchengemeinden, wie etwa die Dreifaltigkeitskirche in der Oststadt, die Petrikirche in Kleefeld oder die Pauluskirche in der Südstadt entstanden aus der Gartenkirche. Auch das Gotteshaus war zu klein geworden. Wie in anderen Stadtteilen sollte nun auch hier ein großer, voluminöser Sakralbau errichtet werden.

Der Architekt Rudolph Eberhard Hillebrand, ein Schüler von Conrad Wilhelm Hase, hat die Pläne – wie auch für die Kirche des Stephansstiftes, die Luther-, die Petri-, die Paulus- und die Herrenhäuser Kirche – für den vierachsigen Saalbau entworfen. Statt üblichen Backsteins bevorzugte Hillebrand für den Kirchbau Naturstein.

Vom Grundsatz des neugotischen Konzepts der Hannoverschen Schule ist er jedoch nicht abgewichen: Der Grundriss des Sakralbaus gleicht einem Kreuz, im östlich gelegenen Chorraum steht der Altar, auf der Westempore ist die Orgel platziert, darüber steht der Turm. Vor dem Chorraum ist die achteckige Kanzel auf Säulen gestellt.

Zwar wurde beim Wiederaufbau der Kirche nach dem Zweiten Weltkrieg darauf geachtet, dass die neugotische Formgebung – sichtbar durch Altar, Kanzel und Taufstein – nicht verloren ging. Allerdings mussten aus finanziellen Gründen viele Kompromisse geschlossen werden, indem etwa der beschädigte ornamentale Fliesenfußboden mit einem Belag aus Kunststoffplatten überdeckt und eine neue Westempore aus Beton eingezogen wurde.

Erst nach den umfangreichen Renovierungsarbeiten für mehr als 1,3 Millionen Euro in den vergangenen drei Jahren konnte die ursprüngliche Gestaltung und

Die nördlichste Mondphasenuhr Deutschlands

Eine Kuriosität, die auch heute noch existiert, ist die Mondphasenuhr. Sie wurde beim Kirchbau im 19. Jahrhundert in die Nordseite des Turms eingebaut. In frischem Blau und mit goldenem Kranz zeigt die Mondphasenuhr seit Anfang 2003 wieder an, welchen Stand der Erdtrabant gerade hat. Dabei wird eine große Kugel, die halb mit Blattgold belegt und halb schwarz lackiert ist, von einem gewöhnlichen Turmuhrwerk bewegt. Diese nördlichste Mondphasenuhr Deutschlands hat auch biblische Wurzeln: Im zwölften Kapitel der Offenbarung heißt es: „Und es erschien ein großes Zeichen am Himmel: eine Frau, mit der Sonne bekleidet, und der Mond unter ihren Füßen und auf ihrem Haupt eine Krone von zwölf Sternen. Und sie war schwanger und schrie in Kindesnöten und hatte große Qual bei der Geburt." In apokalyptischer Sprache ist damit die Mutter Jesu, Maria, gemeint. Offenbar hat der Erbauer der Monduhr damit eine weitere Verbindung der Gartenkirche St. Marien zur einstigen Marienkapelle vor dem Aegidientor herstellen wollen.

Am 1. Advent 2004 eingeweiht: Die historische Ott-/Arendt-Orgel mit 60 Registern und vier Manualen.

Architekturfassung sowie die Farbgebung aus der Zeit vor der Zerstörung wieder hergestellt werden.

Betritt man heute von der nordöstlich gelegenen Kapelle das nördliche, nur angedeutete Seitenschiff, so fällt auf den Fliesen eingebrannter Phosphor auf – eine Erinnerung an die Bombennacht. Das monumentale Spitzenbogenportal im Westen des Baus setzt einen besonderen Akzent. Ein Tympanonrelief zeigt Jesus mit Marta und Maria, die zu seinen Füßen sitzt. Darüber streckt sich der 42 Meter hohe Turm empor, der vor der Zerstörung fast doppelt so hoch und mit einem spitzen, hohen Helm geziert war. Wer in die Turmhalle zurückgeht, dessen Blick wird auf die achteckigen Fliesen am Boden fallen: Acht als biblische Zahl für einen Neuanfang. Eine Rose als Sinnbild für Maria über dem Portal zum Kirchenschiff erinnert an die einstige Marienkapelle. In der Eingangshalle kann der Besucher Architekt Hillebrand ins Gesicht schauen. Sein aus Stein geformter Kopf hängt unter der Decke, der erneuerten Westempore.

Ebenso wie diese Empore sind die Brüstungen der Nord- und Südemporen neu entstanden – wobei Holz und Stuck einstigen Sandstein imitieren. Der Mittelgang im Kirchenschiff bis zum Chorraum ist mit einem ornamentalen Fliesenteppich mit Blumenmotiven ausgelegt. Der „Himmel" der hohen Kreuzrippengewölbe mit den Schlusssteinen erstrahlt in leuchtenden Farben: Rot und Blau. Seinen Höhepunkt bildet das Gewölbe im Altarraum, wo ein Engelkopf im goldenen Strahlenkranz wie ein Symbol des restaurierten Sakralbaus wirkt. In den Spitzbogenfenstern des Mittelschiffes erinnern Symbole an die acht Tochterkirchen – vier auf der Nord-, vier auf der Südseite. In der Vierung vor dem Chorraum symbolisieren zwei auf dem Boden angedeutete Rechtecke die 36 Grabgewölbe der früheren Kirche – sie stellen einen Zugang zur Krypta dar.

Ein Kleinod der Gartenkirche sind die Buntglasfenster im Altarraum und in der Rosette an der Nordseite. Die Künstlerin Ruth Margraf hat die in Blautönen gehaltenen Motive in den sechziger Jahren des vorigen Jahrhunderts gestaltet: Jesu Seewandel, der verlorene Sohn, der barmherzige Samariter, der Einzug Jesu nach Jerusalem. Der Altar dokumentiert die neugotische Ausstattung; seine Form gleicht einem Tabernakel, ein Relief zeigt die Abendmahlsszene.

Vom Chorraum aus ist die gewaltige, neu errichtete Orgel auf der Westempore zu sehen: Die historische Ott-/Arendt-Orgel mit 60 Registern und vier Manualen wurde zum 1. Advent 2004 wieder eingeweiht. Für Pastor Herbert Naglatzki war dies der krönende Abschluss der umfangreichen Renovierungsarbeiten: „Mit der Begleitung dieses Instruments können wir unsere Gottesdienste in Form der Evangelischen Messe wieder besonders würdevoll feiern."

Lutherkirche: Im Wandel der Zeit

Sein Kopf liegt am Zoo im Trümmerberg. Sein Torso und Teile der linken Faust sind unter dem Schutt der stark zerstörten Lukaskirche in Vahrenwald begraben. Das ist das Bild in den Nachkriegsjahren.

Heute steht Martin Luther mit einer Bibel unter den linken Arm geklemmt, zusammengepressten Lippen und einer sorgenvollen Falte an der Stirn in der Eingangshalle der Lutherkirche in der Nordstadt. Die aus Sandstein gehauene Statue wurde in den Jahren nach dem Zweiten Weltkrieg wieder restauriert. Zur Herkunft dieses Luthers weiß heute niemand mehr Genaueres. Nach dem Wiederaufbau der Lutherkirche im Jahr 1957 wurde die Statue – im guten Glauben, sie stamme aus der Ruine der Lutherkirche – von der Eichenkreuzburg bei Bissendorf herbeigeschafft. Doch ist dieser Luther nicht identisch mit jenem, der einst zwischen den beiden Eingangsportalen der Lutherkirche aufgestellt war: Das Gesicht der Lutherkirche hat sich verändert; nur wenig erinnert heute noch an den ursprünglichen Gestaltungsgedanken des doppeltürmigen, 1898 eingeweihten Gotteshauses.

Inzwischen erzählt der Innenraum etwas Neues: Wie zwei erratische Blöcke ragen zwei rot gestrichene Kuben in den Kirchraum hinein, dazwischen ist nur ein schmaler Korridor. Glasfronten und Schiebetüren bilden separate Gruppenräume. Ein Tresen verleiht dem modernen Ensemble Café-Charakter. Vor dem Altarraum hängt eine Batterie Scheinwerfer. Nussbraunfarbene Stühle ersetzen die einst fest installierten Kirchenbänke. Holzdielen wurden gegen Marmorfliesen ausgetauscht. Mit dieser Modernisierung für rund 670 000 Euro, an der sich die Klosterkammer mit 150 000 Euro beteiligte, ist die im 19. Jahrhundert errichtete Lutherkirche im September 2004 zur jüngsten Kirche Hannovers geworden: zur Jugendkirche – ein einzigartiges Projekt der Hannoverschen Landeskirche.

Die moderne Umgestaltung des Innenraums ist jedoch nur ein Teil der Baugeschichte der Lutherkirche. Ihre ursprüngliche Gestalt wurde am Palmsonntag 1945 durch Brand- und Sprengbombentreffer zerstört: Die Doppeltürme und Treppentürme am Chor sowie die vier um die Turmspitzen gruppierten Helme waren eingestürzt, die Kirchdächer abgebrannt. Brandbomben hatten das Kreuzgratgewölbe über dem Hauptraum durchschlagen, in der Außenwand des Glockenturms klaffte ein großes

Die im 19. Jahrhundert erbaute Lutherkirche ist 2004 zur jüngsten Kirche Hannovers geworden, der Jugendkirche.

Loch, die Gewölbeoberflächen waren stark verwittert, durch ein Loch im Gewölbe über der Vierung regnete es hinein. Trotz dieser Schadensbilanz schrieb Stadtbaurat Meffert in einem Gutachten über die Bauruine im Juni 1946: „Von dem Gebäude bestehen jedoch noch soviel standsichere Teile, dass ein Neubau bedeutend teurer werden würde als die Wiederherstellung."[22]

In den folgenden Jahren wurde zunächst ein Notdach errichtet, Löcher wurden zugemauert. Erst 1954, nachdem immer wieder Sicherungen an den Gewölben notwendig geworden waren, begann eine grundlegende Sanierung des Daches, der Gewölbekappen sowie des Innenraumes.

Der Altar wurde vollständig entfernt – nur die Figur des Gekreuzigten in der Taufkapelle ist von ihm übrig. Die Kanzel und das Taufbecken wurden umgearbeitet und „modernisiert".

Ob Konzerte, Jugendgottesdienste oder Cafeteria – in der Lutherkirche ist fast jeden Tag etwas los.

Mit der von Emil Hammer aus Hannover errichteten neuen Orgel war der Wiederaufbau der Lutherkirche abgeschlossen, so dass am 1. Advent 1957 das Gotteshaus wieder eingeweiht wurde. Nur wenige Wochen später, an Weihnachten, hatte die Bildhauerin Ingeborg Steinohrt das Altarrelief – eine Abendmahlsdarstellung – fertig gestellt. Bis zum Ende der sechziger Jahre wurden die Fenster der Kirche erneuert – sie zeigen die Schöpfungsgeschichte. Mit den Buntglasfenstern korrespondieren die Kapitelle der Säulen: Sind die Kapitelle des ersten Säulenpaares noch unverziert, so sind im zweiten Säulenpaar des Kirchenschiffes Pflanzen dargestellt und in denen des dritten Säulenpaares zum Chorraum hin Menschengesichter – als Höhepunkt der Schöpfung. Über dem Portal in der Turmhalle hat der Bildhauer Greve ein Mosaik geschaffen, das die Begegnung der Frauen mit dem Engel am leeren Grab darstellt. Die gläserne Lutherrosette über der Orgel ist eine Schenkung von der Leipziger Partnergemeinde der Lutherkirche. Das Gebäude der dortigen Markusgemeinde wurde unter dem sozialistischen Regime 1975 gesprengt, das Fenster nach Hannover geschmuggelt.

Entgegen der üblichen Kirchbauweise im 19. Jahrhundert ist die Orgel nicht auf der Westempore, sondern auf der Nordempore platziert. Denn der gegenüberliegende Altar steht nicht im Osten gen Jerusalem, sondern im Süden des Innenraums. Der Grund dafür ist simpel: Aus städtebaulichen Gründen hat der Architekt Rudolph Eberhard Hillebrand die Lutherkirche auf dem dreieckigen Baugrundstück zwischen der Hahnen-, Schaufelder- und Heisenstraße in Nord-Südrichtung ausgerichtet.

Zu seinem eigenen Entwurf schreibt Hillebrand in einer Publikation zu seinen Kirch- und Pfarrhausbauten: „Der Grundriss zeigt eine kreuzförmige ge-

Im dritten Säulenpaar sind Menschengesichter dargestellt – als Höhepunkt der Schöpfung.

drungene Gestalt, welche gebildet wird durch ein mit schmalen Seitenschiffen versehenes Mittelschiff und ein ebenso breites Querschiff, dessen Arme die Form eines halben Achtecks haben."[23] Auch wenn Hillebrand mit dieser eher zentrierten Form des Kirchenschiffes von der traditionellen länglichen Kirchbauweise seiner Zeit abwich, orientierte er sich bei der Gestaltung des Innenraums auch an den Ideen seines Lehrers Conrad Wilhelm Hase: Dem Altar wies er einen Platz im abgesonderten Chorraum zu, die Kanzel stellte er seitlich auf.

Und dabei stand Hillebrand in starker Konkurrenz zu seinem Lehrer Hase, als es um die Auftragsvergabe der Lutherkirche ging. Hatte bereits im Mai 1889 der Konsistorialbaumeister Hase einen eigenen Entwurf dem Kirchenvorstand vorgelegt, so reichte wenige Wochen später Hillebrand seinen Plan für den Kirchbau ein. Nur sechs Tage später präsentierte Hase dem Kirchenvorstand einen zweiten, überarbeiteten Entwurf. Aus ökonomischen Gründen entschied sich der Kirchenvorstand schließlich für Hillebrands Bau, da die „Stadt gegen die Verpflichtung zur Ausführung des Hillebrand'schen Planes 50 000 Mark Beihülfe bewilligte…"[24] Dem Kirchenvorstand kam dieses Angebot nur recht, musste doch der mit 180 000 Mark kalkulierte Bau finanziert werden – zumal zu den Mitgliedern der Gemeinde hauptsächlich „unbemittelte" Arbeiter zählten.

Nachdem bereits 1880 aus der Mammut-Gemeinde Christuskirche die Apostelgemeinde im Nordosten der Stadt entstanden war, bildete sich von 1886 an die Lutherkirchengemeinde heraus. Entlang dem Engelbosteler Damm entstanden immer mehr Häuser und Straßen. Die „Bevölkerung des nördlichen Stadtbildes Hannover, in welchem der Güter- und Produktenbahnhof liegen, wächst so stark und so rasch", heißt es in einem Bericht der Christuskirchengemeinde vom 14. 5. 1888.[25] Zur „Nothsache" wurde darum die Erbauung der Lutherkirche, deren Grundstein am 31. Oktober 1895 gelegt wurde – auf den Tag genau hatte Luther vor 378 Jahren die 95 Thesen an die Tür der Schlosskirche zu Wittenberg geschlagen. Drei Jahre später feierte die Gemeinde am 7. Sonntag nach Trinitatis die Einweihung ihres neuen Gotteshauses. Um Punkt zwölf Uhr läuteten die Glocken; vor dem Hauptportal der Kirche versammelten sich Geistliche, Bauarbeiter und Architekten. Unter ihnen war auch Baumeister Hillebrand, der dem Superintendenten den Schlüssel der Kirche übergab.

Damals stand noch eine Lutherfigur vor dem Mittelpfeiler der Portale – ein Werk von Professor Carl Dopmeyer, angefertigt für 650 Mark. Heute steht ein anderer Luther in der Eingangshalle des Kirchbaus – und er erzählt eine andere, eine neue Geschichte der Lutherkirche.

Das Gesicht der Lutherkirche hat sich verändert: nur wenig erinnert heute noch an den ursprünglichen Gestaltungsgedanken des doppeltürmigen 1898 eingeweihten Gotteshauses.

Interview zur Lutherkirche:

„Die Jugendlichen da abholen, wo sie sind"

Am 22. September 2004 wurde die erste Jugendkirche der hannoverschen Landeskirche offiziell eröffnet – in der Lutherkirche in Hannovers Nordstadt. Rüdiger Klein, stellvertretender Leiter des Evangelischen Stadtjugenddienstes Hannover, war mit dem Umbau und der Konzeption der Jugendkirche beauftragt.

Herr Klein, wie ist die Idee entstanden, eine Jugendkirche in Hannover ins Leben zu rufen?

Die Grundidee gab es bereits 1996. Damals wurde sowohl über eine Schüler- als auch über eine Jugendkirche diskutiert. Zur Expo 2000 in Hannover wurden die Weichen für ein Konzept einer Jugendkirche gestellt: Wir haben vom Stadtjugenddienst in Zusammenarbeit mit der Arbeitsgemeinschaft Evangelischer Jugend und anderen eine Jugendstadt am Maschsee (JAM-City) aufgebaut.

Sechs Monate lang konnten Jugendliche dort selbst Gottesdienste feiern, Konzerte veranstalten, zusammen beten, diskutieren, einander begegnen – alles in einem großen Rundzeltbau, der ersten temporären Jugendkirche.

Und daraus sind die Impulse für eine Jugendkirche entstanden?

Ja. Die Jugendlichen selbst haben damals vier entscheidende Impulse für das Konzept entwickelt: Spiritualität erfahren, Gemeinschaft leben, über die eigene und andere Religionen mehr erfahren, sich gesellschaftlichen Fragen und Problemen stellen.

Gab es denn bereits Projekte, die diese Impulse aufgenommen und vertieft haben – bis zur Eröffnung der Jugendkirche?

Aus den Erfahrungen von Jam-City war es die logische Folge, die Idee „Jugendkirche" voranzutreiben und zu konkretisieren. Also haben wir etwa im Jahr 2001 weltweit den ersten von insgesamt sechs SMS-Gottesdiensten veranstaltet.

An mehr als 2000 Jugendliche pro Gottesdienst wurden die wichtigsten Botschaften des Gottesdienstes verschickt. Wir haben begriffen, wie die Mehrheit der Jugendlichen heutzutage kommuniziert, welche Sprache junge Menschen sprechen, welche Ängste und Hoffnungen sie haben. Das war ein ganz entscheidender Baustein für das Konzept der Jugendkirche.

Inwieweit wurden die Jugendlichen noch an der Entstehung der Jugendkirche beteiligt?

Primäre Ziele kirchlicher Jugendarbeit sind Verkündigung und Partizipation. Deshalb war es selbstverständlich, Jugendliche an dem Vorhaben Jugendkirche zu beteiligen. Mehr als 50 Jugendliche haben den Prozess des Konzeptes maßgeblich mitbestimmt.

Bei der Suche nach einem passenden Ort der Jugendkirche waren die Jugendlichen Meinungsträger. Bei einer Abstimmung haben sie sich eindeutig von insgesamt vier Kirchengemeinden für die Lutherkirche entschieden.

Warum gerade die Lutherkirche?

Das wichtigste Anliegen der Jugendlichen war es, einen spirituellen Ort zu finden. Die Lutherkirche ist solch ein Ort – sie ist eine echte, richtige Kirche, kein Neu- oder Zweckbau. Darauf haben die Jugendlichen besonders Wert gelegt.

Mehr als die Hälfte der Bevölkerung in der Nordstadt ist unter 44 Jahren alt, der Stadtteil ist bekannt für sein studentisches und alternatives Leben, der Stadtteil ist auch Schwerpunkt türkischen Lebens in Hannover. Haben diese soziologischen Faktoren Auswirkungen auf die Arbeit in der Jugendkirche?

Bei der Auswahl der Lutherkirche spielten diese Faktoren keine herausragende Rolle. Im Nachhinein ist es eine glückliche Fügung, dass die Jugendkirche in der Nordstadt beheimatet ist. Die Punks vor dem Kirchenportal, die Kindertafel im Keller der Kirche, das türkische Café gegenüber – die Jugendlichen werden hier auf gesellschaftliche Probleme, interreligiöse Fragen und multikulturelle Eigenarten gestoßen. Das bringt Gesprächsstoff. Das passt ins Konzept.

Und inwiefern passt der moderne Innenausbau in der Lutherkirche zum Konzept der Jugendkirche?

Der Entwurf von Architekt Professor Bernd Rokahr hatte vor allem zwei planerische Aspekte, die den Jugendlichen gut gefielen: Zum einen die Aufteilung der Kirche in die notwendigen Funktionsräume, insbesondere aber den Einbau von zwei „Raum-in-Raum"-Lösungen, in denen das Café untergebracht ist, zum anderen ist die Vierung, der Chorraum, also der sakrale Raum unverändert geblieben. Hier können die Jugendlichen Spiritualität erfahren.

Am 22. September 2004 wurde die Jugendkirche offiziell eröffnet. Wie läuft die Arbeit an?

Gleich drei Tage nach der Eröffnung sind zum ersten Sprengel-Jugend-Kirchentag in der Lutherkirche mehr als 2000 Jugendliche gekommen. 250 meist Ehrenamtliche sorgten für den Erfolg. In Zukunft wird das Café regelmäßig geöffnet als Treffpunkt für Schüler und Jugendliche.

Der Kirchenraum steht sowohl für Andachten und Projekte als auch für Konzerte, Wanderausstellungen und Filmabende zur Verfügung – und natürlich findet jeden Sonntag um 18 Uhr ein Jugendgottesdienst statt.

Für die nächsten fünf Jahre ist die Finanzierung der Personal-, Investitions- und Sachkosten in Höhe von 2,05 Millionen Euro gesichert. Was ist ihre Vision für die Zukunft der Jugendkirche?

Die Jugendkirche wird ein Anlaufpunkt für viele Jugendliche aus den Gemeinden der Stadt und der Region Hannover sein, die keine eigene Jugendarbeit mehr anbieten können oder die eine Ergänzung zu ihrer Jugendarbeit suchen.

Die Jugendkirche wird ein Ort sein, an dem Jugendliche sich treffen, denen Kirche fremd ist oder fremd geworden ist. Die Jugendkirche will die Sprache der Jugendlichen sprechen; sie da abholen, wo sie sind und sie auf ihrem Weg ins Leben und in unsere Kirche begleiten.

Wachsende Städte brauchen neue Gotteshäuser

Nach der Reichsgründung von 1871 erlebten Wirtschaft und Industrie einen gewaltigen Aufschwung. Vorangetrieben wurde diese Entwicklung durch die fünf Milliarden Francs Kriegsentschädigung, die Frankreich zu entrichten hatte. Zudem entstanden in dieser Zeit auch große Geschäftsbanken, die den Konzernen die benötigten finanziellen Mittel zur Verfügung stellen konnten. Die industrielle Produktion versechsfachte sich, von 1895 bis 1913 setzte eine Hochkonjunktur ein[1].

Die expandierenden Betriebe lockten Arbeitskräfte aus den Agrargebieten in die Städte, zudem stieg die Zahl der Gesamtbevölkerung erheblich an. Aus den knapp 41 Millionen Einwohnern des Deutschen Reichs im Jahre 1870 sollten bis 1913 rund 67 Millionen.

In den Städten, die den Großteil des Bevölkerungszuwachses aufnahmen, entwickelte sich im Zuge der Urbanisierung die Massengesellschaft[2]. Auch Hannover war von diesem Phänomen betroffen, was natürlich gleichfalls für die hiesigen Kirchengemeinden nicht ohne Folgen blieb: Sie wuchsen stetig an, in den Kirchen wurde es eng, bald reichte der Platz nicht mehr aus. Die Gründung zusätzlicher Gemeinden wurde notwendig und mit ihnen der Bau neuer Kirchen.

In der Kunst entfaltete sich gegen Mitte des 19. Jahrhunderts der Historismus, der auf ältere Stilrichtungen wie Barock, Gotik und Romanik zurückgriff und aus diesen eine eigene Architektursprache kreierte[3]. Hannover entwickelte sich Mitte des 19. Jahrhunderts zu einem Zentrum der Neugotik, was vor allem auf den Baumeister Conrad Wilhelm Hase (1818 – 1902) zurückzuführen ist. Die Auswirkung der von ihm gegründeten Hannoverschen Architekturschule reichte bis in das 20. Jahrhundert hinein. Von ihr ist auch der hannoversche Kirchenbau dieser Zeit geprägt: Neben Hase errichteten viele seiner Schüler und Anhänger in der Leinestadt Gotteshäuser[4].

Die Misburger St. Johanniskirche

Sascha Aust
Misburger St. Johanniskirche musste Kupferdach opfern

Eigentlich war die Misburger Kirchengemeinde schon 1901 bestens auf das erste eigene Gotteshaus vorbereitet: Das Grundstück an der Anderter Straße hatte man für 25 000 Mark erworben, am Pfarrhaus wurde eifrig gebaut und die Baupläne für die Kirche, entworfen vom hannoverschen Architekten Karl Mohrmann (1857 – 1927), waren bereits fertiggestellt. Man hätte sofort mit dem Bau beginnen können – doch fehlte es am Nötigsten, dem Geld.

Auf 106 000 Mark hatte Mohrmann die Baukosten veranschlagt. Aber erst knapp die Hälfte davon hatte die Gemeinde durch Zuschüsse des Kultusministeriums und aus dem kirchlichen Notstandsfonds des Landeskonsistoriums zusammentragen können.

Eine Hauskollekte unter allen evangelischen Misburgern sollte den Fehlbetrag verringern. Für die richtige Motivation sorgte ein Flugblatt, das der Kirchenvorstand unter die Leute brachte: „Sollen nicht die Scharen von Arbeitern, die hier in immer größerer Zahl zusammenfließen, dem Unglauben und der Gottlosigkeit verfallen, so muß eine geräumige Kirche gebaut werden." Sicherheitshalber wurde aber auch noch an den Stolz der Gemeinschaft appelliert: „Du wirst uns die drohende Schmach ersparen wollen, daß die viel kleinere katholisch-polnische Gemeinde Misburgs eher eine Kirche – der Baugrund ist schon gekauft – erhält, als unsere ev.-luth. Gemeinde."

So gebeten, griffen die Misburger tief in ihre Geldbörsen, und rund 30 000 Mark kamen zusammen. Der Rest wurde über einen Kredit finanziert.[1]

1902 konnte dann mit den Bauarbeiten begonnen werden. Eingeweiht wurde die Kirche zwei Jahre später am 18. September. Bis dahin wurde der

Der Architekt Karl Mohrmann hat sich an einem Stützpfeiler als Säulenträger in der St. Johanniskirche verewigt.

Am selben Pfeiler ist auch Mohrmanns Kollege Adam Lorey, der die Bauaufsicht führte, dargestellt.

Ursprünglich war der Innenraum der St. Johanniskirche mit einer reichen Ausmalung geschmückt. Aufgrund von Schäden, die während des Zweiten Weltkrieges entstanden, musste der Putz ersetzt werden. Die Innenausmalung wurde anschließend nicht wieder hergestellt.

Gottesdienst noch in einer kleinen Kapelle im Schulgebäude gefeiert, wie es schon seit 1892 Tradition war, als die Gemeinde aus dem Kirchspiel Kirchrode ausgegliedert worden war.

Die Kapelle bot 250 Besuchern Platz – allerdings nur, wenn sie sich in dem niedrigen Raum dicht zusammendrängten. Misburg zählte zu dieser Zeit rund 4 000 Einwohner, von denen zwei Drittel evangelischen Glaubens waren.[2] Zur Einweihung der Kirche stiftete Kaiserin Auguste Viktoria eine Altarbibel mit eigenhändiger Widmung. Die ledergebundene Ausgabe der Heiligen Schrift ist noch heute erhalten.

Die Kirche hatte Mohrmann dem Stil der norddeutschen Backsteingotik nachempfunden. Er war ein Schüler des Begründers der Hannoverschen Architekturschule, Conrad Wilhelm Hase, von dem unter anderem die Christuskirche gestaltet wurde. Die Fassade des Misburger Gotteshauses prägt der Kontrast zwischen roten Ziegelsteinen und weißen Putzflächen.

Die Hauptfront gewinnt ihren besonderen Reiz aus dem mit Rosetten, Blendbögen und Dreipässen verzierten Maßwerk, dass der Hauptwand vorgeblendet ist. Eingerahmt wird sie von einem kleineren Treppenturm zur Rechten und dem Glockenturm zur Linken, den ein achteckiges, kupfergedecktes Dach abschließt. Die drei Portale, die ins Innere der Kirche führen, sind mit Ziergiebeln versehen.

Von der Vorhalle aus führt rechtsseitig eine Treppe auf die Orgelempore. Sie ist mit der Seitenempore verbunden, die auch über eine Treppe links von der Vorhalle zu erreichen ist. Die Deckengewölbe der beiden Schiffe werden von einem einzigen Pfeiler getragen. An ihm hat sich Mohrmann verewigt: Er ist auf der Ostseite des Pfeilers als Säulenträger zu sehen, die Figur auf der anderen Seite zeigt den Architekten Adam Lorey, der die Bauaufsicht führte.[3]

Der rechteckige Chorraum liegt zwei Stufen höher als das Kirchenschiff. Das Rundfenster im Zentrum der Chorrose zeigt Jesus als Weltenherrscher. Im

Ein einziger Pfeiler trägt das Deckengewölbe der beiden Kirchenschiffe. Unter der Seitenempore wurde 1992 eine Winterkirche eingerichtet. Die Orgel der St. Johanniskirche stammt noch aus der Zeit der Erbauung.

links vom Altar in einer Nische gelegenen Rundfenster ist der Reformator Martin Luther dargestellt, rechts sein engster Mitstreiter Philipp Melanchthon. Die beiden Nischen sind mit malereiverzierten Rundbögen versehen. Miteinander verbunden werden sie durch einen Blendbogen, der sich über dem Altar erhebt. Das von einem kunstvollen Rahmen umschlossene Altarbild des Malers Tronnier aus Hannover zeigt Jesus, der den sinkenden Petrus aus den Fluten rettet.

Auf der rechten Seite des Chores, gegenüber dem Seitenschiff, steht die Kanzel. Sie ist, ebenso wie der Altar, aus Eichenholz gefertigt und mit Schnitzereien verziert. Die Vorderseite der Kanzel prägt ein großes, goldfarbenes Kreuz.

Der Taufstein auf der linken Seite des Chores war ursprünglich aus Sandstein hergestellt worden. Dieser wurde aber 1927 durch einen hölzernen ersetzt. Die Spitze dieses Taufsteins schmückt eine geschnitzte Taube, das Sinnbild des Heiligen Geistes.

Den Taufbehälter tragen vier Figuren, sie stellen die Evangelisten dar.[4]

Die Orgel mit zwei Manualen und einem Pedal wurde von der hannoverschen Firma Furtwängler und Hammer geliefert. Sie ist heute noch in der Kirche erhalten, allerdings reparaturbedürftig. Die Innenwände der Kirche waren ursprünglich mit Malereien geschmückt.

Der Erste Weltkrieg kostete die Gemeinde im Jahr 1917 die größte und die kleinste ihrer drei Bronzeglocken. Schwerwiegender war jedoch die Forderung, auch das Kupferdach des Turms zu opfern. Lange sträubte sich der Kirchenvorstand gegen diese Enteignung und hätte damit beinahe Erfolg gehabt. Vier Monate vor Kriegsende wurde das Dach im Juli 1918 allerdings doch noch abgenommen.

Nach dem Krieg bemühte sich die Gemeinde, den bereits witterungsgeschädigten Turm schnellstmöglich wieder zu decken. Doch an Geld herrschte Mangel, und der Kupferpreis stieg beständig.

Der Kirchenvorstand verlangte von der Staatsregierung Schadensersatz, schließlich war der Schaden ja erst aufgrund der rigorosen staatlichen Enteignungsmaßnahmen entstanden. Statt dessen erhielt die Gemeinde jedoch lediglich die Empfehlung, den Turm abzureißen oder mit einer Notdeckung aus Teerpappe zu versehen, wofür ein Zuschuss von 40 000 Mark geleistet wurde. Infolge der fortschreitenden Geldentwertung waren dafür jedoch bald nicht einmal zwei Tonnen Teer zu bekommen. Der Kirchenvorstand wartete daher auf bessere Zeiten. Die kamen, als Ende 1923 die Rentenmark eingeführt und Kupfer wieder bezahlbar wurde.[5]

Als Nächstes wurden die verlorenen Glocken ersetzt. Kirchenvorsteher Max Kuhlemann gewann die örtlichen Fabriken als Sponsoren. Besonders engagierte sich die Misburger Zementfabrik – deren Direktor Kirchenvorsteher Kuhlemann selbst war. Es blieb sogar Geld übrig, um die verbliebene Glocke umzugießen, damit sie mit den beiden neuen, ebenfalls bronzenen Glocken ein schönes Klangbild ergab. Zum ersten Mal riefen sie am 6. März 1927 die Gemeinde zusammen.

Doch auch die neuen Glocken sollten nicht viel länger in der Kirche verbleiben, als ihre Vorgänger: Während des Zweiten Weltkriegs wurden sie im Turm zerschlagen und abtransportiert. Der Enteignung des Turmdaches konnte sich der Kirchenvorstand dieses Mal allerdings erfolgreich widersetzen. Dass die Kirche den Krieg überstehen sollte, war zu dieser Zeit indes kaum zu erwarten: Die nahe dem Gotteshaus gelegene Raffinerie war ein wichtiges Ziel der Bombenangriffe.

Dennoch kam die Kirche im Vergleich zu anderen hannoverschen Gotteshäusern glimpflich davon. Allerdings wurden die Fenster und das Dach zerstört, das Mauerwerk war bis hoch zum Turmhelm mit teilweise kopfgroßen Löchern übersät.[6]

An eine sofortige Reparatur war nach dem Ende des Krieges nicht zu denken: Es fehlte an Baumaterial und Handwerkern. Die Kirche wurde für Gottesdienste notdürftig hergerichtet. Das Dach konnte jedoch erst 1947 wieder gedeckt werden. Ein Jahr später erhielt die verbliebene Bronzeglocke im Turm Gesellschaft durch zwei Stahlglocken. Nachdem die Schäden am äußeren Mauerwerk beseitigt worden waren, ging die Gemeinde 1954 eine Innenrenovierung der St. Johanniskirche an.

Der Putz an Decke und Wänden musste vollständig ersetzt werden, wodurch auch die Innenausmalung der Kirche verloren ging. Auf eine Wiederherstellung der Ausmalung wurde verzichtet, in die Chorrose kehrte jedoch die Darstellung des Heilands zurück. Der hannoversche Künstler Horrmeyer war mit der Gestaltung beauftragt worden. Auf seine Anregung hin wurden die um das große Rundfenster angeordneten sechs kleinen Fenster mit Motiven aus den Evangelien geschmückt.[7]

Das Äußere der Kirche wurde zuletzt 1987 renoviert, fünf Jahre später veränderte der Innenraum noch einmal deutlich sein Aussehen: Das unter der Empore gelegene Seitenschiff wurde durch eine Glaswand von der Kirche abgetrennt. Dort wird in den Wintermonaten der Gottesdienst gefeiert.[8]

Winterkirche spart Heizkosten

Ein Problem, mit dem die meisten Kirchen zu kämpfen haben, ist die Heizung: Bis es im Gotteshaus einigermaßen warm wird, können einige Stunden vergehen. Das verursacht nicht nur erhebliche Kosten, sondern belastet auch die Umwelt. In der St. Johanniskirche suchte man daher nach einer kostensparenden Lösung.

1992 wurde dafür das unter der Empore gelegene Seitenschiff mit Glastüren von der restlichen Kirche abgetrennt. Die alten Kirchenbänke wurden entfernt und der neu entstandene Raum zur Winterkirche. Wie der Name bereits ahnen lässt, wird dort in den kalten Monaten der Gottesdienst gefeiert. Die Winterkirche ist leichter zu heizen und bietet der Gemeinde im Normalfall ausreichend Platz. An Festtagen wie Heilig Abend ist indes wie gewohnt die gesamte Kirche geöffnet. Im Zuge der Ausgestaltung der Winterkirche wurden auch die Fenster im unteren Teil des Seitenschiffs erneuert.

Farbige Bilder durften aus Gründen des Denkmalschutzes nicht eingebaut werden, doch der Hamburger Glaskünstler H. Schneider hatte die Idee, getöntes Fensterglas zu verwenden, das mit vier Motiven geschmückt wurde.

Das Eingangsmotiv zeigt die Begegnung Moses mit Gott am brennenden Dornenbusch, im folgenden ist eine Taube zu sehen, die an die Taufe Jesu erinnert. Im dritten Fenster ist ein bis zum Überlaufen gefüllter Kelch zu sehen, als Sinnbild der Fülle des Lebens und des Abendmahls – über ihm schwebt eine Oblate. Das letzte Fenster zeigt einen Anker, eine Reminiszenz an das Adventslied „Es kommt ein Schiff geladen..." in dem es heißt: „Der Anker haft auf Erden [...] der Sohn ist uns gesandt."[9]

Lister Matthäuskirche hatte drei Kirchenschiffe in einem Jahrhundert

In der Nacht auf den 25. März 1906 hatte ein ungewöhnlich starker Schneefall eingesetzt und die roten Dachpfannen der Lister Kirche weiß eingedeckt. In aller Eile musste am folgenden Morgen der Gemeindepflug herangeschafft werden, um den zur Einweihung der Kirche erwarteten Gästen den Weg in das Gotteshaus frei zu räumen.

Es sollte nicht die letzte Einweihung sein, die diese Kirche erlebte. Obwohl genau genommen nur Turm und Chor Zeugen der beiden folgenden werden sollten.

Davon war an diesem Märztag noch nichts zu ahnen. Einer der Kirchgänger war der Hase-Schüler Eduard Wendebourg (1857 bis 1940). Beinahe hätte er diese Kirche in doppelter Ausfertigung errichten dürfen. Der hannoversche Architekt wird an diesem Sonntag sicher zufrieden auf sein jüngstes „Kind" geschaut haben: Als sein gelungenstes Werk bezeichnet er die Lister Kirche später.

Als 1896 die hannoverschen Architekten aufgerufen waren, Pläne für den Bau der Lister und der Herrenhäuser Kirchen einzureichen, wurde überlegt, beide nach den Entwürfen Wendebourgs zu bauen.[1] Man kam aber wieder davon ab, und die Herrenhäuser Kirche entstand nach Plänen Eberhard Hillebrands, der ebenfalls ein Hase-Schüler war.

Das Grundstück zwischen dem heutigen Lister Kirchweg und der Wöhlerstraße bekam die Hainhölzer Gemeinde, zu der die List seinerzeit noch gehörte, von dem Hofbesitzer Heinrich Kollenrodt geschenkt: Unter der Bedingung, dort ein Gotteshaus zu errichten.[2]

Die Finanzierung des Projekts schob die Lister Realgemeinde an, ein Zusammenschluss der Grundbesitzer. Sie hatten 1895 der Stadt Hannover, zu der die List vier Jahre zuvor eingemeindet worden war, Land verkauft. 78 000 Mark des Erlöses stellten sie dem ersehnten Kirchbau zur Verfügung.

Als der Gesamtverband der städtischen Kirchengemeinden 1903 signalisierte, die restlichen Kosten zu übernehmen, konnte mit dem Bau begonnen werden. Doch nicht lange nach der Grundsteinlegung am 11. Oktober 1903 unterbrach ein Streik die Arbeiten. Es vergingen Wochen, bis sich die Handwerker und ihre Meister geeinigt hatten und der Bau fortgeführt wurde.[3]

Die Lister Matthäuskirche nannte der hannoversche Architekt Eduard Wendebourg sein gelungenstes Werk.

Die Kirche, die in ihrem Grundriss kreuzförmig ausgebildet war, wurde in Kalkstein im neugotischen Stil errichtet, in den Strukturteilen fand Sandstein Verwendung.

Neben der Apsis mit ihrer massiven Wölbung entstanden seitlich zwei Sakristeien. Der zwei Stufen höher als das Schiff gelegene Altar wurde aus nassauischem Marmor mit reichem Glasmosaik gefertigt, aus dem selben Material ist auch das Taufbecken.[4]

Chor und Altar der Kirche haben – ebenso wie der Turm – den Zweiten Weltkrieg überstanden. Das Chorwandgemälde der Münchner Künstlerin Linda Kögel wurde indes zerstört.

Der Altar wurde ohne Aufbauten errichtet, um den Blick auf das geplante Chorwandgemälde freizugeben. Ihn schmückten ein silbernes Kreuz sowie sechs ebenfalls silberne Altarleuchter. Die bleiverglasten Fenster zeigten in ihren Maßwerken figürliche Darstellungen, die sich im Chor auf das Leiden Christi und in den Querschiffen unter anderem auf Handwerk, Ackerbau und Wissenschaft bezogen. Kleinere, unter den beiden Querschiffemporen angebrachte Fenster erläuterten die Darstellungen durch Bibelsprüche.[5]

Eine Besonderheit bildete die Ausrichtung des Chors in südwestliche Richtung: In den meisten Kirchen weist er in Richtung Osten, damit das erste Licht des Tages auf das Kreuz am Altar fällt – als Erinnerung daran, dass die Auferstehung Jesu bei Sonnenaufgang entdeckt wurde.[6] Der Grund für die veränderte Ausrichtung der Lister Kirche ist nicht überliefert. Es kursiert aber das Gerücht, die Stifter von 1895 hätten darauf bestanden, dass der Turm zu ihren Häusern weist.

Betreten wurde die Kirche durch das dem Chor gegenüberliegende dreiteilige Hauptportal des Turms, dessen 64 Meter hohe, kupfergedeckte Spitze an die markante Marktkirchenturmspitze erinnern sollte. An den Schmalseiten des Turmes führten Treppenaufgänge zu den miteinander verbundenen Emporen.

Für das Chorwandgemälde hatte die Gemeinde, die sich am 1. Juli 1907 von Hainholz löste, die Münchner Malerin Linda Kögel verpflichtet. Sie entwarf auch die restlichen Wandmalereien der Kirche, die von dem Maler Büürma ausgeführt wurden. Das Chorwandbild sollte erst nach vielen Jahren vollendet werden. Den Mittelpunkt bildete eine Abendmahlsdarstellung, in den danebenliegenden Wandflächen entstand eine Darstellung der verschiedenen Lebensalter. Die Malerin konnte ihr Werk allerdings nicht selbst vollenden: 1908, zwei Jahre nachdem sie begonnen hatte, fesselte sie ein Rheumatismus ans Bett. Dennoch fertigte sie Vorlagen, nach denen der Maler Ferdy Horrmeyer 1917 das Chorwandgemälde vollenden konnte.

Im selben Jahr musste die Kirche zwei ihrer Glocken abgeben, die für kriegswichtige Zwecke eingeschmolzen wurden. Zuvor hatte die Gemeinde für militärische Zwecke bereits einen erheblichen Teil der Orgelpfeifen eingebüßt. Die Glocken wurden 1926 ersetzt. Sie sollten aber nur 16 Jahre lang die Gemeinde rufen: 1942 wurden wieder die beiden größten eingezogen. Leichte Schäden fügte im September des folgenden Jahres ein Fliegerangriff der Kirche zu. Der Erntedankgottesdienst von 1943 sollte dann der letzte sein, den die Gemeinde dort feiern konnte.

In der Nacht auf den 9. Oktober des Jahres stürzten nach einem Bombenangriff verschiedene Mauerteile der Kirche ein. Am 15. Dezember 1944 wurde das Pfarrhaus vernichtet, das zeitgleich mit der Kirche errichtet worden war. Zwei Monate später, am 5. Januar 1945, schlugen Spreng- und Brandbomben auch das Gotteshaus zur Ruine. Nur Turm und Apsis überstanden diesen Angriff. Die Gemeinde fand bei ihren Nachbarn von St. Markus Aufnahme. Sie sollte vier Jahre heimatlos bleiben.[7]

Eine neue Kirche kam im Januar 1949 in Aussicht, als der Gemeinde eine Notkirche zugesagt wurde. Entwickelt hatte den zu beiden Seiten auf je sieben

Pfeilern ruhenden Holzbau der Architekt Otto Bartning (1883 – 1953). Die Kirchen wurden in vorgefertigten Stücken geliefert, zwischen 1948 und 1950 entstanden deutschlandweit rund 50 Exemplare, überwiegend finanziert aus Mitteln des Lutherischen Weltbundes.[8] In der List kam indes nicht das Standardwerk zur Ausführung: Unter der Leitung des Stadtkirchenbaumeisters Dr. Gerhard Stade wurde die Holzkonstruktion modifiziert und zwischen Chor und Apsis eingepasst. Die Einweihung feierte man am 25. Juni 1950.[9]

Das Bauwerk erwies sich allerdings als sehr reparaturanfällig. Mit den sechziger Jahren kam daher auch der Wunsch nach einer neuen, richtigen Kirche.[10] Zuvor wurde aber ein Abnehmer für die Notkirche gesucht, den man 1964 in der Herrenhäuser Zachäusgemeinde fand. Drei Jahre später trat die Notkirche, wieder in Einzelteile zerlegt, den Weg dorthin an. Noch heute bildet sie den Grundstock der inzwischen erweiterten Zachäuskirche.

Die Lister Gemeinde war nun zwar wieder bar jeder Kirche, man glaubte jedoch ein neues Gotteshaus zum Greifen nah. Doch dem Stadtkirchenverband fehlte das Geld, mehrere Jahre musste der Gottesdienst im 1957 errichteten Gemeindehaus gefeiert werden.[11]

Erst am 16. Juni 1971 wurde der Grundstein für die neue Kirche gelegt. Man entschied sich für den Entwurf der Architekten Gudrun und Klaus Vogel aus Bemerode und damit für den Erhalt der neugotischen Elemente: Zwischen Turm und Apsis entstand ein neues Kirchenschiff, das am 8. Oktober 1972 eingeweiht wurde. Das neue Gotteshaus erhielt den Namen Lister Matthäuskirche.[12]

Mit dem fächerartig angelegten Schiff zog der Geist der siebziger Jahre zwischen dem neugotischen Turm und der Apsis ein: Leichtbeton traf Naturstein. Der Bau wirkt, von der Apsis abgesehen, fensterlos. Die wenigen Lichteinlässe liegen im rechten Winkel hinter Wänden verborgen – diese Bauweise soll das Innere vor dem Straßenlärm schützen. Der Eingang durch das Turmportal wurde zugemauert, ein neuer entstand an der Wöhlerstraße. Von dort ist die Vorhalle zu erreichen, zu deren Linken der mit seinen grauen Betonwänden und dem grauen Marmorfußboden kühl und sachlich wirkende Gottesdienstraum liegt. Selbst die Kanzel ist aus Beton.

Die Platte des schlicht gehaltenen Altars stammt, ebenso wie der Taufstein, aus dem ersten Gotteshaus. Auch Altarkreuz, Altarleuchter und Abendmahlsgefäße haben die Zeit überdauert. Um den Altar wurden Stühle in einem Halbrund geordnet. Im Rücken der Gemeinde liegt eine abgetrennte Kapelle. Durch kleine Fenster kann auch von dort aus der Gottesdienst verfolgt werden. Die Sakristei ist, ebenso wie weitere Nebenräume, im Turm untergebracht. Der Bund Deutscher Architekten zeichnete 1976 das Architekten-Paar für das Bauwerk aus.

Etwas Farbe kam 1988 in die Kirche: Die während des Neubaus vergrößerten Fenster im Chor wurden durch Fensterbilder von Heinrich-Gerhard Bücker aus Vellern ersetzt. Sie zeigen den auferstandenen Christus inmitten der schlafenden Grabwächter.[13]

Sichtbeton trifft Naturstein: Zwischen Turm und Apsis wurde Anfang der siebziger Jahre ein neues Kirchenschiff errichtet.

Die Herrenhäuser Kirche

Zwei Hase-Schüler konkurrierten um die Herrenhäuser Kirche

Wer die Herrenhäuser Kirche besucht, betritt das Gotteshaus am Hauptportal des Westturms durch drei Türen. Hinter der ersten öffnet sich der Turmraum, in dem eine Gedenktafel an die Geldgeber des Kirchenbaus erinnert: Die Realgemeinde, ein Zusammenschluss der Grundbesitzer Herrenhausens, hatte 1898 rund 130 000 Mark gestiftet. Das Geld stammte aus einem Landverkauf an die Stadt Hannover. Anfangs hatten die Grundbesitzer überlegt, das Geld untereinander aufzuteilen. Doch wusste niemand so recht, wem wie viel davon zustand.

Der Bankier Simon, ein Herrenhäuser jüdischen Glaubens und Vorsitzender der Realgemeinde, machte den Vorschlag, das Geld für die Kirche zu spenden. Die Grundbesitzer verständigten sich schnell darauf – schließlich hatte der Traum von einer eigenen Kirche die Herrenhäuser schon seit Jahrzehnten umgetrieben.[1]

An der Gedenktafel vorbei führt der Weg zur zweiten Tür. Hinter dieser weitet sich das Foyer unter der Empore, das durch eine Glaswand vom Kirchenschiff abgetrennt ist. Die Glaswand ist 1985 eingerichtet worden, als die Kirche renoviert wurde. Die dritte Tür liegt in der Mitte dieser Wand, die auf Hüfthöhe von einem hölzernen Schriftband unterbrochen wird. Die Worte des Vaterunser sind in das Holz geschnitten. Wer die gläserne Tür öffnet, berührt dabei die Worte „wie auch wir vergeben unsern Schuldigern".

Hinter der Tür entfaltet sich der Kirchenraum, der in seinem Grundriss symmetrisch ist und ein griechisches Kreuz bildet. Jugendstilmalereien kleiden die Wände bis hinauf zum 16 Meter hohen Kreuzgewölbe. Unter den zahlreichen Motiven – die meisten der Pflanzenwelt entlehnt – sind über dem Altar sechs Engel zu entdecken. Sie stehen für die in den Evangelien beschriebenen Stationen im Leben Jesu, an denen Engel erschienen sind.[2] Der Heiland selbst ist im Altarfenster dargestellt, das Bild zeigt Jesus mit den Emmaus-Jüngern. Die Chorrose prägt eine Taube als Sinnbild des Heiligen Geists. Über den Kirchenbänken senkt sich ein riesiger Leuchter, der mit seinen Toren und Türmen das himmlische Jerusalem symbolisiert. Darüber erstreckt sich das steinerne Kreuzgewölbe, an dessen höchstem Punkt es scheint, als ob sich der Himmel öffnet: Sterne schimmern auf blauem Firmament. Die beiden Querarme der Kirche sind mit Emporen versehen,

Das Original des großen Rundleuchters, der das himmlische Jerusalem symbolisiert, verschwand 1962 während einer Renovierung. Seit 1993 erhellt eine Nachbildung das Gotteshaus.

die auf der Westseite eine Langhausempore miteinander verbindet, hinter der die Orgel aufgebaut ist. Der Entwurf der Kirche stammt von dem hannoverschen Architekten Eberhard Hillebrand (1840 bis 1924). Doch beinahe wäre Hillebrand mit seinem Entwurf in Herrenhausen gar nicht zum Zuge gekommen. Als 1896 die Architekten der Stadt Pläne für die Lister und die Herrenhäuser Kirche einreichen sollten, entwickelte sich ein Kopf-an-Kopf-Rennen zwischen Hillebrand und Eduard Wendebourg, einem weiteren Hase-Schüler.

Kurzzeitig wurde überlegt, beide Gebäude nach den Plänen Wendebourgs zu errichten. Doch dann entschied man sich anders: Wendebourg sollte seinen Entwurf in der List verwirklichen, während Hillebrands in Herrenhausen umgesetzt wurde.[3] Bis zum ersten Spatenstich vergingen noch sieben Jahre: Erst am 23. Februar 1903 wurde mit dem Bau begonnen. Das von der Realgemeinde gestiftete Geld hatte sich inzwischen durch Zinsen auf

Das Altarfenster der Herrenhäuser Kirche zeigt den auferstandenen Heiland zusammen mit den Emmaus-Jüngern. Die Chorrose prägt eine Taube als Sinnbild des Heiligen Geistes.

138 000 Mark vermehrt. Für den Rest der Baukosten von insgesamt 280 000 Mark kam der Gesamtverband der städtischen Kirchengemeinden auf. Dieser übernahm auch die Kosten für den Bau eines Pfarrhauses, das ebenfalls nach Entwürfen Hillebrands errichtet wurde.[4]

Das Grundstück zwischen Böttcherstraße und Hegebläch, auf dem das Gotteshaus gebaut wurde, hatte die Gemeinde elf Jahre zuvor geschenkt bekommen. Die Herrenhäuser Kirche entstand im neugotischen Stil mit Sandsteinen und Dolomitsteinquadern. Um Gewicht zu sparen, verwendete man für das Gewölbe besonders leichte Steine, die in einem speziellen Verfahren aus Ton und Torf gefertigt wurden.[5]

Bis zur Einweihung am 27. Mai 1906 war der Kirchturm auf seine endgültige Höhe von 70 Metern gewachsen. Beidseitig des Turmes sind Treppenhäuser angebaut, die zu den Emporen führen, unter dem Turmhelm verläuft eine offene Galerie. Die Malereien im Inneren, wie auch der Großteil der Fensterbilder, entstanden nach Entwürfen der Gebrüder Linnemann aus Frankfurt am Main. Die Orgel stiftete der Herzog von Cumberland, Kronprinz Ernst August. Zum Dank errichteten ihm die Herrenhäuser auf der nördlichen Seite des Chorraums eine Herzogenempore.

Doch nicht nur der Welfe, auch viele Herrenhäuser gaben etwas für ihre Kirche, unter anderem drei bronzene Glocken. Zwei davon mussten 1917 für kriegswichtige Zwecke abgegeben werden. Sie wurden fünf Jahre später durch stählerne Glocken ersetzt. Nach einem Heiligen benannten die Herrenhäuser das Gotteshaus nicht. Im Namen ihrer Kirche wollten sie die Unabhängigkeit ihrer Ortschaft erinnert wissen, die der politischen Gemeinde Herrenhausen durch die Eingemeindung nach Hannover 1891 verloren gegangen war. Eine selbstständige Kirchengemeinde wurde Herrenhausen aber erst im Juni 1907, ein Jahr nach der Einweihung der Kirche. Damit endete die Zugehörigkeit zum Kirchspiel Hainholz, die seit 1544 bestanden hatte.

Den Zweiten Weltkrieg überstand die Kirche mit vergleichsweise geringen Schäden. Im Oktober 1944 wurden bei einem Bombenangriff jedoch die Fenster zerstört und das Dach beschädigt. Zwar konnte die Kirche bereits am 19. August 1945 wieder genutzt werden, nachdem die offenen Fensterluken provisorisch mit Leichtmetallplatten verschlossen worden waren, aber es vergingen sechs Jahre, bis die komplette Verglasung wieder hergestellt werden konnte. Holzgebälk und Mauerwerk nahmen dadurch Schaden. Auch der Orgel bekamen die zugigen Nachkriegsjahre nicht. Sie hatte zwar den Krieg schadlos überstanden, so dass sich Herrenhausen zu einem Zentrum der kirchlichen Orgelmusik entwickeln konnte. Doch 1967 musste das Instrument ersetzt werden.

Die Kirche wurde 1962 saniert. Allerdings beließ man es nicht dabei, lediglich die Schäden zu beseiti-

---

Der Radleuchter verschwand über Nacht

Wo das Original des großen Rundleuchters geblieben ist, das bis 1962 die Herrenhäuser Kirche schmückte, bleibt ein Rätsel. Der Leuchter hatte einen Durchmesser von viereinhalb Metern, seine 90 Lampen erhellten das Gotteshaus, zwölf Stadttore und Türme symbolisierten das himmlische Jerusalem.

Als die Kirche 1962 renoviert wurde, lagerte man den teilweise schon reichlich verrosteten Leuchter kurzerhand draußen vor der Sakristei. Eines Tages war er dann einfach verschwunden.[7] 23 Jahre später sollte er jedoch zurückkehren: Anhand einer schon etwas vergilbten Fotografie wurde der Leuchter rekonstruiert. Das Original hatte, ebenso wie Altarkreuz und Taufbecken, D. Hägemann entworfen.

gen. „Altar, Kanzel und Taufe wurden behutsam von fragwürdigen handwerklichen Details befreit", lautet die zurückhaltende Beschreibung in einem Zeitungsartikel über die Renovierung.⁶

Zu den fragwürdigen Details gehörte das silberne Altarkreuz, das einem Mosaikkreuz nach dem Geschmack der sechziger Jahre weichen musste. Die Herzogenempore wurde abgerissen. Der große Radleuchter mit seinen Toren und Türmen verschwand, ihn ersetzten nüchterne Lampen. Auch mit dem Ornamentwerk kannte der Zeitgeist kein Erbarmen: Die Wandmalereien wurden übertüncht. Tristes Einheitsgrau kleidete jetzt das Kircheninnere, zu dem nur die Fensterbilder im Chor und die rot gestrichenen Bänke sowie die blau gefassten Rippen des Gewölbes einen Kontrast boten.

Farbe kam erst wieder mit einer rund zehn Jahre währenden Renovierung in die Kirche, deren erster Abschnitt 1985 begann. Mühselig wurden Teile der ursprünglichen Ornamente freigelegt, an vielen Stellen konnte die Schablonenmalerei nur anhand alter Fotografien rekonstruiert werden. Der Jerusalem-Leuchter kehrte als Nachbildung zurück. Der Chor wurde ebenfalls umgestaltet: Der freistehende Altar rückte ein Stück von der Wand, darüber wurde ein Kruzifix aus dem 19. Jahrhundert angebracht. Das Mosaikkreuz aus den sechziger Jahren schmückt nun eine Taufecke, die an der Stelle eingerichtet wurde, an der früher die Herzogenempore gestanden hatte.

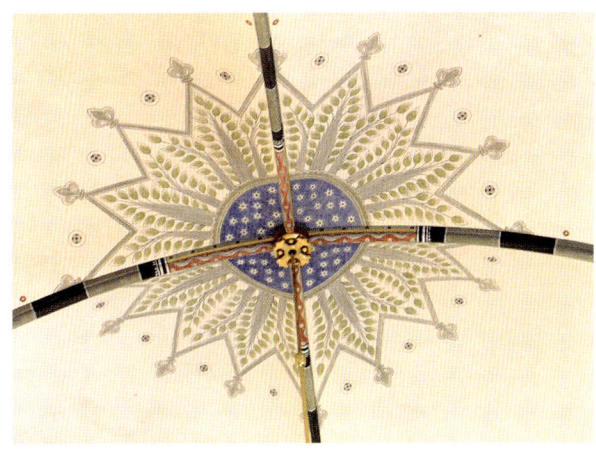

Als ob der Himmel sich öffnet: An der höchsten Stelle des Kreuzgewölbes funkeln Sterne auf blauem Firmament.

Außerdem fertigte der renommierte Künstler Robert Hammerstiel 16 Farbholzschnitte, die den Kreuzweg Jesu zeigen. Sie sind alljährlich von Aschermittwoch bis Himmelfahrt in der Kirche zu sehen. 1993 wurde die Orgel umfangreich restauriert. Bei dem Instrument zeigte sich Materialermüdung: Einige Pfeifen brachen einfach ab.

Eine vergleichsweise kleine, vorerst letzte Veränderung im Kircheninneren wurde in Vorbereitung auf die Expo 2000 unternommen: Unter der südlichen Empore entstand eine Gebetsecke, die durch eine etwa mannshohe, kunstvoll gestaltete Glaswand vom restlichen Kirchenschiff abgetrennt ist.

Bei einer Renovierung in den sechziger Jahren waren die Jugendstilmalereien übertüncht worden. Rund zehn Jahre dauerte die Restaurierung, mit der 1985 begonnen wurde.

Markuskirche

Geflügelte Löwen wachen über die Markuskirche

Die Markuskirche an der Oskar-Winter-Straße in der List wurde in den Jahren von 1902 bis 1906 errichtet. Sicher wäre sie schon früher fertig gestellt worden, wären nicht gleich zu Baubeginn unerwartete Schwierigkeiten aufgetreten. Die Arbeiter stießen auf Treibsand – obwohl das Bauland zuvor gründlich untersucht worden war. Mühselig musste erst der Boden bereitet werden, bevor das Gotteshaus in die Höhe wachsen konnte.[1]

Das Grundstück hatte die Gemeinde vom Magistrat der Stadt Hannover unentgeltlich zur Verfügung gestellt bekommen. Allerdings unter der Auflage, dass auf der Dreiecksfläche eine Kirche entsteht, die „der Stadt Hannover zur Zierde gereichen werde".[2]

Mit diesem Auftrag wurde der hannoversche Architekt Otto Lüer (1865 – 1947) betraut. Er hatte sich gegen 74 weitere Architekten durchgesetzt, die ebenfalls Entwürfe für die Markuskirche eingereicht hatten.[3] Lüer war ein Schüler des Begründers der Hannoverschen Architekturschule, Conrad Wilhelm Hase. Der Markuskirche verlieh Lüer ein neoromanisches Aussehen mit ungewöhnlicher Anordnung: Der Turm mit seinem kupfernen Dach steht nicht wie allgemein üblich im Westen der Kirche, sondern ist auf der südlichen Seite vorgestellt.

Lüer strebte an, eine reine Predigtkirche zu errichten. Im Inneren bemühte er sich daher, die Konzentration der Gemeinde ganz auf die Kanzel zu lenken. Er stattete die Kirche mit nur einem Seitenschiff aus, das auf der Nordseite der Kanzel direkt gegenüber gelegen ist.[4]

Den Auftrag zum Kirchenbau hatte eine reiche Gemeinde erteilt[5]: die Dreifaltigkeitsgemeinde, deren Seelenzahl von 6 000 bei der Gründung im Jahr 1876 auf das beinahe Dreifache angewachsen war.[6] Sie trug im Volksmund den Beinamen „Offiziersgemeinde", denn in der List waren viele Militärs beheimatet. So sprach man auch von der Markuskirche bald als „Soldatenkirche" und „Lackstiefelkirche".

Dem Wohlstand der Gemeinde entsprechend wurde das Bauwerk beinahe schon überreich ausgestattet. Das Äußere des Sandsteinbaus, dessen Sockel aus Basalt-Lava besteht, prägt eine immense Zahl von Bildhauerarbeiten. Sie stammen von den Bildhauern Karl Gundelach, mit dem Lüer bereits den vor dem Leibnizhaus gelegenen Holzmarktbrunnen gestaltet hatte, und R. Engelhard. Am Südportal unter dem

Das monumentale Mosaik des segnenden Heilands über dem Westportal stiftete Kaiser Wilhelm II. der Kirche.

Eine Darstellung der Vertreibung aus dem Paradies schmückt den Pfeiler der „Paradies" genannten Vorhalle der Markuskirche.

70 Meter hohen Turm zeigt eine Statue den Namensgeber der Kirche. Hinter dem Heiligen Markus ist ein Relief mit seinem Evangelistensymbol angebracht, dem geflügelten Löwen, einem an der Markuskirche vielfach verwendeten Motiv.

Im Tympanon, dem Türbogenfeld des Turmportals, sind mit einem Relief die Bibelworte „Lasset die Kindlein zu mir kommen" dargestellt. Darüber, in etwa 28 Meter Höhe, wachen vier Löwen mit Adlerkörpern über die Kirche.

Am Westportal fällt das monumentale Mosaik ins Auge, das den segnenden Heiland zeigt, der in seiner Hand die Welt trägt. Es wurde erst 1908 fertig gestellt und ist ein Geschenk Kaiser Wilhelm II. Eine Gedenktafel erinnert an den Spender und seinen Besuch der Kirche am 28. August 1907.

Das Mosaik ist nicht das einzige Kunstwerk am Westportal. Unter dem Türbogen nimmt ein Engel die Besucher in Empfang. Rechts und links des Westportals sind Doppelkapitelle ausgeführt. Das linke zeigt als Symbol für das alte Christentum eine männliche Figur, die zwei Kreuze hält. Im rechten sind zwei Kinderfiguren dargestellt, die eine Rose tragen. Sie stehen für das neue Christentum – die Rose war das Wappen Martin Luthers.[7]

Die südwestliche Ecke der Kirche beherbergt eine offene Vorhalle. Sie ist eine Reminiszenz an die Paradies genannten Vorhallen der frühchristlichen Kirchen und hatte auch in der List bald den Namen „Paradies" bekommen.

An den Garten Eden erinnert ein Relief über der Vorhalle, das die Vertreibung von Adam und Eva zeigt. Durch die eisernen Tore an der Vorhalle, an deren Seiten zwei Schlangen empor ragen, ist die Kirche seit dem Jahr 2000 auch über eine Rampe für Rollstuhlfahrer zu erreichen. Von dort aus führt der Weg, ebenso wie durch das Hauptportal auf der Westseite, in eine geräumige Vorhalle. An diese schließt sich im Norden der Treppenaufgang zur Orgelempore und der mit ihr verbundenen Empore des Seitenschiffs an. Der Gottesdienstraum in seiner nahezu quadratischen Grundform muss 1906 einen atemberaubenden Anblick geboten haben, als die Kirche noch mit zahlreichen Wandmalereien geschmückt war. Während das Mittelschiff vom Seitenschiff durch zwei mächtige Pfeiler abgegrenzt wurde, sonderte ein farbenprächtig bemalter Triumphbogen den gegenüber dem Eingang gelegenen Altarraum vom Kirchenschiff ab.

Den Triumphbogen schmückten Engel, jeder eine Spruchtafel mit Seligpreisungen aus der Bergpredigt tragend. An den Scheitelpunkt des Bogens setzte der Kunstmaler Oskar Wichtendahl, von dem die Innenausmalung stammte, das Lamm Gottes. Ihren Höhepunkt fand die Gestaltung im Altarraum, von dessen Gewölbe ein segnender Heiland auf die Gemeinde blickte.

In den Rundfenstern des Chors schimmerten biblische Gleichnisse. Der Altar selbst reichte sieben Meter in die Höhe. Den Mittelteil des figurengeschmückten, goldornamentierten Aufbaus füllte ein dreiteiliges Altarbild mit dem auferstandenen Christus.

Über dem Turmausgang auf südlicher Seite prägte ein Gemälde der Bergpredigt den Innenraum der Kirche. Die Nordwand der Empore zeigte Luthers Auftreten vor dem Reichstag zu Worms im Jahre 1521. Ein weiteres Bild beherrschte der in Eichenholz gehaltene Orgelprospekt, auf dem das himmlische Jerusalem zu bewundern war.[8]

Umstrittene Gedenktafel wurde entschärft

Ursprünglich sollte die marmorne Tafel an der linken Chorseite der Markuskirche das Gedächtnis an die Gefallenen des Ersten Weltkrieges wahren. Doch sorgte die martialische Darstellung des Reliefs später für Zwist in der Gemeinde: Zahlreiche Kirchgänger störten sich an dem skelettierten Soldaten, der unter der Inschrift „Sei getreu bis in den Tod" vier seiner Kameraden anführt.

Lange und mit vielen Emotionen wurde darüber diskutiert, ob eine solche Darstellung in einem Gotteshaus am rechten Platz sei. Die Gemeinde entschied sich 1985 schließlich, die Tafel zu entschärfen. An ihrem Sockel wurde eine Platte mit den Worten „Herr, mache Du mich zum Werkzeug Deines Friedens" angebracht.

Von der schmuckvollen Innenausstattung hat nur wenig den Zweiten Weltkrieg überstanden. Eine Brandbombe durchschlug 1941 Dach und Gewölbe der Kirche, in den verbleibenden Kriegsjahren litt das Gotteshaus unter Bombeneinschlägen in der unmittelbaren Nachbarschaft. Die Orgel wurde fast vollständig zerstört, die Malereien im Innenraum schwer beschädigt. Zwar begannen die Gemeindeglieder nach dem Krieg sofort, die Schäden zu beseitigen. Doch erst 1946 konnte in der Markuskirche wieder ein Gottesdienst gefeiert werden.

Schrittweise wurde die Kirche in den Nachkriegsjahren renoviert. Die Wandgemälde waren jedoch nicht zu retten. Die Wände erhielten einen neuen Putz und wurden elfenbeinfarben gestrichen. Der Putz des Gewölbes, das eine Spannweite von 14 Metern Breite hat und 17 Meter hoch ist, wurde entfernt. Den freigelegten Gewölbeflächen war anfangs anzusehen, dass sie eigentlich hinter Putz verborgen liegen sollten: Zwischen roten Backsteinen in verschiedensten Tönungen saßen auch gelbe und schwarze. Doch es gelang durch ein spezielles Verfahren, die Steine in Farbe und Schattierung aufeinander abzustimmen.

Eine neue Orgel erhielt die Gemeinde 1962. Zwei Jahre später folgte eine umfassende Renovierung. Im Chor wurden neue, größere Mosaikfenster eingesetzt, die Helge Brieg gestaltet hatte. Damit sie richtig zur Geltung kommen konnten, mussten jedoch die Aufbauten des Altars entfernt werden. Sie sind aber noch erhalten – wenn auch in Einzelteilen. Das Altarkreuz wird heute noch genutzt.

Die alten Kirchenbänke wurden 1972 durch Stühle ersetzt. Zudem wurde der Taufstein aus dem Chor entfernt. Er fand seinen neuen Platz auf einem Natursteinsockel unter der Empore. Den Taufstein hatte, ebenso wie die liturgischen Geräte, ebenfalls Otto Lüer entworfen. Eine erneute Renovierung färbte 1981 die Wandteile und das Gewölbe der Apsis in Brauntönen, elf Jahre später bekam die Kirche einen neuen Rundleuchter.

Unangetastet blieb die Kanzel, auf der Schnitzarbeiten den zwölfjährigen Jesus im Tempel zeigen.[9] Der Zugang zu ihr erfolgt von der Sakristei, die südlich des Chorraums liegt. Die Sakristei ist einer von mehreren Nebenräumen, die wie ein Kranz den Chor umziehen.

Auf der Nordseite des Chors ist der Kirche noch eine kleine Kapelle angebaut, die über den Treppenaufgang am Ostende der Empore zu erreichen ist. Sie wird seit den Nachkriegsjahren von einer russisch-orthodoxen Gemeinde genutzt.

Ein Wahrzeichen Lindens: Die Drillingsspitzen des ungewöhnlich breiten Turms der Bethlehemkirche.

Bethlehemkirche: Der Mittelturm drohte einzustürzen

Wer die Lindener Bethlehemkirche aus nordöstlicher Richtung kommend zum ersten Mal sieht, kann durchaus zu zweifeln beginnen, ob er auf ein Gotteshaus zu läuft. Das wuchtige Bauwerk mit der von spitzen Dächern behüteten Hintertür und der verwinkelt wirkenden Konstruktion von Anbau und kleinem Türmchen erinnert an die Burg eines mittelalterlichen Herrschers. Fällt der Blick hinüber zum angegliederten Pfarrhaus, wandelt sich der Eindruck. Hinter der massigen Mauer könnte durchaus auch ein Kloster verborgen liegen.

Dass es sich bei dem Bauwerk um eine Kirche handelt, offenbart sich am deutlichsten auf der Westfront mit dem ungewöhnlich breiten Turm, dessen Drillingsspitze zu einem Wahrzeichen Lindens geworden ist. Das unter dem Turm gelegene Hauptportal ist mit zahlreichen Verzierungen versehen. Links und rechts des Eingangs stehen in Bogennischen mit goldenem Hintergrund jeweils vier Bronzefiguren, links die alttestamentlichen großen Propheten, rechts die Evangelisten.[1]

Sie weisen auf ein Mosaik im Tympanon, dem Türbogenfeld, das die Geburt Jesu zeigt. Die Darstellung folgt aber nicht der biblischen Überlieferung: Anstatt in einem ärmlichen Stall empfängt Maria die drei Weisen auf einem reich verzierten Thron, auf ihrem Schoß das mit einem Heiligenschein hervorgehobene Kind.

Der Türbogen wird links und rechts von fünf Säulen getragen. Über den Kapitellen kniet auf jeder Seite des Portals eine kupferne Engelsfigur. Unter dem Mosaik führen drei bronzene Türen in die Kirche. Sie sollen auf die Dreieinigkeit von Vater, Sohn und Heiligem Geist hinweisen.[2]

Dass die Kirche mittelalterlich wirkt, kommt nicht von ungefähr. Der Architekt und Hase-Schüler Karl Mohrmann (1857 – 1927) orientierte sich an der Bauweise des Mittelalters und schuf ein neoromanisches Gebäude.

Ursprünglich hatte die Kirche gar nicht auf dem heutigen Bethlehemplatz entstehen sollen: Die St. Martinsgemeinde hatte 1892 am Kötnerholzweg ein Stück Pfarrland für einen Neubau zurückgehalten. Im selben Jahr beantragte der Kirchenvorstand die Ausgliederung der Bethlehemgemeinde. Als jedoch für das noch freistehende Fössefeld ein Bebauungsplan erstellt wurde, entschied man sich dafür, die

Außenansicht der Bethlehemkirche

Kirche dort zu errichten.[3] Bei der Einweihung am 11. November 1906 lag sie noch ganz allein auf freiem Feld.

Die Bauarbeiten hatten im Frühjahr 1903 begonnen. Der Magistrat der Stadt Linden, die erst 1920 nach Hannover eingemeindet wurde, unterstützte das Projekt mit 30 000 Mark. Dafür sollte die Kirche mit bedeutsam ausgebildeten Portalen und kupfergedeckten Türmen ausgestattet werden.[4]

Ihre Außenmauern bestehen aus Kalkbruchstein sowie gelben und roten Sandbruchsteinen. Die 20 Meter breite, massive Westfront prägt über dem Portal

Die zwölf Tierkreiszeichen in den Kreisfeldern der Chorrose sollen die Zeit eines Jahres symbolisieren.

eine große Fensterrose. Ein Stück über dieser geht der bis dahin gleichmäßige Bau in Fensterarkaden über, an die sich die drei Turmspitzen anschließen. Der mittlere Turm reicht 71 Meter in die Höhe, die beiden Außentürme 56 Meter. Alle drei wurden ohne Verwendung von Holz aus Ziegelsteinen gemauert und mit einer Kupferabdeckung verkleidet.[5] Aus dieser Bauweise sollte der Gemeinde später noch Ungemach erwachsen.

Ein Verweis auf den Namen der Kirche findet sich an ihrer höchsten Stelle: An der Spitze des mittleren Turmhelms wurde ein elektrisch beleuchteter Stern installiert, der noch heute in der Adventszeit als Erinnerung an den Stern von Bethlehem über Linden funkelt. Den Innenraum der Kirche prägt im Westteil die bis in das Langhaus ragende Orgelempore, unter der sich eine dreischiffige Vorhalle auftut.

Die Seitenschiffe der Kirche sind zweigeschossig gestaltet. Bis zum Querhaus sind die Arkadenbögen der Seitenemporen mit eingestellten Säulen versehen worden. An den Stirnwänden des Querhauses finden sich zwei weitere Fensterrosen. Der nach Osten ausgerichtete Chor öffnet sich in einem Triumphbogen zum Kirchenraum. In den Kreisfeldern der Chorrose sind die zwölf Tierkreiszeichen dargestellt. Sie sollen die Zeit eines Jahres symbolisieren. Das große Rundfenster im Mittelpunkt zeigt den thronenden Christus, der in seinen Händen das mit Alpha und Omega gekennzeichnete Buch des Lebens hält. Er ist umgeben von den vier Evangelisten.[6]

Unter dem Chorfenster liegt in einer Wandnische der imposante Altar. Der hölzerne, mit vergoldetem Kupferblech verzierte Aufsatz zeigt eine Stadt, über deren Tor ein Kruzifix angebracht ist. Dem gekreuzigten Heiland sind Maria und Johannes zur Seite gestellt. Im Stadttor ist eine weitere Darstellung mit Christus als Weltenherrscher zu sehen. Auch die Kanzel ist luxuriös ausgestattet. Sie ist mit Flechtwerk- und Rankenschnitzereien verziert, über der Brüstung thront ein hölzerner Adler.

Das Rundfenster im Zentrum der Chorrose zeigt Jesus Christus als Weltenrichter, der das mit Alpha und Omega gekennzeichnete Buch des Lebens hält.

Für den imposanten Altar der Bethlehemkirche hatte sich der Architekt Karl Mohrmann den Altaraufbau der Kirche zu Sal im dänischen Jütland zum Vorbild genommen.

Das Kircheninnere wird von einem großen Radleuchter erhellt. Mit seinen zwölf Türmen, die über ein Mauerwerk miteinander verbunden sind, symbolisiert er das himmlische Jerusalem. Der Leuchter hat einen Durchmesser von etwa sieben Metern, die Türme und Mauern sind mit farbigen Glühbirnen versehen.

In seinem Schein konnten die Kirchgänger die Malereien an den Wänden betrachten, die Ranken- und Flechtwerk sowie oberhalb der Mittelschiffarkaden auch figürliche Darstellungen zum Motiv hatten. Diese Ausgestaltung wurde jedoch in den fünfziger Jahren übertüncht.[7]

Das Pfarrhaus wurde gleichfalls nach Entwürfen Mohrmanns aus Kalkbruchstein errichtet. Es steht etwa 15 Meter von der Kirche entfernt und konnte im Oktober 1915 nach einer Bauzeit von nur einem Jahr eingeweiht werden. Die beiden Gebäude sind durch einen kleinen Gang, der durch den Konfirmandensaal führt, miteinander verbunden. Auf der Westseite friedet eine Mauer ein kleines Freigelände ein.

Während des Ersten Weltkrieges musste die Gemeinde zwei ihrer bronzenen Glocken abgeben, nur die kleinste durfte in der Kirche verbleiben. Sie wurden 1921 durch Stahlglocken ersetzt. Die verbliebene Bronzeglocke wurde an die Martinskirche in Bramsche verkauft. Doch die hatte nur 21 Jahre lang Freude an ihr: 1942 wurde auch sie für militärische Zwecke eingeschmolzen.

Der Altar der Bethlehemkirche stellt eine Stadt dar, in deren Tor der Heiland als Weltenherrscher thront.

Das Kruzifix am Altar ist ein Teil einer Kreuzigungsgruppe, die durch die figürliche Darstellung von Maria und Johannes vervollständigt wird.

1925 musste sich die Bethlehemgemeinde Sorgen um die Drillingsspitze ihrer Kirche machen. Die Oberspitze des mittleren Turms zeigte eine zunehmende Neigung. Architekt Mohrmann war erschüttert. Die von ihm gewählte Bauweise sei dazu geeignet, Jahrhunderte ohne Reparaturen zu überstehen, versicherte er. Für ihn sei diese Entwicklung überraschend und betrübend.

Als Bausachverständiger der Stadtkirche kam der Architekt Eduard Wendebourg zu dem Schluss, dass der Turmhelm von der obersten Luke an abgetragen und durch eine Holzkonstruktion ersetzt werden solle. Durch eine darüber angebrachte Kupferabdeckung sollte die ursprüngliche Ansicht gewahrt bleiben. Ob diese Arbeiten tatsächlich erfolgten, ist nicht überliefert.[8]

Während des Zweiten Weltkrieges wurde die Bleiverglasung der Kirche zerstört, außerdem Dach und Türen beschädigt. In der Folge nahm auch das Kircheninnere Schaden. Obwohl die vom Krieg angerichteten Zerstörungen ab Oktober 1946 im Gröbsten behoben werden konnten, wurde 1954 eine grundlegende Renovierung notwendig: Im Februar dieses Jahres musste die Kirche für den Gottesdienst gesperrt werden, da Putzflächen herabstürzten.[9]

Ende der siebziger Jahre kehrte die Sorge um die drei Türme zurück. Der mittlere hatte sich noch weiter gesenkt. 1980 war er bereits 72 Zentimeter aus seiner Lotrechten gekippt und einsturzgefährdet. Nun entdeckte man auch den Grund dafür: Beim Bau hatte man offenbar nicht genügend Raum zwischen Kupferdach und Ziegelsteinmauer gelassen. Unter die Kupferhaut gedrungene Feuchtigkeit setzte dem Mauerwerk zu.[10] Der Turm war nicht mehr zu retten. Er musste abgetragen und – wie es Wendebourg mehr als 50 Jahre zuvor empfohlen hatte – durch eine Holzkonstruktion ersetzt werden, die am 31. Juli 1981 den Dreispitz wieder komplettierte.[11]

Neun Jahre später wurde damit begonnen, im Innenraum der Kirche die alte Wandgestaltung freizulegen. Bisher sind jedoch erst kleine Teile davon rekonstruiert, die Gemeinde hofft aber, zum 100-jährigen Bestehen ihres Gotteshauses wieder einen komplett ausgemalten Innenraum zu haben.

Im Kirchenkeller krachen Kegel

Während des Zweiten Weltkrieges war der geräumige Keller der Bethlehemkirche Zufluchtsort in Bombennächten – er wurde als Luftschutzbunker genutzt. In den sechziger Jahren nahmen sich Jugendliche der ungenutzten Räume an: Unter dem Gotteshaus entstand ein Jugendtreff.

Nach und nach wurden immer weitere Bereiche von Schutt und Sand befreit. Heute umfasst der Jugendkeller rund 350 Quadratmeter mit einem Computerraum, einer Billiardecke, einer kleinen Werkstatt und zahlreichen weiteren Angeboten. Es werden Tischfußballturniere ausgetragen und regelmäßig dröhnt während der Disco-Abende Rock- und Popmusik durch die Gewölberäume. 1988 wurde in den Keller der Bethlehemgemeinde sogar eine Kegelbahn eingebaut.

Die Idee dazu hatte der damalige Pastor Jochen Günther. „Kirche muss sich aktiv in einen Stadtteil einbinden und als Begegnungszentrum dienen", begründete er später sein Engagement für die ungewöhnliche Kellereinrichtung.[12] Doch nicht nur unter der Kirche spielt sich für ein Gotteshaus Ungewöhnliches ab: Auch im und am Turm zeigt sich die Gemeinde für weltliche Dinge offen. An der Südseite des Turms prangen Klettergriffe. Dort können Höhenbegeisterte auch fern der Alpen ihre Kletterkünste üben. Etwa 25 Meter weit geht es an der Außenwand nach oben.

1997 wurden überdies die leer stehenden Räume im Turm umgebaut, die früher die Seile und Gegengewichte der Glocken beherbergten. Dort wurden verschiedene Kletterwände eingerichtet.

Geheimnisse umgeben die St. Nicolaikirche in Bothfeld

Zwischen dem Turm und dem Langhaus der St. Nikolai-Kirche an der Sutelstraße in Bothfeld liegt zwar ein Altersunterschied von mehreren hundert Jahren. Dennoch passen die beiden recht gut zueinander. Nicht nur wegen der Architektur, die beim Bau des Langhauses auf den viel älteren, schmucklosen Turm abgestimmt wurde. Das Duo eint überdies, dass es sich gern in Geheimnisse hüllt. Der Turm, dessen schiefergedeckter Helm spitz zulaufend von einer vierseitigen in eine achtseitige Pyramide übergeht, weigert sich zum Beispiel beharrlich, sein Alter preis zu geben. Inzwischen weiß man aber, dass er wahrscheinlich Mitte des 14. Jahrhunderts entstanden ist.[1] Allerdings wurde eine Kirche des Heiligen Nicolai in Bothfeld bereits im Jahr 1288 urkundlich erwähnt. Doch wird dies wohl nur eine Kapelle gewesen sein.[2]

Überliefert ist allerdings, dass der Raseneisensteinbau, der mit seinen 1,70 Meter starken Mauern auf dem höchsten Punkt im Westende des alten Dorfes Bothfeld errichtet wurde, 1584 eine Uhr erhielt. Wie lange sie ihren Dienst versehen hat, ist nicht bekannt. Die Uhr, die heute den Bothfeldern die Zeit anzeigt, wurde 1899 eingebaut.[3]

Auch die insgesamt drei Kirchen, die dem 35 Meter hohen Turm zur Seite standen, sind geheimnisumwoben. Von der ersten Kirche weiß man heute so gut wie nichts. Lediglich ein 1776 gezeichneter Grundriss verrät ein wenig über ihr Äußeres. Demnach führte der Weg in das Gotteshaus direkt durch die Spitzbogentür des Turms. Der Grundriss wurde angefertigt, als das alte Gebäude einer neuen Kirche weichen sollte, die 1777 östlich des Turms errichtet wurde.[4] Viel ist aber auch über dieses Bauwerk nicht bekannt, an dessen Stelle seit 1910 das heutige Gotteshaus steht.

Die Geschichte der Gemeinde indes lässt sich in groben Zügen über die Jahrhunderte verfolgen. 1295 wurde sie zu einem eigenständigen Kirchspiel,[5] das

Rätselumwobene Kirche: Der Raseneisenstein der St. Nicolaikirche stammt vermutlich aus der Mitte des 14. Jahrhunderts. Sein genaues Alter ist jedoch unbekannt. Auch von der ersten der drei Kirchen, die dem Turm bisher zur Seite gestanden haben, ist so gut wie nichts überliefert.

Um diesen Grabstein aus dem 17. Jahrhundert ranken sich Gerüchte: Es wird behauptet, es sei der Grabstein des 19-fachen Mörders Jasper Hanebuth. Tatsächlich ist es der seines Bruders Heinrich, der ein untadeliges Leben führte.

Bothfeld und Bocholte umfasste, aus dem später Groß- und Klein Buchholz entstanden. Auch Lahe gehörte bald dazu. Wann die Reformation Bothfeld erreichte, ist nicht bekannt. Fest steht, dass 1540 der erste protestantische Pastor die Gemeinde leitete.[6]

Aus dem frühen 17. Jahrhundert sind zahlreiche kunstvoll gestaltete Grabsteine erhalten: Einige sind heute im Gotteshaus ausgestellt, andere stehen auf dem neben der Kirche gelegenen Friedhof. Hartnäckig hält sich das Gerücht, in der Kirche werde der Grabstein des Jasper Hanebuth aufbewahrt, der 1652 in Hannover wegen 19-fachen Mordes gerädert wurde. Tatsächlich steht unter der Orgelempore jedoch der Stein seines Bruders Heinrich. Dieser wurde, wie mehrere andere, von Peter Köster gefertigt, der auch als Skulpteur am Leibnizhaus tätig war.[7]

Die Herkunft zweier Kreuzsteine ist unbekannt. Sie stammen wahrscheinlich aus der frühen Zeit des Turmes. Unklar ist, ob es sich um Grab- oder Sühnesteine handelt. Einer von ihnen wurde wahrscheinlich nachträglich links der Tür in den Turm eingebaut, der andere wird im Turm aufbewahrt.[8]

Das heutige Langhaus erhielt der Turm 1910. Die Kirche von 1777 war baufällig geworden. Von ihr blieb lediglich der Taufstein erhalten sowie ein 1796 gestifteter Abendmahlskelch. Beide werden noch heute benutzt. Mit dem Neubau wurde der hannoversche Architekt und Hase-Schüler Eduard Wendebourg (1857 – 1940) beauftragt. Wendebourg sollte das neue Langhaus dem Turm anpassen, diesen aber unangetastet lassen.

Der Architekt entschied sich für einen Bau in frühmittelalterlichen Formen, den er dem Turm auf nördlicher Seite angliederte. Das in seinem Grundriss und Äußeren asymmetrische Bauwerk erhielt einen eigenen Eingang. Wendebourg stattete die Kirche mit einem Quadermauerwerk sowie einer glatten Werksteingliederung mit nordisch-normannischen Dekorationsformen aus.[9]

An der nordwestlichen Ecke befindet sich in einem turmartigen Anbau der Treppenaufgang zur Orgelempore, über die auch die Empore der Südseite zu erreichen ist. Ein weiterer Treppenaufgang führt neben dem Chor nach oben. Ihm gegenüber auf der nördlichen Seite wurde die Sakristei eingerichtet.

Die Mauern der alten Kirche wurden am 28. März 1910 gesprengt. So recht schritten die Arbeiten anfangs aber nicht voran: Drei Monate lang streikten die Maurer. Der Grund dafür ist nicht bekannt. Die Arbeit wurde erst fortgesetzt, nachdem man italienische Maurer verpflichtet hatte.[10] Eingeweiht wurde die Kirche am 29. Oktober 1911. Das Bild, das sich den Kirchgängern an diesem Tag geboten haben mag, lässt sich heute einigermaßen nachvollziehen: Sie schritten am Hauptportal des Westendes durch einen ornamentverzierten Türbogen. Im Tympanon, dem Türbogenfeld, zeigt ein Mosaik das Lamm Gottes vor einem sternenverzierten Himmel. Ein weiteres Mosaik mit einem griechischen Kreuz ist über dem Südeingang angebracht.

Hinter dem Hauptportal führt von einer Vorhalle, an deren Nordseite sich der Treppenaufgang zur Orgelempore anschließt, eine Rundbogentür ins Kirchenschiff. Dort zeigte sich im Chor der Hochaltar. Er muss etwa fünf Meter hoch gewesen sein, mit vermutlich ornamentverzierten Schnitzarbeiten. Genaues ist nicht überliefert.

Der Mittelteil zeigte eine Abendmahlsdarstellung des Malers C. Wiedehold. Das Bild hängt heute an der Nordwand der Kirche. Die mit goldverzierten Schnitzarbeiten ausgestatte Kanzel stiftete der Herzog von Cumberland, Kronprinz Ernst August.

Wie weit die Bemalung der Innenwände 1911 fortgeschritten war, ist nicht bekannt. Begonnen wurde

Elf Jahre dauerte die Rekonstruktion der Innenausmalung der St. Nicolaikirche. Die ursprünglichen Wandmalereien waren Ende der fünfziger Jahre übertüncht worden.

die Ausmalung von Karl Bohlmann. Erst sieben Jahre später vollendete Heribert Kattentidt das Werk. Die Ausmalung mit ihren reich verzierten Motiven orientierte sich am Jugendstil.[11] In der Apsis ist der Heiland in einem Rundbild dargestellt, vier kleinere, ebenfalls runde Bilder zeigen vermutlich die vier Evangelisten. Auch die hölzernen Emporenbrüstungen sind mit Malereien verziert.

Die Frage, wie die fünf Chorfenster damals gestaltet waren, lässt sich heute nicht mehr beantworten. Unbekannt ist auch, aus welcher Zeit das große Rundfenster stammt, das sich über dem holzverkleideten Prospekt der Orgel erhebt. Es zeigt drei Posaune spielende Engel. Nach Auskunft von Dr. Ingeborg Tehnzen-Heinrich, die das Archiv der Kirche betreut, schmückte es vermutlich bereits 1911 das Gotteshaus.

Während des Zweiten Weltkriegs wurden an der Kirche lediglich einige Fenster beschädigt. Allerdings musste die Gemeinde zwei ihrer Glocken abgeben. 1952 erhielt sie eine Leihglocke aus dem ostpreußischen Insterburg. Sie stammt aus dem frühen 17. Jahrhundert und war zwar eingezogen, jedoch bis Kriegsende nicht eingeschmolzen worden. Die Glocke ruft noch heute die St. Nicolai-Gemeinde. Vervollständigt wurde das Geläut 1961.

Vier Jahre zuvor hatte man mit einer Renovierung der Kirche begonnen, die 1959 ihren Abschluss fand. Die Innenausmalung verschwand unter einem neuen, hell gestrichenen Wandverputz. Zudem erhielt die Kirche einen neuen Altartisch. Der Verbleib des alten Altars ist ungeklärt, sein Kreuz blieb jedoch erhalten und wird heute noch genutzt. Auch die Ampelleuchter aus dem Jahr 1911 verschwanden aus dem Gotteshaus. Die Kirche erhielt im Chor fünf Fensterbilder des Künstlers Fritz Mannewitz. Das mittlere zeigt Christus, in den Fenstern zu seiner Linken und Rechten sind die vier Evangelisten sowie die vier großen Propheten dargestellt.[12]

Die Westempore zeigt seit 1977 ein verändertes Gesicht: Die Kirche erhielt eine neue Orgel, deren Rückpositiv in die Empore eingebaut wurde. Das Instrument selbst liegt hinter dem alten Prospekt verborgen. Einige Jahre zuvor war bereits eine weitere Gemeinde in die Kirche gezogen: Die Communität St. Marien genießt dort seit 1970 Gastrecht. Seit 1988 erhellen auch wieder Ampelleuchter die Kirche. Als Vorbild dienten die Leuchter der Lutherkirche in Soltau, die ebenfalls Wendebourg entworfen hatte. Im selben Jahr wurde damit begonnen, die ursprüngliche Innenbemalung der St. Nicolaikirche wiederherzustellen. Diese Arbeiten konnten 1999 abgeschlossen werden.

Ursprünglich verfügte die St. Nicolaikirche über einen Hochaltar, der vermutlich bis in fünf Meter Höhe mit ornamentverzierten Schnitzarbeiten versehen war. Ende der fünfziger Jahre erhielt die Kirche einen neuen Altartisch, der Verbleib des Hochaltars ist nicht geklärt.

Das Dekor der Kirche wurde von Karl Bohlmann entworfen. Vollendet wurde es erst nach 1918 von Hubert Kattentidt.

Bothfeld und das „Lied der Deutschen"

Am Westende des kleinen, alten Friedhofs, der die Bothfelder St. Nicolai-Kirche umgibt, erinnert eine im Gras liegende, steinerne Gedenktafel an den Lyriker und Liederdichter August Heinrich Hoffmann von Fallersleben. Gesetzt wurde der Stein, wie eine Inschrift verrät, zur 100-Jahrfeier des „Liedes der Deutschen", das Hoffmann von Fallersleben 1841 auf der Insel Helgoland gedichtet hatte. Die dritte Strophe dieses Liedes wird heute als Nationalhymne Deutschlands gesungen. Mit der Bothfelder Gemeinde war der Lyriker über familiäre Bande verknüpft: Deren Pastor Hermann Christian zum Berge war mit Hoffmann von Fallerslebens Schwester Auguste verheiratet. Was den Dichter nicht daran hinderte, 1849 deren Tochter – also seine Nichte – zur Frau zu nehmen, wodurch seine Schwester gleichzeitig zu seiner Schwiegermutter wurde. Das Jawort gab er der damals 18-jährigen Ida zum Berge in Braunschweig. Mit seiner Frau zog er über Bingerbrück nach Neuwied. Bothfeld besuchte Hoffmann von Fallersleben aber des öfteren. Wegen seiner Neigung zum Liberalismus war er in der Residenzstadt Hannover allerdings nicht wohl gelitten – und durfte sie nicht betreten. Um sicher zu stellen, dass sich der Dichter auch an dieses Verbot hielt, wachte bei seinen Besuchen in Bothfeld ein Gendarm vor dem Pfarrhaus.

Martin-G. Kunze
St. Petri Döhren „Notkirche"

Im Bombenhagel des Zweiten Weltkrieges war von Hannovers Innenstadt nicht mehr viel übrig geblieben. Mehr als 70 000 Wohnungen waren zerstört. In Schutt und Asche lagen auch die fünf zentralen Kirchen. Gehörten 1939 noch fast 50 000 Gemeindeglieder zu diesen Innenstadtkirchen, so waren es am Ende des Krieges noch knapp 10 000. Die meisten Bewohner hatten am Stadtrand oder auf dem Lande Zuflucht gesucht – auch in dem damals noch ländlichen Stadtteil Döhren.

Doch auch dort waren Bomben nieder gegangen. Zwei Angriffe hatten im September und Oktober 1943 die alte Dorfkirche St. Petri zerstört, deren Grundmauern im wesentlichen von 1710 stammten.

Turm der „Notkirche" (1660)

Die schiefergedeckte Spitze ist der jüngste Teil des Turmes.

Nur der Turm, wenn auch stark beschädigt, hatte dem Feuersturm widerstanden.

St. Petri gehörte zu den ältesten Kirchen im Umkreis Hannovers. 1320 wurde sie zum ersten Mal urkundlich erwähnt und wenige Jahre danach soll auch der Turm entstanden sein. Doch die heutige Substanz dieses mächtigen Bruchsteinmauerwerks mit quadratischem Grundriss wurde erst 1660 aufgebaut. Wobei, wie ein alter in der Südseite des Turmes eingemauerter Stein mit der Jahreszahl 1445 belegt, zum Wiederaufbau altes Baumaterial verwendet wurde. Ein Unwetter hatte den Vorgänger zum Einsturz gebracht. 1913 kam noch eine mit Schiefer gedeckte Turmspitze darauf.

Wenn man vom Maschsee, auf dem Rudolf-von-Bennigsen-Ufer kommend, die Bahn- und Schnellstrassenbrücken unterquert, sieht man bald aus einem

Altarraum der „Notkirche" St. Petri Döhren

alten Baumbestand den Turm der St. Petri-Kirche in südöstlicher Richtung herausragen. Er präsentiert sich heute wieder so, wie er vor den Bombennächten 1943 aussah.

Die Bevölkerungszahl Döhrens war Ende des Krieges sprunghaft angestiegen, doch da die Dorfkirche zerstört war, fehlte für die Gottesdienste der evangelischen Christen ein geeigneter Raum.

Dass die St. Petri-Gemeinde als erste in Hannover nach 1945 eine neue Kirche bauen konnte, hatte sie amerikanischen Lutheranern, sowie dem Lutherischen Weltbund und dem ökumenischen Rat der Kirchen zu verdanken. Mit deren Spenden konnte bereits am 19. Juli 1949 der Grundstein für eine sogenannte Notkirche gelegt und diese bereits sechs Monate später eingeweiht werden.

Die Idee der Notkirchen stammte von Otto Bartning, bereits in den zwanziger Jahren einer der bedeutendsten Kirchenbaumeister. Sein Prinzip: Vorgefertigte tragende Bauelemente aus Holz, sogenannte Holznagelbinder, die an Ort und Stelle zusammengesetzt wurden. Insgesamt 43 dieser „Notkirchen" errichtete Prof. Bartning damals in Ost- und Westdeutschland. Sie sollten kein notdürftiger Behelf sein, sondern sie symbolisieren, so Bartning, die „neue und gültige Gestalt aus der Kraft der Not". Diese „neue und gültige Gestalt" aus Holz ist in der Döhrener St. Petri-Kirche unverändert erhalten.

Gemauert wurden damals nur die nicht tragenden Außenwände. Dazu taugten noch die vorhandenen Trümmersteine der zerstörten Kirche, die in freiwilliger Arbeit von Gemeindegliedern gereinigt wurden. Auch das Ausschachten der Baugrube und das Legen der Fundamente geschah in Eigenarbeit. Stolz betont man, dass die St. Petri-Kirche, zumindest in der Entstehung, eine „echte Gemeindekirche" ist.

Betritt man das Kirchenschiff, so fallen zuerst die sechzehn tragenden Holzstützen an den Außenwänden ins Auge. Sie treffen sich oben zu einem First. Es entsteht der Eindruck eines Zeltdaches, das mit nachgedunkeltem Holz ausgekleidet ist. Und Holz dominiert auch den übrigen Kirchenraum. Zwischen den mächtigen Pfeilern sind ringsum dreieinhalb Meter hohe Backsteinwände gemauert. Darüber verläuft ein ungefähr ein Meter hohes buntes Fensterband, dass die Künstlerin Ruth Margraf 1963 entworfen hat.

Zum halbrunden Altarraum, den sechs der tragenden Holzelemente unterteilen, führen drei Stufen.

Der Altar selbst steht auf einer hellen Sandsteinplatte, die eine weitere Stufe höher liegt. Aus hellem Sandstein ist auch der Altartisch, der aus den Trümmern der zerstörten Kirche aufgemauert wurde. Eine besonders intensive Wirkung geht vom Altarkreuz und dem Bronzecorpus des Gekreuzigten aus. Es besteht aus Messingblech, das einen Eichenholzkern umschließt. Diese Arbeit stammt aus der Werkstatt Fleer in Hamburg

Den Taufstein aus Deistersandstein im linken Teil des Altarrundes verschließt ein Messingdeckel mit der am Rand umlaufenden Gravur: „Lasset die Kindlein zu mir kommen". Leider wird der Taufstein ein wenig durch das davor stehende Lesepult verdeckt.

Im rechten Teil des Altarraumes steht, holzverkleidet auf einem Sandsteinsockel, die Kanzel. Sie ist eingepasst in die zum Altar führenden drei Stufen. Dadurch steht sie zwar nahe an der ersten Bankreihe, das Wort soll ja auch gehört werden können, doch recht wuchtig geraten, verstellt sie ein wenig den Blick in den rechten Altarraum.

Bereits 1928/29 formulierte der Architekt Otto Bartning die theologische Begründung für den modernen Kirchenbau: „Nicht nur Stätte des Wortes, sondern eine sichtbare Gestalt des lebendigen Wortes zu schaffen, das war von je die tiefste Sehnsucht alles evangelischen Kirchenbaus."

Diesen Anspruch erfüllt der Kirchenraum in seiner traditionellen, gerichteten Langform mit dem Mittelgang zwischen den beiden Bankblöcken. Alle vierhundert Plätze sind auf den Altarraum ausgerichtet, ebenso die Empore, die dem Altar gegenüber im westlichen Kirchenschiff an den Turm anschließt und die Orgel trägt.

Den Bezug zum Vergangenen stellen zahlreiche Grabdenkmäler und Epitaphien in und an der St. Petri-Kirche her. So wird der Altar von zwei ca. 2 m hohen und 1 m breiten Epitaphien eingerahmt. Sie stammen aus dem 16. Jahrhundert und erinnern an zwei bedeutende und wohlhabende Familien, die im weiteren Umkreis lebten. Der Stein rechts vom Altar zeigt die vier Brüder der Familie Haskamp aus Laatzen. Zwei tragen vornehme Patrizierkleidung, die beiden anderen Rüstungen. Der selbe Bildhauer hat auch das Grabmal der Familie Möller links vom Altar geschaffen. Unter dem Kruzifix knien eine alte und eine jüngere Frau mit einem Wickelkind im Arm, sowie vier weitere Kinder. Auf der Inschrift mit der Jahreszahl 1568 steht, dass es sich um die „Husfruwe" Katerina Möllers handelt, und „Dat ohr Godt gnedich si mit ohren 4 Kinderen."

Die Nordseite St. Petri Döhren mit Epitaphien

Die Wärme, die Geborgenheit, die das Holz im Innern der Kirche vermittelt, steht im Kontrast zum äußeren Erscheinungsbild. Die Außenmauern sind grau verputzt, auch das Band der Buntglasfenster, außen geschützt durch bruchsicheres Glas, passt sich dem Grau der Mauern an. Das schmucklose Äußere der Kirche wird nur durch die zahlreichen Grabdenkmäler und Epitaphien an den Außenwänden ein wenig aufgelockert. Die hohen alten Bäume, die um die Kirche stehen, wirken wie ein grüner Mantel, der sie umhüllt und beschützt.

Die Epitaphien und Grabmäler genauer zu betrachten und die Inschriften zu entziffern, lohnt sich. Da ist z. B. der Grabstein von Johann Ludewig Mehmet von Königstreu. Er war der älteste Sohn des Türken Mehmet, der 1685 in den Türkenkriegen von calenbergischen Truppen gefangen genommen wurde.

Mehmet ließ sich taufen, hieß von da an Ludwig Maximilian Mehmet und diente in Treue dem hannoverschen Erbprinzen Georg Ludwig (dem späteren Georg I. König von England). Mehmet machte Karriere, wurde in den Adelsstand erhoben, heiratete eine hannoversche Bürgerstochter und erhielt den Namen „von Königstreu".

St. Thomas Oberricklingen

St. Thomaskirche in Hannover-Oberricklingen

Anlässlich der Kirchbautagung, zu der die hannoversche Landeskirche vom 11. bis zum 15.11.1946 Architekten und Theologen einlud, referierte auch der damalige Leiter des hannoverschen Bauamtes Otto Meffert. In seinem Vortrag, der die Tagung eröffnete, „Die Kirche im Rahmen des Wiederaufbaus, dargestellt am Beispiel Hannovers", beschrieb er die Funktion zukünftiger Kirchenneubauten wie folgt: „Heute werden wir uns mehr denn je darüber klar werden müssen, dass die wesentlichste Aufgabe des Kirchenbaues nicht die Erzielung einer städtebaulich repräsentativen Wirkung, sondern in erster Linie einer sinn- und zweckvollen, den Bedürfnissen der Gemeinde am besten entsprechenden Raumlösung ist, die eine ansprechende städtebauliche Eingliederung und Gestaltung nicht ausschließen soll."

Die St. Thomas-Kirche in Oberricklingen deckt sich weitgehend mit diesen Vorstellungen: Eine schlichte Saalkirche aus Backstein, die am 1. Oktober 1955 eingeweiht wurde. In ihrer Schlichtheit entspricht sie der Wohnbebauung der Umgebung. Anfang der fünfziger Jahre entstanden in Oberricklingen einfache Miets- und Reihenhäuser für Wohnungssuchende, die im Zentrum der Stadt ausgebombt worden waren, sowie für Flüchtlingsfamilien aus dem Osten. Die schlichte Bebauung entsprach damals auch den knappen Einkommensverhältnissen der Oberricklinger Bevölkerung, die im wesentlichen aus Arbeitern und kleinen Angestellten bestand.

Einfach und kostengünstig waren auch die Materialien, die zum Kirchbau innen und außen verwandt wurden. Denn der Entwurf der Kirche stammte von einem Mitarbeiter des oben zitierten hannoverschen Bauamtsleiters, von Baurat Hanns Bettex.

Die Westfront der Kirche wirkt wie die Giebelseite eines mehrstöckigen Mietshauses. Dass neben dieser Front an der Südseite der 30 m hohe Turm aus rotem Backstein steht, unterscheidet die Thomaskirche von den umliegenden Wohnhäusern. Relativ niedrig ist das Eingangsportal. Die zweiflügelige Holztür ist außen mit Kupferblech verkleidet, in das senkrechte Linien eingraviert sind.

Über dem Eingangsportal ist in der Außenwand ein Relief der vier Evangelisten aus hellem Sandstein eingelassen. Das ist eine Arbeit des ortsansässigen Bildhauers Greve. Darüber steigen fast bis zum 12 m hohen Giebel vier schmale Fenster auf, die durch vertikale Betonrahmen gegliedert sind.

Eingangsportal St. Thomas

Beim Öffnen der Kirchentür umfasst der Besucher die bronzenen Leiber von Adam und Eva, die als Türgriffe dienen.

Nach einem kleinen Vorraum öffnet sich das weiß getünchte hohe Kirchenschiff, das durch die getönten raumhohen Fenster an den beiden Längsseiten und der Altarwand viel Helligkeit erhält. Altweiße, blaue und goldgelbe Fensterscheiben in Abstufungen brechen das Tageslicht.

Unter das Satteldach der Kirche ist in Längsrichtung eine leicht gewölbte Decke eingezogen, unterteilt in Kassetten, blau ausgemalt, in gelb-gold gestrichenen Rahmen. Damit werden die Farbtönungen der Fenster aufgegriffen.

Den Blick des Besuchers zieht insbesondere das Altarfenster auf sich. In leuchtenden Farben ist die Geschichte des „ungläubigen Thomas" dargestellt,

Der Altarraum mit dem Fenster des „ungläubigen Thomas"

der erst dann an die Auferstehung Christi glauben konnte, als der Gekreuzigte ihm seine Wundmale zeigte. Den Entwurf dafür lieferte der Glasmaler Mannewitz aus Bochum, die Werkstätten für kirchliche Glaskunst in Bochum führten ihn aus.

Drei Backsteinstufen führen hinauf in den Altarraum. Aus dem selben Material ist auch die schlichte Kanzel. Schlicht ist ebenfalls das Taufbecken aus Naturstein im rechten Altarraum. Nur der Altartisch zeigt ein wenig Opulenz, er besteht aus einer dunklen Marmorplatte.

Die St. Thomas-Kirche in Oberricklingen zeigt innen und außen wenig Schmuck. Man muss schon sehr genau hinsehen, um die kleinen Kostbarkeiten zu erkennen, die es hier auch gibt: Das Altarkreuz, die Leuchter und die Taufschale. Sie sind, wie auch die Außenseite der Eingangstür, Arbeiten des Silberschmieds Marburg aus Hannover.

Auch wenn der Kirchenraum selbst nur für gottesdienstliche Handlungen konzipiert wurde, so musste Anfang der fünfziger Jahre ein Bauvorhaben dieser Größenordnung dennoch Platz für andere Gemeindeaktivitäten bieten können. Deshalb legte man das Fundament besonders tief, und es entstand unterhalb des Kirchenschiffs ein Versammlungssaal mit kleiner Bühne. Dazu kommen eine geräumige Küche und Toiletten. Und da dieses Untergeschoss einen direkten Zugang zum großen angrenzenden Garten hat, eignet es sich besonders für Gemeindefeste.

Außerdem wird der untere Saal derzeit von einer afrikanischen Gruppe genutzt, die hier ihre Gottesdienste feiert. Seit 1998 hat auch die kleine finnische evangelisch-lutherische Gemeinde Hannovers in der Thomas-Kirche ein Zuhause gefunden. Mit gemeinsamen Gottesdiensten und der Beteiligung an anderen Veranstaltungen ist man, wie betont wird, „ein Stück zusammengewachsen". Sicher, eine „repräsentative Wirkung" hat die Thomaskirche nicht. Darin entspricht sie den Vorstellungen des damaligen Stadtbauamtsleiters. Doch sie ist nicht zu übersehen, da sie direkt an der Wallensteinstraße liegt und nicht verbaut werden kann.

Der rechteckige Grundriss, die einfachen, kostensparenden Baumaterialien und die schlichte Innengestaltung deckten sich 1955 mit den Ansprüchen und Erwartungen der Ricklinger Bevölkerung. Eine volksnahe Kirche sollte sie damals und will sie auch heute sein, auch wenn die Zahl der Gemeindeglieder in den zurückliegenden fünf Jahrzehnten um die Hälfte auf ca. 4 000 geschrumpft ist.

Die Evangelisch-lutherische Bugenhagenkirche in der Südstadt

Hannovers Südstadt ist schon deswegen ein bevorzugtes Wohngebiet, weil die Eilenriede nicht weit ist. Wer sich dorthin auf den Weg macht, die Stresemannallee entlang, mag sich wundern, dass er plötzlich auf einen Rundbau stößt, von hohen Laubbäumen eingerahmt, der wie die übrig gebliebenen Reste einer Stadtmauer aussieht. Das dunkle Gemäuer aus grauen Muschelkalk-Bruchsteinen ist erst dann als Kirche zu erkennen, wenn man hinter den Baumkronen den Kirchturm erblickt. Ein architektonisches Kontrastprogramm auf engem Raum. Denn das 42 m hohe Turmgerüst besteht aus vier Stahlbetonträgern, die mit sich kreuzenden Querriegeln verbunden sind. Insgesamt ist der Turm in fünf Ebenen unterteilt. Die oberste Ebene trägt das geschlossene Glockengehäuse mit vier Glocken.

An dem Turm an der Südseite endet der massige Drei-Viertel-Rundbau. Er geht in eine gerade Wandfläche über, die an Industriebauten der sechziger Jahre erinnert. Diese Fläche besteht aus zahlreichen Betonwaben, die entsprechend viele kleine Fenster umrahmen. Am Ende dieser Seitenwand beginnt wieder der fensterlose Rundbau, der sich über die östliche, nördliche und westliche Seite hinzieht, bis zum Eingangsportal.

Der Architekt Werner Dierschke aus Karlsruhe konzipierte die Außensicht von Kirchenschiff und Turm in deutlicher Abgrenzung zur Pädagogischen Hochschule auf der anderen Straßenseite. Deren rechtwinklig gegliederte Gebäude wurden zwischen 1929 und 1935 gebaut und sind außen mit rotbraunen Klinkern verkleidet.

Dieses äußere Kontrastprogramm findet der Besucher auch im Kircheninnern des nach Bugenhagen benannten Gotteshauses wieder.

Johannes Bugenhagen (1485 – 1558) war ein Mitstreiter Luthers, sein Freund und Beichtvater.

Der Besucher tritt durch eine zweiflügige Tür, auf deren bronzeverkleideter Außenfläche eingearbeitete Strahlen sich von oben nach unten ziehen, in einen kleinen Vorraum ein. Eine zweiflügige Glastür trennt den Vorraum vom Kirchenschiff. Hat der Besucher auch die durchschritten, dann mag ihn die tief herunter gezogene Empore ein wenig bedrängen, ehe sich vor ihm ein strahlend heller Kirchenraum auftut.

Was fällt ihm zuerst auf?

Turm der Bugenhagenkirche mit Glockengehäuse

„Kontrastarchitektur" der Bugenhagenkirche

Wahrscheinlich auch innen die runde Seitenmauer, die sich linker Hand, also von der Nordseite bis über den Altarraum im Osten hinzieht. Und dann das leuchtende Weiß der gestrichenen Backsteinwände. Durchbrochen werden sie durch sechs horizontale Ebenen mit Backsteinen, die aufrecht gemauert ihre Lochseiten zeigen. Wie Bänder ziehen sie sich über die gesamte Wand.

Die Bankreihen, durch einen Mittelgang geteilt, werden nach vorn hin schmaler und konzentrieren dadurch den Raum auf den Altar hin.

Die Orgel dieser am Ewigkeitssonntag 1962 eingeweihten Kirche steht nicht, wie meist üblich, auf der Empore über dem Eingang, sondern an der nördlichen Rundwand.

Die Südseite der Kirche, die außen wie die Schauseite eines moderneren Fabrikgebäudes aussieht, liefert innen ein geradezu betörendes Licht. Denn die in der Betonkassettenwand eingerahmten Fenster sind farblich nuanciert abgestimmt: Vom hellen bis zum dunkleren Gelb, über entsprechende Blau- und Grüntöne, bis hin zu zwei roten Fenstern.

Insgesamt sechs schlanke Säulen tragen die dunkle Holzdecke des Kirchenschiffs, vier davon an der Fensterseite. Sie sind so aufgestellt, das jeweils drei von unten bis unter die Decke reichende Flächen mit 90 farblich abgestuften Fenstern für den in der Mitte stehenden Betrachter eine Einheit bilden. Das gibt der geraden Wand ein beruhigendes, harmonisches Gleichmaß.

Die dunkle Holzdecke ist trapezförmig und steigt zum Altarraum hin an. Der schmalere Teil der Decke ist also über dem Altarraum höher als über dem Gemeindeteil. Zwischen der Rundmauer und der Decke wirft ein Lichtband indirektes Tageslicht auf die Wände.

Drei Stufen führen zum Altarraum, der in seiner Klarheit dem lutherischen Programm entspricht, wie es nach 1945 für evangelische Kirchen üblich wurde. Danach hat der Kirchenraum der Gemeinde, die sich im Namen Christi versammelt, gottesdienstlich dreifach zu dienen: Mit dem Altar als Ort des Abendmahls, der Taufe durch das Taufbecken und der Kanzel als Ort der Auslegung und Verkündigung. Das bedeutet, dass die Kanzel, auf ein Rednerpult reduziert, nicht über der Gemeinde schwebt, aber deutlich dem Altarraum zugeordnet ist, wie auch das Taufbecken. Der Getaufte ist Teil der Gemeinde.

Im Zentrum steht der Altar, der Tisch des Herrn, an dem das Abendmahl den Mittelpunkt der gottesdienstlichen Handlung bildet. Der einfache Altartisch beherrscht den Raum. Die zwei Mal ein Meter große und vierzig Zentimeter dicke Betonplatte ruht auf einem breiten Sockel aus dem gleichen Material. Links davon steht die schlichte Kanzel, die ebenfalls aus Beton ist, wie auf der rechten Seite das Taufbecken. Daneben, etwas vorgerückt, ein schlichtes Lesepult.

Besonders fällt dem Besucher das Stahlkreuz hoch über dem Altar auf. Es wurde, wie auch die Außenflächen der Türen des Hauptportals, von dem Berliner Künstler Fritz Kühn gestaltet. Das Kreuz hängt an Stahlbändern und korrespondiert mit den ebenfalls nach oben laufenden durchbrochenen Ziegelsteinreihen der Rückwand. Beeindruckend sind auch das bronzene Kreuz auf dem Altartisch sowie ein großer Leuchter, der die Osterkerze trägt.

Der Besucher, von der Gestaltung der Bugenhagenkirche angeregt, erfährt über die Gemeinde, dass zu ihr ca. 3 000 evangelische Christen gehören. Darunter sind zahlreiche jüngere Familien; deshalb sind die Angebote für Kinder und Jugendliche ein Schwerpunkt der Arbeit. Außerdem verwaltet die Gemeinde noch drei Häuser mit Altenwohnungen, sowie zwei Altersheime.

Die Auferstehungskirche in Hannover - Döhren

Bereits 200 n. Chr., als sich die christlichen Gemeinden zu ihren Gottesdiensten nicht mehr in Wohnhäusern, sondern in größeren Versammlungsräumen trafen, verstanden sie sich darin wie in einem Schiff, das auf der Fahrt zum Gottesreich, zur Ewigkeit unterwegs ist.

Diese Auffassung spiegelt sich fast zwei Jahrtausende später dem Betrachter wider, der die Auferstehungskirche in Hannover-Döhren von außen anschaut. Über dem Eingangsportal im Westen läuft das Kirchenschiff nach oben hin spitz zu. Schmaler werdend, bildet es über dem Altarraum im Osten die hoch aufragende Bugspitze.

Das ist kein architektonischer Zufall. Dieser Kirche liegt ein eindeutiges theologisches und liturgisches Programm zugrunde. Das beginnt mit der Namensgebung. Wenn sich die frühe Gemeinde als Schiff auf der Fahrt in die Ewigkeit sieht, also mit der Hoffnung auf Auferstehung, dann begleitet die Gemeinde heute all jene mit dieser Hoffnung, die auf dem nahe gelegenen Seelhorster Friedhof zu Grabe getragen werden.

Das theologische Programm, nach dem die Auferstehungskirche konzipiert wurde, wird auch an der Außenseite des zweiflügeligen, metallverkleideten Eingangsportals mit seinen Gravuren deutlich. Sie zeigen züngelnde Flammen und erinnern an die Berufung Mose durch Gott im brennenden Dornbusch.

In 2. Mose, Kapitel 3 heißt es: „Der Ort, an dem du stehst, ist heiliger Boden." Der Besucher tritt also nicht in einen Mehrzweckraum, sondern in eine Kirche, die ausschließlich dem Gottesdienst vorbehalten ist.

Die hannoverschen Architekten Langer und Frieß haben die Auferstehungskirche nach ausführlichen Gesprächen mit der Gemeinde entworfen. Ostern 1964 wurde sie geweiht.

Das Kirchen-„Schiff" der Auferstehungskirche Döhren

Die Auferstehungskirche Döhren

„Licht ist dein Kleid, das du anhast" (Psalm 104)

Vom Vorraum unter der Orgelempore geht es rechts in eine Vesper- und Taufkapelle, in der auch das Taufbecken steht. In den Wintermonaten, also zwischen dem Erntedank- und dem Osterfest finden hier die Gottesdienste statt. Dunkel wirkt der Raum, mit der nach vorn herunter gezogenen Holzdecke, die sich vor dem Altarraum nach oben öffnet.

Mit der Taufkapelle und dem Taufstein am Anfang des eigentlichen Kirchenraumes wird deutlich gemacht, dass der Weg des Menschen mit Gott und der Gemeinde durch die Taufe beginnt.

Aus der Vesper- oder Taufkapelle zurück in die Hauptkirche: Nach dem breiten Eingangsbereich verengt sich das Kirchenschiff, das zusammen mit der darüber liegenden Empore 400 Menschen Platz bietet, auf den Altarraum zu. Also aus der Weite der Woche, dem Alltag kommend, sammelt sich die Gemeinde am Sonntag am Tisch des Herrn.

Die Empore trägt die von der hannoverschen Firma Hillebrandt gebaute Orgel. Leider verdeckt sie die in der Westwand eingelassene farbige Rosette. Sie war in der ursprünglichen Planung nicht vorgesehen und entstand erst während des Baus.

Hell gestrichene Backsteinwände rechts und links gehen oben in ein Band farbiger Buntglasfenster über, die bis zur dunklen Holzdecke reichen. Bei Sonnenschein tanzt farbiges Licht auf dem Boden und den weißen Wänden.

„Ist die Predigt mal nicht so toll", so ein Gemeindeglied, „dann wird es nie langweilig. Denn immer geben die tanzenden bunten Flecken was zu schauen und beflügeln die Phantasie." Und selbst an grauen Tagen ist es in der Kirche nicht wirklich finster.

„Licht ist dein Kleid, das du anhast", das sagt der Psalmist im 104. Psalm über den unsichtbaren Gott. Und davon gibt diese architektonische Lichtinszenierung des Hamburger Glasmalers Gerhard Hausmann eine Ahnung.

Auch die drei Farben Blau, Rot und Gelb des Buntglases haben eine Symbolik: Blau als Farbe der Wahrheit und Majestät, Rot als Symbol für Liebe und Blut, Gelb steht für Sonne, Wärme und Kostbarkeit.

Wie zwei weite Zeltbahnen spannt sich die dunkle Holzdecke über das Kirchenschiff. Darunter, so das liturgische Programm, versammelt sich die Gemeinde als wanderndes Gottesvolk, das hier rasten kann, aber dennoch keine bleibende Stadt hat.

Die dunklen Holzbänke stehen, getrennt durch den Mittelgang, in einem leichten Winkel zueinander.

Die Altarwand ragt wie die Stirnseite eines spitzgiebeligen Hauses empor, deren Dachseiten ebenfalls vom Buntglas umschlossen sind. Oberhalb der Giebelspitze strahlt ein gelbrotes Kreuz.

Oder anders gedeutet: Die Altarwand Richtung Osten wird von den zwei Strahlenenden eines Sternes eingefasst, vom Morgenstern, der bis in die Ewigkeit leuchtet. Ansonsten ist der Altarraum schlicht, ohne jeden Wandschmuck wie die Seitenwände. Auf einem breiten Sockel ruht der schwere Altartisch aus Stein.

Über dem Altar, genau im Zentrum vor der Wand, zieht ein zwei Meter hohes bronzenes Kruzifix schon beim Betreten der Kirche die Blicke auf sich. Die Christusfigur schwebt vor dem Kreuz. Der Christus dieser Kirche hat den Kreuzestod also überwunden, ist bereits der Auferstandene. Mit weit ausgebreiteten Armen lädt er die Menschen ein und segnet sie.

Das Kreuz ist eine Arbeit des hannoverschen Bildhauers Siegfried Zimmermann. Auf der rechten Seite vom Altar ist in die Treppenstufen die schlichte Kanzel aufgesetzt, die, leicht über die Bänke erhöht, von allen Seiten gut zu sehen ist. Ihre Vorderseite zeigt auf einem Relief das Gleichnis vom Sämann.

Einen doch etwas merkwürdigen Kontrast zum außen rot geklinkerten Kirchenschiff bildet der neben der Eingangsseite stehende Glockenturm aus hellem Beton, der weithin sichtbar über das Wohnviertel ragt. Eine schmale eisenarmierte Konstruktion, die oben in eine gestaltete Form ausläuft, die an eine Krone oder an einen in der Mitte geteilten Herrenhuther Weihnachtsstern erinnert. Die Flächen zwischen den Trägern sind durchbrochen und tragen am Ende der unteren Hälfte die Glockenstube mit vier Glocken.

Auch dieser Turm mit seiner in den Himmel ragenden Spitze ist eingebettet in das liturgisch-theologische Gesamtprogramm. Er weist, wie es in einem Informationsblatt der Döhrener Auferstehungskirche heißt, „...einem Fingerzeig gleich, in den Himmel. Und verweist damit zugleich auf die Wirklichkeit, die alle Wirklichkeit umfasst und begründet."

Der vor dem Kreuz schwebende Christus

Simon Benne

Kirche der Zukunft – Zukunft der Kirche: Das Evangelische Kirchenzentrum Kronsberg

Von der nahen Stadtbahnhaltestelle aus wirkt es wie eine Baustelle. Wie ein unfertiges Betongerüst mit mehreren rechteckigen Durchbrüchen. Es erschließt sich nicht auf den ersten Blick, wie das Evangelische Kirchenzentrum Kronsberg architektonisch gemeint ist. Es wirkt uneindeutig. Seine äußere Gestalt drängt sich nicht auf, seine Silhouette beherrscht den Stadtteil nicht so, wie mittelalterliche Kathedralen die Häuser in ihrem Schatten dominiert haben.

Die Kathedralen von heute sind Einkaufszentren oder Fußballstadien. Für viele Menschen sind Konsumtempel und Sportarenen die Visitenkarten einer Stadt. Bauvorhaben, für die es sich lohnt, Geld locker zu machen, weil sie die größten Besuchermagneten in einer Metropole sind. Sie ziehen Menschen an wie einst die Kathedralen Wallfahrer, in ihnen werden sogar Rituale eigener Art praktiziert.

Neubauten von Kirchen richten sich nach dem Bedarf, und der ist, angesichts der zurückgehenden Zahlen der Kirchenbesucher, nicht groß. Dass Kirchen gebaut werden, ist selten geworden. Als Landesbischöfin Margot Käßmann am 8. Oktober 2000 das Evangelische Kirchenzentrum Kronsberg einweihte[1], war fast ein Jahrzehnt vergangen, seitdem man in Hannover zum letzten Mal eine neue Kirche errichtet hatte. Der Stadtteil Davenstedt hatte 1991 mit der Johanneskirche ein modernes Gotteshaus bekommen.

Man kann angesichts von Säkularisierung und Pluralismus in unserer Gesellschaft in tatenloses Lamento verfallen. Man kann aber auch ein Projekt wie das Evangelische Kirchenzentrum Kronsberg realisieren, das eine Antwort auf diesen Bedeutungswandel gibt. Mit einer Kirche, die gegen alle landläufigen Erwartungen verstößt, die man Kirchen gegenüber hat. Mit einer Kirche, deren Architektur bereits andeutet, wie Christen sich in die Gesellschaft der Zukunft einbringen können. Und die ein „niedrigschwelliges Angebot, um Gott kennen zu lernen" bietet, wie Landesbischöfin Margot Käßmann bei der Eröffnung sagte.

Fast 5,5 Millionen Mark hat es sich die evangelische Landeskirche kosten lassen, im neu aus dem Boden gestampften Stadtteil Kronsberg einen Sakralbau zu errichten. Sieben Jahre währten die Planungen, einanhalb Jahre die Bauzeit. Als ein „bleibendes Stück Expo" bezeichnete Stadtsuperintendent Wolfgang Puschmann das Zentrum bei der Eröffnung. Damit deutete er auch an, dass das Zentrum nicht nur in zeitlicher und räumlicher Nähe zur Weltausstellung entstanden war, sondern dass es sich auch ebenso weltoffen und zukunftsorientiert wie die Expo präsentieren sollte. Dass es wie eine Baustelle aussieht, wie ein Ort des Aufbauens also, der von Veränderungen, von Prozesshaftigkeit und ständigem Erneuern geprägt ist, ist für eine solche Kirche alles andere als ein Nachteil.

Ein Kloster aus Beton

Der Hamburger Architekt Bernhard Hirche hat das Kirchenzentrum nach dem Vorbild mittelalterlicher Klöster entworfen: Es gibt Kirche, Kreuzgang und Paradiesgarten, um die Anlage gruppiert sich ein Wohnkomplex. Und doch ist der Bau ganz ein Kind unserer Zeit. Wer die Architektur des Kirchenzentrums mit ihren vielfältigen symbolischen Anklängen zu lesen versteht, erkennt, dass hier an vielen Stellen eine zeitgemäße Theologie in Beton gegossen wurde.

Neben Elementen der Tradition – etwa dem klosterhaften Grundriss – stehen Elemente der Moderne. Dazu zählen nicht nur die vorherrschenden Baustoffe Beton, Glas und Stahl, sondern auch, dass der Bau nach drei Seiten hin offen wirkt. Er steht damit für eine Kirche, die sich nicht abschließen, die sich nicht hinter ihre Mauern zurückziehen will. Tradition und Moderne nehmen so überall aufeinander Bezug. Im Kirchenzentrum, in dem neben dem eigentlichen Kirchenraum auch Wohnungen untergebracht sind, bedingen Offenheit und Solidität einander geradezu. Die Kirche ist ein Bau, der für sich allein stehen kann, der aber nicht für sich allein stehen bleibt.

Der eigentliche Kirchenraum hat die Form eines Rechtecks und ist in weiten Teilen verglast. Statt einer Kanzel gibt es im Inneren nur ein schlichtes Lesepult. Kompakte Rundstützen tragen die Empore, die mit Gitterrosten versehen ist. Einen Chor oder einen besonders hervorgehobenen Altarraum gibt es nicht. Nur ein graues Band im Boden, das zwischen Altar und Gemeinderaum verläuft. „Es gibt keine Scheidung zwischen Sakralem und Profanem", sagt Pastor Hans Joachim Schliep. „Es gibt nur eine Unterscheidung."

Deutlich erkennbar hatte Architekt Hirche bei dem Entwurf, der nach seinen eigenen Worten von Le Corbusier beeinflusst wurde, die „Kunst der Reduktion"² im Sinn. Die zunächst etwas kühl und unnahbar wirkende Atmosphäre des Raums erfüllt einen spirituellen Zweck. In einer Zeit viel beklagter Reizüberflutung entzieht sich dieser Raum dem medialen Wettlauf um Aufmerksamkeit radikal, indem er auf oberflächliche visuelle Reize vollkommen verzichtet. Er besticht durch eine kaum noch steigerbare Einfachheit und Klarheit.

Auch durch seine Höhe wirkt der ganze Raum beruhigend. Dort wird der Kopf frei, und so wie die Architektur sich auf das Wesentliche konzentriert, können sich in diesem Ambiente auch die Gedanken des Besuchers auf das Wesentliche konzentrieren.

In den Mittelpunkt rücken so fast zwangsläufig zwei Elemente des Innenraums: Kreuz und Altar. Das schlichte Kreuz an der Wand ist aus schwarzem Holz und Edelstahl geformt, es hat einen runden Querbalken und einen dreieckig auf die Gemeinde hin zugespitzten Längsbalken, auf den ein rundes Holz in Menschenlänge aufgeschraubt ist.

Der Altar bildet eine Einheit mit dem Taufbecken. Das Becken ist in die Platte eingelassen, der Altar liegt an der einen Seite auf dem Taufstein auf, an der anderen scheint er frei in der Luft zu schweben. Die Konstruktion zeigt nicht nur, wie dezent der Baustoff Beton verarbeitet werden kann. Sie symbolisiert auch, wie nahe Taufe und Abendmahl beieinander liegen, wie eng die Verbindung zwischen der eigenen Taufe und der ganzen Gemeinde ist, und wie die Taufe zum festen Halt und zum Garanten individueller Freiheit werden kann.

Die Fenster stammen von Jochem Poensgen, der als einer der bedeutendsten Glaskünstler der Nachkriegszeit gilt. Rund 90 000 Mark kosteten die zwei blauen Türfenster, die sich rechts neben dem Altar zum Garten hin öffnen lassen. Die Farbsymbolik erinnert an Wasser, das Zeichen des Lebens, ebenso wie an die Weite des Himmels. Der Blick durch die Fenster suggeriert Durchsichtigkeit und Tiefe, Transparenz und Unergründlichkeit zugleich. Links zieht sich ein mit zahllosen blauen Glasquadraten beklebter Streifen bis zur Decke.

Eine besondere Finesse ist ein nicht einsehbares Fenster im oberen Bereich der Wand. Es sorgt dafür, dass bei entsprechendem Lichteinfall ein leuchtendes Farbenband über die Altarwand wandert. Das Fenster selbst bleibt den Augen verborgen. Man sieht nur die flimmernden Spuren, die es auf dem grauen Beton hinterlässt, wenn die Sonne hindurchscheint – in Orange, Grün oder Azurblau.

Brückenschlag aus dem Paradies

So wie der Kirchenraum der spirituelle Mittelpunkt des Zentrums ist, bildet der Garten- und Brunnenhof – in Anlehnung an die Klostertradition „Paradies" genannt – den räumlichen. Umlaufen wird er vom Kreuzgang, einer Art Flur, von dem Teeküche, Büros und Toiletten abgehen und der bei Ausstellungen auch als Kunstgalerie genutzt wird. Im Paradies konzentriert sich der Blick auf die rechteckigen Durchbrüche in den Außenmauern, durch die der Himmel zu erkennen ist. Der Blick vom Garten aus durch ein Fenster in die Wolken macht deutlich, wie fragwürdig unsere Vorstellungen von Innen und Außen, von Weite und Enge oft sind.

Dem Paradiesgarten gelingt der Spagat, gleichzeitig ein Ort der Begegnung und der Besinnung zu sein: Das Paradies steht allen offen, nicht nur Kirchenbesuchern. Doch seinen Reiz erhält dieser Platz erst durch seine Lage an der Kirche. Zum ambivalenten Charakter des Hofes gehört es, dass er auch räumlich zweigeteilt ist: Da ist die „Zone der Begegnung", die durch eine Quelle geprägt wird. Ein kleiner Wasserstrom fließt in geradem Lauf durch die Plattenpflasterung hindurch in ein Becken am Rand der Kirche – eine Erinnerung an Gott als die Quelle des Lebens.

Die „Zone der Betrachtung" hingegen wird durch einen Stein markiert, den der Bildhauer Ulrich Rückriem geschaffen hat. Quelle und Stein haben geographisch einen dritten Bezugspunkt: Mit dem in der Kirche liegenden Altar bilden sie ein gleichschenkliges Dreieck – ein Gottessymbol im Verborgenen. Entdecken lässt es sich erst im Wechselspiel zwischen Innen und Außen, beim gedanklichen Überschreiten der Kirchenmauer.

Wie sehr das ganze Kirchenzentrum ein Brückenschlag zwischen dem „Heiligen" und dem „Alltäglichen" ist, zeigt sich nirgends so sehr wie in diesem Paradies, das allein schon durch seine Lage gleichzeitig zur Kirche und zu den umliegenden Wohnungen gehört.

Fester Wohnsitz Kirchenzentrum

Vielleicht sogar in ganz Deutschland einmalig ist das Wohnprojekt innerhalb des Kirchenzentrums: Zu dem Gebäudekomplex, der in Zusammenarbeit von Kirche und der städtischen Gesellschaft für Bauen und Wohnen Hannover (GBH) entstanden ist, gehören nicht nur eine Pastoren- und Küsterwohnung, sondern auch sechs Eigentumswohnungen, drei behindertengerechte und zwölf weitere, öffentlich geförderte Wohnungen. Unter dem Motto

„Anders wohnen auf dem Kronsberg – Miteinander statt nebeneinander" leben hier mehr als drei Dutzend Menschen gewissermaßen unter dem Dach der Kirche.

Inmitten eines Stadtteils, der vielen als Problemviertel gilt, gibt die Kirche somit eine Antwort auf soziale Spannungen und auf gesellschaftliche Entwicklungen wie die Auflösung vertrauter Familienstrukturen. Sie hilft, Behinderten, Alleinerziehenden oder sozial Schwachen ein Dach über dem Kopf zu geben, ohne diese Menschen gesellschaftlich zu isolieren. Hier wird soziale Nähe konkret.

Wenn die Anwohner abends im Paradiesgarten zusammenkommen, wird die Kirche für sie zum Ort der Begegnung.

Der Stein des Denkanstoßes

Archaisch wirkt er, der Granitstein im „Paradies" des Kirchenzentrums. Er erinnert an die Steine von Stonehenge oder Carnac, man könnte ihm fast eine esoterische Bedeutung unterstellen.

Der Künstler Ulrich Rückriem, einer der bedeutendsten deutschen Bildhauer der Nachkriegszeit, hat den Granit aus der Normandie bearbeitet und sich dabei nicht nur auf ein sehr elementares Material, sondern auch auf eine elementare Formgebung eingelassen.

Er beließ den Findling teilweise in seinem rohen Urzustand. Seine Arbeit zeigt damit die Macht und den Gestaltungswillen des Menschen ebenso wie deren Grenzen. Als Künstler hat er das Material nicht als gottgegeben und daher unveränderbar hingenommen, aber er hat doch die Würde der natürlichen Schöpfung respektiert. Darin drückt sich auch der theologische Gedanke aus, dass der Mensch Geschöpf und zugleich von Gott beauftragt ist, die Erde zu gestalten.

Halb und unfertig sieht das Kunstwerk aus, veränderbar und doch solide. Als seine Anschaffung diskutiert wurde, monierten Kritiker die hohen Kosten des Werkes. Rund 220 000 Mark mussten dafür aufgebracht werden, etwa die Hälfte davon steuerten Sponsoren bei.

Der Stadtsuperintendent i. R. und Fachmann für Kunst und Kirche Hans Werner Dannowski sprach sich damals für den Kauf aus: „Religion ist die Kultur des Verhaltens zum Unverfügbaren", erklärte er. Der Rückriem-Stein erinnere daran, dass wir Menschen mit unserer Technik auf das Geschaffene einwirken können, ohne jemals ganz über dieses zu verfügen. „Eine zukunftsfähige Kirche muss sich herausfordern lassen von einem Kunstwerk, das sich unmittelbarer kirchlicher Normierung entzieht", forderte Dannowski. „Freimütiger Glaube braucht die Auseinandersetzung gerade mit dem Anderen und Fremden."

Der Stein entzieht sich jeder einfachen Deutung. Er liefert Denkanstöße und macht das Kirchenzentrum so zu einem Ort geistlicher Selbsterfahrung. Mit unkritischem Konsum vorgegebener Gewissheiten hat diese spirituelle Sinnsuche nichts zu tun.

So steht dieser Stein stellvertretend für das ganze Konzept des Kirchenzentrums. Vielleicht steht er aber auch für die ganze Kirche der Zukunft.

INTERVIEW:

Seit dem 1. April 2000 ist der gebürtige Bremerhavener Hans Joachim Schliep, Jahrgang 1945, Pastor am Kirchenzentrum Kronsberg. Dies ist Teil der Kirchengemeinde St. Johannis in Bemerode und hat ein Einzugsgebiet von 1 900 Gemeindegliedern. Schliep hat neun Jahre lang als Direktor das hannoversche Amt für Gemeindedienst geleitet, außerdem war er sieben Jahre lang Oberkirchenrat im Landeskirchenamt.

Sie waren eine Art Manager in Kirchendiensten. Dann haben Sie Ihre Posten aufgegeben, um wieder einfacher Gemeindepastor zu werden. Als das Kirchenzentrum noch nicht stand, mussten Sie mit der kirchlichen Arbeit sogar in einem provisorischen Container beginnen. Was hat Sie daran gereizt?

Ich wollte miterleben, wie im 21. Jahrhundert eine Gemeinde neu zusammenwächst. Herausfinden, wie die christliche Botschaft ihren Platz in der Erlebnisgesellschaft finden kann, und welche Wege die Kirche gehen muss, um zugleich unangepasst und anschlussfähig zu sein.

Und, wie muss die Kirche sein?

Diese Fragen diskutieren wir hier im Kirchenzentrum jeden Tag neu. Auf jeden Fall muss sie sich auf dem Markt der Angebote behaupten, sonst gehen die Leute woanders hin. Ich denke, beim Aufbau einer neuen Gemeinde sind drei Schlüsselbegriffe wichtig: Offenheit, Vertrauensbildung und Verlässlichkeit. Fehlt es daran, funktioniert nichts. Und: Die Menschen wollen ganz persönlich angesprochen werden, sie suchen das individuelle Gespräch. Hier müssen die Kirchen vor Ort und die gemeindeunterstützenden und -ergänzenden kirchlichen Dienste in Zukunft noch intensiver zusammenarbeiten.

Ist eine ganz neue Gemeinde besonders offen für Neuerungen?

Die Menschen sind konventioneller, als man denkt. Sie wollen in der Kirche das Neue, hängen aber doch stark am Alten. In der Aufbruchsstimmung zu Anfang, es war die Zeit der Expo, wollten wir Gottesdienste persönlicher machen, indem wir die Stühle im Kreis aufstellten. Doch vielen fehlte die Konzentration Richtung Altar, und so kehrten wir zu den traditionellen Stuhlreihen zurück. So sind wir etwas vorsichtiger geworden. Wir gestalten den Kirchenraum aber immer wieder so, wie wir ihn brauchen. Einen Vorteil hat eine ganz neue Gemeinde allerdings: Es gibt keinen, der sagt: „Pastor, das haben wir aber 20 Jahre lang anders gemacht."

Und doch ist bei Ihnen vieles anders als in anderen Gemeinden.

Wir haben alternative Gottesdienste mit einer neuen Liturgie, in der wir etwa die vielen guten, neuen Lieder aus unserem Gesangbuch singen und viele Taizé-Elemente dabei haben. Man ist sofort dabei, und alles ist doch genau aufeinander abgestimmt, niederschwellig, aber nicht beliebig, sondern klar gegliedert und verbindlich in der Form. Wir geben den Gottesdiensten auch einen Namen, statt sie nur allgemein als „Gottesdienste" zu bezeichnen: An jedem Sonntag um 18 Uhr feiern wir die „Abendkirche", und zwar auf Wunsch der Gemeindeglieder immer mit Abendmahl. Zweimal im Monat gibt es sonntags die „Mittagskirche", ein Angebot für Menschen, die gerade vorbeikommen, und zum Eingewöhnen, auch für Konfirmanden. Sie dauert etwa 30 Minuten. Freitags gibt es von 22 bis 22.30 Uhr die „Kronsberger Nachtkirche" mit Meditation und Musik und anschließender Möglichkeit zum „Nachtgespräch". Da haben schon mal junge Frauen hereingeschaut, ehe sie in die Disko gingen.

Wie funktioniert Ihr Gemeindeleben?

Feste Gruppen und Kreise wie in anderen Gemeinden gibt es bei uns kaum. Wir sehen uns als Veranstaltungskirche: Es gibt Konzerte oder Literatur- und Filmgottesdienste. So wollen wir den Dialog mit dem Lebensalltag der Menschen aufnehmen. Und wir stellen uns darauf ein, dass viele Menschen zwar bereit sind, sich ehrenamtlich zu engagieren, dies aber angesichts flexibilisierter Arbeitszeiten gar nicht mehr können. Dauerengagement ist ihnen nicht mehr möglich – darauf wird man bei der Organisation einer Gemeinde in Zukunft noch stärker Rücksicht nehmen müssen.

Normalerweise entsteht ein neuer Kirchenbau aus einer Gemeinde heraus, hier wächst eine Gemeinde um eine neu gebaute Kirche herum. Wie prägt die ungewöhnliche Architektur das Gemeindeleben?

Der betont schlichte Raum bietet auf den ersten Blick wenig. Auf den zweiten erkennt man, dass da mehr drin ist, als man denkt. Die Wände aus Glas verbinden die Gemeinde mit der Umwelt und verhindern, dass sie sich abkapselt. Es gibt keine Trennung zwischen Altarraum und Stuhlreihen, so dass die Gemeinde immer ins liturgische Geschehen einbezogen ist. Übrigens nehmen immer etwa 90 Prozent der Gottesdienstbesucher am Abendmahl teil. Der schlichte, fast archaische Altar und das einfache Kreuz helfen, sich auf das

Wesentliche zu besinnen. Die Osterkerze auf einem Stein vom See Genezareth verbindet mit dem Herkunftsland Jesu und hält die jüdische Geschichte wach.

Die farbigen Fenster und das Lichtspiel an der Altarwand überraschen immer wieder durch ihre Leuchtkraft und regen zum Staunen, Denken und Beten an. Gerade die Einfachheit des Kirchenraums schafft einerseits Ruhe, andererseits bietet sie Gestaltungsspielräume, die Sie in kaum einer anderen Kirche finden.

Das Kronsberg-Viertel, das im Vorfeld der Expo 2000 neu entstand, gilt vielen als Problemstadtteil…

…Ich halte das Konzept des Stadtteils für weitgehend gelungen. Hier leben 38 Nationen, Probleme mit Kriminalität oder dem, was wir nach unseren Maßstäben als mangelnde Integration bezeichnen, sind hier nicht größer als anderswo. Und nachweislich ist die Wohnzufriedenheit sehr hoch. Obwohl hier viele junge Menschen wohnen, ist die Umzugsrate niedriger als in anderen Neubaugebieten.

Zum Konzept Ihrer Einrichtung gehört es, in diesem Stadtteil Wohnungen anzubieten, die Teil des Kirchenzentrums sind. Hat sich das bewährt?

Das Ganze ist ein Projekt der Kirche und der städtischen Gesellschaft für Bauen und Wohnen. Um einem solchen Vorhaben ein noch klareres Profil zu geben, wäre es besser, solche Projekte künftig in einer Hand zu lassen. In den Wohnungen leben rund 40 Menschen, Behinderte und Nicht-Behinderte, Familien und Singles, Ausländer und Deutsche.

Wenn möglichst schnell eine Art Hausgemeinschaft entstehen soll, ist es hilfreich, wenn sich ein Kernkreis von Anwohnern bereits von Anfang an kennt. Eine engere Kirchenbindung haben höchstens 20 Prozent der Anwohner. Die „Nicht-Kirchlichen" brauchen eine sehr lange Zeit, um sich der Kirche zu nähern. Sollte sich jemand missionarische Wirkung von dem Projekt versprochen haben, war das ein Irrtum.

Dass Menschen quasi unter dem Dach der eigenen Kirche leben, davon profitieren eher die aktiven Gemeindemitglieder – durch die Unmöglichkeit, den Glauben nicht auf den Alltag zu beziehen. Wenn wir beispielsweise im Gottesdienst von den biblischen Heilungsgeschichten hören, gehen die uns schon wegen unserer unmittelbaren Nachbarn etwas an, und wir sammeln intensiv für eine bessere Therapie für das Kind, das im Wachkoma liegt und quasi neben der Kirchentür wohnt.

Der Christus-Pavillon

Die Parallelen sind unübersehbar: Wie das Kirchenzentrum Kronsberg zitierte auch der Christus-Pavillon auf der Expo in Hannover traditionelle Elemente der Klosterarchitektur mit modernen Baustoffen. Beide Gebäude verdankten ihre außergewöhnliche Wirkung einer stilistischen, auf den ersten Blick kühl anmutenden Reduktion auf das Wesentliche. Und bei beiden gehörte es zum Konzept, die Kirche in einer Gesellschaft, in der Bindungen an das Christentum schwinden, offen und zukunftsbejahend darzustellen. Der Christus-Pavillon, in dem sich während der Weltausstellung im Jahr 2000 katholische und evangelische Kirche präsentierten, erwies sich dabei als Erfolgsprojekt: Die „Expo-Kirche" erhielt nicht nur mehrere Architekturpreise. Sie verzeichnete auch 1,8 Millionen Besuche – verglichen mit anderen Pavillons ein sehr guter Wert – und ein ausgesprochen positives Medienecho. Das von den Architekten Meinhard von Gerkan und Joachim Zais entworfene Gebäude sollte sowohl ein Flanierpublikum ansprechen als auch inmitten des hektischen Treibens auf der Expo einen Ort der Stille bieten. Die Gratwanderung gelang, die Kirchen zeigten offensiv im Zentrum des Weltausstellungsgeländes, wie christlicher Glaube das Leben bereichern kann. Der Innenhof mit dem 27 Meter hohen, gläsernen Kreuz; die mit Zahnbürsten oder Feuerzeugen gefüllten, doppelwandigen Fenster im Kreuzgang; die lichtdurchfluteten, hauchdünnen Marmorglaswände im Sakralraum – all seine wohl durchdachten Details machten den Christus-Pavillon zu einem Publikumsmagneten, der das „Image" der Kirchen nachhaltig aufwertete. Nach der Weltausstellung wurde der zerlegbare Bau demontiert und im thüringischen Volkenroda wieder aufgebaut. Die Trauungen und Taufen, die während der Weltausstellung im Christus-Pavillon stattfanden, wurden übrigens in den Kirchenbüchern von St. Johannis in Bemerode beurkundet. In der Gemeinde, zu der auch das Kirchenzentrum Kronsberg gehört.

Literatur zum Christus-Pavillon:
Die Idee des Christus-Pavillons.
In: Pastoraltheologie 2002/6, S. 214 – 228

Offen für die Welt: Das Evangelische Kirchenzentrum Kronsberg.

Kunst der Reduktion: Das Kirchenschiff trotzt der Reizüberflutung.

Persönliche Vorrede

Mein frühester Eindruck von einer ehrfurchtgebietenden Kirche ist mit Liebfrauen in Neustadt a. Rbge. verbunden. Ich bin in den Jahren 1920 bis 1922 in der Leinestadt zur Schule gegangen. Mein Weg von der damaligen Gartenstraße hinter dem Wall, wo meine Familie lebte, führte durch die Mittelstraße an dem Gotteshaus vorbei. Es lag wie auf einer Insel an einem baumbestandenen Platz, von Buschwerk umgeben. Zum Portal an der Nordseite führte ein gepflasterter Weg.

Heute klemmen anstelle der ehemals schmalen Katzenkopfstraßen breite Verkehrswege das Gotteshaus ein, stören parkende Autos den Eindruck zwischen der Alten Wache und der Kirche das Bild. Für uns Kinder war in den zwanziger Jahren der wuchtige Bau mit dem niedrigen, kubischen Turm und seinem spitzen Helm die „respekteinflößende Wohnung des lieben Gottes".

Ohne zu wissen, wie alt die romanischen Portale waren, standen wir vor den in Stein gehauenen Bildern. Nur Maria mit dem Jesuskind war uns bekannt. Die tiefen Schürfspuren in den Quadersteinen im Sockel des Kirchenschiffs gaben uns Rätsel auf.

Es waren aber nicht diese Kindheitserinnerungen, die vor fünf Jahren mein Studium der Kirchen, Klöster und Kapellen auslösten. Andere Gründe veranlassten mich, Gotteshäuser, ihre Geschichte und Geschichten zum Thema einer Folge von 54 Zeitungsseiten in den Bezirksausgaben der Hannoverschen Allgemeinen Zeitung und der Neuen Presse zu machen. Ein Gespräch mit einem süddeutschen Barockschwärmer ließ mich nach Schönheiten und Besonderheiten unserer norddeutschen Sakralbauwerke suchen.

Was ich vorfand, war überraschend. Die Vielfalt der Gotteshäuser im ehemaligen Landkreis Hannover ist groß. Aber die Kirchen sind außerhalb der Gottesdienste fast immer versperrt. Das ist vermutlich ein Grund dafür, dass ihre Schönheiten und Besonderheiten kaum bekannt sind. Furcht vor Diebstahl oder Zerstörung hindert die Verantwortlichen, die Portale während des Tages offen zu halten. Es gibt nur wenige Ausnahmen.

Ein Appell der evangelischen Landeskirche regte vor einigen Jahren an, dass, wenn schon die Gotteshäuser nicht offen gehalten werden könnten, wenigstens durch eine Hinweistafel an der Tür auf regelmäßige Öffnungszeiten hingewiesen werden sollte.

Als wahrhaft überwältigend müssen mittelalterliche Menschen ihre Kirchen empfunden haben. Sie überragten Landschaft und Bebauung. Ein besonderes Beispiel muss Wunstorf gewesen sein. Stiftskirche und Marktkirche, beziehungsweise ihre frühen Vorgänger, gingen auf die Zeit vor der oder um die Jahrtausendwende zurück.

Sie überragten Bauern- und Bürgerhäuser und selbst die landesherrlichen Schlösser. Nur bei wenigen Städten und Dörfern ist die Wirkung der Kirchengebäude heute noch zu ahnen. Im Leinetal sind es die Türme von Basse und Mandelsloh, die über die roten Dächer hinausragen. Wer sich von Süden der Stadt Eldagsen nähert, hat einen vergleichbaren Eindruck. Der 63 Meter hohe Turm der St. Petri-Kirche in Großburgwedel ist von allen Seiten her ein Richtungsweiser zur Dorfmitte.

Von der im Sinne des Wortes überragenden Bedeutung der Kirchen in den Ortsbildern zeugen die Radierungen und Kupferstiche, die Matthäus Merian in der Mitte des 17. Jahrhunderts in den welfischen Landen aufgezeichnet hat.

Noch heute, 1000 Jahre nachdem die ersten Kirchen und Kapellen gebaut wurden, sind Zeugnisse für christliche Demut und handwerkliches Können erhalten geblieben. Den Steinmetzen und Zimmerleuten muss unsere uneingeschränkte Bewunderung gelten. Die Beschreibungen in den folgenden Kapiteln sind vorwiegend der Baukunst gewidmet und erst in zweiter Linie den religiösen Inhalten.

Die romanischen Werke seit der Jahrtausendwende sind ebenso erfasst, wie die wenigen Bauten des Jugendstils Anfang des 20. Jahrhunderts. In den Beschreibungen werden viele Zahlen genannt. Sie sollen kein baugeschichtlicher Unterricht, sondern ein Zeitrahmen sein.

Seit dem Jahre 800 verbreitete sich das Christentum

Die ältesten Bauwerke im ehemaligen Landkreis Hannover sind ohne Ausnahme mit der Ausbreitung des Christentums und der Missionierung der germanischen Stämme zu beiden Seiten der Leine und Wietze sowie im Deisterraum verbunden. Der Mönch Bonifatius (675 bis 754) hatte von Papst Gregor II. einen Missionsauftrag für die germanischen Lande erhalten. Im Jahre 744 gründete er die Abtei Fulda. Von dort aus weitete sich der christliche Einfluss gegen Ende des 8. Jahrhunderts aus. Der Missionar wurde in Friesland erschlagen, als er 754 dort das Evangelium predigte.

In Hameln entstand ein Missionsstift, das den Namen des Bonifatius trug. Es bildete Mönche für die Christianisierung der Engern aus. Sie lebten im Deisterraum und nördlich davon. Auf alten Heerstraßen drangen die predigenden Brüder bis in den Norden des ehemaligen Landkreises Hannover vor.

In der Schedel'schen Weltchronik, die 1493 teilweise in die deutsche Sprache übersetzt, illustriert und von Anthonius Koberger in Nürnberg gedruckt wurde, ist auf Blatt CLXII (162) über Bonifatius berichtet. Die freie Übertragung des Textes lautet etwa: „Bonifatius war ein gelehrter und redegewandter Mönch. Aus Pflichtbewusstsein folgte er einem Ruf des Papstes Gregor II. (713 bis 731).

Wegen seiner Tugend und Frömmigkeit setzte ihn Gregor auf Verlangen Pipins des Kleinen (König der Franken 714 bis 768) auf den Bischofsstuhl in Mainz (748) und schickte ihn nach Deutschland, um das Volk dort in der evangelischen Wahrheit zu erleuchten und im rechten Glauben zu unterweisen. Das hat er getan mit Predigen und vorbildlichem Leben in Thüringen, Hessen, Sachsen und Franken und hat seinen Auftrag redlich erfüllt."

Zwei Bischofssitze am Anfang

Im Jahre 798 hielt Karl der Große in Minden eine Heerschau ab. Zwei Jahre später wurde der erste Bischof von Minden eingesetzt. Es ist wahrscheinlich, dass er Ercanbert hieß und vorher die Hamelner Mission geleitet hatte. Karls Sohn Ludwig der Fromme stiftete das Bistum Hildesheim bei einer Reichsversammlung in Paderborn im Jahre 815. Es ist eine Legende, dass Karl der Große noch den Grundstein gelegt haben soll. Es ist auch Legende, dass in Elze an der Leine die ursprüngliche Bischofskirche errichtet worden sei.

Die beiden Bischofssitze bildeten eine kulturelle Begrenzung des uralten Heer- und Handelsweges Hellweg vor dem Santvorde. Sein Verlauf von der Porta Westfalica am Nordrand des Deisters entlang kreuzte bei Pattensen die Leine und führte nach Hildesheim. Er folgte einer landschaftlichen Trasse, die Berghöhen und Sumpfgebiete umging und noch heute als Landesstraße eine Bedeutung hat. In Pattensen kreuzte der Helweg eine Handelsstraße aus Frankfurt über Göttingen in Richtung Hannover. Sie verlief am linken Leineufer.

Die Grenze zwischen den beiden Bistümern blieb fast 200 Jahre lang unbestimmt. Erst zwischen 983 und 993 wurde sie festgeschrieben und durch Urkunden belegt. Geistliche, Grafen und Bürger aus allen naheliegenden Siedlungen bezeugten den Verlauf. Er folgte etwa dem Leinefluss südlich und der Wietze nördlich von Hannover. Die Wietze, der kleine Heidefluss, blieb 1000 Jahre lang eine politische Grenze. Erst die Verwaltungs- und Gebietsreform am 1. März 1974 veränderte sie. Der frühere Landkreis Burgdorf ging im neuen Landkreis Hannover auf. Dieser ging wiederum im November 2001 zusammen mit dem Kommunalverband Großraum Hannover, Teilen der Verwaltung der Stadt Hannover und der Bezirksregierung in die neue Region Hannover über.

Epochenkunde zum Kirchenbau

Baustile und ihre zeitliche Zuordnung lassen sich nicht in genaue Zeitabschnitte einordnen. Sie überlagern sich zeitlich und räumlich. Übergangselemente verwischen oft die Zuordnung zu einer bestimmten "Epochenschublade". Sie sind ungefähr in das folgende Schema einzuordnen:

Vorromanik-Karolingische Zeit	700 bis 900
Frühromanik-Ottonische Zeit	900 bis 1030
Hochromanik-Salische Zeit	1040 bis 1140
Spätromanik-Staufische Zeit	1140 bis 1250
Frühgotik	1235 bis 1250
Hochgotik	1250 bis 1350
Spätgotik	1350 bis 1525
Renaissance und Manierismus	1525 bis 1660
Barock	1660 bis 1770
Spätbarock (Rokoko)	1735 bis 1780
Klassizismus	1755 bis 1830
Historismus	1830 bis 1900
Jugendstil	1890 bis 1910

Als kirchliche Grenze bestand die alte Festlegung nur bis 1848. Seither gehört der Regierungsbezirk Hannover zum Bistum Hildesheim. Nur der Kreis Diepholz und Teile des Kreises Nienburg sind dem Bistum Paderborn angegliedert.

Ausgehend von den Bischofssitzen breiteten sich Klöster, Stifte, Archidiakonate und Niederkirchen über das Land aus.

Die Archidiakone waren Vertreter der Bischöfe mit verwaltenden und richterlichen Funktionen, neben der seelsorgerischen Aufgabe. Sie mussten in den zum Teil sehr dünn besiedelten, weit ausgedehnten Diözesen die kirchliche Ordnung aufrechterhalten. Die schwierigen Verkehrsverhältnisse und der Widerstand der heidnischen Einwohner machten dieses Vorhaben gefährlich.

Die Entwicklung vollzog sich in beiden Bistümern nicht einheitlich. Während es im 11. und 12. Jahrhundert westlich von Leine und Wietze die Archidiakonate Wunstorf, Mandelsloh, Pattensen und Eldagsen gab, existierte östlich der Grenze nur das Archidiakonat Sievershausen. Nicht anders verhielt es sich mit der Gründung von Stiften und Klöstern.

Im Westen waren es Wunstorf (871) und dann nach drei Jahrhunderten die Klöster Barsinghausen (1193), Marienwerder (1196), Mariensee (1207) und Wennigsen (1224).

Das einzige Kloster innerhalb des ehemaligen Landkreises Hannover, das vom Bistum Hildesheim in früher Zeit bestätigt wurde, war das von Wülfinghausen am Kleinen Deister bei Eldagsen. Es wurde 1236 gegründet.

Die lange Zeit der Romanik

Ein Fries aus der romanischen Zeit zieht sich über die Außenmauer der Apsis an der Stiftskirche in Wunstorf.

Die Stilepoche, die als Romanik bezeichnet wird, erstreckt sich über den Zeitraum von etwa 700 bis 1250. Der Name hat sich erst gegen 1820 in Frankreich gebildet.[1]

Die Romanik übernimmt die Mauer- und Wölbungstechnik antiker Baukunst. Steinmetzarbeiten aus der Zeit sind nicht nur Beweis für hohe handwerkliche Qualität, sondern auch für einfallsreiche Formen in der Zeit nach 1200. Monumentalität und Einfachheit in der großen Linie geben den Bauwerken ihren einzigartigen Charakter.

Die Kirche in Idensen

Als ältestes noch fast unverändertes Denkmal der Kirchenbaugeschichte in der Region Hannover muss die Bischofskirche im Auetal in Idensen angesehen

Die romanische Kirche in Idensen (Wuntsdorf) ist zwischen 1120 und 1129 von Bischof Sigward von Minden erbaut. Vermutlich war sie seine Begräbnisstätte.

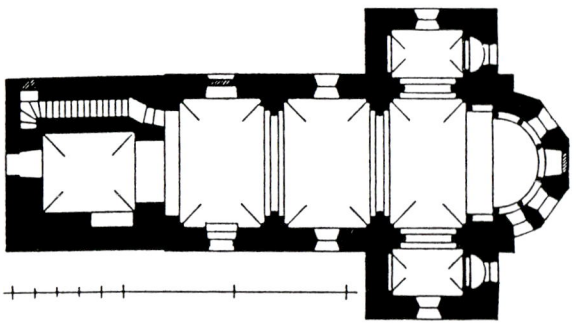

Wie der Grundriss der Idenser Kirche aufweist, haben Turm und Schiff fast die gleiche Breite.

Wer sich dem Ort nähert, sieht zunächst den spitzen Turm der evangelischen Pfarrkirche, die Conrad Wilhelm Hase 1887 erbaut hat. Das niedrige Satteldach der romanischen Kirche kommt erst in das Blickfeld, wenn ein Suchender von einer Dorfstraße aus durch die Lücken zwischen Bauernhäusern blickt. Der Grundriss von Kirchen lehnt sich mit Langhaus, Querschiff und Apsis an die Kreuzform an.

Das Gotteshaus wurde zwischen 1120 und 1129 von dem Mindener Bischof Sigward errichtet. Vermutlich hatte er es auch zu seiner Grabstätte bestimmt. Eine zugemauerte Öffnung an der Nordseite des Turmes lässt vermuten, dass ein Wohnhaus angeschlossen war. Sie ist im Grundriss am Ende der Treppe zu erkennen, die aus der Kirche in die Privatkapelle des Bischofs über der Eingangshalle führte.

Der Grundriss der Kirche in Idensen[2] ist ein Musterbeispiel für das romanische Schema. Die drei Joche des Kirchenschiffs und die beiden Kreuzjoche sind flache Rechtecke. Der quadratische Turmfuß ist gegenüber dem Schiff nur minimal schmaler. Er gibt mit seiner Mauerstärke von fast zwei Metern im Fuß einen Hinweis darauf, dass Kirchentürme im

werden. Sie steht fünf Kilometer südwestlich von Wunstorf. Topographisch gesehen liegt der Ort an einer begehbaren Furt zwischen dem Steinhuder Meer und den Höhen im Vorland des Deisters.

„Sie ist nicht leicht zu finden, sie steht ganz tief im Land", hat die Dichterin Agnes Miegel in einem Gedicht über das romanische Bauwerk geschrieben. Sie hat zeitweise im benachbarten Bad Nenndorf gelebt und war der Kirche sehr verbunden.

Um 1130 malten Künstler des Helmershauser Kreises die Fresken im Gewölbe der Idenser Kirche. Hier ein Taufbild, Christus mit einem Kind im kreuzförmigen Taufbecken.

Mittelalter neben ihrer Funktion als Glockenträger auch als Wach- und Schutzturm gedient haben.

Die hochliegenden schmalen Schlitze, zumeist innen größer als außen, hatten jedoch kaum jemals die Bedeutung von Schießscharten. Sie waren Sicht- und Lichtschlitze. Auch zu der Zeit, als Musketen schon gebräuchlich geworden waren, gab es auf Grund des dicken Mauerwerks keinen möglichen Schusswinkel.

In den sechziger Jahren des 19. Jahrhunderts genügte die Kirche den Bedürfnissen der Gemeinde nicht mehr. Man sprach von Erweiterung. Aber das erwies sich als unmöglich. Der damalige Konsistorialbaumeister Hase widersetzte sich allen Absichten, das romanische Mauerwerk abzubrechen.[3] Aber seine Interventionen fanden bei der Kirchengemeinde kein Gehör.

Die Sandsteinstufen, die zur Privatkapelle des Bischofs führen, sind tief ausgetreten.

Conrad Wilhelm Hase

Der Konsistorialbaumeister und -baurat Conrad Wilhelm Hase[4] bestimmte fast ein halbes Jahrhundert lang das kirchliche Baugeschehen in unserem Raum. Seinem Wirken ist nicht nur die Rettung der romanischen Kirche in Idensen zu verdanken. Unter den mehreren hundert Positionen seines Werkverzeichnisses sind zahlreiche Restaurierungen historischer Bausubstanz neben den Neubauten enthalten.

Hase wurde 1818 in Einbeck geboren und ist 1902 in Hannover verstorben. Seine ersten Arbeiten waren die Mitwirkungen bei den Bahnhöfen Lehrte, Wunstorf und Celle der neu in Betrieb genommenen Eisenbahnlinien.[5] Sein erster Kirchenneubau im ehemaligen Landkreis Hannover war das Gotteshaus in Wettmar (Burgwedel) im Jahre 1855.

Von 1867 bis 1869 restaurierte er die Klosteranlagen in Mariensee. Der Neubau der Kirche Am Markt in Lehrte folgte 1874, die Restaurierung und Umgestaltung von St. Osdag Mandelsloh 1872-78. Mit der Erweiterung der Michaeliskirche Ronnenberg begann Hase 1876, die kleine Kirche in Everloh (Gehrden) wurde 1877-78 gebaut, in Harenberg (Seelze) 1882, Idensen (Wunstorf) 1887-88 und Dedensen (Seelze) 1897-1898.[6]

Der Baumeister knüpfte bei seinen Arbeiten an die gotische Backsteinkunst an und führte seine „Neugotik" zu höchster Vollendung.

Rundbogenfenster schließen die Apsis der Idenser Kirche ab.

Der Baumeister, dem bei seiner ausgesprochenen Neigung zur mittelalterlichen Baukunst kein Weg zur Erhaltung der alten Kirche zu schwer war, veranstaltete selbst eine Lotterie, um Geld für einen Ersatzbau aufzutreiben. Die Gemeinde gab 1866 nach, aber erst 1888 konnte die neugotische Gemeindekirche eingeweiht werden. Hase hatte auch entdeckt, dass in der alten Kirche unter mehreren Kalkschichten der weißen Ausmalung die ältesten Fresken in Niedersachsen erhalten waren. Sie stammen aus der Zeit um 1130 und werden dem Helmershauser Kunstkreis zugeschrieben (Rogerus von Helmershausen war Praktiker und Theoretiker der Gewölbemalerei. Er schrieb unter anderem das bedeutendste mittelalterliche Kunstlehrbuch unter dem Decknamen Theophilus).[7]

Die Fresken wurden 1889/1890 freigelegt, weitere Partien kamen 1930 bis 1934 zum Vorschein. 1962 folgte eine Restaurierung, die aber den Verfall der kostbaren Bilder nicht endgültig stoppen konnte. Das Bundesministerium für Forschung und Technik finanzierte ein kostspieliges Projekt mit dem Ziel, nach Ermittlungen von Wissenschaftlern verschiedener Fachrichtungen die Fresken dauerhaft zu erhalten.[8]

Eine Sandsteintreppe mit 20 Stufen führt aus dem Kirchenschiff in das obere Turmgeschoss. Bischof Sigward hatte hier seine Privatkapelle. Die Turmtreppe hatte offensichtlich auch einen direkten Anschluss an die Wohnung des Geistlichen. Die Stufen der Treppe sind unverändert geblieben und beweisen mit tiefen Trittspuren, dass sie in den vergangenen mehr als 800 Jahren häufig benutzt wurden. Seine Größe und Form sind nicht bekannt.

Wunstorf:
Erste Stiftsgründung im Jahre 871

Ludwig der Deutsche, der erste ostfränkische König (804 bis 876)[9] bestätigte die Gründung des Kanonissenstifts Wunstorf im Jahre 871. Seine Größe und Form sind nicht bekannt.

Bischof Dietrich I. von Minden ließ Stift und vermutlich eine Kapelle auf seinem Besitz in Wunstorf er-

Auf eine Stiftsgründung im neunten Jahrhundert geht die Wunstorfer Stiftskirche zurück.

bauen. Im Jahre 1010 brannte das Gotteshaus an der Stelle der heutigen Stiftskirche ab. Gegen 1170 wurde mit dem Aufbau der Kirche in ihrer eindrucksvollen Architektur erneut begonnen. Bischof Dietrich I. weihte sie dem Apostel Petrus. Viele Teile aus diesem Bau sind noch vorhanden.

Zwei Kirchen prägen das Stadtbild

Die beiden spätromanischen Türme der Stiftskirche und der Marktkirche überragen das Bild der Stadt Wunstorf. Während die ältere Stiftskirche mit einem kleinen Reiter auf dem spitzen Satteldach zwischen hohen Bäumen fast verborgen liegt, steht der hohe Turm der Marktkirche frei. Dieses Gotteshaus, dessen Turmbau und Chor am Ende des 12. Jahrhunderts entstanden, wurde um 1700 durch ein neues Langhaus ergänzt.[10]

Das erste Gotteshaus, das an der Stelle der jetzigen Stiftskirche gestanden hat, war bald nach der Gründung des Kanonissenstiftes 871 gebaut worden. Sei-

Um 1500 entstand das Sakramentshaus, das an der Nordseite des Presbyteriums steht.

ne Größe und Form sind nicht bekannt. Das gilt auch für die später dort errichtete Kirche.

Wenn auch im Laufe der Jahrhunderte Restaurierungen und Reparaturen die Stiftskirche in Einzelheiten veränderten, so blieb doch die Urform der dreischiffigen Basilika mit Querhaus und Gewölbedecken erhalten. An der höchsten Stelle werden 13 Meter gemessen. Das Langhaus ist durch einen charakteristischen Stützenwechsel in Mittel- und Seitenschiffe gegliedert. Auf zwei Säulen folgt jeweils ein

Turm und Chor der Wunstorfer Marktkirche wurden Ende des 12. Jahrhunderts gebaut.

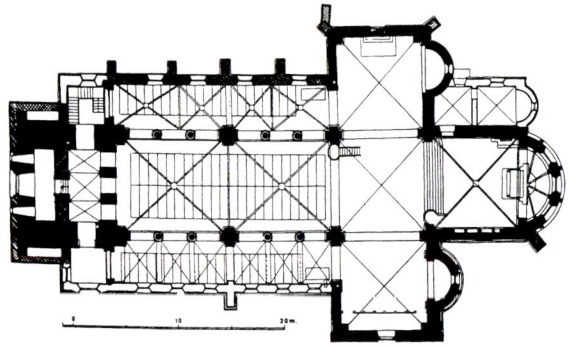

Der Grundriss der Stiftskirche zeigt das Schema einer romanischen Basilika mit Haupt- und Seitenschiffen, Querhaus und Apsis an einem zusätzlichen Chorjoch.

Pfeiler. Dieser sogenannte sächsische Stützenwechsel kommt in Basiliken im Harzvorland ebenfalls mehrfach vor. Der Grundriss zeigt den Abschluss des Chorhauses durch eine halbkreisförmige Apsis.

Die Seitenschiffe sind durch Nebenapsiden geschlossen. Die dunkel dargestellten Bauteile sind die ältesten. Kunstwerke aus der romanischen Zeit sind in Niedersachsen nicht häufig. Drei Türbogenfelder an der Stiftskirche sind auf jeden Fall zu den wertvollsten zu rechnen. Sie sind dem letzten Viertel des 12. Jahrhunderts zuzurechnen.[11]

Aus der gotischen Zeit um 1500 stammt das Sakramentshaus, das an der Nordseite des Chores der Stiftskirche steht. Es ist ein spätgotisches monumentales Bauwerk zur Aufbewahrung der Altargegenstände und der Reliquien. Die Meisterarbeit der Steinmetze erinnert an die Gestaltung der Türme gotischer Dome.

Auf ein Kuriosum an der langen Nordwand des Kirchenschiffs achten nur wenige Besucher. Es ist eine Spott- und Mahnplastik, in Sandstein gehauen. Sie geißelt die Eitelkeit unter den Stiftsdamen, die den weltlichen Freuden abgewandt leben sollten.

Die nackte Frau auf einem Schwein reitend trägt einen Spiegel in der rechten Hand. Es war wohl für die Kanonissinnen eine Erinnerung an die Pflicht ihren 12 Armen zu helfen, anstatt an Kleider und Putz zu denken.

Das Mittelschiff der Stiftskirche ist durch Stützen mit wechselndem Querschnitt von den Seitenschiffen getrennt. Ein Rundbogen teilt das Presbyterium ab.

Durch ein 1000-jähriges Portal in die Ronnenberger Michaeliskirche

Bei den frühen Zeugen kirchlicher Baukunst ist die Datierung schwierig, wenn keine Gründungs- oder Stiftungsurkunden vorhanden sind. Die vermutlich ältesten Teile einer Kirche in der Region Hannover sind nach der heutigen Erkenntnis wahrscheinlich die Quader aus Granit, die in der Michaeliskirche in Ronnenberg den Durchgang von der Turmhalle zum Kirchenschiff einfassen.

Ursprünglich bildeten sie den Eingang einer sehr frühen Kapelle, die dem Bonifatius gewidmet war. 1660 musste sie wegen Baufälligkeit abgebrochen werden. Über ihr Alter berichtet Albrecht Haupt[1], die Kapelle sei bereits 524 erwähnt worden, als ein Ort mit Namen „runibergum" in die Geschichte eintrat. Die Christianisierung in dieser Gegend ist um 300 Jahre später zu suchen. Gottfried Piper datiert die Bonifatiuskapelle um 776.[2]

Um 800 wird das Portal in einem Buch des alten Landkreises Hannover angenommen.[3] Die Datierung des ehemaligen Kirchenbaudirektors Dr. Ulfrid Müller ist vermutlich der Wirklichkeit am nächsten. Er legt die Entstehungszeit zwischen 950 und 1050.[4] Die Aufzählung der unterschiedlichen Daten beweist die Schwierigkeit der einleitend festgestellten Unsicherheit von frühesten Zeitangaben.

Wie auch immer, das Portal hat etwa 1000 Jahre überstanden. Es wurde von der Bonifatiuskapelle in die Außenmauer der Michaeliskirche versetzt und fasst seit 1983 in der Turmhalle den Durchgang zum Kirchenschiff ein. Damit ist es den Witterungseinflüssen entzogen. Das Portal aus Granit hat sich, seit Steinmetze es behauen haben, nicht erkennbar verändert.

Das flache Relief zeigt im Sturzbalken das Lamm Gottes in einem ovalen Heiligenschein. Tauben und Drachen flankieren es. Die Seitenteile sind mit Rankenwerk und Schlangen gestaltet. Das Bild wird als Symbol für das Eindringen des Bösen in das Paradies gedeutet.[5]

Ein vorreformatorischer Aufsatz mit einer bemalten und vergoldeten Christus- und Mariengruppe. Spätgotisches Schnitzwerk vervollständigt ihn.

Das Bonifatiusportal in der Michaeliskirche zu Ronnenberg war an der südlichen Außenwand eingebaut. Es wurde zum Schutz vor der Verwitterung in die Turmhalle verlegt.

Die Kanzel der Michaeliskirche ruht auf einem schweren romanischen Kapitell.

In den Jahren von 1150 bis 1160 errichteten Künstler der Bauschule Königslutter die Michaeliskirche zu Ronnenberg. Sie war ursprünglich eine romanische Basilika mit drei Schiffen, Querhaus und Turm und wurde massiv aus Bruchsteinen und Quadern gefügt. Rundbogengewölbe schlossen sie ab.

Um 1464 erweiterten die Kirchenherren den Chor. Gotische Elemente veränderten die ursprüngliche Form. Vier Maßwerkfenster in der Apsis und andere Zusätze brachten Elemente der Gotik in die alte Form. Bei einem Orkan stürzte 1630 der Turm ein und beschädigte den Westteil der Kirche. Es ist noch sichtbar, in welcher Höhe die neue Aufmauerung angesetzt hat. Zur Reparatur sollen auch Teile der ehemaligen Bonifatiuskapelle verwendet worden sein.[6]

Den grundsätzlichen Umbau des Gotteshauses im Jahr 1876 plante und überwachte der Konsistorialbaumeister Conrad Wilhelm Hase.[7] Er erhöhte das Mittelschiff, erneuerte die Dächer und setzte dem Turm einen höheren Helm auf. In die erweiterten Seitenschiffe wurden Emporen eingefügt.

Von der Apsis bis zum Zwerchhaus

„Akanthus" ist ein gezacktes Blatt, das schon in der romanischen Baukunst als Ornament verwendet wird, Bärenklaugewächs.

„Apsis" ist der nach Osten gerichtete halbkreisförmige Abschluss des Chorraums.

„Arkade" heißt eine Bogenreihe, die auf Säulen oder Pfeilern ruht.

„Der Dachreiter", ein kleiner Turm, der dem First aufgesetzt wird.

„Empore", bei Holzkonstruktionen auch Prieche, bezeichnet einen galerieartigen Einbau, der sich zum Innenraum öffnet.

Das „Epitaph", Grabmal oder Grabplatte mit Inschrift.

„Gurtbogen", Bogen, der zwei Gewölbejoche quer zur Gewölbeachse trennt.

„Joch", einem Gewölbefeld entsprechender Raumteil.

„Kapitell", Säulen oder Pfeilerkopf, der waagerechte Träger stützt.

„Kranzgesims", oberstes Gesims eines Gebäudes unmittelbar unter dem Dach.

„Laterne", offene Kuppelbekrönung.

„Lettner", Trennwand zwischen Chor und Kirchenschiff.

„Maßwerk", gotisches Ornament.

„Palmette", stilisiertes Blatt einer Fächerpalme.

„Rundbogenfries", eine Bogenreihe am obersten Mauerabschluss.

„Stützpfeiler", eine Mauervorlage, die den Druck des Gewölbes aufnimmt.

„Tonnengewölbe", Deckenwölbung als Halbzylinder.

„Triumphbogen", der große Bogen, der das Kirchenschiff und den Chor gegeneinander abgrenzt.

„Tympanon", Giebelfeld über Türen und Fenstern.

„Zwerchhaus", quer zum First stehender Dachaufbau.

Der Turm der Ronnenberger Kirche stürzte 1630 bei einem Orkan ein. Es ist sichtbar geblieben, in welcher Höhe er neu aufgemauert werden musste.

Magister Wichmann Schulrabe war von 1592 bis 1623 Superintendent in Ronnenberg.

Auf dem Altartisch steht ein vorreformatorischer Aufsatz mit einer handgeschnitzten, bemalten und vergoldeten Christus- und Mariengruppe. Gotisches Schnitzwerk fasst die Figuren oben und unten ein. Unübersehbar steht die Kanzel auf einem sehr schweren romanischen Säulenfuß.

Er wurde beim Umbau 1876 aufgefunden und erhielt eine neue Verwendung. Ehemals soll der Fuß mit einem Pendant den Durchgang zu einer Emporentreppe eingefasst haben.

An der Nordwand des Kirchenschiffs ist ein bemerkenswertes Epitaph befestigt. Es ist aus Sandstein und erzählt die Lebensdaten des Magisters Wichmann Schulrabe und seiner Frau. Er war von 1592 bis 1623 Superintendent in Ronnenberg.

Unter den fünf Glocken des großen Geläutes sind zwei aus gotischer Zeit. 1496 wurden sie von Busse Jacobs gegossen. Die erste Orgel wurde 1630 zerstört, als der Turm vom Sturm umgeworfen wurde. Sie hat demnach schon vorher bestanden.

Der Mantel des Heiligen Martin

Der Ursprung der Bezeichnung Kapelle ist im vierten nachchristlichen Jahrhundert zu suchen. Der Heilige Martin und sein geteilter Mantel, dessen Legende in vielen Kirchengemeinden noch heute an seinem Todestag, dem 11. November, als Inszenierung aufgeführt wird, hat unmittelbar damit zu tun.

Die Legende von der Teilung des Mantels, mit dessen Hilfe ein frierender Bettler seine Blöße bedeckte, führte dazu, dass die Merowinger (fränkische Könige vom 5. bis 8. Jahrhundert) den Heiligen und seinen Mantel verehrten. Dieser Mantel, die „Cappa", wurde in einem kleinen abgeschlossenen Raum, der „Capalla" aufbewahrt. Das schon im Althochdeutschen gebräuchliche Wort Kapella wurde zu Kapelle. Die ursprüngliche Beschränkung auf einen Raum, in dem der Martinsmantel aufbewahrt wurde, bezog sich später auf kleine, gottgeweihte Häuser.

Martin, der Ritter auf dem Pferd, wurde 316 oder 317 geboren. Er war römischer Soldat. Aus welchen Gründen er die Kriegerrüstung mit der Mönchskutte tauschte, ist nicht bekannt. Im Jahre 371 wurde er Bischof von Tours (Hauptstadt des französischen Departements Vienne, 200 Kilometer südwestlich von Paris). Bischof Martin gründete 375 das erste abendländische Kloster. Er ist am 11. November 397 gestorben.[8]

Am Anfang standen Kapellen

So wie die Michaeliskirche in Ronnenberg, hatten die meisten der romanischen und gotischen Gotteshäuser kleine Kapellen als Vorläufer. Oft wurden die späteren Kirchen über den alten Grundmauern oder in deren Nähe erbaut.

Das Mauerwerk oder die Wände entstanden aus dem Material, das es an Ort und Stelle gab. Die ausgedehnten Wälder der Norddeutschen Tiefebene lieferten das Holz für Fachwerkkapellen. In der Wietzeniederung verwendeten Bauleute den heimischen Raseneisenstein, auf den eiszeitlichen Böden wurden Feldsteine gefunden, und in der Nähe des Deisters boten sich Sandsteinquader aus den mittelalterlichen Steinbrüchen an.

Tonböden in den Flussniederungen lieferten das Material, aus dem die Ziegler Mauersteine und Dachpfannen formten und brannten.

Die Otzer Kapelle wuchs mit der Bevölkerung

Die Kapelle in Otze (Burgdorf) ist ein Beispiel dafür, dass die Einwohner der Ortschaft zum Erhalt ihres kleinen Gotteshauses viele Opfer gebracht haben. Es wurde 1330 erstmalig erwähnt, ist aber sicher schon früher gebaut worden.[9]

So klein das Otzer Gotteshaus auch ist, anfangs war es noch wesentlich kleiner. Ursprünglich hatte die Kapelle nur einen dreiseitigen Ostschluss als Altarraum und einen Saal, der mit fünf Schritten durchmessen werden konnte. Außen ist die Baunaht zwischen dem ersten spätromanischen Teil und der gotischen Erweiterung in den Jahren 1450 bis 1461 zu erkennen. Auch in den Mauersteinen werden die unterschiedlichen Herstellungsverfahren der heimischen Ziegler deutlich. Die 200 Jahre älteren haben die Zeitläufe besser überstanden als die jüngeren Steine. Eine Seltenheit ist die flache Holzdecke. Die Balken sind mit geschnitzten Köpfen verziert. Menschenköpfe und Tiergestalten sind abgebildet. Ihre Bedeutung ist nicht erkennbar. Möglicherweise sind es Karikaturen von kirchlichen oder weltlichen Fürsten. Die Felder dazwischen sind mit Rankenwerk in roter und schwarzer Farbe bemalt.

Die romanischen Fenster mit abgestuften Treppenprofilen im Chor unterscheiden sich von den späteren ebenso deutlich wie die Fußbodenplatten. Der ältere Teil ist mit quadratischen roten Tonfliesen ausgelegt, der spätere mit rechteckigen Ziegeln. Als einziger Schmuck sind an den Innenwänden insgesamt 17 Weihekreuze aufgemalt. Die runden Schilde mit diagonal gestellten Kreuzbalken sind typisch für die Zeit der Erweiterung. Bei allen späteren Restaurierungen blieben die Kreuze erhalten.[10]

Der älteste Abschnitt der Kapelle in Otze reicht bis zu den Sprossenfenstern. Er stammt aus dem 13. Jahrhundert. Der neuere Teil wurde 1461 fertiggestellt.

Gotische Malerei auf der flachen Decke ist nach ursprünglicher Gestaltung und Farbgebung restauriert. Die Köpfe sind vielleicht Karikaturen von weltlichen oder geistlichen Personen.

Auf dem massiven Altartisch steht ein dreiflügeliger hölzerner Altarschrein. Das geschnitzte Mittelstück mit kniender Marienfigur, Gottvater links und Christus rechts daneben, stammt aus der Zeit um 1460. Das Schnitzwerk ist derb und bäuerlich. Der Meister ist unbekannt.[11]

Der vom Schiff abgesetzte hölzerne Turm aus Eichenbalken steht an der Westseite. Er ist um 1460 errichtet worden, musste aber nach 300 Jahren vollständig erneuert werden. Ein ziegelgedecktes Pyramidendach schließt ihn ab. Anfangs war im Glockenstuhl nur die 1461 von Berend Klinghe gegossene Bronzeglocke aufgehängt. Sie hat 79 Zentimeter Durchmesser und ruft heute, wie eh und je, die Gläubigen zum Gottesdienst. Drei Umschriften in gotischen Buchstaben nennen im oberen Ring den Gießer. In der Mitte heißt ein Spruch: „Maria bin ik geheten de van Ocese hebben mik laten geten Nikolaus anno dom MCCCCLXP". Hochdeutsch: „Ich heiße Maria, die von Otze haben mich gießen lassen zum Nikolaustag 1461". Die lateinische Schrift des unteren Ringes heißt übersetzt: „Tote beklage ich, Lebende rufe ich, Blitze breche ich, ihr, meine Gläubigen kommt zum Heiligtum". Die zweite, größere Glocke wurde angeschafft, als der Turm 1763 erneuert werden musste. Johann Meyer, königlicher Stückgießer in Celle, hat sie gegossen.

Am Chor der Otzer Kapelle weisen die Fenster auf die gotische Zeit hin.

Die Südostansicht der Klosterkirche Barsinghausen

Fünf Klöster im Calenberger Land

Die ursprünglich mehr als 200 Klöster in Niedersachsen hatten ihren Ursprung fast ausschließlich im 12. Jahrhundert. Nach der Reformation und der damit verbundenen Säkularisierung blieben nur wenige erhalten. In der Region Hannover sind es die Klöster Barsinghausen, Wennigsen, Mariensee, Wülfinghausen und Marienwerder, das seit der Eingemeindung 1928 zum Stadtgebiet Hannover gehört. Herzogin Elisabeth von Calenberg-Göttingen wandelte sie in evangelische Klöster um. Für ihre Unterhaltung veranlasste sie die Bildung eines Klosterfonds. Er ist nach einigen Umwandlungen in der Verwaltung und Namensänderungen bis heute erhalten geblieben.[1]

Der Schmalkaldische Bund der protestantischen Reichsstände verpflichtete 1540 die Landesherren, das durch die Reformation an sie gefallene Kirchengut nicht dem Privatvermögen anzugliedern. Elisabeth von Calenberg stellte aus persönlicher und frommer Überzeugung 1542 sicher, dass alle Einkünfte aus Klostervermögen nur kirchlichen, schulischen und mildtätigen Zwecken dienen konnten.[2]

Der Klosterfonds geht auf die erste Calenberger Kirchenordnung von 1542 zurück. Der Name Königliche Klosterkammer wurde 1718 zum ersten Mal verwendet. Am 8. Mai 1818 unterzeichnete Prinzregent Georg, der spätere König Georg IV., das Patent über die Errichtung einer allgemeinen Klosterkammer (Haw. GS 1818, S. 44).[3] Sie verwaltete das ehemals katholische Klostergut getrennt vom Staatsvermögen. Nach 1840 wurde der Name „Allgemeiner Hannoverscher Klosterfonds" gebräuchlich. Der Preußische Landtag bestätigte die Institution als selbständige juristische Person. Der Niedersächsische Staatsgerichtshof hat den Allgemeinen Hannoverschen Klosterfonds als heimatgebundene Einrichtung 1972 bestätigt. Durch Artikel 72 Abs. 1 der Niedersächsischen Verfassung ist der Fonds geschützt.

Widekind von Schwalenberg stiftete das älteste Kloster in Calenberg

In der Zeit von 1150 bis 1250, nach dem Sturz Heinrichs des Löwen und nach der Aufteilung seines sächsischen Herzogtums, gründeten Landgrafen und freie Herren vielfach eigene Klöster. Grundbesitz als Schenkung und Belehnung mit dem Zehnten aus umliegenden Kirchspielen waren die wirtschaftliche Grundlage. Als sogenannte Hausklöster dienten sie einerseits der Missionierung, andererseits waren sie

Das Portal an der Nordseite des Querschiffs, der Klosterkirche in Barsinghausen, zeigt die Elemente der romanisch-gotischen Übergangszeit.

Grab und Gebetsstätten der adligen Familien. Nicht zuletzt wurden die unverheirateten Töchter und Nichten der Familien in diesen Klöstern aufgenommen, die durch Schenkungen und Abtretungen die wirtschaftliche Grundlage der Klöster erweiterten.

Barsinghausen

Das Kloster Barsinghausen ist die Älteste der fünf heutigen Klöster Calenbergs, die zwischen 1185 und 1193 datiert wird. In einer Urkunde aus dem Jahre 1203 bezeugte Bischof Dietmar von Minden (1185 bis 1206), dass „der Edelherr Widekind von Schwalenberg, göttlich erleuchtet, den Ort ‚Berchingehusen', den er vom Bischof zu lehen trug, resigniert mit der Bitte, dort ein Kloster und einen Konvent von Knechten und Mägden Gottes entstehen zu lassen." Der Bischof stimmte zu, bestimmte die Regeln des Heiligen Augustinus als Ordnung für das Klosterleben und setzte einen Propst an die Spitze.[4]

Die Klosterkirche, seit eh und je auch Gemeindekirche der Barsinghäuser, ist in ihrer Bauweise einzigartig. Auf den ersten Blick scheint sie ein kreuzförmiger Zentralbau zu sein. Dieser Eindruck wird jedoch durch den Grundriss widerlegt. Sie wurde ursprünglich als dreischiffige Hallenkirche mit Querhaus und

Chorjoch in der ersten Hälfte des 13. Jahrhunderts angelegt. Als zur Erweiterung der kirchlichen Anlage Mitte des 19. Jahrhunderts Baupläne entwickelt werden sollten, stieß man bei der Untersuchung des Baugeländes auf Grundmauern. Sie wiesen auf zwei weitere Joche für das Haupt- und die Seitenschiffe hin.

Der Grundriss nach dem Zustand von 1865 lässt erkennen, dass die Kirche bis an die Innenmauer des westlichen Konventflügels reichen sollte. Das bei allen anderen Klöstern geschlossene Geviert des Innenhofs ist in Barsinghausen an der Ostseite seit den 1860er Jahren an Stelle eines bis dahin bestehenden Brauhauses durch eine hohe Mauer von der Umgebung abgetrennt. Barsinghausen war als Doppelkloster gegründet worden. Das baldige Ende des Männerkonvents kann für die Verkleinerung des ursprünglichen Bauplans verantwortlich sein.

Das Portal an der Nordseite des Querschiffs zeigt alle Elemente der romanisch gotischen Übergangszeit. Die Portalbögen weisen leichte Spitzbögen auf, die von Säulen getragen werden. Ein ähnliches Por-

Spätmittelalterliche Reliefszenen sind in den Hauptaltar der Klosterkirche eingearbeitet. Sie zeigen Begebenheiten aus dem Leben Jesu.

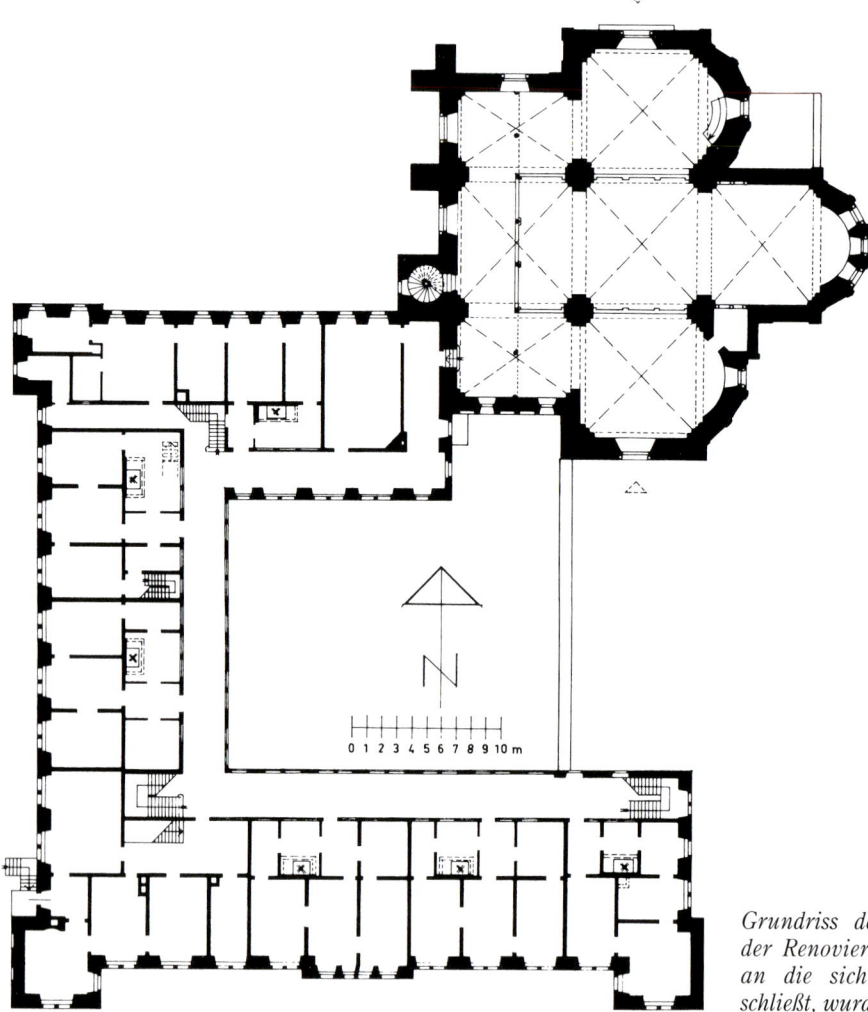

Grundriss des Klosters Barsinghausen nach der Renovierung 1862 bis 1865. Die Kirche, an die sich der dreiflügelige Konvent anschließt, wurde nach Westen hin nicht vollendet.

tal an der benachbarten Margarethenkirche in Gehrden ist in schlichterer Form wenig später gebaut worden. Von dem bei der Restaurierung in den Jahren 1862 bis 1864 errichteten Hauptaltar im Chor des Mittelschiffs, ist im Kloster heute nur noch das Altargemälde erhalten. Oberlandbaumeister Pape begann die Neugestaltung, der Leiter des hannoverschen Hochbauamtes, Wildorff, setzte sie fort und Oberlandbaumeister Vogell beendete das Werk.

An Stelle des früheren Hauptaltarretabels befindet sich seit 1970 eine Konstruktion aus Vierkantprofilen über dem Altartisch.[5] Sieben gotische Bildreliefs sind eingebaut. Sie stellen in farbiger Gestaltung Szenen aus dem Leben Jesu dar. Aus einer verborgenen Gewölbekammer kamen sie bei der Restaurierung im 19. Jahrhundert zum Vorschein. Möglich ist, dass die Stiftsfrauen sie während des Dreißigjährigen Krieges vor den Kriegerhorden versteckt hatten. Später waren sie nach den langen Wirrnissen vergessen worden. Hohe moderne Glasfenster in der Hauptapsis und den beiden Nebenapsiden sowie über den Emporen bringen viel Licht in den Innenraum. Die Fenster sind von Professor Kurt Sohns aus Hannover entworfen worden.

Der Klostergründer hatte sich ursprünglich vorbehalten, den Kapitelvorsitzenden aus der Klosterversammlung zu bestimmen. Der erste von drei Pröpsten mit Namen Bodo, der von 1203 bis 1213 amtierte, setzte aber ein nach demokratieähnlichen Grundsätzen bestimmtes Verfahren durch: Die Ordensleute konnten ihren Propst selbst bestimmen. Diese

Ältestes Bildwerk in der Klosterkirche ist eine Reliefplatte des Propstes Bodo.

Den Eindruck klösterlicher Abgeschiedenheit vermittelt der Garten. Er wird an drei Seiten von Konventflügeln und an einer Seite von einer hohen Mauer abgeschlossen.

Ordnung wurde später vom Papst bestätigt. Von Bodo existiert eine bemerkenswerte Grabplatte. Seit 1864 ist sie an der Nordseite des Chores eingelassen.[6]

Der Stein ist nach unten verjüngt und zeigt die ganze Figur des Verstorbenen im Messgewand mit einem Kelch in der Hand. Aus dem romanischen Bogen, der von zwei Säulen getragen wird, zeigt die Hand Gottes auf das Haupt des Propstes. Neben den geistlichen Aufgaben, etwa als Beichtvater, hatten die Pröpste auch weltliche Funktionen. Sie vertraten das Kloster gegenüber dem Landesherrn, hatten sich um Ernährung und Kleidung der Nonnen zu kümmern, um die Bewirtschaftung der Vorwerke, bäuerliche Aufgaben und allgemeine Dienste, wie zum Beispiel die Rechtspflege.

Acht Orgeln in 400 Jahren

Bei einer Generalvisitation in der Klosterkirche im Jahre 1588 vermerkt der Visitator, es sei besser, das Pfeifen mit den Orgeln zu unterlassen und anstatt dessen andere wichtige Dienste zu besetzen. Um 1659 wird bereits eine Orgel mit 16 Registern erwähnt.[7] Viele berühmte Orgelbaumeister zwischen dem 17. und 20. Jahrhundert bauten bzw. reparierten das Instrument in der Klosterkirche. Es wechselte auch einige Male seinen Platz innerhalb des Kirchenschiffs. Die heutige Orgel ist 1980 von den Gebrüdern Hillebrand in Altwarmbüchen geschaffen worden.

Das Kloster als Wirtschaftsfaktor

Nicht ohne Grund heißt eine heimatkundliche Schrift des Barsinghäuser Museums „Barsinghausen im Schatten des Klosters", damals die größte Ansammlung von Grundbesitz weit und breit. Schon gegen 1250 besaß das Kloster Barsinghausen mehr als 3 000 Morgen Land und den Zehnten aus 12 Ortschaften. Um 1650 gehörten zu dem Grundbesitz Liegenschaften in mehr als 80 Orten. Von Anfang an schenkten Grafengeschlechter, Dienstleute an weltlichen und geistlichen Höfen, aber auch Bürger aus Hannover und Neustadt dem Konvent großzügig Land. Manche Zuwendung war als Dank dafür gedacht, dass die unverheirateten Töchter aufgenommen und versorgt wurden.[8]

Im 16. Jahrhundert leitete das Kloster einen anderen wichtigen Wirtschaftszweig ein. Es ließ 1588 die ersten belegten Kohleschürfungen ausführen. Der Abbau in größerem Umfang begann später. Am Eingang des Klosterstollens steht die Jahreszahl 1864. Die erfolgreiche Kohleförderung durch das Kloster ließ die inzwischen aufgeblühte Gemeinde nicht ru-

Das Instrument auf der Orgelempore steht seit 1980. Es ist von den Gebrüdern Hillebrand gebaut worden.

hen. Sie suchte und fand in ihrem Wald am Deisternordhang ebenfalls Kohle. Der Klosteramtmann wollte diese Konkurrenz verbieten. In einem langen Rechtsstreit setzte sich die Gemeinde aber durch und förderte Kohle von 1846 bis 1866. Nach der Annektion des Königreichs Hannover durch Preußen übernahm der preußische Bergfiskus den gesamten Abbaubetrieb. Die Gemeinde wurde abgefunden. Erst 1957 wurde der Kohlebergbau ganz eingestellt.

Barocke Konventgebäude

In den Kirchen aller Calenberger Klöster sind noch Elemente aus der romanischen und gotischen Bauepoche zu finden. Die ursprünglichen Konventgebäude sind jedoch nirgends mehr vorhanden. Über ehemalige Form und Größe ist wenig überliefert. Alle Calenberger Konvente wurden in der Barockzeit neu errichtet. In Barsinghausen entstanden Süd- und Westtrakt sowie der heute nicht mehr existierende Osttrakt für ein Brauhaus zwischen 1700 und 1705. Der Nordflügel kam 50 Jahre später hinzu.

Das ehemalige Wohn- und Diensthaus des Klosteramtmanns ist jetzt Sitz der Stadtverwaltung in Barsinghausen.

Im unteren Klostergang wird das meterdicke Mauerwerk mit seinen Rundbogenfenstern besonders gut erkennbar.

Der aus Celle stammende Bildschnitzer Conrad Heinrich Bartels schuf den Altar der Klosterkirche in Wennigsen. Er wurde 1700 erbaut.

Der Wennigser Kirchturm ist älter als das Kloster

Ein romanisches Bogenfeld stellt den thronenden Christus mit Kain und Abel dar. Es ist in der Turmhalle eingelassen.

Acht Kilometer südöstlich von Barsinghausen wurde in Wennigsen, dem Platz eines alten Gogerichts, ein Augustinerchorfrauenstift gegründet. Das war gegen Ende des 12. Jahrhunderts. Erstmals urkundlich nachgewiesen ist es 1224. Die Besiedlung des Raumes am Nordhang des Deisters ist älter als der erste geschichtliche Nachweis. Der Turm der heutigen Klosterkirche ist in der Zeit zwischen 1150 und 1190 entstanden.

An der Südseite ist in dem dreifach abgestuften Sandsteinsockel eine Öffnung vermauert. Offenbar war hier ursprünglich der Eingang zur Kirche. Ein Tympanon, ein halbrundes Bogenfeld, schloss ihn nach oben ab. Es weist, wie auch der Turmfuß, auf die Salische Zeit zwischen 1050 und 1150 hin. Dieses Tympanon war an der Südwand des Kirchenschiffs eingemauert. Nach Restaurierung ist es seit 1989 im Inneren der Turmhalle angebracht und gegen weitere Verwitterung geschützt. Es ist eines der ältesten Zeugnisse romanischer Steinmetzkunst in diesem Raum. Ein wichtiges Detail zur Datierung ist ein Rankenfries an der Unterkante. Er wurde bei der Restaurierung freigelegt. Akanthusblätter sind die Elemente des Frieses. In der Mitte des Bogenfeldes ist der thronende Christus als Weltenrichter dargestellt. Rechts kniet Kain, der Ackermann, links Abel. Das Lamm, das er ursprünglich trug, fehlt. Ebenso das Zepter des Weltenrichters.[1]

Die Kirche war ursprünglich einschiffig und nicht breiter als der Turm. Ein Querbau als Nonnenempore und das südliche Langschiff kamen in der gotischen Zeit hinzu.

Der Wiederaufbau begann 1666

Im 30-jährigen Krieg brannte das Dorf Wennigsen bis auf sechs Häuser ab. 1626 wurden in der Kirche die Orgel zerschlagen, fünf Glocken vom Turm gestohlen und das Dach weggerissen.[2] Nach einer weiteren Heimsuchung 1631 blieb nach dem Ende des langen Krieges nur ein im Ganzen baufälliges Gebäude übrig. Erst 1666 hatte sich die Gemeinde soweit erholt, dass mit den umfangreichen Reparaturen begonnen werden konnte.

Der Turm wurde um ein Stockwerk erhöht. Über dem Kirchenschiff legten die Bauleute zwei Kornböden an. Ein großes Satteldach deckt die seltene Kombination von Gotteshaus und Zehntscheune. Der Widerspruch zwischen dem gotischen Gebäude und dem Fachwerkgiebel der Kornböden an der Ostseite ist noch eine Besonderheit der Klosterkirche.

Als um 1700 der aus Celle stammende Bildschnitzer Conrad Heinrich Bartels den neuen Altar schuf, wurden die Reste der gotischen Malerei im Chorgewölbe übertüncht. Erst 1910 kamen sie bei der Erneuerung des Innenanstrichs wieder zutage. Vor dem Betrachter tun sich Himmel und Hölle auf. Christus als Weltenrichter im Chorscheitel ist aber vom Kirchenschiff aus nicht zu sehen, der hohe Altar verdeckt ihn.

Bildschnitzer mit Namen Bartels

Der Bildschnitzer Daniel Bartels (1635 bis 1697) lebte in Hannover. Seine Arbeiten sind unter anderem eine Altarwand in der Nikolaikirche Kirchhorst (1678) und Holzbildwerke im Raum Eldagsen (1689). Sein Sohn Ernst Dietrich (1679 bis 1740) wirkte vorwiegend im Raum Hildesheim. In der Region Hannover verdanken wir ihm die Kanzelaltäre in Bolzum, Ilten und Sehnde.

Daniel Bartels' zweiter Sohn Conrad Heinrich war im Raum Celle ansässig. Er schuf unter anderem den Altar in der Klosterkirche Wennigsen (1700). Bekannt ist auch seine Altarwand in Walsrode. Außerdem wird noch ein Barockkünstler Andreas Bartels erwähnt, dessen verwandtschaftliche Beziehung zu Daniel Bartels nicht geklärt werden konnte.

Der Barockaltar erhebt sich dreigeschossig über einer mittelalterlichen Mensa (Altartisch). Die Säulenarchitektur und die Seitenfelder sind typisch für Bildwerke von Bartels. Eine Besonderheit ist die Darstellung des letzten Abendmahls Jesu mit den Jüngern. Sie ist aus beweglichen, ausdrucksvollen Figuren zusammengesetzt.

Mittelalterliche Kunstschätze wurden hinter Mauern aufgefunden

Als in den Jahren 1907 und 1908 die Klosterkirche eine Heizungsanlage erhalten sollte, waren bauliche Eingriffe nötig. In deren Verlauf mussten alte Mauern geöffnet werden. Hinter ihnen fanden Bauleute, in Hohlräumen gut verwahrt, jahrhundertealte Kunstwerke. Einige davon sind jetzt im Gang zur Damenempore aufgestellt. Es ist überliefert, dass Nonnen diese Heiligtümer versteckt haben.[3] Wann und aus welchem Anlass das geschah, ist nicht bekannt.

Nachdem 1521 in Wittenberg unter Andreas Bodenstein, genannt Professor Karlstadt, der Bildersturm begonnen hatte, wurden an vielen Orten „katholische Bilder" zerstört und Malereien übertüncht. Berichte darüber müssen auch zu den Nonnen in Wennigsen gekommen sein.

Es ist auch denkbar, dass die Kunstschätze 1546 eingemauert wurden. Die Wennigser Nonnen leisteten heftigen Widerstand gegen die Reformation. Auch die Gräuel des 30-jährigen Krieges können der Anlass zum Verbergen von Kunstschätzen gewesen sein.

Hinter dem Fachwerkgiebel der Wennigser Klosterkirche ist ein zweigeschossiger Kornboden verborgen. Er wurde 1666 aufgesetzt.

Wennigsen und das Kloster wurden mehrfach heimgesucht. 1625 flüchteten die Klosterdamen nach Hannover, um den Kriegern zu entgehen. Sie kamen drei Jahre später zurück. Auf jeden Fall gerieten die mittelalterlichen Kostbarkeiten in Vergessenheit.

Damit waren die Überraschungen im Kloster nicht beendet. Bei Vorarbeiten für Restaurierungsmaßnahmen fanden Baudirektor Erik Ederberg von der Klosterkammer Hannover und der Restaurator Maximilian Freiherr von Boeselager im Frühjahr 1990 einen zugemauerten Durchgang auf der Damenempore.[4] Es ist denkbar, dass er ehemals der direkte Zugang zum Schlaftrakt war.

Der Heilige Augustinus bewacht die Damenempore

Die Damenempore ist wie ein Querhaus an das Kirchenschiff angehängt. Der Konvent ist durch den sogenannten Priechengang an diese Empore angeschlossen. Die bisherige Annahme, dass es keinen anderen Zugang gab, ist durch die neuen Erkenntnisse zumindest zweifelhaft geworden. Ein romanisches Portal mit sechs Stufen bildet die Verbindung vom Gang zum Chor. Linkerhand ist eine Statue des Heiligen Augustinus aufgestellt. Sie wird dem 15. Jahrhundert zugerechnet. Nach seiner Regel wurde das Kloster gegründet. Er stützt sich mit der

Im Priechengang, dem Klostermuseum, steht eine Skulptur des Heiligen Augustinus.

Rechten auf den Krummstab und trägt in der Linken das von Pfeilen durchbohrte Herz. Es gilt als Symbol des Heiligen. Im Priechengang sind weitere sakrale Kunstwerke aufgestellt, besonders zu erwähnen sind eine aus der Mitte des 13. Jahrhunderts stammende Madonnenskulptur mit Fassungsresten, eine farbig gefasste Marienskulptur aus dem ersten Viertel des 15. Jahrhunderts und eine ungefasste Pietà aus der ersten Hälfte des 15. Jahrhunderts. Ein Mantel aus neuerer Zeit umhüllt das Bildwerk einer thronenden Gottesmutter aus dem 12. Jahrhundert. Jesus sitzt auf ihren Knien. Es ist zu vermuten, dass dieses Gnadenbild das Ziel von Wallfahrten nach 1261 war.

Von einer gotischen Tafelmalerei hängt im Priechengang eine Kopie. Das Original befindet sich im Niedersächsischen Landesmuseum. Der Tod der Maria ist darauf abgebildet. Petrus und Paulus betten die Verstorbene. Der segnende Christus hält die Seele der Maria auf dem linken Arm.

1908 wurde zusammen mit anderen mittelalterlichen Skulpturen eine Pietà aus dem 15. Jahrhundert wieder aufgefunden und später im Klostermuseum aufgestellt.

Eine Pietà, entstanden Mitte des 15. Jahrhunderts, ist ein weiteres Stück unter den aufgefundenen

Das Tafelbild „Tod der Maria" entstand Ende des 13. Jahrhunderts. Das Original befindet sich im Niedersächsischen Landesmuseum in Hannover.

Kunstschätzen. Durchschreitet man das Portal zur Damenempore, steht man einem Epitaph gegenüber, das bemerkenswert ist. Es beschreibt das Leben der Domina Margareta Clara von Jeinsen, die 1671 eine Kanzel für die wiederaufgebaute Kirche stiftete.

Margareta Clara von Jeinsen trat im Jahre 1612 dreizehnjährig in den Konvent ein und lebte dort bis zu ihrem Tode im Jahre 1682, also 70 Jahre lang. Als Domina stand sie dem Kloster 20 Jahre lang vor. Ihr Grabmal stand ursprünglich im Gemeindechor.

Der in Farben und Gold gefasste Sandstein des Epitaphs ist eine fast lückenlose Dokumentation der Adelsgeschlechter, die zum Kloster Wennigsen in Verbindung standen. Die Domina von Jeinsen wird durch folgenden Text vorgestellt: „Die weiland hochehrwürdige wohlgebohrne Frau Margareta Clara von Jeinsen bestätigte Domina dieses hochadelichen Stiftes Wennigsen anno 1599 im Monacht Julius zu Eldagsen gebohren in diesem hochadelichen Stift vom dreizehen Jahr an ihrer Geburt gewesen und demselben als domina in die 20 Jahr hohstrumlig vorgestanden ist von Gott dem almechtigen wieder abgefordert anno 1682 am Abend Andreae und allhie beigesetzet worden ihres Alters 83 Jahr 5 Monat 1 Tag."

Die Platte ist umgeben von den Wappen der 16 nachgewiesenen Ahnenfamilien von Jeinsen, von Hausz, v. Mandelslog, von Zertzen, von Haberbeir, von Feltem, von Heimburg, v. d. Malsburg, von Bennigsen, von Lente, von Weltsen, von Alten, von Rumschotel, von Borsslo, von Romeln und v. Ruskeplaten.[5]

In den Calenberger Augustinerklöstern wurde die Vorsteherin als „Priorin" bezeichnet. Bei den Zisterzienserinnen in Wunstorf und Mariensee hieß sie

„Äbtissin". Während der Reformationszeit bürgerte sich für die Klostervorsteherinnen die Bezeichnung „Domina" ein. Erst 1716 verlieh Herzog Georg I. allen Frauen an der Spitze der Konvente die Bezeichnung „Äbtissin". Das ist bis heute so geblieben.

Während der Gründungszeit der Calenberger Klöster waren für die Klosterfrauen die Ordensregeln Keuschheit, Gehorsam, Armut und Einhaltung des Chordienstes bindend. Mit Recht wurden die Frauen als Nonnen bezeichnet. Aber in den folgenden zwei Jahrhunderten lockerten sich die Regeln nach und nach. In den Frauenklöstern wurde geringes Privateigentum geduldet, das Gelübde der Keuschheit galt nur noch für die Äbtissinnen. Klosterjungfrauen konnten sogar aus dem Konvent austreten und heiraten.

Drei Reformkonzile, in Pisa (1409 bis 1417), in Konstanz (1414 bis 1418) und in Basel (1431 bis 1449), forderten die Rückkehr zu den strengen Regeln. Die Bewegung breitete sich von den Niederlanden auch über Norddeutschland aus. Der Mönch Johann Busch wurde 1451 zum apostolischen Visitator der sächsischen Klöster bestimmt.

In Wennigsen visitierte er 1455 im Beisein von Herzog Wilhelm. Priorin und Klosterfrauen wurden im Chor zusammengerufen und aufgefordert, Privateigentum abzuliefern und zur strengen Regel zurückzukehren. Trotz dreimaliger Aufforderung weigerten sie sich und verbarrikadierten die Tore.[6]

Auf dem Epitaph der Domina Clara von Jeinsen sind 16 Wappen verwandter Familien angebracht.

Die Gnadenbildmadonna aus dem 12. Jahrhundert trägt einen Tuchmantel aus später Zeit.

Schon 1228 ist die St. Agathen-Kirche in Leveste erstmals erwähnt worden.

Frühe romanische Kirchen im nördlichen Deistervorland

Nicht nur die großen und bedeutenden romanischen Kirchen am Deister, in Ronnenberg, Barsinghausen und Wennigsen kennzeichnen die Konzentration von Gotteshäusern aus Deistersandstein im Einzugsbereich des schon genannten Helweges.

In Kirchdorf (Barsinghausen) entstand schon um 892 eine Siedlung, die als Chirihdorp, kerektorpe und kerktorpe erwähnt wird. Ende des 14. Jahrhunderts wird die Schreibweise „kerchdorpe" verwendet.[1]

Die Thomas-Kirche in Hohenbostel (Barsinghausen) geht auf einen Turmbau aus dem 12. Jahrhundert zurück. Dieser Turm ist der einzige in der Region, der von zwei spitzen Helmen gekrönt wird.

Die St. Georgs-Kirche in Holtensen (Wennigsen) wird bereits 1120 erstmals erwähnt.[2] Um 1180 folgt Großgoltern,[3] um 1229 Landringhausen und Leveste und 1250 Gehrden.[4] Frühe Kapellen sind in Benthe, Degersen und Ditterke erwähnt. Sie sind jedoch verschollen.

In der St. Agathen-Kirche in Leveste ist die gotische Malerei erhalten

Die evangelische Kirchengemeinde in Leveste (Gehrden) feierte 1979 das 750-jährige Jubiläum ihrer St. Agathen-Kirche. Ein „sacerdos de Leueste" (Priester in Leveste) wurde in einer Urkunde aus

Die Kirche zum Heiligen Kreuz in Kirchdorf wurde 1474 an den alten Turm gebaut.

Mit zwei Helmen ist der Turm der Hohenbosteler Kirche gekrönt.

dem Jahre 1229 erwähnt. Es ist auch das erste Mal, dass der Ort vorkommt. Das Gotteshaus kann schon früher existiert haben. Denn es ist nicht erwiesen, dass der erwähnte Priester der erste Geistliche in Leveste war.

Die kleine einschiffige Kirche gehört zu den wenigen, deren romanische Gliederung in weiten Teilen erhalten ist. Sie besteht aus drei Jochen. Hinter dem Altar ist das Schiff durch eine gerade Wand geschlossen.

Ein angedeuteter Triumphbogen lässt vermuten, dass der vorgesehene Chor nicht gebaut wurde. An der östlichen Außenwand ist eine vermauerte Öffnung erkennbar. Hier sollte entweder in früherer Zeit die Apsis angesetzt werden, oder sie wurde abgebrochen, als 1784 an ihrer Stelle eine Fachwerksakristei angesetzt wurde.

Es ist den Malern früherer Jahrhunderte zu danken, dass die gotischen Malereien an Decken und Wänden erhalten geblieben sind. Die Anstriche in mehreren Jahrhunderten waren so wenig aggressiv, dass sie die Fresken geschützt haben. Das Gotteshaus wurde im ersten Viertel des 15. Jahrhunderts und in der Spätgotik Anfang des 16. Jahrhunderts ausgemalt. Feine Stilunterschiede machen die Datierung möglich. In keiner Kirche in der Region Hannover sind die alten Darstellungen so vollständig erhalten wie hier.

Als im Jahre 1924 eine Kirchenvisitation angekündigt wurde, sollte das Schiff neu geweißt werden. Unter

Details an dem 1722 gestifteten Altar deuten auf italienische Barockkünstler hin.

Die Freskomalereien in den Gewölben der St. Agathen-Kirche in Leveste wurden 1925 endgültig erneuert.

Detail der Freskomalerei

den Händen der Maler lösten sich Teile der alten mehrschichtigen Kalkanstriche und darunter kamen gut erhaltene Fresken aus gotischer Zeit zum Vorschein. Nach der Visitation wurde auf Anraten des Superintendenten der gesamte alte Anstrich entfernt. Ein Jahr später erfolgte die erste Restaurierung. Aber erst 1961/62 arbeitete Hanns Weikert aus Bremen 33 Wochen lang an der endgültigen Erneuerung.

Das mittlere Gewölbe wurde Anfang des 15. Jahrhunderts ausgemalt. Seine Fresken gelten als die wertvollsten. Ihre Enden sind spiralförmig gewunden und umschließen 26 Frauenköpfe. Die Gestalt der Heiligen Ursula hält den Anfang des Rankenwerks in der linken Hand. Im Mittelgewölbe wird die Legende dieser Heiligen dargestellt.

Sie war eine britannische Königstochter. Im Jahre 452 soll sie mit 11 000 Jungfrauen bei einer Wallfahrt nach Rom in der Gegend von Köln mit ihrem Gefolge ermordet worden sein. Hunnische Krieger in römischen Diensten hatten 437 das Burgunderreich am Rhein zerstört. Es hatte mit der Hauptstadt Worms seit 406 bestanden. Die Legende der 11 000 Jungfrauen ist auch in einer Freskomalerei in der romanischen Kirche in Idensen (Wunstorf) dargestellt.[5]

St. Ursula trägt das Werkzeug ihrer Marter, einen Pfeil, in der rechten Hand. Die Heilige Katharina in der Nordostecke des Gewölbes hält Rad und Schwert als Hinweise auf ihre Ermordung. Im Südwesten steht St. Juliana mit einem Kreuzstab und angekettetem Teufel. Die Märtyrerin in der Nordwestecke des Gewölbes hat ein Messer in der linken Hand, vielleicht eine Darstellung der Agatha, der Namenspatronin der Kirche. Sie wurde im dritten Jahrhundert in Catania auf Sizilien ermordet.

Der Altar ist vorwiegend in Weiß und Gold gefasst. Die Gestaltung der gewundenen seitlichen Säulen weist auf die Zeit um 1700 hin. Die seitlichen Ornamente bestätigen diese Datierung. Freifrau Anna Ottilie Knigge, gestorben 1722, stiftete den Altaraufsatz.

Die Kanzel ist über dem Altartisch eingebaut und wirkt an dieser Stelle wie ein Fremdkörper. Sie hat ursprünglich an der Südwand gestanden und wurde 1784 wegen Platzmangels dort weggenommen und hochgesetzt.

Die gestiegene Einwohnerzahl erforderte mehr Sitze, und sie wurden anstelle der Kanzel sowie unter der Orgelempore geschaffen. Die jetzige Sitzordnung wurde erst bei der Restaurierung 1961 vorgenommen.

Der Orgelprospekt hat klassizistische Merkmale. Er war ein Geschenk des Freiherrn Wilhelm Knigge und wurde 1808 eingeweiht. Die moderne Orgel von 1977 steht hinter dem alten Prospekt. Die beiden großen Glocken aus dem ehemaligen Geläut wurden als Metallspende 1942 „eingezogen".

Die größte, von Meister Schrader 1608 gegossene, hat 106 Zentimeter Durchmesser. Sie wurde nicht eingeschmolzen und überstand das Exil unversehrt auf einem Gelände im Hamburger Hafengebiet. 1947 konnte sie nach Leveste zurück geholt werden.

Die Kirche in Stemmen

Die kleine Kirche der benachbarten selbständigen Gemeinde Stemmen wird vom Pfarramt Großgoltern mit betreut. Das Gotteshaus wurde 1497 erbaut und im 17. Jahrhundert nach Westen erweitert.

Der Eingang der Kirche in Gehrden ist mit einem Bogenfeld abgeschlossen, das vor 1250 entstanden sein muss.

Der Turm in Gehrden wurde zum Symbol des Stadtwappens

Das Portal an der Westseite des Turmes der Margarethenkirche in Gehrden ist eines der wenigen Beispiele aus der romanisch-gotischen Übergangszeit. Der Turm wurde vor dem Jahre 1250 gebaut. Der Ursprung einer Gehrdener Kirche wird im neunten oder zehnten Jahrhundert vermutet.[6]

Das Turmportal ist von zwei Säulen mit Kelchblockkapitellen eingerahmt, auch die Einfassung des bedeutenden Bogenfeldes über dem Portal weist auf die Romanik hin, während der Scheitel des Türrahmens schon einen leichten Ansatz zum Spitzbogen aufweist und die beginnende Gotik andeutet. Das Relief im Tympanon stellt den richtenden Christus dar. Er hat die Rechte segnend erhoben und hält in der Linken ein Buch. Rosetten tragen die Zeichen für Anfang und Ende.

Ein besonderes Baumerkmal ist der Treppengiebel auf dem Turm der Margarethenkirche, der einzige im weiten Umkreis. Der Turm war mit einem schlichten Satteldach geschlossen, bis 1467 das Dorf in Flammen aufging, als die braunschweig-lüneburgischen Herzöge in eine Fehde mit den Hansestädten verwickelt waren. Beim Wiederaufbau setzten die Bürger die beiden Treppengiebel auf. Als Vorbild nahmen sie vermutlich die spätmittelalterlichen Häuser in der Altstadt von Hannover. Schon das Stadtsiegel aus dem 16. Jahrhundert führt den Giebel als heraldisches Symbol. Es ist auch im heutigen Stadtwappen noch verwendet.

Die Siedlung Gehrden ist schon in altsächsischer Zeit entstanden. Der Ort im Marstemgau zwischen Deister, Leine und Steinhuder Meer war Sitz eines Gogerichts, also ein weltlicher Mittelpunkt. Als „gerdinum" ist der Ort 1153 urkundlich erwähnt. Die ursprünglichen Territorialherren, die Grafen von Roden, verloren den Go Gehrden im 13. Jahrhundert an die Grafen von Schaumburg. Adolf IV. aus diesem Geschlecht erhob Gehrden am 28. Januar 1298 zum „Flecken" mit dem Privilegium der Sicherheit und

Das hölzerne Kruzifix auf dem Altar der Margarethenkirche wurde 1653 von Meister Blome aus Hannover gefertigt.

Die Stiege zur Glockenstube mit keilförmigen Stufen stammt vermutlich aus der Zeit um 1677.

Freiheit für jedermann, der darin lebte oder leben wollte. Vom Beginn des 15. Jahrhunderts an amtierten welfische Gografen in dem Flecken.[7]

Aus der ursprünglichen Kirche ist das Taufbecken erhalten. Der Pokal wurde bis 1661 benutzt, dann kam ein Barockbecken an seine Stelle. Erst 1959 kam die alte Taufe nach gründlicher Renovierung in das Gotteshaus zurück und steht jetzt in der Turmhalle. Die Reste eines romanischen Rankenfrieses am oberen Rand sind noch zu erkennen.

Eine Stiege führt zu den Glocken

Der Aufstieg zu den Glocken im Turm ist beschwerlich. Die Holzstiege mit Stufen aus keilförmigen Bohlen, die aufwärts führt, stammt vermutlich aus der Zeit der Erneuerung des Glockenstuhls um 1677. Die älteste der drei Läuteglocken in Gehrden ist eine Berühmtheit.

Sie wurde 1355 gegossen, wiegt 1 100 Kilogramm und hat 1,20 Meter Durchmesser. Zwei einzeilige Inschriften am Glockenhals in gotischen Großbuchstaben sagen neben der Jahreszahl aus, dass sie der

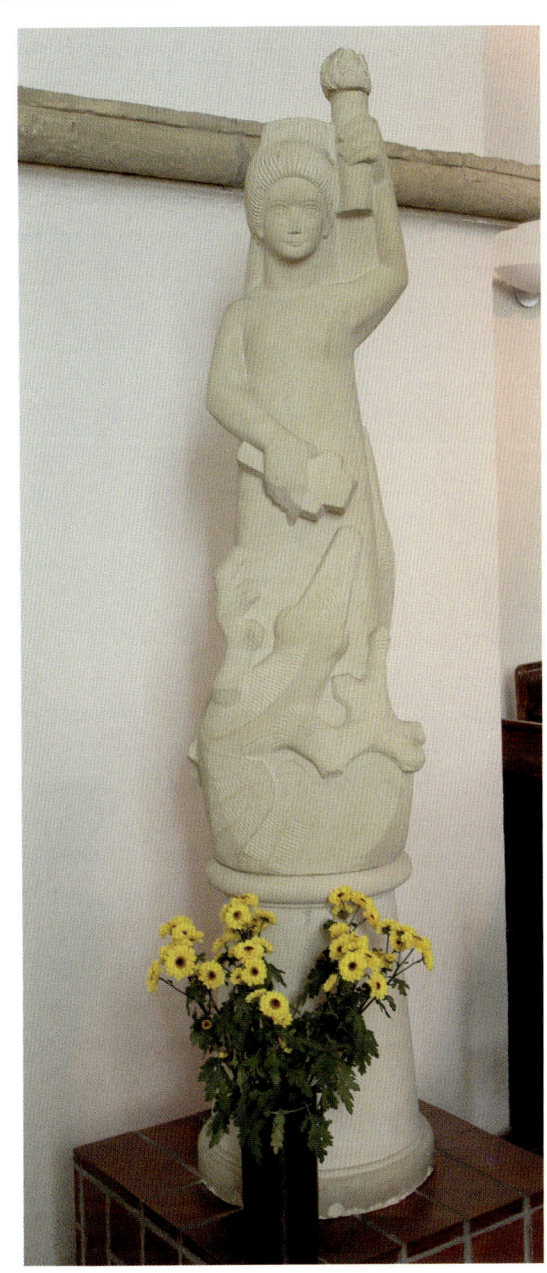

Die fünfzehnjährige Margarethe starb als Märtyrerin

Im Turmraum der Gehrdener Margarethenkirche steht seit 1983 eine Skulptur der Heiligen Margarethe. Die Figur wurde von der Bildhauerin Ingeborg Beste aus Maltasandstein gearbeitet und der Kirche geschenkt. Margarethe war im christlichen Glauben erzogen worden. Sie sollte im Alter von 15 Jahren den heidnischen Statthalter Olibrius von Antiochia heiraten. Als sie sich weigerte, Christus untreu zu werden, wurde sie gefoltert und im Jahr 307 enthauptet.

Die älteste Glocke im Gehrdener Kirchturm wurde schon 1355 gegossen und hat eine gotische Umschrift am Glockenhals.

Jungfrau Maria geweiht ist. Außer Jesus werden noch die Heiligen Drei Könige genannt. Die größte Glocke wiegt sogar 1300 Kilogramm und hat 1,27 Meter Durchmesser. Sie ist 1586 von Johan Poeck in Petershagen gegossen worden. In der unteren Zeile am Glockenhals sind die Namen des Kirchenpatrons Erich von Süersen und des Pastors Jürgen Wulweskop genannt.[8] Er war Prediger in Gehrden von 1572 bis 1594.

Das hölzerne Kruzifix auf dem Altar wurde 1653 von Meister Blome aus Hannover gefertigt. Bei der Restaurierung 1968 konnte das Bildwerk nach aufgefundenen Farbresten in alter Form neu gefasst werden. Das gotische Fenster dahinter, dreiteilig mit Spitzbogen und gotischem Maßwerk, ist geschlossen. Schon vor der Wende zum 20. Jahrhundert plante der Konsistorialbaumeister Conrad Wilhelm Hase für die Gehrdener Kirche einen Anbau. Erst lange nach Hases Tod begann 1908 die Ausführung. Bei der Umgestaltung hat man die barocken Einbauten entfernt, die Emporen abgerissen und den gotischen Baukörper wieder sichtbar gemacht. Am Palmsonntag 1909 feierten die Gehrdener die Einweihung.

Spuren von des Teufels Krallen

Ähnliche Kratzspuren im Sandstein, wie sie an der Gehrdener Kirche zu sehen sind, gibt es auch an anderen Orten. Zum Beispiel an der Liebfrauenkirche in Neustadt a. Rbge. und an der alten Laatzener Kapelle.

Über ihre Entstehung gibt es mehrere Legenden und Sagen. In Gehrden heißt es, dass der Teufel diese Kratzer mit seinen Krallen geritzt hat vor Zorn, weil ihm eine arme Seele in die Kirche entwischt sei. Andere Erzählungen besagen, dass Gläubige den herausgekratzten Steinstaub als Heilmittel gegen verschiedene Krankheiten angesehen haben.

In Laatzen heißt es, dass die Wächter hier ihre Waffen geschärft haben. Die gegenteilige Version ist, dass wehrhafte Bürger ihre Schwerter abstumpften, bevor sie das Gotteshaus betraten.

St. Lucas in Pattensen liegt an der Kreuzung alter Straßen

Bei Pattensen erreicht der Helweg die Leine. Auch in dieser Stadt wurde zur romanischen Zeit ein Gotteshaus gebaut. Mauerreste aus der Zeit um 1150 legen dafür noch Zeugnis ab. Die eindrucksvolle St. Lucas-Kirche, auf einer sanften Bodenwelle inmitten der Altstadt liegend, geht auf eine dreischiffige Basilika zurück. Der Chor schloss sich an eine Vierung mit zwei Querhäusern an. Der Westturm ist nach dem Profil des Sockelabsatzes der Mitte des 13. Jahrhunderts zuzurechnen.[1]

Pattensen hatte seit der Besiedlung des Raumes zwischen Deister und Leine einen doppelten Standortvorteil. Es lag einerseits an der Süd-Nordverbindung, die von Basel über Frankfurt und Mainz zu den Hansestädten und den Seehäfen führte.

Andererseits lag die Stadt, wie schon erwähnt, am Helweg vor dem Santforde, der Querverbindung zwischen Minden und Hildesheim. Historiker gehen davon aus, dass Pattensen im 13. Jahrhundert größere Bedeutung hatte als Hannover. Schon 1220 war der Ort zur Stadt erhoben worden. Um diese Zeit gab es eine Münzstätte. Der „Pattenser Pfennig" ist mehrfach gefunden worden.[2]

Die Kirchengründungen im Go Pattensen gingen von den Bischöfen von Minden aus. Die Bedeutung der Kirche St. Lucas wird dadurch unterstrichen, dass sie schon 1254 mit einem Archidiakonat belegt war. Der Bischof hatte demnach in diesem Bereich einen Stellvertreter. Den gleichen Rang hatten innerhalb des ehemaligen Landkreises Hannover zu der Zeit nur Wunstorf und Mandelsloh.[3]

Das Archidiakonat umfasste ein Gebiet, das von Gestorf und Springe im Süden bis nach Hannover und Langenhagen im Norden reichte. Es ist erwiesen, dass die Archidiakone von Pattensen bis in das späte Mittelalter an kirchenrechtlichen Entscheidungen in

Die St. Lucas-Kirche in Pattensen ist mehrfach erweitert und umgebaut worden. Der romanische Teil ist zwischen Schiff und Chorecke erhalten geblieben.

Lichtschlitze und Schallöffnungen im Turm der Pattenser Kirche weisen auf die spätromanische Bauzeit hin.

An der Ostseite der Sakristei ist eine schmale Öffnung zugemauert. Sie soll dazu gedient haben, Seuchenkranken das Abendmahl zu spenden.

Hannover beteiligt waren. Pattensen blieb auch nach der Reformation ein kirchliches Zentrum. Der Landessuperintendent Antonius Corvinus führte von hier aus 1542 im Calenberger Land den Protestantismus ein.[4] Am vermauertem Eingangsbogen an der Südwestseite der Lucaskirche erinnert eine Tafel an den Magister Antonius Corvinus. Sie wurde zum 400. Geburtstag am 27. Februar 1901 angebracht.[5]

Der gotische Neubau

Zwei Jahreszahlen weisen auf den grundlegenden Neubau hin: Über dem zugemauerten ehemaligen Nordwestportal ist die Jahreszahl 1398, über dem Südwestportal 1407 in den Sandstein gemeißelt. Das kann nur den Zeitraum der Erneuerung betreffen. Die zweite Angabe weicht von den üblichen Datierungen aus der Zeit ab. Sie ist einerseits in gotischen Minuskeln (Kleinbuchstaben) und andererseits in lateinischen Ziffern angegeben.

Das gotische Gotteshaus ist äußerlich fast unverändert erhalten geblieben. Bei dem grundsätzlichen Umbau des Innenraums in den Jahren 1801 bis 1806 wurde die Umfassungsmauer des Schiffs etwas niedriger, das Dach über dem Hauptschiff erhielt eine leichte Wölbung, während über dem Chor ein Satteldach bestehen blieb.

Der Innenraum ist in einer ungewöhnlichen Form gestaltet. Steigende Bevölkerungszahlen erforderten mehr Plätze im Gotteshaus. Deshalb verwandelte die Gemeinde die dreischiffige Kirche in eine weite Halle. Pfeiler und Stützen verschwanden. Wie in einem Amphitheater wurden die Sitzreihen bogenförmig um den Altar herumgeführt. Das Gestühl liegt terrassenförmig auf hölzernen Stützen.[6] Der abgetrennte Chor steht für den Gottesdienst nicht mehr zur Verfügung. Heizungs- und Sanitäranlagen, Konfirmandenraum, Teeküche und Gemeindesaal sind darin untergebracht.

Der steinerne Altar ist in den ehemals hohen Chorbogen eingebaut worden. Über dem hochgesetzten Kanzelkorb ist die frühere Orgelempore, mit ihrem siebenachsigen Prospekt des Instruments aus dem 19. Jahrhundert, als Wand in weiß und Gold abgeschlossen. Vor dem Altar steht der Taufstein aus dem 17. Jahrhundert, ein sechsseitiger Kessel aus Sandstein. Auf den Wandflächen sind Christus, Johannes der Täufer und die vier Evangelisten dargestellt. Zu beiden Seiten des Altars sind romanische Säulen mit Würfelkapitellen aus der Gründungszeit der Kirche erhalten geblieben.

Zu beiden Seiten des Altars sind romanische Säulen mit Würfelkapitellen stehen geblieben. Sie stammen aus der alten Basilika aus der Zeit um 1150.

Eine Konsole in der Turmhalle der Pattenser Kirche zeigt einen Kopf, dem die Zunge herausgerissen wird. Ein Hinweis auf das Beichtgeheimnis?

Die Sitzordnung in der ehemals gotischen Hallenkirche wurde in Form eines Amphitheaters umgestaltet.

Der Heilige Lucas und der Stier

Die Pattenser Kirche ist dem Heiligen Lucas geweiht. In den zugänglichen Quellen ist kein Hinweis darauf zu finden, wann diese Zuordnung erfolgt ist. Der Heilige war einer der Evangelisten. Neben seinem Evangelium wird ihm die Apostelgeschichte zugeschrieben. Lucas war ein Mitstreiter des Paulus, der ihn in seinem Brief an die Kolosser als Arzt bezeichnet.

Der geflügelte Stier ist das Symbol des Lucas. Dieses Opfertier ist ein Hinweis darauf, dass am Anfang des Lucas Evangeliums der Bericht über das Opfer des Zacharias steht. Das Symbol ist seit dem sechsten Jahrhundert nachzuweisen.

In der Schedel'schen Weltchronik, die 1493 gedruckt wurde, ist eine Darstellung des Lucas zu sehen. Er steht an einer Staffelei mit dem Bildnis der Gottesmutter und dem Jesuskind, eine in gotischer Zeit übliche Darstellung. Dazu wird gesagt, dass Maria den Lucas unterwiesen habe, neben dem Arztberuf auch Maler zu sein. Lucas hat Maria mehrfach abgebildet.

Romanische Köpfe und Fratzen sind auch noch in der Turmhalle vorhanden. Der Westturm wurde nach dem Sockelprofil Mitte des 13. Jahrhunderts errichtet, die oberen Geschosse vermutlich um 1400. Die Schalllöcher deuten auf die romanisch-gotische Übergangszeit hin.

Das Bauwerk ist 35 Meter hoch. Das einfache Satteldach aus der gotischen Zeit wurde 1890 durch einen spitzen, achteckigen Helm wesentlich erhöht. An beiden Breitseiten stehen kleine vierseitige Pyramiden. Das mechanische Uhrwerk kam 1824 in die Uhrenstube und wird noch immer durch hochgekurbelte Gewichte betätigt.[7]

Die Blasiuskirche in Großgoltern bezahlte König Georg II. aus seiner Privatkasse

Die evangelische Gemeinde Großgoltern, Nordgoltern und Eckerde beging 1981 die Feier des 800-jährigen Bestehens ihrer St. Blasius-Kirche. Bischof Anno von Minden nennt das Gotteshaus in einer Urkunde im Jahre 1181. Das Jubiläum bezog sich auf diese Angabe, obgleich angenommen werden kann, dass die Gründungszeit zwischen 900 und 1100 zu suchen ist. Der Turm steht auf einem uralten Fuß, der ebenfalls 1181 erwähnt wird, ist vermutlich jedoch früher errichtet worden.[8]

Das barocke Kirchenschiff wurde 1750 begonnen und 1753 vollendet. Es ist eine königliche Stiftung. Über der Sakristeitür ist auf einem Sandsteinblock folgende Inschrift angebracht. Ihre Übersetzung aus dem Lateinischen besagt: „Unter der Vorsehung des dreieinigen Gottes und aus der Machtvollkommenheit des erlauchten Königs und Kurfürsten Georg II. und seines hannoverschen Kirchensenats wurde dieses Heilige Haus, welches eine Ruine zu werden drohte, auf Kosten der königlichen Privatkasse sowohl größer als auch prächtiger aufgeführt genau Mitte des 18. Jahrhunderts. Zum Gedächtnis hat Georg Ernst Grote, Pastor zu Goltern, im Jahre 1750 den Stein errichtet".

In der Begründung zum Goltener Wappen[9] wird der Name Goltern als „Schutzturm an der Gähle" gedeutet. Das ist eine Bezeichnung für eine feuchte Niederung im Verlauf des Helweges. In frühgotischer Zeit, 1158, führte das Adelsgeschlecht „de Golthorne" einen Festungsturm im Wappen, also 23 Jahre früher, als der Kirchturm erwähnt ist. Dieses Siegel bestätigt die Theorie vom Vorgängerturm.

Vermutlich im 14. Jahrhundert errichteten die Golterner auf dem quadratischen Sockel ihren heutigen Turm.[10] Spitzbogige Öffnungen in den beiden unteren Geschossen weisen auf diese Zeit hin. Das

Glockengeschoss ist später verändert worden. Der Hahn dreht sich 42 Meter hoch über dem Boden. Bei allen Reparaturen haben sich in den letzten 200 Jahren Klempner und Dachdecker im Turmhahn ein Denkmal gesetzt. Die Jahreszahlen 1779, 1848, 1874, 1900, 1908, 1954 und 1973 sind zu erkennen. Zuletzt hat Klempnermeister Alex Buhl seinen Namen eingeritzt.

Kirchentürme waren nicht nur Schutz für die Bewohner der Siedlungen in Fehde- und Kriegszeiten. Sie konnten auch zu einer Falle werden. Dazu ist ein Geschehnis aus Großgoltern im Jahre 1625 im ältesten Kirchenbuch festgehalten: Am 30. Oktober 1625 zogen Tillysche Kriegshorden brennend und plündernd durch das Dorf.

Viele Einwohner hatten sich in den benachbarten Waldungen versteckt. Andere, die nicht rechtzeitig fliehen konnten, suchten im Kirchenturm Schutz.

Der Kanzelaltar in Großgoltern ist eine Arbeit des Barockkünstlers Johann Friedrich Blasius Ziesenis. Er ist 6,5 Meter hoch.

Dort drangen die Soldaten ein und legten Feuer. „Auf den Todt beschädigt" wurden 33 Personen. 12 Frauen, 17 Kinder und zwei Männer kamen durch Rauchvergiftung oder Verbrennung um.

Es ist nicht überliefert, wie die erste Kirche in Großgoltern ausgesehen hat. Die gotische Hallenkirche, die 1749 abgebrochen wurde, kann als Nachfolgerin einer kleinen romanischen Kapelle angesehen werden. Das zweite Gotteshaus ist in einer Grundriss- und Aufrisszeichnung überliefert. Es war ein schmales Langhaus in der Breite des jetzigen Turms, seitlich durch überdimensionale Stützpfeiler abgestützt. An den Chor waren eine Sakristei und vermutlich ein Brauthaus angegliedert.

Das Gotteshaus war im 18. Jahrhundert baufällig und zu klein geworden. Am 19. August 1749 beorderte das Hannoversche Konsistorium den Festungsbaumeister Georg Friedrich Dinglinger (1702 bis 1785) nach Großgoltern mit dem Auftrag, eine

In der Zeit von 1750 bis 1753 ist die St. Blasius-Kirche in Großgoltern gebaut worden. Der Turm wird bereits im Jahre 1180 erwähnt.

mögliche Erweiterung zu untersuchen und Kosten zu berechnen. Der Baumeister stellte fest, dass ein Neubau unumgänglich war. Er wurde 1750 begonnen und 1753 beendet. Der neue Kirchenraum bietet doppelt soviel Platz wie der frühere.

Der Innenraum wirkt einfach. Der Barockstil geht schon in das Rokoko über. Der Kanzelaltar von Johann Friedrich Blasius Ziesenis bestimmt den Eindruck. Er ist 6,5 Meter hoch und wird durch eine Girlande über dem Kanzelkorb geteilt. Auf seitlichen Postamenten stehen die Engel Fides und Caritas. Eine auffallende Besonderheit sind die rechts und links vor dem Chor eingebauten zweigeschossigen Kirchenstühle.

Sie sind den adligen Rittergutsfamilien zugeordnet, den von Heimburgs und von Holles, den von Altens und von Münchhausens. Die obere Empore an der Nordseite fällt insofern auf, als sie mit schlichten Stühlen ausgestattet ist, anstatt mit bequemen Sitzen.[11] Sie waren den einquartierten Kriegsleuten zugewiesen, wie im Corpus bonorum von 1775 angegeben ist.

Zwischen Kirchturm und Pfarrgrundstück in Großgoltern steht eine Linde, deren Alter auf 800 Jahre geschätzt wird. Wahrscheinlich war sie ursprünglich eine „Thielinde", denn sie steht am Versammlungsplatz des ehemaligen Gogerichts Goltern. Der Ort wird 1188 als Gerichtsstätte des Untergaus Selessen (Seelze) erwähnt. Zwei goldene Lindenblätter im Wappen von Großgoltern erinnern an die Gerichtsstätte.

Der Baum lebt noch, obwohl sein Stamm weit auseinander klafft. Baumchirurgen haben Sicherungen angebracht. Die Linde ist unter der Nummer „h 2" in die Liste der Naturdenkmale im ehemaligen Landkreis Hannover aufgenommen.

Auf der Westempore der St. Blasius-Kirche in Großgoltern ist nach 1967 eine neue Orgel eingebaut worden.

Beiderseits des Altartisches stehen auf Podesten die Engel Fides (Bild) und Caritas.

Mehrgeschossige Kirchenstühle sind südseitig im Chor angeordnet.

Schlafender Steinmetz?

In halber Höhe ist in das Turmmauerwerk der Kirche in Großgoltern ein Stein eingelassen, der ein Relief mit einer liegenden Person zeigt. Es gibt eine Sage, nach der es sich um das Abbild eines bei der Arbeit eingeschlafenen Steinmetzen handeln soll.

Dazu gibt es aber eine rätselhafte Entsprechung. Am Turm der Kirche Zum Heiligen Kreuz auf der Insel Akdamar im Van-See in Ostanatolien ist eine Reliefplastik angebracht, die unverkennbar gleiche Merkmale zeigt.[12]

Beide Figuren haben Menschengröße, die Köpfe – nach Osten gerichtet – sind in die linken Hände gestützt. Beide Plastiken haben gekreuzte Beine. Während die in Goltern in mittelalterlicher Kleidung dargestellt wurde, ist der anatolische Mann nackt. Die Kirche auf der Insel Akdamar ist im zehnten Jahrhundert erbaut, die Golterner im zwölften. Weitere Darstellungen gleicher Art sind nicht bekannt.[13]

Eine Verbindung zwischen den beiden Reliefs kann nur vermutet werden. Es ist möglich, dass ein Ritter aus Goltern am ersten Kreuzzug beteiligt war. Er dauerte von 1096 bis 1099 und führte unter anderem nach Anatolien. Der Ritter kann mit dem Eindruck der Plastik in die Heimat zurückgekommen sein.

Eine weitere Verbindung zur Türkei ergibt sich dadurch, dass der Schutzpatron der Kirche, der heilige Blasius, an der Wende vom dritten zum vierten Jahrhundert Bischof von Sebaste, dem heutigen Sivas, war. Er wurde im Jahre 316 enthauptet.

Die St. Osdag-Kirche in Mandelsloh ist eine Backsteinbasilika. Ihr Name geht auf einen Ortsheiligen zurück, den die katholische Kirche nicht kennt. Der Heilige soll hier beigesetzt worden sein.

Frühe Kirchengemeinden entlang der Leine

Im Einflussbereich des Mindener Archidiakonats Mandelsloh bildeten sich entlang der Leine eine Reihe von frühen Kirchengemeinden. Nach der Festlegung der endgültigen Grenze zum Bistum Hildesheim festigten die Bischöfe von Minden ihre Herrschaft durch die Gründung dieser Archidiakonatskirche, der als Filialen entlang der unteren Leine die Gemeinden in Stöcken, Helstorf, Basse, Mariensee und Neustadt zugeordnet waren. Um das Jahr 995 werden Zeugen aus dem Ort „Mandeslum" in einer Grenzbeschreibung erwähnt.[1]

Die Kirche in Mandelsloh

Die St. Osdag-Kirche in Mandelsloh ist einer der frühesten monumentalen Backsteinbauten Nordwestdeutschlands. Ihr Baubeginn wird auf etwa 1150 datiert, der Westturm soll gegen 1220 entstanden sein.[2] Über den ersten Kirchenbau in Mandelsloh ist nur bekannt, dass er gegen 1120 zusammengestürzt ist. Den Namen St. Osdag findet man in keinem Verzeichnis der katholischen Heiligen. Er ist ein Ortsheiliger und seine Beziehung zu Mandeslum geht auf eine Legende zurück. Sie wurde um 1400 von dem Chronisten der Bischöfe von Minden, Heinrich von Lerbeck, aufgeschrieben.

Sie erzählt das Schicksal des burgundischen Herzogs Ostdach, der am 2. Februar 880 in einer Schlacht gegen die Normannen bei Eppendorf (Hamburg) erschlagen wurde. Des Herzogs Schwester wollte den Leichnam ihres Bruders in die Heimat überführen. Bei der Siedlung Mandeslum konnte der Weg nicht fortgesetzt werden.

Die Gründe sind nicht überliefert. Möglich ist, dass eins der gewaltigen Leinehochwasser der frühgeschichtlichen Zeit die Reise unmöglich machte. Die adlige Dame sah es als Zeichen Gottes an und beschloss, an einer erhöhten Stelle eine prächtige Kapelle bauen zu lassen. Sie sollte die Grabstätte des Herzogs sein. Wenn die Legende, die Lerbeck aufgezeichnet hat, einen wahren Kern hat, so kann sie ein Hinweis auf die vorherige Kirche sein.

Der Name „osdacus" steht auf dem schweren, achteckigen Taufstein im Chor, der in gotischer Zeit gestiftet wurde. Das Inschriftenband am oberen Rand nennt außer dem Namenspatron die Stifterin Anna von Aschen und Mandelsloh sowie die Jahreszahl 1512.

Blick in den Chor und die Apsis

Die dreischiffige Basilika mit flacher Decke ist fast elf Meter hoch. Ein Querhaus vor dem Chor ergänzt die Kirchenarchitektur aus romanischer Zeit. Über den tiefer liegenden Dächern der Seitenschiffe ziehen sich Reihen von Rundbogenfenstern hin.

Der Turm des Backsteingebäudes ist zum größten Teil aus Raseneisenstein aufgemauert. Die Vierung im Bereich des Querschiffes ist durch hohe Arkadenbögen abgetrennt.

Auch die Seitenschiffe sind jeweils durch fünf Arkadenbögen gegen das Langhaus abgeteilt. Der überragende erste Eindruck beim Betreten des Gotteshauses wird von den Malereien an der flachen Decke bestimmt. Die einzelnen Gevierte werden durch florale und geometrische Formen aufgelöst.

Sie setzen sich im Querhaus fort. Gebrochene gelbe und braune Töne sind der farbigen Gestaltung der Mauern angepasst.

An den Wänden der Seitenschiffe und der Querbauten sind lange Reihen von Grabplatten aus vier Jahrhunderten befestigt. Sie standen früher auf dem Kirchhof, der das Gotteshaus umgab. Die Epitaphien geben Auskunft über viele Geschlechter in Mandelsloh und in den umliegenden Dörfern.

Alle Inschriften sind auf besonderen Tafeln erläutert.[3] Über dem neugotischen Altar wird das Gewölbe der Apsis durch ein Bild des Gottvaters auf dem Gnadenstuhl abgeschlossen. Er hält den gekreuzigten Christus vor sich und bietet ihn der Gemeinde dar. Es ist das einzige Fresko, das seit dem frühen 15. Jahrhundert nicht übermalt oder verändert wurde.

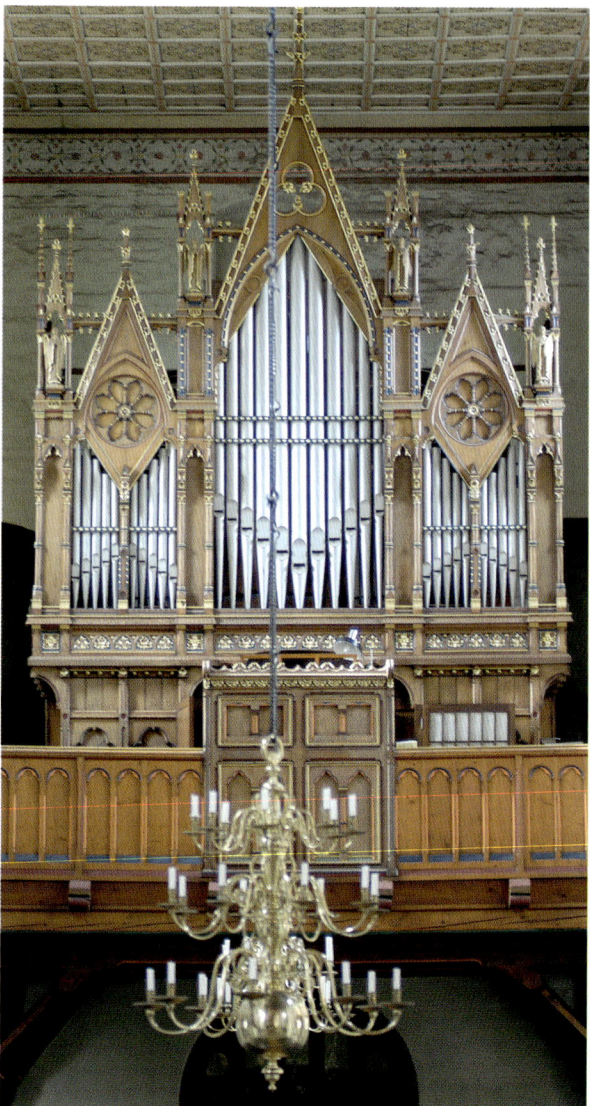

Die Orgel wurde in der Zeit der Erneuerung durch Hase im Jahre 1878 eingebaut. Die frühere Zuberbier-Orgel der St. Osdag-Kirche ist verschollen.

In dem schweren, achteckigen Taufstein ist außer dem Namen der Stifterin der Kirchenpatron „Osdacus" erwähnt.

Die Taube über dem Kreuz vermittelt die theologische Aussage, dass Gott im Gekreuzigten den Menschen begegnet. Er ist der Gnädige, Barmherzige. Zwei Engel tragen den Teppich, auf dem das Bild gemalt zu sein scheint. Damit soll zum Ausdruck kommen, dass das Gnadenbild weggezogen werden kann, wenn die Menschen nicht den Zugang zu Gottvater suchen.[4]

Die mittelalterlichen Malereien wurden im Laufe der Zeit ergänzt. Eine Inschrift an der Ostwand des südlichen Querhauses ist datiert: „Anno Domini 1601 is dut Warck in Goddes Name angefangen und fulendedt". Es folgen Namen von Handwerkern und der Name des Pastors. Im 18. Jahrhundert wurde die Kirche mehrfach umgebaut, ergänzt und verändert. In der Zeit von 1775 bis 1778 wurde St. Osdag, wie viele Kirchen in dieser Periode, im Barockstil umgestaltet. Der damals berühmteste Orgelbauer unseres Raumes, Johann Andreas Zuberbier, hat die Orgel gebaut. Ein anderer, nicht weniger berühmter Barockkünstler, Johann Friedrich Blasius Ziesenis, schuf den Altar.

Orgel und Altar sind seit 1878 verschwunden, nachdem der Konsistorialbaumeister Conrad Wilhelm Hase mit der grundsätzlichen Erneuerung der Kirche beauftragt wurde. Er entwarf unter anderem den Altar, der jetzt noch in der Apsis steht. Aus dieser Zeit stammen die ornamentalen Malereien an Decke und Wänden. Die mittelalterlichen Fresken, soweit rekonstruiert, wurden erst 1906 wiederentdeckt, als der Kunstmaler Friedrich Koch die Deckenornamente erneuern musste. Sie fingen an abzubröckeln, weil falsches Material verwendet wurde.

Neben dem Südportal ist das Epitaph des Rudolph Erich von Bothmer und seiner Frau Gertrud geborene Torney aufgestellt.

An der ältesten Glocke im Turm der St. Osdag-Kirche, die 1427 angeschafft wurde, ist ein so genanntes Pilgerzeichen eingegossen.

In den dreißiger Jahren des 19. Jahrhunderts hatte der damalige Baumeister Ludwig Hellner die Kirche in ihrer Bausubstanz in Stand gesetzt. Er entwarf auch Pläne zur Neugestaltung des Innenraums. Der Kirchenvorstand widersetzte sich jedoch der klassizistischen Gestaltung und wollte verhindern, dass von der Ursprungsform nichts übrigbleiben sollte.[5]

Schon 1784 kam ein Blitzableiter auf den Turm von St. Osdag

Der Turm in Mandelsloh bekam schon 1784, als erster im Bereich der hannoverschen Landeskirche, einen Blitzableiter. Pastor Mauch hatte 1782 den Vorschlag dazu unterbreitet. Er war ein technisch gebildeter Geistlicher. In einem Briefwechsel mit dem Göttinger Physiker Georg Christoph Lichtenberg hatte sich Mauch über die stark verästelten Entladungen informiert, die im Zusammenhang mit Luftelektrizität beobachtet wurden. Lichtenberg beriet den Pastor über die Möglichkeiten, das Gotteshaus vor Blitzschlag zu schützen. Der Geistliche konnte den Kirchenvorstand überzeugen. Das Datum in der Wetterfahne auf der Turmspitze 1784 bezieht sich auf die Montage des Blitzableiters.

Die Helstorfer Kirche jenseits der Leine

Nur zwei Kilometer südwestlich von Mandelsloh liegt Helstorf. Es ist von seiner ursprünglichen Diakonatskirche durch das Leinetal getrennt. Wie auch St. Osdag liegt das Gotteshaus unmittelbar am Leineufer auf einer Bodenwelle, oberhalb der Hochwassergrenze. Der Ort ist als „Helstorne" schon 1160 erwähnt, und es wird vermutet, dass es auch zu dieser Zeit eine Kapelle im Ort gegeben hat. Ein großer romanischer Taufstein steht noch in dem Gotteshaus.[6]

Die wahrscheinlich zweite Kirche in Helstorf wird 1438 erwähnt. Ein Didericus war Kirchherr to Helstorpe. Die jetzige, bedeutend erweiterte Kirche ist 1750 errichtet worden. Der hölzerne Turm an der Westseite ist mit einem mit Ziegeln gedeckten Pyramidendach abgeschlossen.

Hinter der Kirche sind Grabsteine aufgestellt, auf denen die Schicksale mehrerer Familien in Sprüchen und Bildern nachzulesen sind. Es fällt auf, dass die Menschen nach heutigen Maßstäben jung verstorben sind. Die Zahl der Kinder war groß. Sie sind zwischen Vater und Mutter „wie die Orgelpfeifen" aufgestellt. Als Wickelkinder liegen die früh Verstorbenen zu Füßen ihrer Eltern.

Über dem Altar wird das Gewölbe der St. Osdag-Kirche durch ein Bild Gottvaters auf dem Gnadenstuhl abgeschlossen. Er bietet der Gemeinde den gekreuzigten Christus dar.

Der Kirchturm in Niedernstöcken ist weithin sichtbar

Das Kirchspiel Niedernstöcken an der Leine, wo der ehemalige Landkreis Hannover seine nördliche Grenze hat, ist 1295 zum ersten Mal erwähnt worden. Eine Kapelle kann es aber wesentlich früher gegeben haben. Die Siedlung kommt 1033 in einer Urkunde vor, in der Kaiser Konrad II. dem Martinikloster in Minden mehrere Schenkungen bestätigt. Unter anderem in „Stocheim".[1]

Der weithin sichtbare Kirchturm ist dem in Mandelsloh in Bauweise und Material ähnlich. Er wird gegen 1220 datiert. Eine Verbindung von dem meterdicken Gemäuer zum Kirchenschiff wurde nicht durchgebrochen. Ein Anlieger des Kirchengrundstücks, Rudolf Gade (1812 bis 1899), hinterließ eine Zeichnung nach dem Zustand von 1830. Demnach war die alte Niedernstöckener Kirche ein schmaler romanischer Baukörper mit gotischem Chor. Der Turm trug einen spitzen Helm und war dem heutigen ähnlich.

Reparaturen im Inneren des Turms wurden im Laufe der Jahrhunderte mehrfach erforderlich. Es hat schon früh eine Turmuhr gegeben, denn 1672 musste die „alte zerschlissene" repariert werden. Die Einwohner des Dorfes beantragten 1745 bei den Kirchenbehörden, den baufälligen Turm abzureißen. Der Neustädter Superintendent stellte jedoch fest, dass er noch Jahrhunderte halten könne. Und er behielt recht. Im Turm wurde aber 1748 ein neues Gerüst aus Eichenbalken gesetzt, um den Glocken einen sicheren Platz zu schaffen.

Während der Amtszeit von Pastor Johann Christoph Baethgen (1824 bis 1877) hatte wieder ein Sturm Schäden angerichtet. Die Gemeinde war nicht mehr bereit, für das alte Gemäuer noch Geld aufzuwenden. Baethgen drängte auf Neubau, denn die Bürger blieben aus Furcht vor Baufälligkeit dem Gottesdienst fern. Überall gab es Risse und Spalten. Der

Die Saalkirche in Niedernstöcken ist in den Jahren 1841 bis 1843 von Konsistorialbaumeister Ludwig Hellner gebaut worden.

Pastor Christoph Baethgen weigerte sich, 1840 in der Niedernstöckener Kirche zu predigen. Sie war baufällig.

Geistliche weigerte sich, noch länger in der einsturzgefährdeten Kirche zu predigen. Baethgen war der 15. Pastor nach der Reformation. Er amtierte 42 Jahre lang. Eine Fotografie des Geistlichen hängt in der Sakristei.[2]

Mit dem Neubau eines Gotteshauses, anstelle des alten, das 1841 abgerissen wurde, wurde der Konsistorialbaumeister Ludwig Hellner betraut. Am 23. April 1843 weihte die Gemeinde ihr neues Gotteshaus feierlich ein. Es ist ein klassizistischer Backsteinbau, der durch hohe Sprossenfenster harmonisch gegliedert ist.

Der Innenraum weist für Hellner typische Merkmale auf. Die Emporen laufen um. Das Schiff wird dadurch in zwei waagerechte Ebenen geteilt. Dunklere Farbgebung betont die Tonnendecke. Über dem Altar ist an der Brüstung der Empore die Kanzel aufgehängt.

Der barocke Taufständer aus der Werkstatt des hannoverschen Bildschnitzers Johann Friedrich Blasius Ziesenis ist in den Neubau übernommen worden und steht noch vor dem Altar. Der Ständer ist dem in der Liebfrauenkirche in Neustadt a. Rbge. sehr ähnlich, der 1787 datiert ist. Auf beiden Ständern ist

Das Kirchenschiff in Niedernstöcken von Westen gesehen. Auffallend ist die Bauweise der Kanzel. Sie hängt an der Empore. Im Altarraum steht außer dem Lesepult eine weitere Kanzel.

Der Taufstein wurde in der Werkstatt des Barockkünstlers Ziesenis in Hannover gearbeitet. Ähnlich kommt er in Neustadt a. Rbge. vor.

die Schale mit einem hölzernen Aufsatz geschlossen. Darauf ruht ein Lamm auf einem Kissen.

Die Kirche in Niedernstöcken hat den ursprünglichen Namen des Heiligen Gorgonius beibehalten.[3] Zeitweise ist das Gotteshaus nach dem Heiligen Georg genannt worden.

Das geht vermutlich auf einen Pastor in früherer Zeit zurück, dem Gorgonius unbekannt war. Der Heilige hat nach einer Legende das Christuskind über einen reißenden Fluss getragen. Gelegentlich wird er als Fährmann dargestellt. Das ist möglicherweise ein Hinweis auf den uralten Leineübergang bei Niedernstöcken.

Kleinod im Kirchenkreis: Die Kapelle in Esperke

Überquert man bei Niedernstöcken die Leine, kommt nach drei Kilometern in südöstlicher Richtung das Dorf Esperke. An dessen Westseite steht eine Kapelle, die im Gemeindebuch des Kirchenkreises Neustadt a. Rbge. als Kleinod im Kirchspiel bezeichnet wird. Sie soll Anfang des 15. Jahrhunderts gebaut worden sein.

Der Innenraum ist nach der gründlichen Erneuerung 1956 hell geworden. Die Wände sind weiß gestrichen und der ehemalige Kanzelaltar, der für den kleinen Raum viel zu hoch war, ist beseitigt. Dadurch sind drei spitzbogige Chorfenster wieder frei geworden. Die Sitzbänke sind vermutlich die ältesten im gesamten Leineraum. Nach den Abmessungen der Balken und Bohlen und nach technischen Einzelheiten können sie aus der Erneuerungszeit nach dem Dreißigjährigen Krieg stammen.

Ob das kleine Gotteshaus mit kaum 100 Plätzen immer die heutige Form hatte, ist nicht bekannt. Beim Umrunden des Gebäudes sieht man sehr unterschiedliche Baumaterialien aus vielen Zeitabschnitten als Erneuerungs- oder Ergänzungsteile. An der Nordseite und an der Westwand ist Ortstein verwendet. Die benutzten roten Backsteine sind aus gotischer Zeit. Aber es sind auch moderne Industriesteine zu finden. Das Dach ist an den Schmalseiten abgewalmt. Ein kleiner Dachreiter an der Westseite schützt die Glocke.

Die Tür im Turm ist wesentlich älter als die Hellnerkirche. Nach Konstruktion und Zustand kann sie bei der Restaurierung Ende des 17. Jahrhunderts eingesetzt worden sein.

Über den handgefertigten Ziegeln der Stützpfeiler an der Kapelle in Esperke sind noch Mönch-Nonnen-Dachpfannen erhalten.

Sechs Hellnerkirchen im ehemaligen Landkreis Hannover

In seiner Dissertation „Lutherischer Kirchenbau in Niedersachsen" hat Dr.-Ing. Hermann Mewes Leben und Werk von Ludwig Hellner beschrieben. Der Baumeister ist 1790 in Jeinsen (Pattensen) geboren. Sein Lehrer war der berühmte Oberbaudirektor Friedrich Weinbrenner in Karlsruhe. Er gilt als der führende Vertreter des Klassizismus. Diesen Baustil behielt Hellner während seiner Dienstzeit für das Konsistorium in Hannover bei. In der Zeit von 1822 als Baurevisor bis 1862 als Konsistorialbaumeister hat er insgesamt 52 Kirchen geplant und gebaut sowie zahlreiche Erneuerungen und Umbauten geleitet. Sein Vorgänger im Amt war Ingenieurhauptmann Bergmann, sein Nachfolger Konsistorialbaurat Conrad Wilhelm Hase.

In der Region Hannover baute Hellner 1837 die Kirche in Oesselse (Laatzen), 1837 Uetze (1863 abgebrannt), 1843 Obershagen (Uetze) und Niedernstöcken (Neustadt a. Rbge.), 1845 Altgarbsen und 1849 in Brelingen. In Gestorf erhöhte Hellner 1834 die Umfassungswände und setzte einen neuen Dachstuhl. Entwürfe für den Ausbau der Kirche in Springe wurden 1865 verworfen, wie schon vorher in Mandelsloh.

In Basse: 300-jährige Barockkirche am romanischen Turm

Als Ende des zehnten Jahrhunderts die Grenze zwischen den Bistümern Minden und Hildesheim auf Befehl Kaiser Otto III. festgestellt wurde, waren zwei Bürger aus Basse als Zeugen dabei: Ava de Basse suus frater Thiedhard (Ava aus Basse und sein Bruder Thiedhard).[4] Der Name der Ortschaft ist unverändert geblieben. Um 1100 gründeten die Gografen von Wölpe in Basse eine Kirche als geistlichen Mittelpunkt. Das Gotteshaus wurde drei Heiligen geweiht: Den Aposteln Judas Thaddäus und Simon Zelotes sowie dem Heiligen Cyriakus. Er wurde im Jahre 309 ermordet und gilt als einer der 14 Nothelfer. Es ist nicht wahrscheinlich, dass die kleine romanische Kirche Nebenaltäre hatte. Darum ist nicht ersichtlich, weshalb die Gemeinde drei Heilige als Schutzpatrone hatte.

Das Kirchenschiff wurde später um einen Chor erweitert. Das war zur Zeit der gotischen Erneuerung um 1423. Das Geld dazu kam dadurch zusammen, dass Bischof Wulbrand von Minden einen Ablass ausschrieb. Daraufhin wurde in der gesamten Diözese gesammelt. Der gotische Ausbau blieb bis in das 17. Jahrhundert bestehen.[5]

Im Dreißigjährigen Krieg wurde das alte Gotteshaus zerstört. Der Westturm blieb erhalten und ist bis heute fast unverändert. Schon 1626 hatte das Kirchspiel bei der Belagerung von Neustadt schwer gelitten. Nach 1635 besetzten schwedische Heere das Land. Aber auch unter den Besatzern hörten die Leiden für die Bevölkerung nicht auf. Kriegszüge der verfeindeten Parteien dauerten bis 1641. Kirche, Pfarrhaus und Küsterei waren verwüstet. Verheerende Pestwellen hatten viele Menschen hingerafft.[6]

Nach dem großen Krieg dauerte es 40 Jahre, bis die Gemeinde ihre Kirche wieder aufbauen konnte. Der Amtmann von Ricklingen, Jacob Voigt, stellte eine ansehnliche Geldsumme zur Verfügung.[7]

Im Jahre 1989 feierte Basse das dreihundertjährige Bestehen der neuen Kirche. Bei dem Neubau in der Barockzeit wurden die zehn Felder der Chorwölbung mit Darstellungen aus der biblischen Geschichte bemalt. Es ist anzunehmen, dass italienische Künstler die Bilder in der seltenen Technik der Grisalien malten. Das Wort ist aus dem französischen Grisaille abgeleitet und bedeutet Graumalerei. Die Bilder sind in schwarz, weiß und in grauen Zwischentönen gehalten.

Bei einer Restaurierung der Kirche zum Ende des 19. Jahrhunderts wurden die Gewölbe übermalt. Anfang der zwanziger Jahre des 20. Jahrhunderts sollen sie grob wiederhergestellt worden sein.[8] Erst bei der Erneuerung der Kirche 1968 bis 1972 wurden sie völlig restauriert. Landeskirche, Kirchenkreis und Gemeinde haben dazu beigetragen.

Vor dem schlichten Altar steht das Taufbecken. Der achteckige Sandsteinpokal auf rundem Fuß wurde 1652 gestiftet. Auf drei Seiten des Aufsatzes sind die Namen der Spender zu lesen: Hans Meier, Dietrich Scharnhorst, Heinr. Stünkel, Heinr. Detmering, Henricus Garbers, Curt Culmann, Heinr. Stünkel zu Basse. Dem Altar zugewendet ist zu lesen: „Lasst die Kinderlein zu mier kommen und wehret inen nicht ect. Marc 10".

Der Westturm der Kirche zu Basse gehört zu den am besten erhaltenen romanischen Bauten der Region.

Als Anhaltspunkt für die Datierung des Turmbaus gelten die romanischen Säulen mit Würfelkapitellen in den Schalllöchern des Basser Turmes.

Der Turm der Kirche in Basse ist um 1100 begonnen worden. Schiff und Chor mussten 1688 bis 1689 nach dem 30-jährigen Krieg wieder aufgebaut werden.

Er wurde im 12. Jahrhundert am höher gelegenen Ufer des Flusses erbaut und kam mehrfach in Gefahr, unterspült zu werden. Rechtzeitige Sicherungen gegen Leinehochwasser haben geholfen, ihn zu erhalten. Das Bauwerk erhebt sich mit seinen 34 Metern Höhe über Bäume und Dächer und ist von vielen Seiten als Landmarke sichtbar. Die Schalllöcher mit romanischen Säulen und Würfelkapitellen an drei Seiten der Glockenstube sind Datierungshilfen.

Wegen der gefährdeten Lage hat der Turm im Laufe der acht Jahrhunderte seines Bestehens hohe Kosten verursacht. 1663 musste unterhalb des Gemäuers als Hochwasserschutz eine Uferbefestigung an-

Detail der Grisaille-Malereien in der Kirche

gelegt werden und 1667 berichtet Pastor Kleinschmidt, dass der Fluss hinter der Pfarrei drei Morgen Land weggerissen hat. 1808 hat die Leine wieder den Turm stark umspült.

Das Hochwasser riss mehrere Särge aus Gräbern in der Nähe des Wassersaums. Zur Abwehr weiterer Gefahr ist 1848 sogar erwogen worden, den Flusslauf zu verlegen. Der Plan scheiterte an den zu hohen Kosten. Seit 1891 halten eiserne Anker das Gemäuer zusammen. Die erste Turmuhr als Zeitmesser für das ganze Dorf kam schon vor 400 Jahren in den Dachreiter.

Obgleich die Gemeinde durch den langen Krieg völlig verarmt war, schaffte sie 1650 eine 27 Zentner schwere Glocke an. Ludolf Siegfried in Hannover goss sie. Diese erste Glocke hängt wieder im Turm. Sie wurde zwar im zweiten Weltkrieg abtransportiert, kam aber nur bis Neustadt a. Rbge. und konnte 1950 in einem feierlichen Zug zurückgeholt werden. Eine Legende berichtet über eine frühe Glocke, die nicht geweiht war. Sie soll vom Teufel geholt und in der Teufelskuhle bei Mariensee versenkt worden sein. Dort soll sie immer noch liegen.

Ein Geistlicher in Basse war als Heimatforscher berühmt. Im Jahre 1901 kamen Friedrich Georg Kühnhold und seine Frau Berta als Pastorenehepaar nach Basse. Kühnhold war nicht nur ein engagierter Geistlicher, sondern auch ein Autor. Er trug aus Archiven und alten Berichten zusammen, was sich 1908 zu einem umfangreichen historischen Werk verdichtete: „Basse - Grafschaft - Vogtei - Kirchspiel" ist der Titel. Zeitungen und Zeitschriften veröffentlichten seine Beiträge und machten ihn über die Gemeinde hinaus bekannt.

Mehrfach hat im Laufe der Jahrhunderte das Leinehochwasser den Turm der Kirche in Basse in Gefahr gebracht.

Die Kirchen in Neustadt a. Rbge. und Jeinsen im Schutz mittelalterlicher Burgen

Flussübergänge hatten in der Geschichte häufig eine besondere Bedeutung. Südlich von Basse errichteten die Grafen von Wölpe eine Burg an einer eingeengten Stelle der Flussaue der Leine. Die Siedlung, die sich unter der Burg entwickelte, nannten die Grafen „nova civitas" (neue Stadt). Als „Civitatem nostram novam" wird Neustadt 1241 urkundlich erwähnt. Aus der alten Burg wurde ein Schloss im Stil der Weserrenaissance. Bis heute behielt es seinen Namen Landestrost und ist Eigentum der Region Hannover. Sie hat nach vielen Veränderungen die Nachfolge der einstigen Grafen von Wölpe, der Herzöge von Calenberg und der preußischen Provinzialverwaltung angetreten.[1]

Die Kirche in Neustadt

Die Siedlung unter der Burg muss schon früh eine Kapelle gehabt haben, die zum Archidiakonat Mandelsloh gehörte. 1191 wird ein Priester erwähnt und 1258 ein Pleban (Geistlicher) mit Namen Conrad genannt. Die heutige Kirche wurde Mitte des 13. Jahrhunderts begonnen und dem heiligen Petrus geweiht. Nach 1370 wählten die Gläubigen zusätzlich Maria zum zweiten Patrozinium (Schutzverhältnis). Den Namen Liebfrauenkirche hat das Neustädter Gotteshaus erst seit 1954. Herzogin Elisabeth von Calenberg führte 1543 in Neustadt die Reformation ein. Die Kirche löste sich aus dem Archidiakonat Mandelsloh und wurde 1588 zur Superintendentur erhoben.[2]

In seiner Betrachtung über das Gotteshaus hat Kirchenbaudirektor Dr. Ulfrid Müller das Turmuntergeschoss und die beiden westlichen Joche des Mittelschiffs der Mitte des 13. Jahrhunderts zugeordnet. Das dritte Joch im Osten wurde wenig später in einem zweiten Bauabschnitt errichtet. 1459 waren Chor und Sakristei fertiggestellt. Die Seitenschiffe entstanden 1502, als die romanische Basilika in eine gotische Hallenkirche umgewandelt wurde. Dabei fanden das alte Fundament und romanische Quader aus Sandstein im Sockel wieder Verwendung. Die Wände sind aus Backstein gemauert. Ihre unterschiedlichen Formate weisen auf spätere Reparaturen hin. Durch den Wechsel im Material wirkt der Baukörper zwar uneinhcitlich, aber sehr lebendig.

Die gotische Erneuerung der Kirche geht auf eine Forderung Herzog Erichs I. zurück. Er verlangte 1499 die Instandsetzung der baufälligen Basilika.

Einer der Namenspatronen der Kirche in Neustadt a. Rbge. ist Petrus. Er ist mit einem Schlüssel über dem Südportal dargestellt.

Um das Südportal der Neustädter Kirche sind die Reliefs von Petrus, Maria und Christus in das Mauerwerk eingelassen. Das Portal gehört zu den ältesten Bauteilen.

Wiederhergestellt sind die Freskomalereien im westlichen Mittelschiffsgewölbe. Sie werden dem 13. Jahrhundert zugeordnet.

Ein Spätwerk des Meisters Johann Friedrich Blasius Ziesenis ist der Taufständer, der 1787 geschaffen wurde.

Zwei romanische Säulenköpfe aus dem ältesten Bauteil zeigen Tierschmuck und Bilder von Evangelisten.

Eine Inschrift am Südportal erinnert an die Vollendung der Arbeiten im Jahre 1502. Dieses Portal und auch das an der Nordseite stammen aus der romanischen Zeit. Sie sind von eindrucksvoller Schönheit in Form und handwerklicher Sorgfalt.

Beide Portale sind mit verschlungenen Rankenornamenten eingefasst, die mit Fabeltieren verwoben sind. Die Symbolik dieser mittelalterlichen Gestalten ist nur schwer zu verstehen. Möglich ist, dass der Kampf zwischen Gut und Böse, zwischen Heidentum und Christentum dargestellt ist. Über den seitlichen Senkrechten sind plastische Darstellungen des Heiligen Petrus mit dem Schlüssel (links) und mit Maria (rechts) eingelassen. Christus mit der Dornenkrone in der Mitte ist ebenso wie die seitlichen Bildwerke von der frühen Kirche übernommen worden.

Beim Betreten des Kirchenschiffs in Neustadt a. Rbge. wird der Blick aufwärts gelenkt. Die hohen Gewölbe der drei Joche des Mittelschiffs und des Chors fügen sich trotz unterschiedlicher Bauzeit harmonisch aneinander. Im westlichen Gewölbe des Mittelschiffs ist eine mittelalterliche Freskomalerei

Familie Ziesenis

Vier Generationen der hannoverschen Familie Ziesenis haben von der Ahnfrau Anna Catherina, geborene Lohmann, die Fähigkeit zur künstlerischen Gestaltung geerbt.[4] Sie war die Frau des Zeugmachers Dietrich Ziesenis, der am 8. Dezember 1688 das Bürgerrecht in der hannoverschen Altstadt erwarb. Von ihren drei über das Kindesalter hinausgewachsenen Söhnen wurden zwei Bildhauer und einer Maler. Die bedeutendsten Träger des Namens sind ihre Enkel, der Bildhauer Johann Friedrich Blasius (1715 bis 1787) und der Porträtmaler Johann Georg (1716 bis 1776). Mit der Urenkelin der Anna Catherina, der Porträtmalerin Elisabeth Ziesenis (1744 bis 1796), endete die Künstlerdynastie.[5]

Im Zusammenhang mit Kirchen im ehemaligen Landkreis Hannover ist Johann Friedrich Blasius Ziesenis von großer Bedeutung. Er war Hofbildhauer in Hannover und hatte dort seit 1746 in der Calenberger Straße Haus und Werkstatt. Viele seiner Arbeiten sind erhalten geblieben und bezeugen die meisterhafte Gestaltungskraft eines Künstlers in der Übergangszeit vom Hochbarock zum Rokoko.

Im Landkreis Hannover sind von etwa 30 Ausgestaltungen in Kirchen sicher nachgewiesen folgende Arbeiten:[6] An der Stiftskirche in Wunstorf ein Wandepitaph der Dechantin Sophie von Münchhausen 1747; Kanzelaltäre in Kolenfeld 1747, Helstorf 1753, Großgoltern 1754, Kirchwehren 1755, Seelze 1767, Neustadt a. Rbge. 1787 und im gleichen Jahr in Niedernstöcken.

---

restauriert worden. Nach der Gestaltung der Ornamente und der Tiere wird sie dem 13. Jahrhundert zugeordnet.

Demgegenüber weist der „sächsische Stützenwechsel" zwischen den Schiffen durch die Folge von Säulen und Pfeilern auf die früheste Bauzeit des ersten Abschnitts hin. Die Pfeiler der Arkaden sind in ungewohnter Weise mit Plastiken verziert, die zwischen den achteckigen Schäften und den Widerlagern eingearbeitet sind.

Der Blick durch die Mittelachse wird zwischen zwei hohen gotischen Fenstern im Chor von dem Barockaltar angezogen. Er ist das Spätwerk von Johann Friedrich Blasius Ziesenis. Noch kurz vor seinem Tod 1787 hat er beim Umbau des Innenraums die Neugestaltung weitgehend beeinflusst. Der Altar ist in einer für den Meister typischen Weise von zwei glatten, nach auswärts gedrehten Säulen flankiert. Das Sonnensymbol über dem Baldachin ist ebenfalls kennzeichnend für Ziesenis. Ursprünglich war die Kanzel hochgesetzt über dem Altartisch aufgehängt. An ihrer Stelle ist jetzt ein Bild von Professor Magnus Zeller aus dem Jahre 1928 eingefügt. Die Kanzel steht an der linken Säule des Chores.[3]

An einer Leinefurt wurde um 1100 die erste Jeinser Kirche gebaut

Ein altes Zeugnis der Christianisierung, vielleicht das älteste im Calenberger Land, ist in der Turmhalle der St. Georgs-Kirche in Jeinsen unter einer Holzschalung gesichert. Es ist ein ehemaliges Säulenkapitell aus karolingischer Zeit. Historiker datieren es auf die hundert Jahre zwischen 800 und 900 nach Christus. Es ist in der Kelchform gestaltet, die für die Zeit typisch war, und mit umlaufenden Akanthus-

Am wuchtigen Turm, der von Bischof Sigward zwischen 1120 und 1140 erbaut wurde, steht das Kirchenschiff aus dem 18. Jahrhundert.

Ein ehemaliges Säulenkapitell, das aus der Zeit zwischen 800 und 900 nach Christi datiert wird, ist in der Turmhalle der Jeinser Kirche aufgestellt. Es hat einen umlaufenden Fries von Akanthusblättern und auf der Oberseite ein stark verwittertes Bild der Maria. Es hat möglicherweise nach 1140 als Altarplatte gedient.

blättern ornamentiert (das sind gezackte und gerippte Formen der Blätter eines Bärenklaugewächses). Diese korinthischen Ornamente wurden in die romanische Bauepoche übernommen.[7]

Ein Relief in der Lagerfläche zeigt trotz starker Verwitterung die Umrisse der Maria mit dem Jesuskind. In dieser zweiten Bearbeitung könnte das Kapitell als Altarplatte in der 1120 bis 1140 erbauten ersten St. Georgs-Kirche gedient haben. Der Block kam 1957 in die Turmkapelle, nachdem er mindestens 200 Jahre in der nördlichen Umfassungsmauer vermauert war.[8]

Lange bevor die Kirche errichtet wurde, hat an ihrer Stelle nach Pastor Günters Feststellungen eine Burg gestanden. Sie gehörte dem fränkischen Edelmann Gayno. Er gab der Siedlung den Namen „Gaynohusen". Daraus wurde im Laufe der Zeit Jeinsen. Gegen 1110 wurde der Herrensitz in Schutt und Asche gelegt. Damit beginnt die eigentliche Kirchengeschichte. Bei der Katastrophe sollen nach der Überlieferung die edle Gerburga und ihr unmündiger Sohn Thietmar die einzigen Überlebenden gewesen sein. Sie schenkte nach einer Urkunde aus der Zeit zwischen 1121 und 1140 den gesamten Besitz dem Bischof von Minden „um des zeitlichen Schutzes und des Seelenheils willen".

Bei dem Kirchenbau, den der Bischof unmittelbar danach beginnen ließ, wurden Steine der zerstörten Burg verwendet. Das Kirchspiel wird als „parochia Geynhusen" in einer Urkunde 1246 erwähnt. Zu dieser Zeit gehörte schon die benachbarte Kapellengemeinde Schliekum dazu. Dort führte der alte Helweg zwischen Pattensen und Sarstedt über die Leine.

Von der alten Kirche blieb der Turm erhalten. Spätromanische und frühgotische Elemente sind erkennbar. Zur Zeit der Kreuzzüge war es üblich, den Heiligen Georg als Namenspatron zu wählen. Nach deren Beendigung wurde die Kirche zu Jeinsen der Heiligen Katharina geweiht. Zwei Seitenaltäre waren der Maria und der Barbara zugeordnet.

Von dem alten Kirchenbau ist noch eine Glocke erhalten. Sie hängt im Turm und wurde 1431 von Hans Meiger in Hannover gegossen. Sein Meisterzeichen und die lateinische Jahreszahl sind erkennbar. Die Kirche überdauerte die Zeiten bis 1779.[9]

In einem Register aus diesem Jahr ist zu lesen, dass der Bau eines neuen Gotteshauses von der königlichen Regierung genehmigt und der Abbruch des baufälligen und zu kleinen Vorgängerbaus angeordnet worden sei. Superintendent Erythropel weihte die neue Kirche am 11. November 1781 ein.[10] Trotz einiger Beiträge aus der Kirchenkasse und der kö-

Die älteste Glocke in Jeinsen ist 1431 gegossen worden. Sie läutet noch immer.

Die fünf inneren Felder der Barockorgel in der Kirche zu Jeinsen wurden 1787 gebaut. Knapp 100 Jahre später kamen die beiden äußeren hinzu.

Im Jahre 1781 baute Tischlermeister Johan Christian Lauber den Kanzelaltar der Kirche in Jeinsen.

niglichen Privatschatulle mussten die Gemeindeglieder sowohl Hand- und Spanndienste als auch finanzielle Hilfe beisteuern.

Unter den 20 Handwerksmeistern und ihren Gesellen, die am Neubau gearbeitet haben, ist Tischlermeister Johan Christian Lauber aus Hannover besonders zu erwähnen. Er hat den gesamten hölzernen Ausbau des Innenraums geschaffen. Sein bedeutendstes Werk ist der Kanzelaltar. Er ist fast acht Meter hoch, von zwei freistehenden Säulen flankiert und mit geschweiften Blattgirlanden sparsam verziert. Durchgänge rechts und links führen zu den Adelspriechen und zum Kanzelkorb.

Der Innenausbau wird dem Barock zugerechnet. Es sind aber wesentliche Elemente der nachfolgenden klassizistischen Epoche zu erkennen. Das Kirchenschiff ist durch lange Emporen auf schlanken Säulen in zwei Ebenen gegliedert, ein Tonnengewölbe schließt es ab.

Fast 200 Jahre lang war „St. Georg" in Jeinsen Schloss- und Garnisonskirche der Herzöge von Calenberg. Sie residierten auf dem nahen Schloss von 1495 bis 1692. Damit ist die Größe des Kirchenschiffs zu erklären. Für die dörfliche Siedlung war es ungewöhnlich groß.

Der Heilige Georg

Der Heilige Georg ist in der Schedel'schen Weltchronik von 1493 abgebildet. Er ist als der Drachentöter bekannt. Georgius war ein Krieger aus Kappadokien (antiker Name einer Landschaft südlich des Schwarzen Meeres).

Der Krieger Georg wurde im frühen 4. Jahrhundert wegen seines christlichen Glaubens grausam getötet.

Sein legendärer Kampf mit dem Drachen ist symbolisch als der Kampf des Guten gegen das Böse zu sehen. Mehrere Fabeln haben sich um die Person gebildet.

Zum Beispiel, dass er eine Königstochter vor dem Drachen errettet hat. Sein Kampf galt jedoch der Verteidigung des Glaubens.[11]

Die St. Vitus-Kirche in Wilkenburg wurde 1990 schon 850 Jahre alt.

Die Kirchhofsmauer in Wilkenburg ist aus Abbruchsteinen aufgesetzt. Der eingebaute Kopf, dessen Bedeutung nicht enträtselt ist, stammt wahrscheinlich aus frühromanischer Zeit.

In den Barockaltar der Kirche in Wilkenburg sind 12 Apostelfiguren aus gotischer Zeit übernommen worden.

Die Kirche in Wilkenburg

Schiff und Chor der St. Vitus-Kirche in Wilkenburg sind als ältester romanischer Teil des Gebäudekomplexes dem Anfang des 12. Jahrhunderts zugeschrieben. Sie waren Bestandteile der sagenumwobenen „Welekenborg".

Der Name dieses Ortes ist in einer Urkunde des Bischofs Sigward von Minden (gestorben 1140) erwähnt. Seine Güter in der Leineniederung haben demnach schon vorher bestanden. Das Jahr 1140 ist von der Gemeinde als Beginn ihrer Geschichte gesetzt worden. 1990 wurde die 850-Jahr-Feier begangen.[12] Der Name Wilkenburg wird in der Begründung der ehemals selbstständigen politischen Gemeinde als Burg des Ritters Waleg oder Weleko gedeutet.[13] Andere Quellen führen ihn auf eine Wasserburg zurück, die zur Sicherung an dem leicht erhöhten Platz in der Leineniederung zwischen Laatzen und Wilkenburg gestanden hat.[14]

In die Kirchhofsmauer, die den Pfarrgarten umschließt, ist ein steinerner Kopf eingearbeitet. Er soll aus frühromanischer Zeit und möglicherweise aus dem ehemals viel höheren Turm stammen, dessen Abbruchquader für die Mauer verwendet wurden. Die Bedeutung des Kopfes ist zweifelhaft. Er könnte den Namenspatron, den heiligen Veit, dargestellt haben.

Er wird als Nothelfer in der katholischen Kirche bei Besessenheit und epileptischen Anfällen angerufen (Veitstanz). Der Heilige wurde als 14-jähriger Junge im Jahre 303 auf Sizilien ermordet.[15] Das Äußere der Wilkenburger Kirche zeigt deutliche Spuren vielfacher baulicher Veränderungen. Neben der Erneue-

Wertvolle Grabmale aus mehreren Jahrhunderten sind unter einem Schutzdach am Rand des Kirchhofs gesichert.

rung des Chors in der Mitte des 12. Jahrhunderts umfassen diese die Erhöhung des Turmes zu Ende des 14. Jahrhunderts sowie dessen Neubau im 15. Jahrhundert.

Während des Lüneburger Erbfolgekrieges (1370 bis 1389) wollten die welfischen Fürsten ihren Einfluss gegenüber den Fürstbischöfen ausweiten. Sie zerstörten die Burg und in Teilen auch die Kirche. Erst 1461 war der Wiederaufbau möglich.

Die Jahreszahl 1461 ist in gotischen Zeichen in der Sonnenuhr oberhalb des südlichen Turmeingangs überliefert. Zu dieser Zeit ist vermutlich auf den teilweise abgetragenen Steinturm das Fachwerkgeschoss aufgesetzt worden.

Aus der Zeit des Wiederaufbaus sind als Zeugen bäuerlicher Holzschnitzerkunst 12 Heiligenfiguren erhalten, die zu einem Flügelaltar gehörten. Als Bodo von Alten und seine Gemahlin 1660 den jetzigen Altar stifteten, wurden diese Figuren übernommen. Die Altarwand ist nach der Gestaltung der gedrehten Säulen, der Bekrönung und der seitlichen Ornamente die Arbeit einer italienischen Bildschnitzergruppe.

Bei einer großen Erneuerung der St. Vitus-Kirche im Jahre 1703 wurde das Mauerwerk um einen Meter erhöht und ein hölzernes Tonnengewölbe eingezogen. Durch neue Fenster an der Westwand und am Haupteingang kam mehr Licht in das Kirchenschiff.

Das war vermutlich auch der Zeitpunkt für die Ausschmückung der Wände mit Ranken- und Pflanzenmalerei. Sie wurde zugedeckt, als 1814 die Kirche einen neuen Anstrich erhielt. Kleine Reste der Farbornamente kamen auf der Orgelempore wieder zutage.

Wer sich die Mühe macht, die vielen wertvollen Grabplatten und Standmale zu studieren, die unter einem schützenden Dach auf dem Kirchhof aufgestellt sind, kann Einblicke in die Geschichte der Adelsgeschlechter gewinnen.

Ein bedeutendes Epitaph ist an der Südseite der Kirchenmauer befestigt. Es zeigt den von zwei Engeln geleiteten Christus, der aus dem Grab aufersteht. Unterhalb knien Pastor Haller und seine Frau. Jeremias Sutel, Bildhauer in Hannover (1631 ermordet), soll den Abgebildeten lebensechte Züge gegeben haben.

Die Gotik löste den romanischen Stil ab

In den folgenden Kapiteln begegnen wir noch romanischen Sockeln, Mauern, Türmen und vereinzelt Taufbecken. Sie haben die Zeiten überdauert und blieben in späteren Bauten erhalten. Von der Mitte des 13. Jahrhunderts an setzt sich der gotische Stil durch.

Der Name ist in seinem italienischen Ursprung als verächtliche Kunstbezeichnung für die „barbarischen Goten" entstanden. Der Stil lässt sich gegen 1150 schon in Nordfrankreich nachweisen. In England kommt er nach 1175 vor und in Deutschland ab 1220. Der Kölner Dom, das bekannteste Beispiel, wurde 1248 begonnen.

Die Kirchen werden höher, himmelstrebend. Als Gewölbekonstruktion setzt sich das Rippengewölbe durch. An den Innenwänden wird der Druck des Gewölbes von runden oder halbrunden flachen Mauervorlagen aufgenommen. Außen geben Stützpfeiler den Wänden Halt und Stabilität.

Die Rundbogen über Türen und Fenster werden durch Spitzbögen abgelöst. Die Fenster werden durch das Maßwerk gegliedert, das sind aus geometrischen Grundformen zusammengesetzte Ornamente. Viele Kostbarkeiten aus dieser Stilepoche sind uns erhalten geblieben.

Die Fachwerkkapelle in Northen

Am Westrand des Benther Berges steht in Northen, heute Ortsteil von Gehrden, eine kleine Fachwerkkapelle. Ein Balken an der Südseite des Gebäudes weist auf das Jahr 1615 hin. Es steht neben dem Handwerkerzeichen „NLH".

Die Jahreszahl 1668 in der Wetterfahne deutet auf eine Erneuerung nach dem Dreißigjährigen Krieg hin.[1] Weiß geputzte Ausfachungen zwischen dunklen Balken geben dem Kapellengebäude ein freundliches Aussehen. Auch der Giebel an der

Der Altarschrein in der Kapelle in Northen wurde 1714 aufgestellt. Vorher hatte er seit 1420 in der kleinen Kirche im benachbarten Lenthe gestanden.

Der Dachreiter der Kapelle in Northen trägt eine Wetterfahne mit der Jahreszahl 1668.

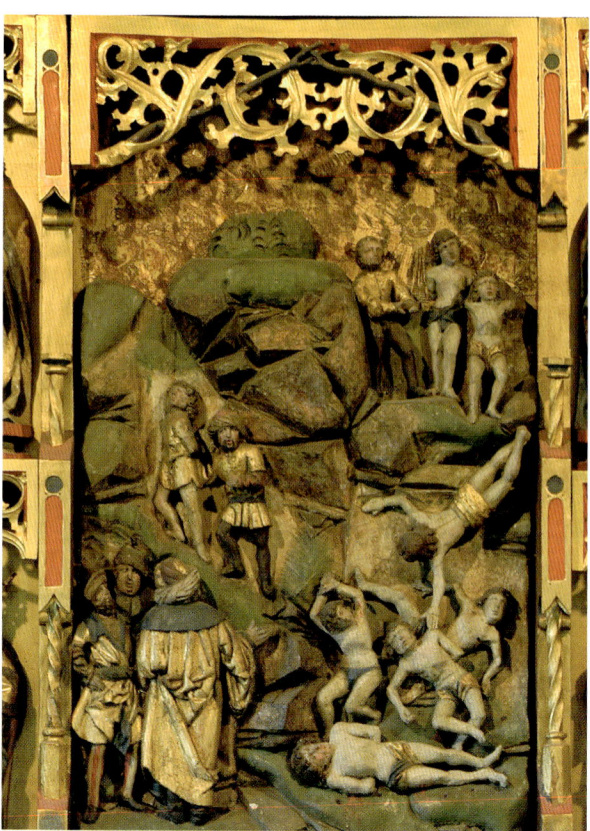

Das Mittelfeld des Altars in Northen stellt wahrscheinlich den Mord an 10 000 Legionären am Berg Ararat um das Jahr 100 dar.

Westseite ist mit roten Dachziegeln verkleidet. Der Dachreiter schützt eine Glocke aus dem Jahre 1507. Das kleine Gotteshaus wurde mehrfach restauriert, zuletzt 1977.

Der schlichte Innenraum wird durch den gotischen Flügelaltar bestimmt. Er wurde ursprünglich für die Kirche im benachbarten Lenthe geschaffen. Als diese zur Barockzeit vergrößert wurde und einen Ziesenisaltar erhielt, ließ Albrecht Werner von Lenthe den kostbaren gotischen Flügelaltar in die Kapelle in Northen bringen. Auf diese Weise kam ein Kleinod kirchlicher Kunst in die Kapelle und damit in ein Dorf, das zu der Zeit kaum 200 Einwohner zählte.

Das mittlere Feld des Altaraufsatzes ist von einer ungewöhnlichen Darstellung ausgefüllt. Es zeigt unter goldenem Schnitzwerk die grausige Szene von der Tötung vieler Menschen. Über das Ereignis, das dargestellt ist, gibt es mehrere Deutungen. Der ursprüngliche Standort des Altars in Lenthe heißt „Zu den 10 000 Rittern".

Dieser Name geht auf die Legende zurück, dass während eines Kreuzzuges die Türken 10 000 Ritter in einen Felsspalt warfen und umkommen ließen. Eine andere Legende, die auch zur Zeit der Kreuz-

Unter reichem Schnitzwerk zeigt das linkere untere Bild des Altars in Northen das Jesuskind mit den Heiligen Drei Königen.

züge entstanden ist, weist auf ein viel früheres Ereignis hin. Der römische Heerführer Achatius war zur Zeit der Regierung des Kaisers Hadrian (76 bis 138) zum Christentum bekehrt worden und überzeugte auch seine 10 000 Legionäre von seinem Glauben an Christus. Daraufhin ließ Hadrian am Berge Ararat ihn und seine Legionäre ermorden.

Vier Figuren rahmen das Hauptbild ein. Links Johannes der Täufer und die Heilige Barbara, rechts der Apostel Paulus und die Heilige Katharina. Auf den Innenseiten der Flügel sind die Verkündigung durch den Engel Gabriel, die Anbetung durch die drei Weisen aus dem Morgenland, die Heimsuchung Marias bei Elisabeth und die Geburt des Heilands dargestellt.

Auf dem Unterbau des Altars ist Christus mit seinen Jüngern abgebildet. Der Heiland hat ein kleines Medaillon in der linken Hand, auf dem eine Landschaft zu sehen ist. Es könnte der Benther Berg sein. Oberhalb der Leiste stehen fünf Wappen von Adelsgeschlechtern von Mandelsloh, von Ilten, zweimal von Lenthe und von Brüggen.

Der Altarschrein in Schwüblingsen

In der Kapellengemeinde Schwüblingsen, die zur Kirche in Dollbergen gehört, hat schon im 13. Jahrhundert ein kleines Gotteshaus gestanden.[2] Die jetzige Fachwerkkapelle ist 1534 erbaut worden. Sie ist mit Backsteinen ausgefacht und hat einen kleinen holzverschalten Dachreiter. Das Satteldach ist mit Ziegeln gedeckt. Nach einer Erweiterung 1961 hat sie etwa 80 Plätze. Der schlichte Bau ist unauffällig. Wer jedoch den Innenraum betritt, steht einer bauhistorischen Kostbarkeit gegenüber. Den schweren Altartisch krönt ein dreiflügeliger Altaraufbau. Seine goldenen und farbig gefassten Figuren werden einem unbekannten Meister des 15. Jahrhunderts zugeschrieben.[3] In der Mitte steht die Gruppe „Anna selbdritt": Maria, deren Mutter Anna und das Jesuskind. An den Seiten sind vier Szenen aus dem Leben Christi dargestellt. Die Hintergründe erinnern an Kirchengewölbe. In den Flügeln stehen 12 geschnitzte Heiligenfiguren, die wie Bauern und Bäuerinnen wirken, so, wie der Künstler sie in seiner Umgebung gesehen hat. Die Kleidung entspricht derjenigen auf anderen gotischen Darstellungen.[4]

Wo die 1534 erbaute Fachwerkkapelle in Schwüblingsen steht, hat es schon im 13. Jahrhundert ein kleines Gotteshaus gegeben.

Die Anbetung Christi auf dem Altaraufsatz in Schwüblingsen ist in einen romanischen Kirchenraum verlegt worden.

Maria und Joseph im Stall zu Bethlehem. Im Vordergrund beten offenbar zwei Engel für die heilige Familie.

Die gotischen Altarfiguren aus der ersten Hälfte des 15. Jahrhunderts in der Kapelle in Schwüblingsen sind in einem Schrein neueren Datums eingefügt.

Die gotische Kapelle in Laatzen wurde nach 1945 wieder aufgebaut

Die alte Kapelle in Laatzen an der Alten Rathausstraße gilt als das südlichste Bauwerk der norddeutschen Backsteingotik.[5] Im 13. und 14. Jahrhundert wurden in Norddeutschland und in den Städten der Hanse Kirchen, Ordensburgen, Rathäuser und Stadttore in dieser schlichten Variante des gotischen Stils errichtet. Das bedeutendste Beispiel im Land Niedersachsen ist die Marktkirche zu Hannover, deren Bau 1350 begonnen wurde.

Die Laatzener Kapelle wird 1325 erwähnt. Über den Baubeginn gibt es keine gesicherten Angaben. Im Urkundenbuch des Klosters Marienrode wird unter dem 13. Januar 1325 der Ort „Lathusen" erwähnt. Das Herrengeschlecht dieses Namens veräußerte seinen Besitz in der ersten Hälfte des 14. Jahrhunderts an das Kloster in Hildesheim. Der Ort gehörte mit Döhren und Wülfel zum sogenannten „Kleinen Freien". Das war ein selbstständiger Gerichtsverband. Bis 1671 blieb er eine lüneburgische Enklave und ging dann erst in die Calenberger Herrschaft über.

In dem niedrigen Dachreiter der alten Kapelle, der mit roten Dachziegeln verkleidet ist, hängt eine Glocke. Sie wird als einzige im großen Umkreis noch mit der Hand geläutet.[6]

Während des Dreißigjährigen Krieges wurde Laatzen und seine Kapelle 1625 und 1626 zerstört. Das Gotteshaus wird erst um 1700 als wieder benutzbar erwähnt. In der Nacht vom 22. zum 23. September 1943 zerstörten Bomben das Gebäude. Zehn Jahre später begann der Wiederaufbau. Am 21. März 1954 weihte Landesbischof Lilje die Kapelle wieder ein. Abgesehen von Andachten der Immanuelgemeinde, die eine neue Kirche gebaut hat, wird sie gern für Hochzeiten, Taufen und kleine Feierlichkeiten benutzt. Nach dem Wiederaufbau blieb das Gotteshaus äußerlich fast unverändert.

Die Kapelle in Laatzen an der Alten Rathausstraße gilt als südlichstes Beispiel der norddeutschen Backsteingotik.

Die gotische Skulptur „Maria auf der Mondsichel" ist mit dem Kloster Mariensee durch eine Legende verbunden. Das Bildwerk soll bei einem schrecklichen Leinehochwasser angeschwemmt worden sein und die Nonnen errettet haben.

Der Altar in der Klosterkirche Mariensee

Das geschlossene Viereck der Konventgebäude des Klosters Mariensee umschließt einen stillen Garten. Der achteckige Dachreiter überragt die Gebäude.

Zwei Marienklöster an der Leine

Im Leinetal liegen, nordwestlich von Hannover, zwei Klöster, deren Gründung auf Marienlegenden zurückgeht: Mariensee und Marienwerder. Beide sind nur 20 Kilometer voneinander entfernt. Marienwerder wurde 1928 nach Hannover eingemeindet. Das Kloster gehört nach wie vor zu den fünf vom Allgemeinen Hannoverschen Klosterfonds unterhaltenen Calenberger Klöstern.

Mariensee

Auf der Damenempore der Klosterkirche in Mariensee hängt eine farbig und goldgefasste Skulptur der „Maria auf der Mondsichel". Sie ist nicht nur Namensgeberin des Klosters, sondern wird auch immer wieder mit einer Legende in Verbindung gebracht: Bei einem ungewöhnlich hohen Leinehochwasser, das bis an die Klostermauern reichte, beteten die Frauen um Rettung zur Mutter Gottes. Das Bildwerk wurde daraufhin von den Fluten angeschwemmt und von den Nonnen geborgen. Maria rettete das Kloster.[1] Das Wasser ging zurück. Gegen diese Legende spricht die Datierung der Skulptur. Sie wird dem späten 15. Jahrhundert zugeschrieben. Der Meister ist nicht bekannt. Das Jesuskind auf den Armen der Maria mit seinem Lockenköpfchen mutet orientalisch an, während Maria bäuerliche Züge hat. Das Kind kann später hinzugefügt worden sein.

Das Kloster Mariensee entstand vermutlich zwischen 1207 und 1215 an der heutigen Stelle. Schon 1132 wird es an einem anderen Platz erwähnt. Etwas später gründete Graf Konrad von Roden 1196 das Kloster Marienwerder zum Seelenheil des Geschlechts. Es war von Leinearmen umgeben und lag auf einem Werder mit schmaler Landverbindung.[2]

Nach dem Patrozinium Mariä, dem Schutzverhältnis zur Gottesmutter, entstand der Name Marienwerder. Auch hier erzählt eine Legende, warum der Graf diesen Platz gewählt hat. Einer der vielen Fischer, die es an der fischreichen Leine gab, soll an dieser Leineinsel ein wundertätiges Marienbild gefunden haben. Damit war der Platz festgelegt, obgleich Leinearme den Ort schwer zugänglich machten und er bei jedem Hochwasser bedroht war.[3]

Um 1760 schuf der Barockbildhauer Johann Friedrich Blasius Ziesenis den Taufengel. Er ist ein Kontrast zu den gotischen Bildwerken.

Die Kirche Mariensee lässt zwei Bauphasen erkennen

Die ersten Klausurgebäude in Mariensee waren aus Holz gebaut, nachdem zu Beginn des 13. Jahrhunderts die Zisterzienserinnen an den Ort an der Leine verlegt wurden. Im 14. Jahrhundert ersetzte man die Konventsgebäude durch Steinbauten. Als erster massiver gemauerter Bau ist die Klosterkirche vermutlich gegen Mitte des 13. Jahrhunderts begonnen worden. Zunächst wurden die Apsis mit den beiden anschließenden Jochen gebaut. Die Grundrisse sind nach der romanischen Bauregel quadratisch. Das Westjoch, im ersten Drittel des 14. Jahrhunderts gebaut, zeigt die gotische Fensterteilung.

Wie die Zisterzienser-Nonnenkirchen im Allgemeinen, ist die Klosterkirche Mariensee als einschiffiger Backsteinbau angelegt. Der Ostchor hat einen fünfseitigen Ostschluss. Das Gotteshaus hatte einen kleinen Dachreiter als Glockenträger. Er ist im Laufe der Jahrhunderte mehrfach verändert worden. Der heutige ist nach dem Umbau 1867/68 unverändert geblieben.

Die Restaurierung der Klosterkirche Mariensee unter dem Landbaumeister Steffen, durch Konsistorialbaumeister Conrad Wilhelm Hase und seinen Mitarbeiter, den Architekten Wilhelm Meßwarb, gelang ohne Stilbruch. Das war in den Jahren 1867 und 1868. Vorher hat es jedoch in der Barockzeit eine wesentliche Änderung, zumindest im Innenausbau, gegeben. In der Zeit von 1726 bis 1729 entstand der Konvent des Klosters in seiner heutigen Form. Mariensee war das erste Calenberger Kloster, das im 18. Jahrhundert als geschlossenes Viereck erneuert wurde. Ein umlaufender Gang erschließt seither alle Wohnungen der Konventualinnen und der Äbtissin.[6]

Von dem barocken Innenausbau der Klosterkirche ist die Orgel erhalten geblieben. Sie wurde dadurch „gerettet", dass die Gemeinde Dudensen sie um 1870 übernahm. Diese liegt wenige Kilometer nordwestlich von Mariensee. Es ist eine bedeutende Orgel des Meisters Johann Andreas Zuberbier und sie wird noch heute gespielt. Die Orgel war in Mariensee das „dritte Stockwerk" des barocken Kanzelaltars, der im Chor der Marienseer Kirche hoch aufragte. Noch eine weitere Erinnerung an die Barockzeit ist zu sehen: Unter der heutigen Orgelempore hängt ein Taufengel. Er ist vermutlich dem Bildhauer Johann Friedrich Ziesenis zuzuschreiben.

Bei dem Umbau und der Restaurierung der Klosteranlagen wurden außen und innen Veränderungen vorgenommen. Sie gingen im Allgemeinen auf die Formen zurück, die vor der Barockzeit üblich wa-

---

Wer war Maria?

Das dritte Konzil zu Ephesos hat im Jahre 431 beschlossen, Maria als Mutter Gottes zu verehren. Seither gilt sie als bedeutendste Heilige der katholischen Kirche.[4]

Ephesos war der Sterbeort der Maria. In aller Welt sind ihr Kultstätten und Altäre geweiht. Auch in unserem Landstrich wurden nach der Christianisierung viele der frühesten Kapellen nach ihr genannt. Manche sind verschollen, andere haben nach der Reformation den Namen geändert. Die früheste Marienkapelle soll an der Stelle des heutigen Doms zu Hildesheim im Jahre 815 durch Ludwig den Frommen erbaut worden sein.[5]

Maria ist im Neuen Testament als Mutter des Jesus von Nazareth genannt. Nach der katholischen Lehre war und blieb sie Jungfrau und wurde von Gott vor allen Menschen ausgezeichnet. Nach Matthäus gehörte sie zur christlichen Urgemeinde in Jerusalem. Der Name Maria entspricht dem hebräischen Mirjam und war damals ein häufig vorkommender Frauenname.

Die wunderbare Geburtsgeschichte wird in zwei voneinander unabhängigen literarischen Fassungen bei Matthäus und Lucas berichtet. Außerhalb des Neuen Testaments kommt sie erst bei Ignatius von Antiochien vor, der 107 nach Christi geboren wurde. Nach Matthäus und Lucas stammte nicht Maria, sondern Joseph von König David ab.

---

ren, das heißt, der frühere Zustand wurde rekonstruiert, soweit Erfahrungswerte vorlagen. Der neugotische Hauptaltar ist ein typisches Merkmal Hase'scher Architektur.

Das gilt auch für die Kanzel, die auf einem Ständer aus Stein steht. Das Altarbild in der Mitte wurde von Hofmaler Carl Oesterley geschaffen. Das bemerkenswerte Abendmahlsrelief stammt von dem hannoverschen Bildhauer Georg Ludwig Heertzig.

An der westlichen Giebelseite der Kirche ist noch erkennbar, dass sie ehemals frei gestanden hat. Über die barocken Um- und Anbauten und über die Einrichtung aus jener Zeit ist wenig überliefert. Die fotografische Dokumentation war noch nicht erfunden, und die Baumeister haben vor ihren Eingriffen von dem Zustand der Bauwerke selten Zeichnungen hinterlassen.

Die Klosterkirche Mariensee, Blick nach Osten. Bevor Hase 1868 den Gebäudekomplex erneuerte und umbaute, war der Chor durch einen dreistöckigen Kanzelaltar ausgefüllt.

Orgeln seit dem 8. Jahrhundert

Als beherrschendes Instrument der Kirchenmusik kam die Orgel seit dem 8. Jahrhundert über Byzanz in das Abendland. Um 1250 erfanden Orgelkünstler die Einteilung in Register und im 15. Jahrhundert entwickelten sie eine Mechanik, die es erlaubte, das Instrument fließend zu spielen. Die Namen alter Orgelbauerfamilien sind noch heute ein Begriff. So werden beispielsweise die Instrumente der Familie Silbermann (Andreas 1678 bis 1734, Gottfried 1683 bis 1736) als Kunstschätze gehütet und gepflegt.

Im hannoverschen Raum arbeitete Christian Vater Ende des 17. Jahrhunderts als Orgelbauer. Zur gleichen Zeit baute Joseph Willenbrock seine Orgeln für Kirchen in der Umgebung der Residenzstadt.[7] In der zweiten Hälfte des 18. Jahrhunderts war Johann Andreas Zuberbier aus Rinteln ein berühmter Orgelbaumeister des Barock. Neben der noch gespielten Orgel aus Mariensee, die jetzt in Dudensen gespielt wird, baute er unter anderem Instrumente für die Kirchen in Wennigsen (1753), Goltern (1752), Barsinghausen (1777) und Gehrden (1777).

Zusätzlich zu Pfeifenwerk, Tastatur und Übertragungsmechanik wird der Gesamteindruck der Orgel durch den Prospekt bestimmt. Er fügt das Instrument je nach dem Zeitgeschmack harmonisch in den Kirchenraum ein.

Johann Andreas Zuberbier schuf die Orgel, die 1754 bis 1870 in der Klosterkirche aufgestellt war. Dann kam sie nach Dudensen.

Nach den Regeln der Zisterzienser

Die Nonnen in Mariensee lebten nach den Regeln des Zisterzienserordens. Er war um 1098 als benediktinischer Reformorden gegründet worden. Dem ursprünglichen Mönchsorden wurde um 1132 ein weiblicher Zweig angegliedert.[8] Charakteristisch für Zisterzienser war eine ausgedehnte und fortschrittliche Landwirtschaft. Die Klosterfrauen lebten zwar nach den Regeln des Ordens, hatten es in mancher Hinsicht aber leichter als die Mönche. So wurde ihnen innerhalb des Konvents nicht nur ein heizbarer Raum zugebilligt, sondern ihnen wurden auch Ausnahmen zu den Männerregeln zugestanden.

Die Frauenklöster in Calenberg unterstanden nicht dem Ordenskapitel (Generalversammlung des Ordens), sondern dem Diözesanbischof. Das war für Mariensee der Bischof von Minden. Ehelosigkeit und Bindung auf Lebenszeit waren im Mittelalter unabdingbare Voraussetzungen für das Klosterle-

In der kleinen Dorfkirche in Dudensen wird noch das wertvolle Barockinstrument von Zuberbier gespielt.

Von der ehemals dreischiffigen Basilika der Klosterkirche Marienwerder ist nach vielen Veränderungen im Lauf der Zeit nur das Mittelschiff verblieben.

ben. Darin unterschieden sich die Klöster von den Kanonissenstiften, wie zum Beispiel Wunstorf.

Schon in der Frühzeit gab es die Bezeichnung Konventualin, die noch heute gültig ist. Das Wort hat keine religiöse Bedeutung, sondern bezeichnet die Mitgliedschaft in einem Konvent, einer Lebensgemeinschaft im christlichen Sinn. Adlige Töchter überwogen in der Frühzeit bei der Zusammensetzung der Konvente, aber bürgerliche waren nicht ausgeschlossen.

Von der romanischen Basilika in Marienwerder blieben nur die Außenmauern

An der Westwand im Inneren der Klosterkirche Marienwerder ist ein Schriftstein eingelassen. Er sagt in gotischen Minuskeln (Kleinbuchstaben) aus: „Im Jahre 1196 ist das Kloster gegründet. Im Jahre 1476 ist dieser Chor gebaut". Die Konventgebäude und das Klostergut sind seit der Gründungszeit mehrfach den Flammen zum Opfer gefallen. Die Kirche blieb weitestgehend verschont. Auf diese Weise sind die Außenmauern erhalten geblieben. Zahlreiche Um- und Änderungsbauten haben das Innere verändert.

Das ehemalige nördliche Seitenschiff wurde abgebrochen. Runde Arkadenbögen (innen) und Bauspuren (außen) zeigen die Lage an. Das südliche Seitenschiff ist durch eine Trennmauer abgesondert. Es hat die Sakristei, einen Durchgang zum Klostergang und neben der Damenempore zwei Treppenhäuser aufgenommen. Alle tragenden Elemente an den Emporen und in den Querhausarmen am Westende des Schiffes stammen aus der Erneuerungszeit von 1858 bis 1861. Aus dieser Epoche stammt auch die Innenausstattung: die Kanzel, die Taufe, der Altartisch und das Gestühl.

1853 hatte der damalige Pastor in einer Eingabe an die königliche Klosterkammer die Kirche als verkommen, verfallen und in einem unwürdigen Zustand befindlich bezeichnet. Sowohl Oberhofbaumeister Georg Ludwig Laves als auch Konsistorialbaumeister Conrad Wilhelm Hase fertigten Zeich-

Unterhalb der romanischen Fenster der Klosterkirche Marienwerder ist das ehemalige Seitenschiff abgebrochen worden. Das Querschiff blieb in der ursprünglichen Form erhalten.

Auf dem so genannten Triumphbalken über dem Chor der Klosterkirche Marienwerder steht eine bedeutende Kreuzigungsgruppe. Ein niederdeutscher Meister schuf sie um 1350.

nungen zur Vorbereitung einer Restaurierung an. Sie wurde 1858 unter Oberlandbaumeister Comperl begonnen und unter seinem Amtsnachfolger Vogell vollendet. Orgeleinbauten sind bekannt von 1679, 1713, 1818, 1860, 1881 und 1972.

Im Kirchenschiff und im Klostergang sind zahlreiche Epitaphien angebracht. Die ältesten sind die der Ritter Johannes von Alten und Volkmar von Alten. Sie starben 1325 beziehungsweise 1330 und sind als jugendliche Helden dargestellt. Im Klostergang fällt die rautenförmige Grabplatte der Priorin Clara Eleonora von Ilten auf. Der Stein ist 3,2 Meter hoch. Die Priorin ließ ihn 1694, 17 Jahre vor ihrem Tod, anfertigen. Sie wird dem Bildhauer Hans Jacob Uhle zugeschrieben.

Eine Kreuzigungsgruppe beherrscht die Hauptapsis

Das Innere der Klosterkirche wird von einer Kreuzigungsgruppe beherrscht. Sie ist ein bedeutendes Kunstwerk, das einem unbekannten niederdeutschen Meister der zweiten Hälfte des 13. Jahrhunderts zugeordnet wird. Es steht hoch über dem Chor auf dem Triumphbalken. Das hochaufragende Kreuz in der Mitte mit dem leidenden Christus ist

Ungewöhnlich groß ist das Epitaph der Priorin Clara Eleonora von Ilten. Der Stein ist 1694 datiert und misst 3,2 Meter in der Höhe.

Der Chor der Klosterkirche Marienwerder wurde nach alten Vorbildern neu ausgemalt. Aus dieser Zeit stammen auch die farbigen Glasfenster. Sie stellen eine Beziehung zwischen alt- und neutestamentlichen Geschehnissen her.

gotischen Typs. Links steht Maria auf einem Drachen. Damit wird der Sieg über die Erbsünde symbolisiert. Johannes an der rechten Seite stützt klagend sein Gesicht mit der rechten Hand.

Die Kreuzigungsgruppe kam nach der Restaurierung 1876 in das Welfenmuseum nach Hannover-Herrenhausen und später in das Niedersächsische Landesmuseum. Als sie 1961 nach Marienwerder zurückgebracht wurde, stand sie zunächst auf dem schlichten Altartisch. Auf dem Triumphbalken wurde sie schließlich wieder aufgestellt, weil die Gruppe vor den farbigen Fenstern in der Apsis nicht zur Geltung kam.

Das Gotteshaus in Marienwerder war Gemeindekirche nicht nur für den Ort, sondern auch während langer Zeiträume für Garbsen und Stöcken, als diese benachbarten Siedlungen noch keine eigenen Kirchen hatten.

Marienwerder war der Aufsicht durch den Bischof von Minden unterstellt. Das Kloster war anfangs mit Augustiner-Chorherren besetzt. Im ersten Jahrzehnt des 13. Jahrhunderts waren es sieben Mönche und drei Konversen (Laienbrüder). Hermann von Lerbeck, der Chronist der Mindener Bischöfe, berichtet im 14. Jahrhundert, dass die Mönche 1214 wegen ihres wenig gottgefälligen Lebens das Kloster verlassen mussten. An ihrer Stelle holte man aus dem Kloster Obernkirchen Augustiner-Chorfrauen. Als nach und nach immer mehr heimische Jungfrauen beitraten, begrenzte die Priorin ihre Zahl auf 60.

Als nach dem Einmarsch napoleonischer Truppen in Niedersachsen Anfang des 19. Jahrhunderts die katholischen Klöster aufgehoben, verstaatlicht oder verkauft wurden, blieben die meisten evangelischen Damenklöster als Stifte weiterhin bestehen, bis auf z. B. Stift Börstel, welches von 1811 bis 1813 aufgehoben war.

Der Hinüber'sche Klostergarten war lange Zeit berühmt

Nach dem Dreißigjährigen Krieg stellte Herzog Georg aus der lüneburgischen Linie des Welfenhauses die Klostergüter unter die Verantwortung eines Verwalters. Er war dem Landesherrn direkt verantwortlich und sollte für strenge wirtschaftliche Führung sorgen. Unter den Verwaltern in Marienwerder hat sich der Sohn des hannoverschen Postmeisters Andreas Hinüber, Jobst Anton von Hinüber, besonders hervorgehoben. Er begann 1761, den Klostergarten in einen Landschaftspark umzugestalten. Der Hinüber'sche Garten im englischen Stil ist noch heute in wesentlichen Teilen erhalten und eine Sehenswürdigkeit geblieben. An Stelle geometrischer Aufteilung, wie sie in Barockgärten üblich war, ließ von Hinüber gewundene Wege, Teiche und Wasserläufe anlegen. Bäume bildeten Gruppen, mit denen die Landschaft gegliedert wurde. Sohn und Enkel des Gartenbauers führten das Werk weiter. Die Hinübers verwalteten das Klostergut drei Generationen lang.

Bis zur Wende unseres Jahrhunderts war die so genannte Königseiche eine botanische Sehenswürdigkeit. Ihr Alter soll mehr als 800 Jahre gewesen sein, der Umfang 6,5 Meter betragen haben. Laves hat sie 1849 gezeichnet. Eine Lithografie dieser Zeichnung hängt im Konventsaal des Klosters.

Die Zeichnung der früheren Königseiche im Klosterpark stammt von Georg Ludwig Laves. Er zeichnete den Baum 1849. 50 Jahre später stürzte er um.

Die Sievershäuser Kirche ist bei einem Umbau um 12 Meter verlängert worden. Das Storchennest auf dem Schornstein der Sakristei ist seit vielen Jahren nicht besetzt.

In einem Jahrtausend vier Kirchen in Sievershausen

Der tausendjährigen Geschichte des Kirchenortes widmete die Gemeinde St. Martin 1988 eine Ausstellung. Sie zeigte in Modellen, Plänen, Grafiken und statistischen Ausarbeitungen die bauliche Entwicklung der Kirche. Vier Gotteshäuser haben nacheinander den Gläubigen zur Verfügung gestanden. Die kleineren wurden bei der Erweiterung in den Neubau mit einbezogen. Altes Material wurde wiederverwendet. Der Turm steht seit etwa 1300 an der gleichen Stelle.[1]

Bei der Erneuerung des Außenputzes der Nordwand im Jahre 1952 kam nach den Forschungen von Dr. Johannes Sommer eine „steinerne Chronik" zutage. Sommer stellte fest, dass die erste Kirche in Sievershausen nicht erst im 12. Jahrhundert gebaut wurde, sondern schon im zehnten oder elften. Sie war etwa sechs mal acht Meter groß und lag quer im heutigen Saal. In seiner nördlichen Mauer stecken noch die ältesten Steine. Ihre Lage und der ohne Mörtel hergestellte Verbund in den Fundamenten weisen auf die frühe Entstehung hin.[2] Urkunden bestätigen das Alter des Kirchenortes Sievershausen von mindestens 1000 Jahren. Bischof Gerdag von Hildesheim hat im Jahre 990 dem Domkapitel aus seinen eigenen Gütern in „Sighebrecteshusen" mehrere Hofstellen geschenkt. Es ist zwar nicht erwiesen, ob dieser Ort mit Sievershausen identisch ist, kann aber angenommen werden. Sievershausen hieß früher „Syverdishusen", abgeleitet von „Syverd", Siegfried.[3]

Von Wettmar bis Wipshausen

In den ersten Jahrhunderten, nach der Gründung des Bistums Hildesheim im Jahre 815 und dem Bau von immer mehr Niederkirchen, lag die Verwaltung der Diözese in den Händen des Bischofs. Er beauftragte jeweils den Vorsteher der Diakone (Archidiakon) an der Domkirche mit Vertretungsaufgaben und Visitationsreisen. Sie dienten der Überwachung von Priestern und Laien. Bei der steigenden Zahl der Menschen und ihrer Kapellen reichte das gegen Ende des zehnten Jahrhunderts nicht mehr aus. Bischof Bernward (Amtszeit von 993 bis 1022) führte den „Archidiakonat jüngerer Ordnung" ein.[4]

In einer Urkunde aus dem Jahre 1022 haben 17 Archidiakonatsvertreter als Zeugen unterschrieben. Es gab also zu dieser Zeit mindestens 17 Archidiakonate im Bistum Hildesheim. In der zweiten Hälfte

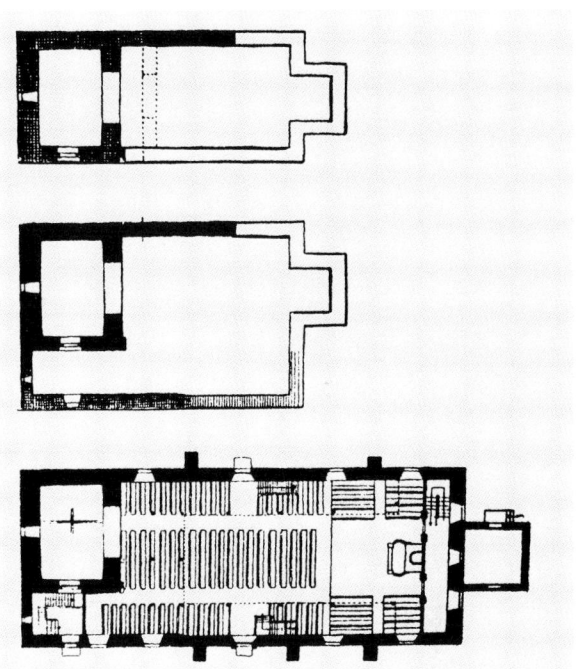

Dr. Johannes Sommer hat die Entwicklung der Sievershäuser Kirche rekonstruiert: Oben die romanische, punktiert eingezeichnet der Umriss der ursprünglichen Kapelle um das Jahr 1000, innerhalb der nachgewiesenen um 1300. In der Mitte die erweiterte Kirche 1688 und unten die heutige Größe nach dem Ausbau 1819.

des 12. Jahrhunderts werden 41 Orte als Sitz von Archidiakonen genannt. Darunter Sievershausen und Burgdorf. Das letzte wurde jedoch bald aufgelöst und an Sievershausen angegliedert. Dazu gehörten Uetze, Burgdorf, Kirchhorst, Wettmar, Edemissen, Eickenrode, Eddesse und wahrscheinlich auch Burgwedel. Die Dörfer Eltze, Wipshausen, Vöhrum, Mehrum und Hohenhameln waren gegenüber der Kirche abgabepflichtig und müssen demnach zum Bezirk der Taufkirche Sievershausen gehört haben.

Die Bauentwicklung

Die zweite Kirche von Sievershausen, ein romanischer Bau, ist vor dem Jahre 1300 errichtet worden. Die erste Kapelle wurde nach Westen erweitert und durch einen Turm mit rechteckigem Grundriss ergänzt. Der Unterbau des Turms lässt deutlich romanische Elemente erkennen. Er ist allerdings im Sockelbereich verputzt. 1870 baute der Konsistorialbaumeister Hase ein Backsteingeschoss mit kreuzförmigem Giebel darauf. Unter seinen neugotischen

Nach 1876 kam die Räderuhr mit Gewichtsantrieb in den Turm.

Schalllöchern sind noch die romanischen Turmöffnungen aus der Bauzeit sichtbar geblieben.

Es ist überliefert, wie die alte Kirche ausgesehen hat. Auf dem zeitgenössischen Gemälde von der „Schlachtung vor Sievershausen" im Jahre 1553 ist sie abgebildet. Das Dokument hängt in der Turmhalle und wurde von einem zeitgenössischen Maler geschaffen. Der Kirchenkörper war klein und niedrig. An seiner Südseite war eine unterirdische Beinkammer angegliedert. Auf den Fundamenten dieser Beinkammer wurde bei einer Erweiterung 1688 die Südmauer des Schiffes errichtet.

Die heutige Kirche entstand 1819. Anfang des 19. Jahrhunderts war das Gotteshaus zu klein geworden. Zur Erweiterung wurde die Ostwand abgebrochen und der Saal um 12 Meter verlängert. Nord- und Südmauern mussten mit starken Stützpfeilern verstärkt werden, um den Druck des Daches abzufangen. Der Urheber des klassizistischen

Auch der Orgelprospekt in der Kirche in Sievershausen wurde 1876 eingebaut.

Die Kirche Johannes-der-Täufer in Uetze ist nach dem großen Brand im Ort von Hase wieder aufgebaut und 1867 eingeweiht worden.

Innenausbaues ist nicht bekannt. Die Emporen an Nord- und Südwand sind bis fast zur Altarebene vorgezogen. Sie stehen auf hölzernen runden Stützen.

Vier korinthische Säulen fassen den Altar und den darüber angebrachten Kanzelkorb ein. Ein kräftiges waagerechtes Gesims und ein flacher Giebel schließen die Altarwand ab. Balustraden aus gedrechselten Säulen begrenzen den Altarraum und die kleine Galerie über den bogenförmigen Durchgängen zu beiden Seiten. Alle Wandflächen des Innenraums sind ohne Schmuck. Die Sachlichkeit der Innenarchitektur wird durch die Gestaltung in Weiß, Grün und Gold harmonisch betont. Das Kirchenschiff wurde zuletzt 1970 neu ausgemalt. Sievershausen wurde 1530 unter Herzog Ernst dem Bekenner evangelisch. Der erste Prediger hieß Johannes Harden, vorher Amtmann in Peine. Mit der Reformation erlosch das Archidiakonat. 1723 wurde Sievershausen Superintendentur. Als 1966 die kirchliche Gliederung den politischen Grenzen angepasst wurde, erlosch der Sitz des Superintendenten.[5]

Johannes der Täufer steht wieder im Chor der Kirche in Uetze

Bei der Renovierung der evangelischen Kirche in Uetze hatte Pastor Otfried Gelin Einblick in eine Urkunde von 1313. Darin wird berichtet, dass Johannes de Stedere in Uetze der Kirche „St. Johannis baptiste" daselbst einen Hof verkauft hat. Das Gotteshaus war demnach Johannes dem Täufer geweiht. Offenbar ging der Name nach der Reformation verloren. Das veranlasste Gelin, den Namen „Johannes-der-Täufer-Kirche" zu beantragen. Ab 1965 heißt das Gotteshaus offiziell so.

Seit 1988 steht der Täufer als ausdrucksvolle Skulptur am südlichen Chorpfeiler auf einem sechsfach verjüngten Sockel. Die Figur ist 125 Zentimeter hoch. Der Heilige trägt das Lamm im linken Arm, er blickt in die Gemeinde. Die Plastik wurde von dem Münchener Bildhauer Edmund Moroder geschnitzt, die Uetzer Restauratorin Christel Walter hat sie farbig gefasst.[7] Sie ist einer alten Figur des Moses angepasst, die gegenüber am nördlichen Chorpfeiler steht und die gleiche Größe wie der Täufer hat. Die rechte Hand weist auf die Gesetzestafeln. Die hochdeutsche Inschrift ist inzwischen wieder in Plattdeutsch übertragen, so wie sie früher war.

Die Mosesstatue hatte schon in der ehemaligen Kirche ihren Platz. 1676 berichtet Pastor Andreas Reinbeck, dass Moses mit plattdeutschen Gesetzestafeln

1553 zum ersten Mal Feuerwaffen

Mittelbar im Zusammenhang mit Reformation und Gegenreformation wurde am 9. Juli 1553 bei Sievershausen eine blutige Schlacht geschlagen. Ein zeitgenössisches Ölbild an der Nordwand der Turmhalle in der Kirche von Sievershausen rekonstruiert das Ereignis.

In der Schlacht sollen mehr als 5 000 Soldaten den Tod gefunden haben. Es soll das erste Treffen gewesen sein, bei dem Feuerwaffen in großer Zahl eingesetzt wurden.

Von dem Religionskrieg 1546 blieb Sievershausen weitgehend verschont. Bei der berüchtigten „Schlachtung von Sievershausen" ging es nur in zweiter Linie um protestantische und katholische Interessen. Die Machtverteilung im Reich war der Hauptgrund, der den Kurfürsten Moritz von Sachsen und den Markgrafen Albrecht von Brandenburg-Kulmbach aufeinandertreffen ließ.[6]

Moritz hatte als protestantischer Fürst im Schmalkaldischen Krieg zunächst auf der Seite des katholischen Kaisers gekämpft, wurde ab 1548 dessen Gegner und stritt für die protestantische Sache und für seine eigene Macht. Er fiel am 9. Juli 1553 an der Seite des Welfen Friedrich von Lüneburg.

Auf dem Schlachtengemälde von 1553, das in der Turmhalle in Sievershausen hängt, ist das Aussehen der Kirche von 1300 überliefert.

Johannes der Täufer im Chor der Uetzer Kirche ist 1988 in Größe und Fassung nach dem alten Mosesbild geschnitzt worden.

Moses, geschnitzt von dem Münchner Bildhauer Edmund Moroder.

Nach dem Umbau der Kirche in Uetze 1963 wurde vor dem Altar ein Freiraum geschaffen. An den Säulen links und rechts sind die beiden Plastiken von Johannes und Moses befestigt.

zum Inventar gehörte.[8] Die Plastik überlebte das Feuer von 1863, von dem noch zu berichten ist, denn sie wurde nach dem Neubau des Gotteshauses 1837 nicht wieder aufgestellt.

Die Johannes-der-Täufer-Kirche ist das vierte Kirchengebäude in Uetze. Es wurde zwischen 1863 und 1867 von Conrad Wilhelm Hase erbaut. In der Außenmauer sind noch Teile von der Vorgängerkirche enthalten. Ludwig Hellner hatte sie 1837 vollendet.[9] Die Brandkatastrophe vom 21. April 1863 zerstörte sie 26 Jahre nach ihrer Einweihung. Außer der Kirche und zwei Schulen brannten das Pfarrhaus, 84 Gehöfte und die Wassermühle ab.

„Utisson" ist 1022 erwähnt worden

Das Dorf „Utisson" wird in einer Urkunde aus dem Jahre 1022 erwähnt. Ob der Ort nach dem Geschlecht derer von Uttensen oder Utissen genannt ist, oder das Geschlecht nach der Siedlung, ist unklar. Ein Jahrhundert später taucht der Name im Zusammenhang mit Besitzungen des Michaelisklosters zu Hildesheim auf. Zu dieser Zeit hat es wahrscheinlich eine Kapelle im Ort gegeben, denn Bischof Hartbert nennt 1215 einen Priester Conrad von Uetze als Zeugen. Die erste Kirche „St. Johannis baptiste" hat 1313 bestanden. Die folgenden 250 Jahre der Kirchengeschichte liegen im Dunkeln. Erst im Zusammenhang mit der Schlacht bei Sievershau-

Der Prospekt der Orgel in der Uetzer Kirche weist auf den Einfluss des Baumeisters Hase hin.

sen wird sie erwähnt.[10] Dabei zerstörten die Krieger Teile der Kirche, brachen die Altarkiste auf und stahlen kostbares Gerät. 1562 wurde ein hölzerner Glockenturm gebaut und eine Schlaguhr angeschafft. Dieser Turm wurde 1618 durch einen massiven Bau ersetzt, er war hoch und mit Schiefer gedeckt. Die älteste bei uns bekannt gewordene Räderuhr mit Gewichtantrieb und Hemmrad ist 1368 als Turmuhr in Breslau genannt. Schon 1419 gab es in Olmütz eine Uhr mit Orts- und Sternzeit, Mondphase und Planetenstand.[11]

Im 18. und zu Beginn des 19. Jahrhunderts plante die Uetzer Bevölkerung immer wieder den Neubau eines Gotteshauses. Das vorhandene war durch die Bevölkerungsentwicklung viel zu klein geworden. Uetze war 1695 zum Marktflecken erklärt worden. Dadurch wurde die Entwicklung gefördert.

Der siebenjährige Krieg (1756) und die Freiheitskriege (1813) sowie deren Nachwirkungen hatten zur Folge, dass der Neubau von Generation zu Generation verschoben werden musste. 1837 war es endlich soweit, dass die alte Kirche abgebrochen und am gleichen Platz eine neue im klassizistischen Stil durch Konsistorialbaumeister Ludwig Hellner gebaut wurde. Im rechteckigen Chorraum stand ein hölzerner Kanzelaltar.

Eine Gedenktafel vor der Kirche erinnert an das Beileid des Königshauses für die schwer getroffene Gemeinde.

Der König half den Brandopfern

Bis 1603 waren die Herren von Saldern Kirchenpatrone. Dann gingen Gut und Patronat in den Besitz von Herzog Ernst August von Braunschweig und Lüneburg über. Die enge Bindung an das Welfenhaus erklärt die Sorge König Georg V. um Uetze nach dem Brandunglück am 21. April 1863. Am Dienstag, um 8 Uhr morgens, trieb ein heftiger Wind Brandschwaden über das Dorf. An seiner Westseite war durch Funkenflug ein Haus an der Schmiedestraße in Brand geraten. Die zum Teil mit Stroh gedeckten Häuser gingen so schnell in Flammen auf, dass Helfer und Retter das Feuer nicht eindämmen konnten.

Trotz aller Bemühungen kamen zwei Menschen im Feuer um, ebenso zahlreiche Tiere. 555 Personen wurden obdachlos. Die Kirche brannte völlig aus, die Ausstattung ging verloren und auch viele Güter, die zu Beginn des Feuers hinter den dicken Mauern „in Sicherheit" gebracht worden waren, waren nicht mehr zu retten. Schon am nächsten Tag kamen aus den Nachbardörfern auf vielen Wagen Hilfsgüter und Nahrung für Mensch und Tier. Das Kriegsministerium in Hannover stellte 80 Zelte und 500 Decken zur Verfügung.

König Georg V. besichtigte mit Kronprinz Ernst August am 3. Mai 1863 Ort und Kirche. Er spendete 100 Louisdor als Soforthilfe und beurlaubte sechzig Uetzer Burschen vom Militärdienst zur Hilfeleistung.

Vier Jahre Bauzeit

Ein halbes Jahr nach der Katastrophe legte der Baumeister des Konsistoriums in Hannover, Conrad Wilhelm Hase, die Pläne für die neue Kirche vor. Nach vier Jahren, am 22. Juli 1867, weihte Superintendent Freytag aus Sievershausen sie ein. Hase baute die Kirche nicht nur neu auf, er musste sie auch erweitern. Der halbkreisförmige Chorraum kam hinzu, das Schiff musste hochgezogen und wieder eingewölbt werden. Typisch für Hase sind die hohen gemauerten Stützpfeiler und das sorgfältig ausgearbeitete Holzwerk der Emporen. Der Turm erhielt seine heutige Höhe von 54 Metern. Die Kirche in Uetze wurde 1963 noch einmal grundlegend renoviert. Dabei verlegte die Gemeinde den Eingang von der Südseite des Schiffes in den Turmsockel. Die Sakristei wurde aus dem Chor herausgenommen und die Emporen gekürzt. An der Ostseite entstand dadurch vor dem Altar ein großzügiger freier Raum.

In Hänigsen vergingen 100 Jahre zwischen Plan und Erweiterungsbau

Schon 1859 hatte die St. Petri-Kirche in Hänigsen von der Realgemeinde 2 000 Reichstaler zum Neubau des

Bei der Renovierung und Erweiterung der St. Petri-Kirche in Hänigsen veränderte sich das Kirchenschiff. Der ehemals sehr farbige Anstrich mit Ornamenten und Blumen wurde durch schlichte Farbgebung ersetzt.

Der Taufstein aus dem Jahre 1590 hat von 1722 bis 1964 nicht im Chor der Kirche gestanden.

Gotteshauses erhalten. Das Geld stammte aus dem Verkauf einer größeren Menge Holz. Die Pläne hatten aber 50 Jahre in den Schubladen geruht, weil es an Geld mangelte. Darüber hinaus gab es Widerstände gegen den Abriss der alten Kirche.[12] Erst am 4. Dezember 1910 begründete der damalige Pastor Meyer einen Spendenaufruf an die Gemeinde mit den Worten: „Unsere Kirche befindet sich in einem Zustand, der für ein Gotteshaus nicht würdig ist".

Im gleichen Jahr bat der Kirchenvorstand den Konsistorialbaumeister Professor Karl Mohrmann in Hannover um ein Gutachten. Mohrmann lehnte den Abbruch der alten Kirche ab. Sie sei noch mindestens 50 Jahre lang für die Gemeinde ausreichend, stellte er fest. Das Gotteshaus müsse allerdings würdig hergerichtet werden. Das war der Gemeinde zu wenig. Pastor Meyer schrieb an den Landrat in Burgdorf, dass zwar Spenden und Eigenkapital vorhanden seien, aber um finanzielle Hilfe gebeten werde.

Der Konsistorialbaumeister lehnte den Abbruch erneut ab, merkte jedoch an, dass eine Vergrößerung an der Südseite des vorhandenen Kirchenschiffes denkbar sei. Damit könne die Gemeinde zusätzlich 200 Plätze schaffen. Gegen den Abbruch des denkmalwürdigen Gebäudes wandte sich 1913 auch der Provinzialkonservator in Lüneburg. Unverdrossen sammelte die Gemeinde weiter Geld an, um gerüstet zu sein, falls der Neubau doch noch genehmigt würde.

Das Kapital ging als Kriegsanleihe nach 1914 und durch die Inflation Anfang der zwanziger Jahre verloren. Es reichte 1928 nur zu einer neuen Ausmalung. Die Erweiterung begann erst 35 Jahre später. 1963/64 wurde das Kirchenschiff nicht, wie ursprünglich vorgesehen, an der Südseite erweitert, sondern an der Ostseite entstand ein sieben Meter langer Anbau. Chor und Kanzel fanden hier ihren Platz. Am 6. November 1964 weihte Landesbischof Peters aus Celle die erneuerte St. Petri-Kirche in einem feierlichen Gottesdienst ein.

Manche Bürger haben nach dem Umbau den Anblick des Gotteshauses kritisiert. Sie beklagten, dass die großen Eichen auf dem Kirchhof und die umgebende Ziegelmauer verschwunden sind. Außerdem sei der Anbau aus hellen Kalksteinen errichtet und nicht dem Raseneisenstein des alten Gebäudeteils angepasst.

Das Innere des Gotteshauses ist schlicht gestaltet. Der ehemals farbige Anstrich mit Ornamenten und Blumen musste der weiß-grauen Farbe weichen. Kanzel und Taufbecken sind dadurch hervorgehoben. Der vorreformatorische Schnitzaltar ist restauriert worden. Er kam 1663 in die Kirche. Unbekannt bleibt, wo er vorher gestanden hat und wo die Seitenflügel des ehemals dreiteiligen Aufbaus geblieben sind. Die Ornamente der Umrahmung des Altars sind vermutlich in der Barockzeit hinzugefügt worden. Sie sind denen vergleichbar, die an der 1723 gebauten Kanzel zu finden sind.

Aus der alten Einrichtung des Gotteshauses ist das achteckige Taufbecken geblieben. Es ist auf 1590 datiert, wurde bei der barocken Erneuerung herausgenommen und in den Pfarrgarten gestellt. Ein aufgehängter Taufengel übernahm die Funktion. Seit 1964 steht das alte Becken wieder im Chor. Die Umschrift auf dem Rand besagt: „Godt maket uns salich dorch dat Badt der Wedergebordt. ad Tit. 3."[13]

Nach dem Lehnsregister der Herren von Meinersen gab es in Hänigsen um 1274 schon eine Kirche. Der älteste Teil des Gebäudes aus Raseneisenstein entstand 1475. Schon 1558 kam eine Uhr in den Turm. Eine Schlagglocke wurde 1649 aufgehängt. Ihre Umschrift erinnert die Menschen daran, dass jede Stunde des Lebens die letzte sein kann. Als Hänigsen Ende des 30-jährigen Krieges 1648 eingeäschert wurde, blieb auch das Gotteshaus nicht verschont.

Um sieben Meter wurde die Kirche in Hänigsen nach Osten verlängert. Viele Hänigser bedauern die Verwendung unterschiedlichen Materials.

Auf dem Altartisch steht das farbig gefasste Mittelstück eines Schnitzaltars. Es kam 1663 in das Gotteshaus. Der Verbleib der Flügel ist nicht bekannt.

300 Jahre nach der Reformation kamen wieder Katholiken in das Calenberger Land

In allen Kirchen in unserem Land feierten die Christen vor der Reformation die Heilige Messe. Nachdem Martin Luther am 31. Oktober 1517 seine 95 Thesen am Portal der Schlosskirche zu Wittenberg angeschlagen hatte, dauerte es in den welfischen Ländern mehrere Jahrzehnte, bis die neue Lehre durchgesetzt war.

Als erstes Kirchspiel führte Burgdorf nach den vorliegenden Berichten im ehemaligen Landkreis Hannover die Reformation ein. Das war 1526. Das benachbarte Sievershausen folgte 1530, Lehrte wahrscheinlich 1531.

Im lüneburgischen Teil der Region erließ Herzog Ernst, genannt der Bekenner (Herzog von Lüneburg von 1521 bis 1546), das „Artikelbuch" als Kirchenordnung. Bis 1543 war in seinem Herzogtum die Reformation abgeschlossen. Zum Landessuperintendenten berief er Urbanus Rhegius. Er war Prediger in Celle. Eine wichtige Aufgabe war für ihn die Ausbildung von Pastoren.[1]

Die erste evangelische Kirchen- und Klosterordnung für das Fürstentum Calenberg wurde 1542 von der Herzogin Elisabeth von Calenberg-Göttingen erlassen. Sie war vor ihrer Heirat mit dem Calenberger Erich I. mit Luthers Lehre vertraut. Nach dem Tod des Herzogs führte sie für ihren minderjährigen Sohn die Regentschaft. Als bei einem Landtag in Pattensen 1542 das politische Testament Erichs I. eröffnet wurde, erreichte Elisabeth Zustimmung für ihre Kirchenordnung. Noch im gleichen Jahr er-

Kerkerhaft für den Reformator

Herzogin Elisabeth von Calenberg-Göttingen (1520 bis 1558) war eine brandenburgische Prinzessin und die Gemahlin Herzog Erichs I. von Calenberg. Sie ist nicht mit der Heiligen Elisabeth identisch, die als katholische Landgräfin von Thüringen von 1207 bis 1231 lebte.

Elisabeth von Calenberg berief als Regentin nach dem Tod des Herzogs Antonius Corvinus (Anton Rabe) zum Landessuperintendenten von Calenberg. Er wurde 1501 geboren, hatte in Wittenberg bei Luther und Melanchthon studiert, in Goslar und Witzenhausen gepredigt. Sein Landesherr, Landgraf Philipp von Hessen, stimmte der Berufung in das Calenberger Land zu, als Elisabeth darum ersuchte. Das war 1541.

Herzog Erich II. ließ den Reformator am 2. November 1549 durch seine Söldner überfallen. Er und sein Amtsbruder Walter Hocker wurden unter unmenschlichen Bedingungen auf der Feste Calenberg eingesperrt. Die unersetzliche Bibliothek des Corvinus wurde geplündert und verbrannt, herzogliche Beamte bemächtigten sich der Pfründe.

Schwerkrank kam Corvinus 1552 frei. Die Pfarrei St. Aegidien in Hannover bot ihm Obdach bis zu seinem Tod im Jahr darauf. Ein Epitaph in der hannoverschen Marktkirche erinnert an ihn: „1553 – 5. April – Antonius Corvinus – der Reformator" ist die Inschrift. Über dem Südportal der St. Lucas-Kirche Pattensen erinnert eine Tafel an den 400. Geburtstag des Reformators.

Die Calenberger Herzogin Elisabeth erließ als Regentin für ihren minderjährigen Sohn 1542 die Klosterordnung für ihr Fürstentum.

Über dem Eingang zur Kirche in Pattensen erinnert eine Gedenktafel an den Reformator Corvinus.

nannte sie den Theologen Antonius Corvinus zum Landessuperintendenten von Calenberg mit Sitz in Pattensen. In zahlreichen Visitationsreisen wurde er der eigentliche Reformator. Seine Calenberger Kirchenordnung war Standardwerk der Reformation.[2]

Als 1546 Elisabeths Sohn als Erich II. die Regierung übernahm, kehrte er zum Katholizismus zurück und zwang sein Land zu konvertieren. Dieser Prozess scheiterte. Corvinus wurde von 1549 bis kurz vor seinem Tod 1553 auf der Feste Calenberg eingekerkert. Innerhalb von zwanzig Jahren wurde doch die Calenberger Kirchenordnung eingeführt, mit der einherging, dass es im Deister- und Leineraum innerhalb von 300 Jahren keine katholischen Christen gab. Das galt für das gesamte Calenberg, außerhalb des Machtbereichs der Bischöfe von Hildesheim.

Mitte des 19. Jahrhunderts begann mit der Industrialisierung eine soziale Umschichtung der Bevölkerung. Die Mädchen wollten nicht mehr als Mägde auf Gütern und Höfen dienen, sondern gingen als Dienstmädchen nach Hannover. Die jungen Männer verdingten sich in der aufblühenden Kaliindustrie oder dem Kohlebergbau im Deister. An ihrer Stelle besetzten vorwiegend polnische und ruthenische Zuwanderer die freien Stellen. Arbeitskräftebedarf hatte auch im Gehrdener Raum die Ansiedlung zur Folge. Von Jahr zu Jahr gab es mehr so genannte Wanderarbeiter. Viele wurden sesshaft.[3]

Seit dem Ende des 19. Jahrhunderts war die St. Godehardi-Kirche in Linden für die wieder entstandenen katholischen Gruppen zuständig. Sie umfasste einen Bereich im Umkreis von 20 bis 30 Kilometern. In Gehrden richtete die Pfarrei schon vor dem Bau der Straßenbahnlinie 1893 einen annähernd regelmäßigen Gottesdienst in den Sommermonaten ein. Die Messe wurde zunächst im Saal der Zuckerfabrik, dann im Rathauskeller gefeiert.[4]

Nach 1945 kamen Heimatvertriebene und Flüchtlinge aus zum Teil rein katholischen Teilen des östlichen Deutschlands hierher. Im ehemaligen Landkreis Hannover wurden nach und nach 59 katholische Pfarrgemeinden mit 81 Gotteshäusern aufgebaut. Der Anteil der katholischen Kreisbevölkerung liegt bei etwa 14 Prozent.[5]

Die evangelisch-lutherische Kirche im gleichen Bereich ist in sechs Kirchenkreise mit 178 Gemeinden, 30 Kapellengemeinden und 5 Anstaltsgemeinden eingeteilt. Ebensoviel Kirchen stehen in Städten und Dörfern. Dazu kommen mehr als 25 Kapellen, in denen gelegentlich Gottesdienste gefeiert werden.

Im lüneburgischen Teil des ehemaligen Landkreises Hannover wurde bereits 1682 in Bolzum (Sehnde) wieder katholischer Gottesdienst gefeiert. Das katholische Freiherrengeschlecht von Frens stellte dazu Räume auf dem Gutshof zur Verfügung. 1764 bestätigte Fürstbischof Wilhelm III. von Hildesheim die kanonische Pfarrei Bolzum. Die heutige Kirche, ein Backsteinbau, entstand 1898 nach einem Plan des Hildesheimer Architekten R. Herzig. Obgleich der Konsistorialbaumeister C. W. Hase mit seinem neugotischen Stil das Kirchenbaugeschehen weitgehend beeinflusste, ging Herzig zurück in die Romanik und errichtete ein bemerkenswertes Gotteshaus im neuromanischen Stil.

Die Bonifatiuskirche in Gehrden ist nach Süden ausgerichtet

Als erste katholische Kirche wurde im Calenberger Land 1911 das Gotteshaus St. Bonifatius in Gehrden durch Bischof Bertram geweiht.

Fast alle Gotteshäuser sind mit dem Turm im Westen und dem Chor im Osten angelegt. Die Bonifatiuskirche in Gehrden ist eine seltene Ausnahme. Sie ist von Nord nach Süd ausgerichtet. Diese Anlage hat sich aus dem Zuschnitt des ersten kleinen Baugrundstücks ergeben. Es war ein Kartoffelacker am Ostrand der Stadt und konnte von der katholischen Gemeinde 1909 durch Vermittlung eines hannoverschen Unternehmers erworben werden.

Als die Kirche 1911 geweiht wurde, lag sie außerhalb der Bebauung auf freiem Feld. Inzwischen ist die Stadt gewachsen und hat das Gotteshaus eingeschlossen. Nach der Weihe durch Bischof Adolf Bertram von Hildesheim stellte die Gemeinde 1912 den ersten selbstständigen Geistlichen an. Es war der Missionsvikar Surkemper.

Die Festigung der damaligen Diasporagemeinde wurde als Missionsaufgabe betrachtet. Seit Pfarrer Clemens Schönberner 1987 die Gemeinde übernommen hat, umfasst sie außer Gehrden noch Argestorf, Benthe, Degersen, Ditterke, Everloh, Lemmie, Leveste, Northen, Redderse, Sorsum, Vörie, Weetzen, Wennigsen und Wennigser Mark.[6]

Das Gebäude ist in einem barockähnlichen Stil gebaut. Die Anlehnung an die Romanik, die im Deisterraum häufig vorkommt, fand keine Zustimmung. Der Architekt Matthias Jagielski aus Hanno-

Einen Muttergottes-Schrein schenkten ruthenische Landarbeiter der neuen Bonifatiuskirche in Gehrden.

Die farbigen Glasfenster aus dem Chor kamen aus einer Kapelle im Raum Hildesheim 1911 nach Gehrden.

Der Barockaltar kam aus einer Kapelle im Raum Hildesheim 1911 nach Gehrden.

Die Bonifatiuskirche wurde 1911 geweiht und 1981 durch einen Anbau im Osten, vorne im Bild, erweitert.

ver plante die Kirche, Maurermeister Hunold aus Linden baute sie.

Der Chor war zunächst mit großen Kathedralglasfenstern hell belichtet. Nach 1914 stiftete Stefan Stender aus Döhren farbige Chorfenster. Glasmaler Hubert Henning aus Hannover gestaltete sie in vollendetem Jugendstil. Als die stark angewachsene Gemeinde 1979 bis 1981 das Gotteshaus umbaute und erweiterte, wurden die Fenster wieder zum Blickfang.

Im Bereich der Apsis wurde das bis dahin rechteckige Schiff um einen großen Anbau erweitert. Die Zahl der Sitzplätze konnte dadurch verdoppelt werden. In dem neu geschaffenen Raum sind Querbänke so angeordnet, dass sie den um zwei Stufen erhöhten Altarraum einfassen.

Die großen Fensterfronten im Chor und darüber liegende Lichtbänder rahmen den wertvollen Barockaltar und den neuen Altar ein. Dieser ist 1911 beim Bau der Kirche aus einer Kapelle im Hildesheimer Raum nach Gehrden gekommen. Er ist im Aufbau und in der Gestaltung der Säulen mit Blattgirlanden den Altären von Ernst Dietrich Bartels ähnlich, der um 1700 vorwiegend im Hildesheimer Raum gewirkt hat. Bei der Erweiterung des Gotteshauses hat ein Restaurator aus Göttingen den Altar neu gefasst und mit Blattgold belegt.

Dem Chor gegenüber auf der Empore steht die Orgel. Sie kam 1913 aus der Werkstatt Furtwängler und Hammer in die neue Kirche und ist eine Stiftung des Welfenhauses. Auf einer Kupfertafel ist zu lesen: „Dank der Munifizenz [Mildtätigkeit] Sr. Königlichen Hoheit des Herzogs Ernst August von Cumberland und zu Braunschweig und Lüneburg konnte diese Orgel beschafft werden im Jahre 1913".

Pfarrwitwenhäuser nach der Reformation

Die Reformation stellte Kirchengemeinden vor ein überraschendes Problem: Sie mussten Alterssitze für Witwen von Pastoren beschaffen. In den bäuerlichen Großfamilien waren Altenteilerwohnungen oder -häuser häufig die Lösung. Katholische Geistliche waren unverheiratet gewesen; ihre Nachfolger konnten ohne weiteres in die Behausungen verstorbener Priester einziehen. Als aber die ersten lutherischen Pastoren in der zweiten Hälfte des 16. Jahrhunderts starben, wurde für deren hinterbliebene Witwen Wohnraum benötigt.

Das Pfarrwitwenhaus in der Kircher Bauerschaft in Isernhagen wurde 1691 erbaut. Es ist vorbildlich restauriert.

In den Chroniken vieler Gemeinden werden nach 1550 sogenannte Pfarrwitwenhäuser erwähnt. Einige haben die Zeiten überdauert und stehen jetzt als Baudenkmale unter Schutz. In Mellendorf wurde 1568 ein Pfarrwitwenhaus gebaut. Als es 1618 leer stand, soll die Gemeinde es verkauft und von dem Erlös eine Glocke angeschafft haben. Später, 1687, erwarben die Bauern ein ehemaliges Hirtenhaus „in elendem Zustand" für die Witwe ihres Pastors. Es brannte 1775 ab.[7]

In Großburgwedel wurde bald nach der Reformation auf Pfarrgrund ein Witwenhaus errichtet. Nach einem großen Brand 1585 bauten die Einwohner es nicht wieder auf.[8] Aus dem Erbregister von Engelbostel ist ersichtlich, dass 1660 „das Pfarr-Wittiben-Hauß nahe am Kirchhofe vor langen Jahren von der ganzen Dorfschaft" für 40 Reichstaler gekauft worden war. In der Chronik von Bordenau steht verzeichnet, dass 1864 das Pfarrwitwenhaus verkauft wurde.[9]

Vor 300 Jahren ließ in der Kircher Bauerschaft von Isernhagen Pastor Sigesmund Hosemann hinter der Marienkirche von Zimmermeister Deneke Depken aus Großburgwedel 1691 ein Pfarrwitwenhaus bauen. Sein Meisterzeichen in einem Balken des zweigeschossigen Fachwerkhauses ist noch zu sehen. Der reich gegliederte Giebel ist unter anderem durch Andreaskreuze gegliedert, in den Gefachen sind aus Backsteinen Muster gebildet. Private Bauherren haben das Haus in den Jahren 1982/83 innen und außen vorbildlich restauriert.[10]

Die Inschrift auf dem Balken, der das Obergeschoss trägt, ist gut leserlich: „Der Herr verachtet die Witwe nicht wenn sie klaget – Die Thraenen der Witwen fließen wohl über die Backen herab". Wenn keine Witwe das Haus bewohnte, wurde es von der Kirche vermietet. Das Pfarrwitwenhaus am Stiftsjungfernplatz in Wunstorf gehört der Stiftskirchengemeinde. Es wurde 1584 errichtet und um 1800 von der Kirche gekauft. 1990 wurde es grundlegend renoviert und soll als Pfarrhaus dienen. Das zweigeschossige Fachwerkgebäude war ehemals mit Stroh gedeckt. Bei der Erweiterung um 1800 wurden Dachpfannen aufgelegt.[11] Erker und Giebel sind vorgekragt, ein großes Tor und eine weite Diele deuten darauf hin, dass es ursprünglich als Ackerbürgerhaus gebaut wurde. Auf dem Rundbogen über dem Tor steht die Inschrift „Gottes Gnade min Trost – Margreta van Mandelslo – Anno Domini 1584".

Am Stiftsjungfernplatz in Wunstorf steht das Pfarrwitwenhaus. Es war ursprünglich ein Ackerbürgerhaus.

Ein besorgter Vater gründete in Wülfinghausen ein Kloster für seine Töchter

Das Kloster Wülfinghausen am Nordostrand des Osterwaldes ist das jüngste der fünf Calenberger Klöster und wurde 1236 gegründet. Nach einer Chronik, die nicht durch Urkunden belegt ist, geht die Gründung auf Privatinitiative eines Ritters Dietmar von Engerode zurück.[1] Er baute für seine beiden unverheirateten Töchter und zwei Nichten am Westrand des salzgitterschen Höhenzuges eine Kapelle und gab den Jungfrauen zwei Augustinerchorfrauen dazu.

Ungeeignetes Gelände und mangelhafte Gebäude führten dazu, dass Dietmar von Engerode den Hof des Ritters Arnold von Wülfinghausen kaufte. Er lag im Wald an einem Ort „des Schreckens in der weiten Wildnis". Die unmittelbar darüber liegende Barenburg dürfte der Schutz gewesen sein. Dorthin zogen die Kloserfrauen um. Ob mit oder ohne Zustimmung der Fräulein ist nicht überliefert.

1236 wurde mit dem Bau einer Klosterkirche begonnen. Als Bischof Conrad II. von Hildesheim 1246 das Gotteshaus weihte, war es noch nicht vollendet. Die Nonnen lebten nach den Regeln des Augustinerordens. Das Kloster wurde der Maria geweiht. Ein überliefertes Siegel von 1240 zeigt die sitzende Gottesmutter mit dem Kindlein auf dem Schoß und der Umschrift „S SANCTE MARIE I WLVENGHAVSEN".[2]

Schon kurz nach der Gründung schickten im 13. Jahrhundert viele Adelsfamilien aus wirtschaftlicher Not ihre ledigen Töchter zu den Augustinerinnen. Die Zahl der Nonnen stieg auf über 60 an. Obgleich die Abtei durch Schenkungen der Grafen von Hallermund und der Edelherrn von Adensen im 13. Jahrhundert auf eine bessere Grundlage gestellt wurde, musste wegen Mangel an Lebensnotwendigem die Zahl der Klosterfrauen 1323 auf 60 begrenzt werden. Schon 1246 hatte der Papst einen Ablass für Almosen zugunsten des Klosters genehmigt. Die Eigenmittel reichten nicht aus, die Kirche zu vollenden. Weitere Ablassanträge von 1295 und 1378 wurden mit der bitteren Armut des Klosters begründet. Die Klostergebäude seien abgebrannt und die Jungfrauen wüssten nicht, wohin sie ihr Haupt betten sollten.

Die Klosterkirche Wülfinghausen von Süden. Der Klostergang ist an der Reihe viereckiger Fenster erkennbar, darunter der ehemalige Kreuzgang mit Spitzbogenöffnungen.

Die Anlage des Klosterguts Wülfinghausen ist fast unverändert erhalten geblieben. Die Kirche schließt den Hof nach Süden ab. Im Hintergrund der Barenberg.

Über Form und Größe der ersten Wülfinghäuser Klosterkirche gibt es keine Überlieferung. Sie brannte 1378 mit den anderen Bauten ab. Um 1400 wurde sie unter Benutzung älterer Teile im westlichen Unterbau neu errichtet. Sie war ein langer Rechtecksaal, der aus sechs Jochen bestand. Im Gegensatz dazu ist die „Unterkirche" in drei Schiffe geteilt. Sie hat lange Zeit ungenutzt gestanden und wurde als Stall genutzt. Ein Mauerdurchbruch in den unteren Gewölben hat bei dem Einbau der Heizung Reste der frühesten romanischen Mauerung sichtbar werden lassen. Vierkantige Pfeiler stützen das Gewölbe ab.[3]

In der Unterkirche, in der jetzt wieder Gottesdienste gefeiert werden, wurde der gotische Taufstein aufgestellt. Mehrere Epitaphien wurden an den Wänden befestigt. Die Abtei hat mehr als 20 solcher Grabtafeln erhalten können. Zwei in der Unterkirche sind den Rittern von Reden zugehörig. Hans von Reden ist in den vierziger Jahren des 16. Jahrhunderts verstorben. Hans von Reden der Jüngere 1542. Es zeigt den Ritter kniend. Sein Rockschoß ist in Falten gelegt. Das flache Relief ist von gotischer Schrift umzogen. Vier Wappen der von Redenus und mit ihnen verbundener Adelsgeschlechter sind in den Ecken angebracht.

Durch eine Feuersbrunst im Jahre 1728 wurde die Kirche so beschädigt, dass die drei westlichen Joche abgetrennt und vermauert wurden. Hier waren bis dahin die Nonnenemporen gewesen. Auch die drei östlichen Joche blieben mehr als 80 Jahre wüst liegen. Für den Gottesdienst richteten die Nonnen einen Teil ihrer Konventgebäude ein. Anfang des 20. Jahrhunderts wurde die Kirche aus- und aufgeräumt. Die Sanierung dauerte bis 1904. Seither wird dort Gottesdienst gefeiert. Für das große gotische Fenster in der Chorwand stiftete bei der Restaurierung der Kirche eine Konventualin die hohen Glasfenster. Sie reichen fast bis zur Höhe der Gurtbogen.[4] 1999 wurde das Kircheninnere auf Wunsch der seit 1994 im Kloster wirkenden evangelischen Communität Christusbruderschaft Selbitz weitgehend umgestaltet. Das fünf Meter hohe Grabmal an der Südwand blieb dabei unangetastet.

Es beherrscht den Kirchenraum. In Größe und Gestaltung ist es von einmaliger Pracht. Seit es 1988 gereinigt und überholt worden ist, zeugt es von Macht und Größe des Geschlechtes von Rauscheplate.[5] Das dreigeschossige Grabdenkmal ist Hermann Rauscheplate und seiner Frau Anna von Steinberg gewidmet und wurde nach dem Tod des Man-

Das Flachrelief in der Unterkirche mit dem knienden Ritter ist Hans von Reden. Er starb 1542.

Das Epitaph von Hermann Rauscheplate und seiner Frau Anna von Steinberg ist mehr als fünf Meter hoch.

Die Unterkirche in Wülfinghausen ist dreischiffig und in fünf Joche geteilt. Seit einigen Jahren wird hier wieder Gottesdienst gefeiert.

nes 1619 aufgestellt. Die Ehefrau lebte länger. Ihr Todesjahr ist mit 16 ... angegeben und wurde später nicht ergänzt.

„Hermann Rauscheplate, uf Sellenstedt erbgesessen", verstarb im 79. Lebensjahr in Hildesheim. Die Familie hatte in der Klosterkirche ein Erbbegräbnis. Hermann Rauscheplate war einer der Ritter, die gegen den Hildesheimer Bischof Johann VI. während der Stiftsfehde (1519 bis 1523) zu Felde zogen. Er ist als erster des Namens in der Kirchengemeinde Wülfinghausen/Wittenberg beigesetzt worden.

Das Monument wurde im Laufe der Jahrhunderte mehrfach beschädigt und mit Ersatzstoffen ergänzt. Unter anderem mit Gips. Die knienden Figuren aus weißem Marmor sind lebensgroß. In der darüber liegenden Bildplatte ist im oberen Geschoss die Erweckung des Lazarus dargestellt. Alle Köpfe sind abgeschlagen. Das gilt auch für die allegorische Frauenfigur zwischen den Knienden.

In den schweren Sandsteingewölben unter der Wülfinghäuser Klosterkirche sind nach der Freilegung technische Anlagen untergebracht.

Die Klosterkirche Wülfinghausen umfasst nur noch drei der ehemals sechs Joche. Das hohe Fenster hinter dem schmucklosen Altar stiftete eine Konventualin bei der Restaurierung 1904.

Die Gedenkplatte ist nicht nur wegen ihrer Größe und Reichhaltigkeit bemerkenswert, sondern auch wegen der Gestaltung. Sie wird der kurzen Spanne des Knorpelstils zugerechnet. Er verbindet die Renaissance mit dem Barock und wird von 1620 bis 1675 datiert.

Bei den fünf Calenberger Klöstern sind die inneren Bezirke – Kirchen und Konventgebäude – seit der Barockzeit erhalten geblieben. Dagegen haben die Wirtschaftshöfe ihre Bedeutung für das Leben in den evangelischen Damenstiften verloren. Sie wurden verändert, aufgelöst oder abgebrochen. Nur in Wülfinghausen/Wittenberg blieb das Gut innerhalb einer hohen Steinmauer fast unverändert erhalten. Es wird von der Klosterkammer bewirtschaftet.

Sandsteinplatten mit eingeschlagenen Inschriften zu beiden Seiten des Einfahrttores erzählen die Geschichte des Wiederaufbaus der Anlagen in der Barockzeit. 1728 war die alte Gutsbebauung abgebrannt. „Gott zu Ehren ist auf aller gnädigst Befehl des aller durchlaucht großmächtigen Fürsten und Herrn Georg II. König von Großbrittannien und Herzog zu Braunschweig und Lüneburg ..." Stiftung und Kloster mit allen Nebengebäuden wieder aufgebaut worden. Der Grundstein wurde 1729 gelegt, mit der Vollendung des Hoftores 1740 waren die umfangreichen Erneuerungsarbeiten abgeschlossen.

Der „Ort des Schreckens" aus dem Mittelalter hat sich im Laufe der Jahrhunderte zu ländlich idyllischer Abgeschiedenheit gewandelt. In Wülfinghausen entstanden außerhalb der Klostermauern nur wenige Häuser. Während alle anderen Klöster im Calenberger Land in Städte und Dörfer eingebunden wurden, blieb die Anlage am Fuß des Osterwaldes fast unverändert. Die Kirche war immer auch Gemeindekirche. Zur Kirchengemeinde Wülfinghausen gehören die Dörfer Boitzum und Holtensen. Dort ist das Pfarramt und der Amtssitz des Pastors.

Die Kirche in Boitzum

Die kleine Fachwerkkapelle in Boitzum wurde 1748 von Zimmermeister Knust aus Springe erbaut. Sie steht auf einem Bruchsteinsockel. Auf dem Satteldach steht ein kleiner Dachreiter. Er ist mit Schiefer gedeckt. Die Wetterfahne mit der Jahreszahl 1883 weist vermutlich auf eine Erneuerung des Daches hin. Der Chor ist dreiseitig geschlossen. Die Kapelle steht am Nordhang einer flachen Anhöhe mit dem Namen Finie, früher Vinie. Auf der Kuppe stand ehemals eine Betkapelle. Der Weg dorthin war durch Heiligenbilder in die Stationen des Kreuzweges unterteilt. Nach der Reformation verfiel die Anlage. Das tägliche Gebet wurde in manchen Landstrichen im Mittelalter als „Venje" bezeichnet. Daraus ist vielleicht das Wort Finie abgeleitet.[6]

Die Kirche in Holtensen

Holtensen, der Ort mit dem Pfarramt der Kirchengemeinde Wülfinghausen, liegt etwas mehr als einen Kilometer nördlich des Klosters. Seine Kirche im Mittelpunkt des Dorfes wurde 1804 eingeweiht. An ihrer Stelle stand vorher eine gotische Backsteinkirche. Ein gotischer Hauptsims aus diesem Gotteshaus wurde an der westlichen Giebelseite wieder eingesetzt. Der Dachreiter entwickelt sich aus dem westlichen Giebel.

Die Kirche in Holtensen ist 1804 eingeweiht worden.

Mitten in dem alten Dorf Boitzum steht die Fachwerkkapelle von 1748.

Dem Turm aus dem 14. Jahrhundert ist ein Fachwerkgeschoss aufgesetzt worden. Die Uhren an Süd- und Westseite haben verschieden geformte Ziffernblätter.

Die Kirche in Alferde ist gelegentlich Rallyeziel

Inmitten des Haufendorfs Alferde, im Südostzipfel des Stadtgebietes von Springe, steht das alte Gotteshaus. Es ist dem heiligen Nicolaus geweiht. Gelegentlich führen Rallyefahrten für Automobilisten oder Radfahrer zu der alten Kirche.

Auf den Fragebogen, die solche Rallyefahrten begleiten, ist dann zu beantworten, was an dem Bau besonders auffällt. Dabei geht es nicht um bauhistorische Stilmerkmale, sondern um eine außergewöhnliche Turmuhr. Ihre Zifferblätter sind im Norden und Süden eckig, im Westen ist es rund.

Alferde ist als Siedlung an einer Furt des Wülfinghäuser Mühlbachs schon vor dem Jahr 1000 erwähnt worden. In einer Urkunde des Klosters Corvey von 975 ist von 13 Höfen und einer Kirche in „afrikesrod" (Alferde) die Rede. Ob die alte romanische Kirche zu dieser Zeit schon vorhanden war oder im folgenden Jahrhundert erbaut wurde, ist nicht zweifelsfrei geklärt.[1]

Der Turm ist später als das Schiff entstanden. Er ist gegen 1300 aus mächtigen Quadersteinen erbaut worden. An der Verbindungsstelle zum Saal ist das Mauerwerk zwei Meter dick.

Starke Eichenbalken tragen das sogenannte Drempelgeschoss. Das Fachwerkgeschoss wurde 1822 auf den Turm aufgesetzt. Vermutlich ist zu dieser Zeit die Uhr eingebaut worden.

Im 18. Jahrhundert wurde das romanische Langhaus zur Saalkirche umgewandelt. Die ehemals flache Decke wurde dabei mit einer hölzernen Tonne versehen.

Über die Besitzverhältnisse im Hinblick auf den Kirchturm gibt es im Kataster keine Angaben. Nach der Überlieferung gehörte er der politischen Gemeinde und wurde von der Dorfschaft erbaut. Die Einwohner haben Pflege und Unterhaltung bezahlt, die Uhren gekauft und 1960 noch das Dach decken lassen.[2]

Nach Angaben des Pastors wurde der Turm inzwischen von der Kirchengemeinde übernommen. Alferde hat kein eigenes Pfarramt. Gottesdienst und kirchliche Feiern werden von Geistlichen aus dem benachbarten Eldagsen gehalten. Im Pfarrarchiv in Eldagsen werden Kirchenrechnungen und Dokumente von Alferde aufbewahrt. Sie reichen bis 1634 zurück.

Der Zugang zu dem vergleichsweise schlichten Kirchenschiff befindet sich an der Südseite neben einem mächtigen Stützpfeiler. Eindrucksvoller bietet es sich dem Besucher, der durch die Turmhalle mit ihrem zwei Meter tiefen Gewölbedurchgang an der Westseite eintritt. Rote Sandsteinplatten führen von hier aus durch den Mittelgang zum Altar. Er steht

1598 ist die Taufe der Kirche Alferde gestiftet worden.

In einer Nische neben der Kanzel steht in Alferde eine Holzplastik der Pietà aus der Zeit um 1500.

erhöht auf der Chorfläche und ist ebenfalls mit roten Platten eingefasst. Der ehemals fast fünf Meter hohe Kanzelaltar ist nicht mehr vorhanden. Auf dem Altartisch ist ein Kruzifix aufgestellt. Der Korpus aus Zinn ist neu versilbert, die Höhe des Kreuzes auf einem Sockel beträgt 108 Zentimeter. Das Kruzifix wird dem 18. Jahrhundert zugerechnet.[3]

Die Saalkirche erhält eine besondere Note durch ein hohes hölzernes Gewölbe. Es hebt sich durch seine Struktur deutlich von den hellen Wänden ab. Ein umlaufendes Gesims bildet eine zusätzliche Abgrenzung. Der Grundriss des romanischen Baukörpers ist weder rechteckig noch rechtwinklig. Er wird zum Chorraum hin schmaler. Vom klassischen Grundriss romanischer Dorfkirchen weicht er insofern ab, als der Chor nicht in einer Apsis an der Ostseite endet, sondern gerade geschlossen ist. Frühere Gewölbe sind nicht nachgewiesen.

Kräftige Stützpfeiler verstärken seit der gotischen Zeit die südliche Umfassungsmauer. Sie waren erforderlich geworden, weil das Mauerwerk auszuweichen drohte. Neben der Kanzel an der Südwand des Schiffes ist in einer Nische ein hölzernes Vesperbild aufgestellt, eine Pietà aus der Zeit um 1500. Sie wird zu den bedeutenden gotischen Schnitzarbeiten gerechnet, ist aber stark restaurierbedürftig. Die Muttergottes hält den Heiland auf den Knien, sein Gesicht ist nach oben gekehrt, sein rechter Arm hängt über den Gewandfalten der Maria herab.

An der Südseite des Chors steht ein Taufkelch aus Sandstein. Der große achteckige Pokal ruht auf einem konischen Fuß, im oberen Schriftband ist die Jahreszahl 1598 gut zu lesen. Dazu sind die Namen des Pastors Statius Bock und der Diakone Cordt Lemke und Hinrich Lampe genannt. Bei Taufhandlungen wird eine flache Zinnschale auf einen Rost über das Becken gestellt; bei eingehender Betrachtung entdeckt man eine dünn eingravierte Schrift: „Cierche zu Alferde 1837".

Der Kirchturm von Eldagsen konnte nach der Brandkatastrophe in der Stadt 1626 erst 1673 ohne die spitze Helmpyramide beendet werden.

Der Helm auf dem Turm der Kirche in Eldagsen wurde nach der Brandzerstörung 1678 aufgesetzt

Wer sich der Stadt Eldagsen von Süden auf der Klosterstraße nähert, sieht über den Dächern der Häuser an der Pfarrstraße den unverwechselbaren Turm der Kirche.

Nach einer Brandkatastrophe 1626 ließen sich die Mittel zum Wiederaufbau erst 1662 beschaffen. Er war 1673 bis auf die spitze Helmpyramide fertiggestellt.

Das Epitaph der Margarita Wedemeyer an der Südwand der Eldagser Kirche fällt durch die schmale Form auf.

Unverwechselbar ist der Turm der Kirche von Eldagsen. Von Süden gesehen überragt er die Dächer der Gebäude an der Klosterstraße.

„Die Kirche ist viermal von Grund auf neu erbaut worden", heißt es in der Geschichte der Stadt Eldagsen. Einmal bei der Entstehung, wahrscheinlich durch die Grafen von Hallermund. Die ursprünglich dreischiffige Säulenbasilika in Eldagsen ist um 1180 angelegt. Teile des romanischen Mauerwerks sind im Chor und in der anschließenden Südwand erhalten geblieben. Unbekannt ist, wer das Gotteshaus in der gotischen Zeit 1479 zum zweiten Mal erbaute. Nach dem großen Brand 1626, der fast die ganze Stadt einäscherte, wurde sie notdürftig mit Kollektengeldern wieder benutzbar gemacht. Der vierte Aufbau erstreckte sich über die Zeit von 1698 bis 1748. Die Kosten wurden durch Landverkauf, aus der Stadtkasse und aus der Kollekte gedeckt. Die Bürgerschaft leistete Hand- und Spanndienste.[4] Ob sich der Patronatsherr, das Kloster Wülfinghausen, beteiligt hat, ist nicht nachgewiesen.

Die Adelsfamilien von Jeinsen und Wedemeyer haben Anfang des 17. Jahrhunderts Erbbegräbnisse in der Kirche gekauft. Unter den zahlreich erhaltenen Epitaphien fällt an der äußeren Südwand der Sakristei die schmale Platte auf, die der Margarita Wedemeyer gewidmet ist. Sie war ein dreijährig verstorbenes Zwillingskind. Auf der Tafel kniet es vor einem Kruzifix. Unter dem Wappen im Aufsatz sind die Namen der Eltern, Conrad Wedemeyer – Margarita Brandes, angegeben.

St. Andreas in Springe: „Die Hütte Gottes bei den Menschen"

Der Turm der St. Andreas-Kirche in Springe steht auf einem profilierten Sockel, der auf die Zeit um 1200 hinweist. Gleiche Bauelemente sind auch bei den benachbarten Kirchen in Völksen, Bad Münder und Lauenau zu finden.[5] Wie die meisten Kirchen in unseren Städten und Dörfern ist auch St. Andreas in Springe nicht mehr der beherrschende Punkt der Ortssilhouette. Die Häuser ringsum sind höher geworden und Bäume überragen den Dachfirst. Nur wenn Herbststurm das Laub heruntergefegt hat, öffnet sich hier und da ein Durchblick auf das Bauwerk.

Das tief herabgezogene Dach des Kirchenschiffs ist mit roten Sandsteinplatten aus dem Solling gedeckt. In dem Gemeindebuch des ehemaligen Kirchenkreises Springe wird das Gotteshaus mit dem Bibelwort apostrophiert: „Siehe da, die Hütte Gottes bei den Menschen".

Diese „Hütte" ist 1264 erstmalig erwähnt worden. Ein Pfarrer mit Namen Lothewicus wird in einer Urkunde genannt. Das lässt im Zusammenhang mit der Verleihung des Stadtrechts durch die Grafen von Hallermund um 1250 den Schluss zu, dass eine Kirche tatsächlich bestanden hat. Springe hieß bis in das späte Mittelalter „Hallerspring", Quelle der Haller. Das erste Kirchengebäude soll 1347 abgebrannt sein. Der Bau der gotischen Kirche, die heute noch in wesentlichen Teilen steht, war 1454 vollendet. Ein Schlussstein des Gewölbes im Mitteljoch weist diese Jahreszahl aus und nennt den Namen Johannes Spelmann, offenbar der Baumeister.

Der 1347 bis auf das Untergeschoss abgebrannte Turm wurde nach der Überlieferung 1560 neu gebaut. Die Trennungslinie zwischen dem romanischen und dem spätgotischen Teil ist deutlich erkennbar.[6] Turm und Kirche wurden 1740 renoviert. Dabei ist wahrscheinlich das Dach steiler gestellt worden, anstelle der Mönch-Nonnen-Ziegeldeckung kamen die Sandsteinplatten auf das Dach. Turmknauf und Wetterhahn wurden 1790 erneuert. Sie werden im Heimatmuseum „Auf dem Burghof" aufbewahrt.[7]

Zur Wiedereinweihung kam der blinde König

In den Jahren 1860 bis 1862 wurde die Andreaskirche grundlegend erneuert, teilweise auch umgebaut.[8] Nach mehreren verworfenen Plänen führte der Hildesheimer Architekt Tochtermann die Arbeiten nach Entwürfen des Landbaumeisters Wellenkamp durch. Zur Wiedereinweihung am 30. März 1862 kam der blinde König von Hannover, Georg V. (1819 bis 1878). Er war den Kirchen im Land sehr verbunden.

Der Besuch ist von Dr. E. Büttner anlässlich des Jubiläums 1945 beschrieben worden.[9] „Der Festzug setzte sich vom Dammtor in Bewegung unter Glockengeläut und dem Gesange ‚Wie schön leucht uns der Morgenstern'. Voran die Töchterschule, dann die Frauen der Gemeinde, die Knabenschule und die Geistlichkeit unter Führung des Superintendenten Nöller (Münder). Seine Majestät der König und die Begleitung allerhöchst derselben". Es folg-

Die spätgotische St. Andreas-Kirche in Springe ist mit Sandsteinplatten aus dem Solling gedeckt.

Ein Konfirmand aus Springe erfand die Glühbirne

Ein später berühmt gewordener Erfinder wurde in der Andreas-Kirche in Springe konfirmiert: Heinrich Goebel (1818 bis 1893). Als Henry Goebel erfand er 1854 in den Vereinigten Staaten von Amerika eine Glühbirne. Als Leuchtfaden benutzte er verkohlte Bambusfasern. Als Stromquelle diente eine Batterie. Edison entwickelte die Erfindung 1879 zur technisch verwendbaren Form weiter.

Der Flügelaltar in der Andreaskirche in Springe ist nach gotischem Vorbild von dem Bildhauer Professor Carl Dopmeyer gestaltet worden.

Maria mit der Weltkugel trägt das Jesuskind auf dem rechten Arm.

ten Konsistorium, Kirchenvorstand, Vertreter der Stadt und die übrigen Gemeindeglieder.

Vor der Kirche hatten sich Handwerker und Werkmeister aufgestellt. Auf einem weißen Kissen wurde dem König der Schlüssel überreicht, der bis 1912 verwendet wurde. Der Kronprinz führte den blinden König an der Hand bis zum Schloss. Seit diesem denkwürdigen Einweihungsgottesdienst ist die alte Sitzordnung nach Ständen, Männern und Frauen in der Kirche aufgehoben.

Im Chorraum steht erhöht ein Altar mit drei Flügeln. Er gilt als bedeutendes Kunstwerk. Der Altar ist eine Arbeit des in Springe geborenen – später in Hannover arbeitenden – Bildhauers Professor Carl Dopmeyer um 1560 nach einem verlorenen Altaraufgang des 15. Jahrhunderts.[10] Dopmeyer lebte von 1825 bis 1899. Neben dem Heiland in der Mitte der feststehenden Tafel thront Christus mit Zepter auf goldenem Thron. Zu beiden Seiten sind die zwölf

Die moderne Orgel wurde 1982 in der Orgelbauwerkstatt Klais in Bonn gebaut.

Apostel in Maßwerksnischen aufgestellt. In sechs Rundmedaillons unten sind Bischöfe und Kirchenväter abgebildet, in der Mitte Maria mit dem Jesuskind und der Weltkugel.

Kirchenabrechnungen im Archiv der ehemaligen Superintendentur Springe von 1860 sind von Dopmeyer unterschrieben. Die Bestätigung des Professors bezieht sich auch auf das in Stein gehauene „Lamm Gottes" an der Stirnseite des Altarsockels.

Bei einer Kirchturmsanierung 1981 wurde die Empore mit Orgel gegenüber dem Altar entfernt und der Turmraum im Anschluss an das Kirchenschiff in voller Höhe geöffnet. 1983 lieferte der Orgelbauer Johann Klais aus Bonn das neue Instrument, das den Kirchenraum jetzt im Westen abschließt. Das Instrument steht ebenerdig, gleicht sich dem Gebäudequerschnitt an und ist doch Ausdruck der Zeit, in der es entstand.[11]

In der St. Andreas-Kirche hat es schon früh Orgeln gegeben. 1677 ist vermerkt, dass der ortsansässige Orgelmeister Heinrich Barthumb das Instrument unter Verwendung alter Pfeifen repariert hat. Hoforgelbauer Christian Vater aus Hannover erneuerte und ergänzte es 1722.

Aus der Werkstatt des Hoforgelbaumeisters Wilhelm Meyer aus Hannover kam 1862 wiederum ein neues Instrument in die Kirche. Auch hier wurden wieder alte Pfeifen verwendet. Eine Orgel von Furtwängler und Hammer stand von 1936 bis 1982 auf der Empore, die dann abgebrochen wurde.

Der alte Turmhahn wachte 176 Jahre lang über Springe

Im Heimatmuseum in Springe haben ein Turmhahn und ein Knauf von der Andreaskirche einen neuen Platz gefunden. Sie sind wichtige Stücke in der Abteilung für kirchliche Kunst. Als der Andreasturm in den Jahren 1789 und 1790 erneuert wurde, kamen beide Teile auf den schlanken Turmhelm.

Sie sahen 176 Jahre lang über die damalige Kreisstadt, den Deister und den Osterwald. Als 1966 der blaue Schiefer des Kirchturms den jetzigen Kupferplatten weichen musste, konnten beide Teile ihren Wächterdienst beenden und den musealen Ruhestand beginnen.

Der Turmhahn mit der Jahreszahl 1790 ist, soweit bei der Oberflächenverwitterung erkennbar, aus Messingblech geschnitten. Windpfeil und Haltebügel sind aus Eisen geschmiedet. An dem kupfernen Turmknauf blieben Reste einstiger Vergoldung erkennbar. Er misst etwa 50 Zentimeter im Durchmesser.

Einrückende amerikanische Truppen haben ihn im Mai 1945 als Zielscheibe benutzt. Einschuss- und Austrittslöcher in großer Zahl sind zu sehen.

Im Jahre 1814 wurde die Pankratiuskirche am Spittaplatz in Burgdorf geweiht. Sie ist Nachfolgerin der 1433 gebauten gotischen Hallenkirche.

In der Pankratiuskirche in Burgdorf steht eine Nachbildung des alten Taufpokals

In der „Geschichte des Bistums Hildesheim von 815 bis 1024" hat Erich Riebartsch eine erste Kirche in Burgdorf, in das 9. oder 10. Jahrhundert datiert. Er weist nach, dass Burgdorf im 12. Jahrhundert Sitz eines Archidiakons, eines Vertreters des Bischofs, war. Damit mag zusammenhängen, dass ursprünglich mindestens 21, vielleicht sogar 26 Kapellen an Burgdorf angeschlossen waren.[1]

Seit dem 14. Jahrhundert gehörte die Parochie Burgdorf zum Archidiakonat Sievershausen. Bald nach 1300 sagten sich nach und nach Kapellengemeinden von Burgdorf los. Es waren 1307 Wettmar, Thönse und Engensen, 1329 Kirchhorst, Stelle und Altwarmbüchen im Jahre 1353 und vielleicht schon 1302 Immensen, Steinwedel und Aligse. Denn sie werden im Zusammenhang mit einem „plebanus" erwähnt und das bedeutete, dass sie einen selbstständigen Pfarrer hatten.[2]

Ob die frühe romanische Kirche in Burgdorf während der sogenannten kleinen Hildesheimer Stiftsfehde zerstört oder nach Erweiterung der Stadt durch Herzog Otto von der Heide (1433) einfach zu klein geworden war, steht nicht fest. Sicher ist, dass nach 1433 eine gotische Hallenkirche mit Strebepfeilern gebaut wurde. Sie war 40 Meter lang und 18 Meter breit. Diese Maße wurden beibehalten, als nach 1809 die neue Kirche entstand.[3]

Ein steinerner Zeuge ist aus der frühen romanischen Kirche verblieben: ein Taufbecken aus Sandstein mit 110 Zentimetern Durchmesser. Er ist in die Sammlung des Niedersächsischen Landesmuseums aufgenommen worden, nachdem er eine Zeit lang im Welfenmuseum gestanden hatte.[4] Die Stadt Burgdorf hat ein 13 Zentner schweres Duplikat aus Kunstsandstein herstellen lassen. Es wurde zunächst in der Stadtsparkasse aufgestellt und nach der Renovierung 1984 der Kirche als Dauerleihgabe überlassen. Das Original ist das älteste Zeugnis der Burgdorfer Geschichte. Das Taufbecken ist so groß, dass Kinder ganz hineingetaucht werden konnten.[5]

Zeugen aus der gotischen Zeit kamen zutage, als für eine neue Heizungsanlage vor dem Altar und an den Wänden die Erde ausgehoben wurde. Neben mehrfachen Schichten aus Brandresten wurden Glasscherben, Sargbeschläge und Skelettteile gefunden. In der Kirche wurden nicht nur Geistliche beigesetzt, sondern unter anderem auch die Gemahlin Arnolds III. von Bentheim, Prinzessin Magdalena. Sie verbrachte ihre letzten Lebensjahre von 1583 bis 1586 in Burgdorf und wurde vor dem Altar beigesetzt.[6]

An der Westseite der gotischen Pankratiuskirche erbaute die Gemeinde zunächst einen freistehenden Holzturm. Er wurde 1591 durch einen massiven Bau ersetzt. Dabei geschah ein Unglück, das wahrscheinlich zahlreiche Opfer forderte. In einer zeitgenössischen Schrift wird erzählt, dass am 1. September 1591, nur neun Tage nach Fertigstellung des Mauerwerks, kurz nach der Predigt, der Turm einstürzte. Es seien Menschen im Gotteshaus gewesen. Verletzt worden sei jedoch niemand.

Ein Jahr später schlossen die Geistlichen, der Amtmann und der Bürgermeister mit dem „kunstreichen Meister Hans Christ" aus Braunschweig einen Vertrag über den Wiederaufbau. Er sollte bessere Steine und gut bereiteten Kalk verwenden. Das alte Fundament sollte zwar erhalten, aber um drei Fuß breiter gemacht werden. 1592 begann der Neubau, 1595 war er fertig. Den Turmhelm setzte Meister Claus Möller aus Dorne auf das Dach. 1601 war das Werk vollendet. Seine Form ist auf einem Merianstich von 1654 überliefert.

Der massive, geputzte Pankratiusturm in Burgdorf steht noch auf den alten Umfassungsmauern. Er ist ein Wahrzeichen der Stadt, das von vielen Seiten sichtbar geblieben ist, obgleich die Bebauung höher geworden und an das Bauwerk herangerückt ist. Der Turmhelm steht seit der Brandeinwirkung von 1809 auf Konsolen, das Dach trägt eine offene achteckige Laterne und eine ebenfalls achteckige hohe Spitze. In seiner heutigen Form ist der Helm 1851 vollendet worden. Bis dahin war er durch ein Pult-

Der Taufstein in der Pankratiuskirche ist eine Kopie des Originals aus dem 13. Jahrhundert.

Dieser Wetterhahn schmückt den Turm der Pankratiuskirche.

dach mit zwei Türmchen geschlossen. In der Kirche wird ein kupferner Hahn aufbewahrt. Dazu wird angemerkt: „Dieser Hahn krönte den Kirchturm bis 1972, erbaut 1950". Beide Jahreszahlen weisen auf Reparaturarbeiten hin.

Falsches Datum in Stein gemeißelt

Über der Tür am nördlichen Anbau der Kirche ist zu lesen, dass dieses Gotteshaus 1813 eingeweiht wurde. Das ist jedoch eine voreilig eingemeißelte Zahl. Die feierliche Weihe der klassizistischen Kirche erfolgte am ersten Adventssonntag 1814. Der damalige Konsistorialbaumeister J. G. Bergmann aus Hannover hatte mehrere Entwürfe vorgelegt. Der 1810 erarbeitete wurde angenommen.[7]

Der klar gegliederte Innenraum ist bei einem Umbau 1900 noch einmal verändert worden. Zwei querschiffartige Anbauten mit seitlichen Eingängen kamen als Ergänzung hinzu. Architekt Wegener brachte neubarocke Formen in das Schiff. So wurde der Altar vorgezogen und umgestaltet, an der Ostwand wurde ein großes Rundfenster eingesetzt. Im Zwei-

ten Weltkrieg zerstörte der Explosionsdruck der Bomben das Kunstwerk. Otto Brenneisen aus Hannover gestaltete es nach alten Angaben neu.

Im Inneren verlaufen die Emporen um alle Seiten. Sie werden von quadratischen Säulen getragen und gliedern den Raum in drei Schiffe. Das Bild von dem ursprünglichen Kanzelaltar hängt jetzt an der nördlichen Längswand. Eine Besonderheit fällt auf: Gegenüber Christus ist an der Tafel des Abendmahls ein Gedeck aufgelegt. Es ist als Einladung an die Gemeinde zur Teilnahme am Sakrament anzusehen.

Ein Sandsteinrelief an der Südwand des Kirchenschiffs ist der Geschichte des Lazarus gewidmet. Ursprünglich war es an der Vorderseite des ehemaligen Armenhauses angebracht, das 1969 abgebrochen wurde, als eine Brücke zur Verlängerung der Marktstraße über die Eisenbahn entstand. Dargestellt sind die Prasser am reichgedeckten Tisch und davor am Boden der Arme. Am rechten oberen Bildrand sieht man den Reichen in der Hölle und den Armen in Abrahams Schoß. Das Bild konnte nach Farbresten neu gefasst werden.

Der 12. Mai ist Todestag des Eisheiligen Pankratius

Im 16. Jahrhundert wird Pankratius zum ersten Mal als Schutz- und Namenspatron der Burgdorfer Kirche erwähnt. Über den jugendlichen Märtyrer Pankratius hat Pastor Werner Prieß viele Daten zusammengetragen. Der Heilige ist demnach Ende des Jahres 289 in Siena geboren und früh als Waise nach Rom gekommen. Das war während der Regierungszeit des Kaisers Diokletian von 284 bis 305. In diese Epoche fällt die letzte große Christenverfolgung. Ihr Opfer wurde auch der 14-jährige Pankratius. Er wurde auf kaiserlichen Befehl am 12. Mai 303 auf der Via Aurelia in Rom enthauptet.

Nach der Legende hat der Kaiser versucht, den Jungen zur Abkehr vom christlichen Glauben zu bewegen. Pankratius sei fest geblieben und habe das Martyrium auf sich genommen. In ihrem Heiligenkalender hat die katholische Kirche dem Pankratius den 12. Mai als Namenstag zugeordnet. Er zählt zu den 14 Nothelfern und wird wegen des Todestages zu den Eisheiligen gerechnet (11. bis 13. Mai). Die anderen sind Bischof Mamertes von Vienne (Ende des 5. Jh.) und Bischof Servatius von Tongern (im 4. Jh.).

Die Orgel ist 400 Jahre alt

Die Orgel in der Pankratiuskirche mit dem reich ornamentierten Prospekt ist das bestimmende Element unter dem Tonnengewölbe an der Westseite des Kirchenschiffs. Das ehemalige Rückpositiv (Orgelpfeifen, die im Rücken des Organisten angebracht sind) ist ohne musikalische Funktion an der Brüstung der Empore aufgehängt und ergänzt den optischen Eindruck der Einbauten. Die große Orgel hat eine besondere Geschichte und ist berühmt. Sie wurde 1585 von Meister Hans Scherer für die Hildesheimer St. Georgs-Kirche entworfen und gebaut. Scherer war einer der bedeutendsten Orgelbauer Norddeutschlands in der zweiten Hälfte des 16. Jahrhunderts.[8]

In Hildesheim wurde die Orgel mit anderen Geräten aus dem Gottesdienst 1812 zum Verkauf angeboten. Trotz der großen Not nach dem Brand von 1809 machten die Burgdorfer den Ankauf möglich und installierten das Instrument in ihrer neu erbauten Kirche. Der Name des Meisters ist am Rückpositiv oben eingeschnitzt. Scherer selbst hat sich am höchsten Punkt des Prospekts dargestellt. Es ist ein Porträtkopf mit martialischem Schnurrbart.

Eva mit dem Apfel im Paradies an der Scherer-Orgel von 1585.

Die Orgel der Pankratiuskirche ist berühmt. Der holländische Meister Hans Scherer schuf sie 1585 für die Hildesheimer St. Georgs-Kirche. Sie kam 1814 nach Burgdorf.

Das Lazarusrelief, das ehemals am Armen- und Siechenhaus in Burgdorf seinen Platz hatte, ist jetzt an der Südseite im Kirchenschiff.

Die Orgel ist keinem einheitlichen großen Stil zuzuordnen. In der Ornamentierung ist der Einfluss des Antwerpener Künstlers Cornelius Floris zu erkennen. Er arbeitete gegen Ende des 16. Jahrhunderts.

Sein Einfluss weitete sich nach Norddeutschland aus. Die Ausschmückung ist sehr reich und besteht aus einer Vielzahl von kleinen Formen und Bändern. Dadurch entsteht ein bewegter Gesamteindruck. Der wenig gebräuchliche Name „Floris-Stil" kann hier angewendet werden.[9] In den alten Prospekt bauten die Orgelbaumeister Hillebrand aus Altwarmbüchen 2 500 neue Pfeifen ein.

Die Engenser Kapelle war lange Zeit Abstellkammer

Im Jahre 1307 hatte sich das Kirchspiel Wettmar mit der Kapellengemeinde Engensen (Gemeinde Burgwedel) von der Pankratiuskirche Burgdorf gelöst. Die kleine Kapelle in dem Dorf ist aus Findlingen und dem heimischen Raseneisenstein gebaut. Mögliche Entstehungszeit ist das Jahr 1278.

Nach dem Baustil ist sie der Übergangszeit von der späten Romanik zur Frühgotik zuzurechnen. Als erster Geistlicher nach der Reformation wird Gerd Polde 1634 genannt. Er war Pastor in Wettmar und hatte die Kapellengemeinden Fuhrberg und Engensen ebenfalls zu versorgen.[10]

Seit Ende des 19. Jahrhunderts wurden keine Gottesdienste mehr gefeiert. Die Kapelle diente bis zum ersten Weltkrieg als Schulklasse, dann als Abstellkammer. Erst 1961 wurde sie restauriert und wieder geweiht. Seither lassen sich junge Paare gern in dem schönen kleinen Gotteshaus trauen.

Über den schrecklichen Zustand der Kapelle bis 1932 hat der damalige Pastor aus Wettmar, Paul Gerhardt Möller, eine anschauliche Schilderung hinterlassen. „Als ich nach Wettmar kam, hielt ich vierzehntägig in allen drei Dörfern: Wettmar, Engensen, Thönse und zwar im Konfirmandensaal des Kirchdorfes und in den Schulräumen der Außendörfer Bibelstunden ab."

In Engensen sei ihm gesagt worden, es sei unmöglich, die Kapelle zu benutzen. Als Möller sich den Schlüssel besorgt hatte, schlug ihm Verwesungsgestank entgegen. Der Fußboden war meterhoch mit Müll bedeckt.

Der Pastor ging von Haus zu Haus und sammelte für eine notdürftige Instandsetzung. Ein paar Frauen des Dorfes übernahmen die Reinigung und die älteren Schulkinder die grobe Räumung. Eine einfache Bestuhlung konnte dank der Spenden angeschafft werden, ein gestifteter Tisch diente als Altar und die Pfarrfrau arbeitete einen grünen Behang, ein Antependium, dafür.

In Altwarmbüchen: Wo früher gebetet wurde, wird heute „regiert"

An der Kreisstraße 112 steht in der Ortsdurchfahrt von Altwarmbüchen (Gemeinde Isernhagen) eine spätgotische Kapelle. Sie wurde 1986 restauriert, erhielt einen neuen Anstrich und bleigefasste Fenster. Das Mauerwerk ist aus Bruchsteinen, Ziegeln und Raseneisenstein errichtet worden.

Im Jahre 1329 lösten sich Horst, Stelle und Altwarmbüchen von der Pankratiuskirche in Burgdorf. Die Horster erweiterten daraufhin ihre Kapelle zur Nikolauskirche, wenig später dürften die 12 Höfe von Altwarmbüchen ihre eigene Kapelle errichtet haben.

Die kleine Kapelle in Engensen (Burgwedel) ist möglicherweise schon 1278 gebaut worden.

1803 wurde das kleine Bauwerk meistbietend versteigert und für 96 Reichstaler an Hans Henning Wöhler vergeben. Bei dem großen Brand von Altwarmbüchen 1842 blieb das Gotteshaus fast unversehrt. Zu dieser Zeit war es bereits Wohnhaus und Gerichtsraum gewesen. Danach diente es als Hirtenhaus und bis 1952 als Schule.[11] Seither ist die Kapelle in die Gemeindeverwaltung einbezogen worden und dient als Rats- und Sitzungssaal.

An der Ortsdurchfahrt von Altwarmbüchen steht die Kapelle vom ausgehenden 14. Jahrhundert. Sie ist restauriert und dient der Gemeindeverwaltung als Sitzungssaal.

Die Deckenmalerei im Chorraum der Kirche in Kirchhorst ist vor 1450 entstanden, sie war Jahrhunderte lang übermalt.

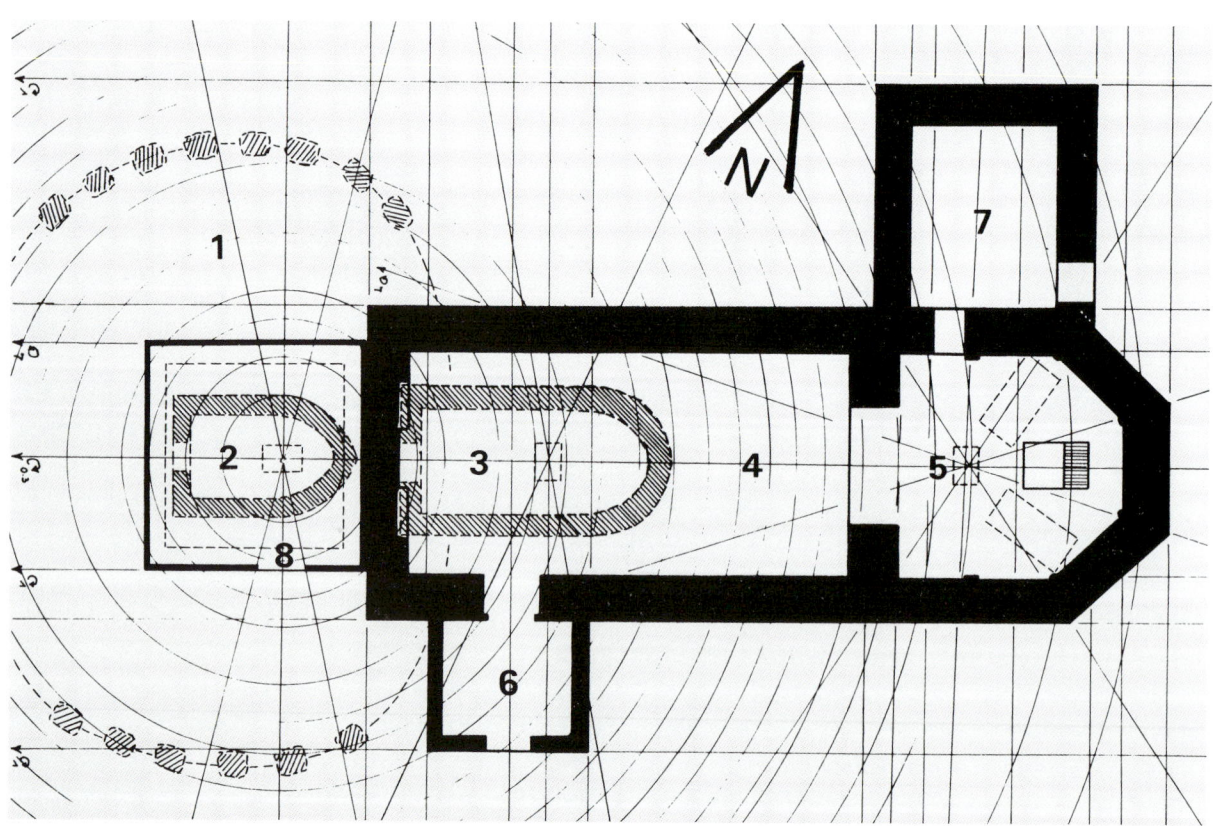

Rekonstruktion zur Entwicklung der Kirche in Kirchhorst: 1. Vorchristliche Kultstätte; 2. Frühchristliche Kapelle; 3. Zweite Kapelle; 4. Kirchenbau im 12. Jahrhundert; 5. Ehemalige Grabkammern; 6. Vorhalle, Mitte des 14. Jahrhunderts; 7. Sakristei, vermutlich 16. Jahrhundert; 8. Turm, 1594 erwähnt.

Kirchhorster Gotteshaus an der Stelle einer frühen heidnischen Kultstätte

Unter den Kirchen, die sich im 14. Jahrhundert von der Parochie Burgdorf losgesagt haben, ist die von Kirchhorst die bedeutendste. Sie steht inmitten eines Kirchhofs an der Kreisstraße 112 in der Ortsdurchfahrt. Alte und neue Grabplatten umgeben sie. Die Kirche geht auf eine Kapelle aus der ersten Hälfte des 12. Jahrhunderts zurück. Unterschiedliche Stilmerkmale prägen ihr Äußeres. Denn im Laufe der Jahrhunderte wurde sie mehrfach erweitert.

Signale aus dem Untergrund

Im April 1988 untersuchten Heinz Lörke (Langenhagen) und Heinrich Ostermeyer (Neuwarmbüchen) unabhängig voneinander die Kirche und ihre nähere Umgebung mit Wünschelruten. Diese radiästhetische Aufnahme ergab bei der kartographischen Auswertung, dass um den Mittelpunkt des heutigen Turmgrundrisses eine Kultstätte innerhalb eines Steinkreises angelegt war. Sie hatte eine Dimension von etwa 17 auf 14 Metern.[1] Die Rutengänger wissen, dass ihre Ergebnisse von Schulwissenschaftlern skeptisch betrachtet werden. Sie sind sich gleichwohl darüber einig, dass ihre Deutungen richtig sind und Nachprüfungen nicht scheuen müssen.

Danach hat innerhalb des Steinkreises eine Kapelle mit den Außenmaßen 5 mal 3 Meter gestanden. Noch in frühchristlicher Zeit wurde im jetzigen Kirchenschiff eine etwas größere Kapelle gebaut. Sie war 7 mal 4 Meter groß. Beide hatten Eingänge an der Westseite. Im heutigen Chor wurden zwei Grüfte ermittelt, die Grabkammern gewesen sein dürften.

Wilhelm Uhlhorn war der Chronist

Das Kirchhorster Gotteshaus und seine Geschichte wurde von Pastor Wilhelm Uhlhorn erforscht und ausführlich beschrieben. Er war der 22. Geistliche in Kirchhorst nach der Reformation und amtierte von 1886 bis 1899.[2] Die romanische Kapelle, Mitte des 12. Jahrhunderts entstanden, umfasste ein Rechteck von zwölf Metern Länge und sechs Metern Breite. Sie hatte eine flache Balkendecke und einen geraden Abschluss an der Ostseite. Chor, Vorraum und Sakristei fehlten noch. An der Westseite war eine Tür. Es wird vermutet, dass sie mit der ältesten Tür in der Region identisch ist, die jetzt ohne Funktion im Vorraum des Gebäudes angebracht ist.

An der geraden Ostwand stand oder hing ein Kruzifix, das um 1150 datiert wird. Der Körper ist 1,38 Meter hoch. Er ist aus einem Eichenstamm geschnitzt, seine Arme sind aus zwei Ästen gebildet. Es hat spätestens seit dem barocken Umbau in der Sakristei gestanden.

Nachdem es 1969 restauriert worden war, ist es der Gemeinde Altwarmbüchen für die neue Kirche an der Bernhard-Rehkopf-Straße überlassen worden und steht dort neben dem Altar.[3]

Die Patrone schenkten der Kirche zwei Höfe in Horst

Die Kapelle in Kirchhorst gehörte zum Kirchspiel St. Pankratius Burgdorf. Es ist anzunehmen, dass nur an wenigen Tagen im Jahr in dem abgelegenen Dorf die Messe zelebriert wurde. Zum Gottesdienst gingen die Leute von Horst, Stelle, Altwarmbüchen und Lohne nach Burgdorf. Das waren jeweils mehr als zwei Stunden hin und zurück. Im Jahre 1329 löste sich die Kapellengemeinde Kirchhorst mit den benachbarten Dörfern von der Mutterkirche. Die Patronatsherren von Cramm ermöglichten den

Am Chor des Kirchhorster Gotteshauses ist die Trennungslinie zwischen dem romanischen und dem gotischen Bauteil deutlich.

hatte, ließ die Gemeinde den Innenraum der Kirche erneuern. Meister Schrader aus Döhren übermalte alle Flächen in 15 Tagen mit Kalk. Unter Pastor Falkenhagen (Amtszeit 1675 bis 1688) ging die Renovierung weiter. 1774 wurde eine gebrauchte Orgel angeschafft. Man installierte sie im Chor über dem Altar. Der gotische Aufsatz musste weichen. Teile davon stehen noch in der Sakristei. 1761 erwog die Kirchengemeinde, ihr altes schmuckloses Gotteshaus abzubrechen und durch ein neues zu ersetzen. Ein Zimmermann berechnete die Kosten. Da aber – zum Glück – nicht genug Geld da war, blieb die mittelalterliche Kirche erhalten. Eine grundlegende Erneuerung erreichte erst Pastor Wilhelm Uhlhorn 1898. Er ließ zahlreich Teile herausreißen und die gotischen Fresken durch den Maler Ebeling sorgsam restaurieren.

An der Westseite im Kirchhorster Schiff wurde eine Empore für die Orgel geschaffen. Zeitweilig hatte sie im Chor gestanden.

Schritt. Sie besaßen seit langer Zeit Güter im Dorf, die als Lehen vergeben waren. Zwei davon fielen im 14. Jahrhundert an die von Cramms zurück, nachdem die Höfner verstorben waren. Die Patrone schenkten sie der Pfarrei und der Küsterei. Das gab den Einwohnern der Dörfer die Möglichkeit, sich loszukaufen und ihre Kapelle zur Kirche St. Nicolai zu erweitern.[4]

Nach 1329 wurde der Chor angefügt. Im Gegensatz zum Schiff besteht er aus Backsteinmauerwerk. Anstelle der geraden Balkendecke wurde das Schiff durch drei Kreuzgewölbe geschlossen. Die kleinen romanischen Fenster wurden vergrößert und mit gotischem Backsteinmaßwerk versehen. Vermutlich entstand Mitte des 14. Jahrhunderts die Vorhalle mit dem gotischen Treppengiebel. Die geweißten Blendnischen bestimmen die Südansicht des Gotteshauses. Auch die Decken- und Wandmalereien in Chor und Schiff sind der Zeit vor 1450 zuzurechnen. Malgrund und Farbtechnik waren so gut, dass sie spätere Kalkübermalungen überdauerten. Als sich das Dorf nach 30 schrecklichen Kriegsjahren erholt

Das große Kruzifix aus der Kirchhorster Nikolaikirche ist um 1150 entstanden. Es steht jetzt im Altarraum der neuen Kirche in Altwarmbüchen.

Kriegsvolk verbrannte das Turmholz

In Kirchhorst hat nie ein steinerner Turm gestanden. Wann der heutige Turm erbaut wurde, ist nicht bekannt. In der Kirchenrechnung von 1594 ist er erwähnt. Im Dreißigjährigen Krieg plünderten Soldaten das Gotteshaus mehrfach aus. Sie zerschlugen Fenster und stahlen Inventar. Das Holz der Inneneinrichtung und die Turmverschalung dienten als Feuerholz und musste mehrfach erneuert werden. Im Rechnungsbuch von 1641 ist ein ungewöhnlich großer Posten Geld für „Glockenschmeer" ausgewiesen „weill viell Tote zu beläuten".

Hohe Linden hatten seit alters her auf dem Kirchhof gestanden. Eine von ihnen wurde gefällt, als Andreas Cortnum, Senator zu Hannover, einen Anteil am Zehnten in Horst geerbt hatte. Er stiftete zu Ehren Gottes 1678 Geld für einen Barockaltar. Der Tischler Hans Rammers aus Hannover fertigte das Rahmenwerk und der Bildhauer Daniel Bartels schnitzte die figürlichen Teile des Altars, dessen Flügel allerdings 1774 verlorengingen.[5]

In ein Band der mittelalterlichen Tür ist ein Drudenfuß eingeschlagen. Er sollte vor Geisterbehexung schützen.

Das Pentagramm hielt Geister fern

Die in der Vorhalle aufgestellte Tür der Kirchhorster Kirche stammt möglicherweise schon von der frühen romanischen Kapelle. Ausdrücklich wird sie 1585 bei der Amtseinführung des zweiten Pastors nach der Reformation, Bernhardus Bockelmann, erwähnt. Eiserne Bänder halten ihre dicken Bohlen zusammen.

Handgeschmiedete Nägel sind zu unterschiedlichen Ornamenten zusammengefügt. In eines der Bänder ist ein Pentagramm, ein sogenannter Drudenfuß, eingeschlagen. Pentagramme galten in frühchristlicher Zeit als Schutz vor Behexung durch Geister. In der Kirchentür hatte das Zeichen den Sinn, noch ungetaufte Kinder vor Schaden zu bewahren, wenn sie über die Schwelle des Gotteshauses getragen wurden.[6]

An der früheren Innenseite der alten Tür ist mit einer Eisenkette eine Elle angeschmiedet. Sie war ein öffentlich benutztes und gültiges Maß und ist in sechs Abschnitte zu je vier Zoll eingeteilt. Diese Celler Elle ist durch Herzog Georg Wilhelm zu Braunschweig und Lüneburg am 6. Juni 1692 verbindlich eingeführt worden und musste als Normalelle in den Orten zu jedermanns Verfügung angebracht werden.[7]

An der alten Kirchentür ist eine Elle angekettet. Die so genannte Celler Elle war amtliches Maß für die Ortschaft.

Die Kirche zum Heiligen Kreuz in Sehnde ist 1737 erbaut worden.

Nach dem Dreißigjährigen Krieg begann die hohe Zeit der Barockkünstler

In den vorhergehenden Kirchenbeschreibungen ist deutlich geworden, dass sich die Bau- und Kunstwerke nicht in Schubladen mit bestimmten Aufschriften einordnen lassen. Die frühen romanischen Kirchen sind verfallen und durch gotische ersetzt worden.

Wenige Renaissancebauten entstanden vor dem dreißigjährigen Krieg, der einen tiefen Einschnitt hinterließ. Aus den früheren Epochen hatten Türme und manche Mauern die Jahrhunderte überdauert. Sie blieben teilweise stehen und wurden wieder verwendet, als die Barockzeit begann.

Nachdem der große Krieg 1648 mit dem Westfälischen Frieden beendet war, dauerte es lange, bis das verwüstete und entvölkerte Land wieder ökonomisch leistungsfähig geworden war. Erst im letzten Drittel des 17. Jahrhunderts konnten die Gemeinden an den Aufbau ihrer Gotteshäuser denken. In Rom war schon gegen Ende des 16. Jahrhunderts die Renaissance durch das Barock abgelöst worden.

Deutsche Baukünstler hatten wegen der Kriegswirren den Anschluss nicht gefunden. Erst gegen 1675 kamen ausländische Handwerker, Bildschnitzer und Stukkateure in das Land nördlich der Alpen und brachten das neue Bauempfinden mit. An den Höfen in Celle und Hannover arbeiteten Künstler und Handwerker aus Italien, aus Holland und eingewanderte Hugenotten.

Der Begriff „Barock" ist von dem portugiesischen Wort „barocco" abgeleitet. Es bezeichnet eine unregelmäßige Perle. Im Barock wurden räumliche Anordnungen der früheren Epochen vielfach übernommen, aber sie wurden durch dekorative Malerei und Plastik reich gegliedert. Das entsprach dem „neuen Zeitgefühl", dem Absolutismus. Adelsgeschlechter holten höfischen Prunk auch in die Provinz. Das galt nicht nur für Schlösser und Herrensitze, sondern auch für die Kirchen, deren Patrone sie waren.

Barocke Kirchenbauten in Norddeutschland sind äußerlich schlicht. Die Mauern sind verputzt und in gelben oder rosa Farbtönen gehalten. Eckquader und Gesimse gliedern die Flächen und betonen die Fenster und Türen. Die rechteckigen Kirchenschiffe sind ohne Apsiden oder besondere Chorräume gebaut. Eine Querwand hinter dem Altar an der Ostseite teilt eine Sakristei und Treppen ab, die zu Emporen oder der hochgesetzten Kanzel führen.

Zahlreiche Kirchen wurden im Landkreis Hannover während der Barockzeit umgestaltet, ausgebaut oder neu errichtet. Dazu einige Beispiele: Basse 1689, Schloss Ricklingen 1694, Schneeren 1724, Ilten 1724, Grasdorf 1736, Sehnde 1737, Osterwald (Garbsen) 1738, Kolenfeld 1747, Großgoltern 1750, Kirchwehren 1755, Fuhrberg 1769 und Jeinsen 1781. Alle Konventgebäude der fünf Calenberger Klöster stammen ebenfalls aus dieser Epoche: Wennigsen 1707 bis 1711, Marienwerder 1704 bis 1721, Mariensee 1726 bis 1729, Barsinghausen 1704 bis 1734 und Wülfinghausen 1729 bis 1740.

In vielen Kirchen blieben die Barockausstattungen erhalten. Andere wurden später durch klassizistische, neugotische oder moderne Einrichtungen ersetzt. Nicht überall nahmen die Gemeindeglieder die Beseitigung ihrer gewohnten Kirchenatmosphäre ohne Kritik hin. Viele Menschen bedauerten den Abbruch des reich ornamentierten Ausbaus.

Das Barock ist keine Einheit. Seine Künstler und Künstlerdynastien haben eigenwillige und unverwechselbare Merkmale entwickelt. Der reiche figürliche Schmuck dominiert in der Frühzeit. Die schlichteren Formen der Spätzeit gehen deutlich sichtbar in die strenge Gestaltung des Klassizismus über.

Bei manchen Altären und anderen Einbauten aus der Barockzeit sind die Künstler bekannt. Häufig werden auch Tischlermeister aus der Umgebung genannt, die mit den Bildschnitzern gemeinsam gearbeitet haben. Der älteste nachgewiesene Barockaltar in unserem Raum ist der von Daniel Bartels (1635 bis 1697), der 1678 in Kirchhorst aufgestellt wurde. Er hatte zunächst noch zwei Flügel, so wie in der Gotik üblich gewesen. Sie gingen verloren.

Im Verlauf der Barockepoche wurden die Altäre im Aufbau und in der Ornamentierung nach und nach schlichter. Die über dem Altartisch angeordneten Kanzeln wurden beibehalten. Aber die Säulen, die den Korb einfassen, sind nicht mehr gedreht und mit Blattgirlanden umwunden. Sie sind schlicht geworden, ihre Kapitelle sind mit floralen Formen bereichert. Die Gegenüberstellung der Altäre in Sehnde (Daniel Bartels)[1] und in Kirchwehren (Johann Friedrich Blasius Ziesenis) zeigt den Wandel sehr deutlich.[2]

Der Kirchhorster Taufengel wurde 158 Jahre lang benutzt

Eine Besonderheit in vielen Barockkirchen sind die Taufengel. Sie kamen einige Jahrzehnte nach dem Dreißigjährigen Krieg „in Mode". Vielleicht sollte bei steigender Bevölkerungszahl der Platz für ein Taufbecken eingespart werden. Theologisch gesehen mag der Taufengel die Taube symbolisieren, die vom Himmel herabschwebt.[3] Die Engel hängen an Stangen oder Ketten seitlich vor dem Altar und werden zur Taufhandlung herabgelassen, bis die Taufschale gut erreichbar ist. Sie wird mit beiden Händen oder mit der rechten Hand dargeboten und ist entweder aus Holz mit Einsatz oder aus Messing gearbeitet.

Die Engel sind in der üblichen Barockmanier reich mit Gold verziert. Die wenigen noch vorhandenen verdanken ihre Existenz dem Ungehorsam mancher

Der älteste Taufengel im Landkreis Hannover ist der von Kirchhorst. Er wurde 1679 angebracht.

Pastoren. Eigentlich waren sie 1846 mit einer Verfügung des Königlich Braunschweigischen Konsistoriums wegen ihrer „gewöhnlichen und geschmacklosen Gestalt" verboten.

In seiner Betrachtung über die Kirchhorster Kirche führte Immo Franke als weiteren möglichen Grund für die Aufhängung der Engel an: „Gelegentlich sei es vorgekommen, dass nach dem Sakrament Reste des Taufwassers von Scharlatanen an unwissende Bauern als Allheilmittel verkauft wurden". Oft waren Taufengel Stiftungen von Personen, die über den Tod hinaus das Gedenken in ihrer Gemeinde erhalten wollten; den von Kirchhorst stiftete die Frau des Pastors Balthasar Falkenhagen, der von 1675 bis 1688 amtierte.

Der Engel von Kirchhorst ist einerseits als der Älteste im ehemaligen Landkreis Hannover bemerkenswert. Auf der anderen Seite zeigt er im Gegensatz zu der üblichen geschlechtslosen Darstellung himmlischer Wesen durchaus weibliche Züge. Der Engel wurde 158

Endpunkt Museum. Ein Torso aus Lindenholz hängt im Heimatmuseum in Springe. Er war einst ein prächtiger Taufengel.

Jahre lang genutzt. Seit 1837 hängt er als Denkmal an einer Stange neben dem Triumphbogen. Vermutlich hat ihn Daniel Bartels gearbeitet, möglicherweise aber auch Hans Rammers, der mit ihm gearbeitet hat.

Sehnde

In der Kirche Zum Heiligen Kreuz in Sehnde steht neben dem Altar ein Taufständer, der Johannes den Täufer darstellt. Er trägt in der rechten Hand die Taufschale. Ernst Dietrich Bartels, der Sohn des eben erwähnten Daniel Bartels, hat ihn geschaffen. Er wirkte vornehmlich im Raum Hildesheim. Von ihm sind Barockaltäre in Bolzum, Sehnde und Ilten erhalten geblieben. Der Täufer in der Kirche in Sehnde entstand 1737. Nach Sehnde eingepfarrte Frauen aus dem benachbarten Gretenberg haben ihn gestiftet. Der dreiflügelige Neubau der Kirche ist ebenfalls 1737 an den Turm, der 1640 errichtet wurde, angesetzt worden.

Der Barockaltar in Sehnde ist 1738 von Hans Dietrich Bartels angefertigt worden.

Kirchwehren

Von dem berühmten Barockbildhauer Johann Friedrich Blasius Ziesenis sind noch die Taufengel in der Klosterkirche Mariensee und in der Kirche von Kirchwehren fast unverändert erhalten.[4]

Sie wurden in den ursprünglichen Farben Weiß und Gold restauriert, haben ausgebreitete Flügel und wehende Gewänder. Sie tragen die Schale in beiden ausgestreckten Händen.

In Kirchwehren ist der gotische Turm erhalten geblieben. Das Barockschiff wurde in der Zeit von 1753 bis 1755 erbaut. Das vorher abgebrochene Gotteshaus stammte aus der Zeit um 1330.[5]

Johannes der Täufer steht vor dem Altar der Barockkirche in Sehnde, 1737 von Ernst Dietrich Bartels gearbeitet.

Johann Friedrich Blasius Ziesenis schuf den Kanzelaltar in Kirchwehren 1755.

Die schönste Barockkirche steht in Schloss Ricklingen

Das Amt für Bau- und Kunstpflege der hannoverschen Landeskirche bezeichnet das Gotteshaus in Schloss Ricklingen (Garbsen) als schönste Barockkirche in Norddeutschland.

Sie steht auf einem Sandhügel wenige Meter über dem Straßenniveau. Die Kirche ist eine nachreformatorische Gründung und wurde 1692 von dem Ricklinger Amtmann Johann Georg Voigt und seiner Frau Dorothea Ilse, geborene Cumme, gestiftet.

Im Gegensatz zu den vielen Gotteshäusern, die Kapellen und kleine Kirchen als Vorgänger hatten, scheint es in Schloss Ricklingen kein derartiges Bauwerk gegeben zu haben. Das ist umso erstaunlicher, als der Ort schon im 12. Jahrhundert als Sitz eines Gogerichts genannt wird und auch später die niedere Gerichtsbarkeit behielt.

Das barocke Bauwerk in Schloss Ricklingen ist als Gemeinde- und Herrschaftskirche konzipiert. Außerdem war es die Grablege der Familie Voigt. Weil aus Gründen der Standsicherheit unter dem quadratischen Grundriss des Turms keine Krypta angelegt werden konnte, diente das geräumige Sockelgeschoss des Turmes als Begräbnisstätte der Familie.

So haben oberirdisch bis zu 28 Sarkophage darin gestanden. Zwei haben die Jahrhunderte überdauert. Sie sind aus Eichenholz und mit Zink-Ornamenten verziert. Die Beschriftungen sind gut zu lesen. In

Die Gemeinde- und Herrschaftskirche in Schloss Ricklingen ist 1692 von Amtmann Georg Voigt geplant und zwei Jahre später eingeweiht worden. Der Turm war anfangs um zwei Stockwerke höher.

Der mehrfach veränderte Turm der Schloss Ricklinger Kirche trägt eine Wetterfahne vom Baujahr 1694.

den Sarkophagen haben die Verstorbenen in eingeschobenen kleinen Särgen geruht.[1]

Die relativ schlichte Außenansicht der Kirche lässt den Besucher nicht erkennen, was ihn im Innenraum erwartet. Das Mauerwerk ist in einem warmen Rosaton gehalten. Sandsteinquader fassen die Fenster ein, betonen die Kanten und bilden ein breites Gesims an den Längsmauern. An der Ostseite ist ein Risalit hochgezogen, ein flacher Vorbau, der bis unter das Dach reicht.

Der Turm war zu schwer

Der Turm an der Westseite ist auffallend niedrig. Er war ursprünglich viergeschossig, jetzt hat er nur noch zwei Geschosse. Bald nach der Fertigstellung wurden Bedenken geäußert, ob der sandige Untergrund das große Gewicht tragen könnte. Schon 1714 zeigte sich, dass die Fundamente und die darauf gegründeten Mauern Risse bekamen. Aufgrund einiger Gutachten wurde zunächst versucht, durch Pfeiler im Inneren die Stabilität herzustellen. Sie nützten wenig.

1757 musste das vierte, 1815 das dritte Turmgeschoss abgetragen werden. So blieb der unvollendet wirkende Turm mit einem niedrigen, achtseitigen Helm bestehen. Die Wetterfahne von 1694 wurde wieder aufgesetzt. Wenn auch die Kirche äußerlich durch den Abbruch der Turmgeschosse verändert wurde, so blieb sie im Inneren weitgehend im ursprünglichen Zustand erhalten. Über die Barockkünstler, die das Schiff und den Chor gestaltet haben, ist zwar bekannt, dass sie italienischen Schulen angehörten, ob aber Jacopo Perinetti der Künstler war, ist nicht erwiesen.

Das Kirchenschiff ist von einem Tonnengewölbe überspannt. Wegen Einsturzgefahr wurde es 1950 erneuert. Ein starkes Gesims grenzt die Decke gegen die Wände ab. Hier, wie überall im Inneren der Kirche, sind die Flächen durch Stuckumrahmungen und -ornamentierungen aufgelöst.

Die Deckengemälde sollen den Blick in den offenen Himmel vortäuschen. Die Themen sind über dem Mittelschiff die Kreuzigung, in den vier Ecken die Erschaffung Evas, Vertreibung aus dem Paradies, Verkündigung und Geburt. Das Mittelbild über dem Chor zeigt die Himmelfahrt Christi. Alle Gemälde wurden 1830 von Christian Büttner in Wunstorf restauriert.

Der dreizonige Altar ist in der Kirche Schloss Ricklingen in der ursprünglichen Pracht erhalten geblieben. Die Altarwand aus Holz ist dreiachsig über dem Tisch aufgebaut. In der Mittelachse springt die Kanzel halbkreisförmig hervor. Ein Schalldeckel in Kronenform schließt sie nach oben ab. Säulen tragen ein Verbindungsstück zu dem neunachsigen Or-

Unter dem Turm sind in der früheren Begräbniskammer der Familie Voigt noch zwei Sarkophage erhalten geblieben. Die Inschriften sind aus Zinnbuchstaben aufgelegt.

gelprospekt. Er stammt, wie der Altar, aus der Gründungszeit der Kirche.

Die Weinrankengewinde an den Säulen sind kennzeichnend für die frühe Barockzeit. Das ursprüngliche Taufbecken ist verschwunden. Es bestand aus einer Dreiergruppe von schwebenden Engeln unter dem Triumphbogen. Sie trugen Schale und Deckel. Der jetzt vor dem Altar stehende Taufpokal ist eine neubarocke Kunststeinarbeit. Zu beiden Seiten der Altarwand ist geschlossenes Gestühl aufgebaut. Die Flächen sind mit aufgemalten Blumengirlanden verziert. Die Entstehung wird um 1715 datiert.

Der Kirchenstifter

Johann Georg Voigt, der Stifter des Gotteshauses, war seit 1692 Amtmann in Schloss Ricklingen. Die handschriftliche Stiftungsurkunde für die Kirche muss er unmittelbar nach seinem Amtsantritt aufgesetzt haben, denn sie ist ebenfalls 1692 datiert. Das kurfürstliche Konsistorium in Hannover bestätigte die Kirche im August 1694. Am 16. Oktober des selben Jahres weihte der Wunstorfer Superintendent Leyer das Gotteshaus ein. Der Kirchenstifter Voigt hat sich über seine Vogtei hinaus für die Erhaltung kirchlicher Bauwerke eingesetzt. Er hat unter ande-

Der neubarocke Taufpokal

Das Deckengemälde über dem Mittelschiff stellt Christi Kreuzigung dar.

Als schönste Barockkirche Nordwestdeutschlands wird das Gotteshaus in Schloss Ricklingen bezeichnet.

Viele Engel der frühen Barockaltäre haben erwachsene Gesichter.

Eingang an der Nordseite ein Vorbau, wahrscheinlich ein Brauthaus.[2]

Über dieses Gotteshaus schrieb Pastor Wahrendorf am 11. März 1733 an das Konsistorium in Hannover im Namen aller Einwohner und Pfarrkinder, dass die Kirche nicht nur zu klein, sondern auch baufällig sei. „Allstündlich drohet der Einsturz", und schon bei vorhergegangenen Visitationen hätten Baumeister auf den erbärmlichen Zustand aufmerksam gemacht, der Turm bewege sich bei Sturm hin und her und klaffe weit vom Schiff ab.

Zwei Jahre später meldete sich der Drost aus Ricklingen zu Wort. Er war der weltliche Sachwalter kirchlicher Angelegenheiten. Nach seiner Auffassung waren Fundament und Mauern des gotischen Gotteshauses noch in gutem Zustand. Durch einige bauliche Veränderungen sei ausreichend Platz zu schaffen. Eine neue Kirche sei überflüssig. Aber der Pa-

rem wesentlich dazu beigetragen, dass die spätromanische Kirche in Basse an der Leine 1688 erneuert und erweitert werden konnte.

Wer bei der Besichtigung der Kirche Gelegenheit hat, in der Begräbniskammer im Turm die beiden Sarkophage zu sehen, sollte nicht versäumen, die Inschriften zu lesen. So heißt es an der Fußseite des größeren: „Hier ruhet die wollseelige Fr.Frau [Freifrau] Johanne Louise Voigt gebohrne von Usslar Geb. den 6. Nov. 1697 – verehlicht mit dem wollseeligen Oberamtmann Hermann Leudewig Voigt im Jahr 1713 und eine fruchtbare Mutter von 16 Kindern worden da von noch am Leben zwei Söhne und zwei Töchter – gestorben d. 30. May 1753 ihres Alters 55 Jahr 6 M. und 3 Wochen". Sie war die Frau des Sohnes und Amtsnachfolgers des Gründers.

Die Barockkirche in Osterwald hatte zwei Vorgänger

Als Pastor Franz Erich Wahrendorf, Amtszeit 1723 bis 1757, den Neubau einer Kirche in Osterwald (Garbsen) betrieb, hatte in der Mitte des langen Straßendorfs seit 1150 eine Kapelle und nach 1380 eine gotische Kirche gestanden. Diese war ein schlichter Backsteinbau mit hohem holzverkleideten Fachwerkturm. Das niedrige Schiff wurde durch wenige kleine Spitzbogenfenster belichtet. An der Südseite des Chors war eine Sakristei angebaut, am

Ein Standmahl von 1474 ist vom Osterwalder Kirchhof zur Sicherung in die Kirche gebracht worden.

stor blieb hartnäckig. Er behauptete, dass die Einwohnerzahl auf 1 000 angestiegen wäre, das war allerdings wohl etwas übertrieben. Nach der gesicherten Statistik hatte Osterwald 1821 noch nicht mehr als 1 256 Einwohner.

Das Konsistorium bewilligte schließlich 1736 eine neue Kirche. Das größte Problem war dabei die Finanzierung. Die Gemeinde hatte zwar schon 25 Jahre lang Geld angesammelt, musste es jedoch teilweise für dringende Reparaturen an der alten Kirche ausgeben. Eine Kollekte im gesamten hannoverschen Gebiet erbrachte nur 300 Taler. Der Kostenanschlag für das neue Gebäude ohne Turm belief sich schon auf 2 400 Taler. Bei insgesamt 12 Gemeinden und privaten Geldgebern wurden durch Kredite die fehlenden Mittel beschafft.

Am 12. Juli 1737 lag der genehmigte Bauplan vor. Daraufhin brach Zimmermeister Wente mit seinen Gesellen in wenigen Tagen den alten Turm ab, Amtmann Kruse aus Schloss Ricklingen legte am 30. September des selben Jahres den Grundstein. Der Neubau wurde um ein Drittel länger konzipiert als die gotische Kirche.

Das Richtfest konnte im August 1738 gefeiert werden. Den ersten Gottesdienst hielt Pastor Wahrendorf am ersten Weihnachtstag. Stühle aus der alten Kirche und aus der Schule waren in dem noch kahlen Raum aufgestellt.

Bis zur endgültigen Fertigstellung der Kirche mit Innenausstattung und Turm verging noch eine lange Zeit. Sechs Jahre nach dem Richtfest predigte Pastor Wahrendorf zum ersten Mal von der Kanzel über dem Altartisch. Eine Woche später weihte Superintendent Jahns aus Wunstorf das Gotteshaus feierlich ein. Für die aufgenommenen Kredite musste die Gemeinde, die durch Mißernten verarmt war, jährlich 140 Reichstaler aufbringen. In der Festschrift wird der Gegenwert für diesen Betrag, bezogen auf Mitte des 18. Jahrhunderts, mit 140 Schafen oder 45 Schweinen im Gewicht von 200 Pfund angegeben.

Eigenwilliger Altar

Das lichte Kirchenschiff mit Tonnengewölbe wird von zwei Emporen an den Längsseiten geprägt. An der Ostseite erhebt sich der barocke Kanzelaltar. Der hannoversche Kunsttischler Stegle hat ihn gebaut, Malermeister Franke aus Hannover fasste ihn in Weiß und Gold.

Der eingeschossige Aufbau mit doppelten korinthischen Säulen ist in Form und Ornamentik eigenwillig und nicht mit den Arbeiten der bekannten Barockkünstler zu vergleichen. Vermutlich hat der ausführende Handwerker auch den Entwurf aufgestellt.

Joachim Christian Bothmer aus Wunstorf hatte der Gemeinde 1781 testamentarisch ein kleines Kapital

Hölzerne Emporen auf Säulen gliedern das Schiff der Osterwalder Kirche an drei Seiten. Auf der Westempore steht die Orgel.

Die Altarwand der Osterwalder Kirche ist von dem hannoverschen Kunsttischler Stegle gebaut worden. 1744 wurde von der hochgestellten Kanzel zum ersten Mal gepredigt.

Opferstock, 1671 *Taufstein, 1654*

überschrieben, das zur Beschaffung der Orgel verwendet werden sollte. Mit anderen Hilfen war es aber erst 1826 soweit, dass Hoforgelbauer Wilhelm Meier das Instrument einbauen konnte. Superintendent Osann aus Seelze schrieb in einem Brief an die Gemeinde 1823, dass „gerade in Osterwald, wo ein so erbärmlicher Gesang stattfindet, wovon wir uns bei der Kirchenvisitation überzeugt haben, eine gute Orgel ein großes Bedürfnis ist".

Im Kirchenraum haben drei Zeugen aus alter Zeit einen neuen Platz gefunden. Der Taufstein von 1654 ist ein sechseckiger Kelch aus Kalkstein. Am Beckenrand ist auf einem Feld die Taufe Christi dargestellt mit dem Täufer Johannes und einer Engelgruppe. Auf anderen Feldern ist nachzulesen, dass Hans Mesenbrink und Gerdt Hasen den Taufstein 1654 der Kirche zum christlichen Gedächtnis und zur Ehre Gottes geschenkt haben.

Aus dem Jahre 1671 stammt ein Opferstock. Eisenbänder halten das Eichenholz zusammen. Das älteste Stück ist ein Grabstein von hohem künstlerischen und denkmalpflegerischem Wert. Er stand ehemals auf dem Kirchhof im Freien und wurde zur Sicherung gegen Witterungseinflüsse an der Turminnenwand aufgestellt. Aus der gotischen Inschrift geht hervor, dass ein bisher Unbekannter 1474 mit dem Scheibenkreuz zum Gedächtnis geehrt wurde. Die lange Inschrift setzt sich in einem Band fort und endet mit den Worten „misere mei deus" (Erbarme dich meiner, Gott). An dem kreisförmigen Kopf sind über Kreuz vier Sandsteinbossen angearbeitet. Sie werden am Schaft wiederholt. Diese seltene Form ist auch bei dem Gedenkstein angewendet, der neben Schloss Ricklingen an den Tod des Herzogs Albrecht 1385 erinnert.

Bei der letzten Renovierung ist die Osterwalder Kirche in dem für Barockbauten typischen Ockergelb gestrichen. Daran haben anfangs Kirchgänger Anstoß genommen. Unter dem roten Ziegeldach sind Eckquader und Fensterumrahmungen rot abgesetzt. Der achteckige Turmhelm und seine Spitze sind in harmonischer Weise mit schwarzen Schieferplatten gedeckt.

Die Barockkirche in Osterwald (Garbsen) ist seit der Renovierung 1974 in der Barockfarbe Ockergelb gestrichen. Der Turm ist mit Naturschiefer neu gedeckt worden.

Nordansicht der Marienkirche in Isernhagen

Der Baustoff Raseneisenstein

Die Marienkirche in Isernhagen hatte eine frühe Vorgängerkapelle

Die hufeisenförmige Dörferkette der Isernhagener Bauerschaften ist etwa neun Kilometer lang. Sie zieht sich auf einem eiszeitlichen Moränenrücken hin und fällt im Westen in das Wietzetal ab. Bis vor 650 Jahren bestand Isernhagen aus Einzelsiedlungen. Ein ausgedehnter Wald trennte sie voneinander. Die vier Bauerschaften hatten schon früh eine Marienkapelle. Ihr Standort ist nicht bekannt. Es gibt Vermutungen, die sich an alte Flurnamen anlehnen. Auch die Zeit ihrer Gründung ist unklar. Sicher ist jedoch, dass die vier Dörfer gemeinsam eine Kirche gebaut haben. Dazu verwendeten sie neben handgefertigten Backsteinen den Raseneisenstein, der überall im Wietzetal dicht unter der Erdoberfläche anstand.[1]

Die Bauerschaften errichteten ihre Kirche an einer Stelle, die von allen Höfen nicht mehr als eine halbe Stunde entfernt war. Die Siedlung um die Kirche nannten sie Kircher Bauerschaft. In einer Karte aus dem Jahre 1600 heißt sie Kerker Baurschafft. Auf der Kurhannoverschen Landesaufnahme von 1781 ist deutlich zu erkennen, dass viele Wege sternförmig aus allen Teilen Isernhagens auf das Gotteshaus zuliefen.

Als Kirchsteig oder Kirchweg sind ihre Namen erhalten geblieben. Manche Chronisten haben den Ursprung der Marienkirche in das 12. oder 13. Jahrhundert datiert.[2] In einer umfangreichen Arbeit, die das Studium der Bausubstanz als Grundlage verwendet, weist Dr. Ulfrid Müller dagegen nach, dass Schiff und Chor um 1450, der Turm um 1500 und

Eine Reihe von sogenannten Sühnekreuzen ist am Turm der Marienkirche in den Raseneisenstein eingelassen.

die Sakristei nach 1500 in deutlich voneinander getrennten Abschnitten errichtet wurden.[3] Hinweise dafür, dass die Kirche älter sein könnte, ergaben sich aus der Inschrift eines Sandsteinquaders, der an der Nordwestecke des Turms eingelassen ist. Seine wenigen noch sichtbaren Inschriftenreste weisen auf den Tag der Geburt Mariä, den 8. September, hin und sind 1354 datiert. Es ist nicht abwegig, diesen Stein mit dem Vorgängerbau der heutigen Kirche in Verbindung zu bringen.

An der Westseite des Turms sind vier sogenannte Sühnekreuze eingelassen. Sie gelten im ausgehenden Mittelalter als Buße für einen erschlagenen Menschen. Eine Grabplatte aus dem 30-jährigen Krieg berichtet über einen Mord. Die Inschrift besagt, soweit sie noch zu lesen ist: „AO 1633 am 29. Noveb. mittags zwischen 12 und 1 Uhr ist der ehrbare Jordan Witte von einem Soldate in seines Nachbarn Haus ohne ... Ursachen oder ... mörderische Weise erschossen dessen Seele Gott gnedig sei – seines Alters 36 iahr".

Der Marienstein an der Nordwestecke des Turms weist auf den Tag der Geburt der Maria, den 8. September, hin.

St. Marien ist ein Wahrzeichen

Aus welcher Richtung auch immer man nach Isernhagen blickt, sieht man den Turm von St. Marien über den breit gelagerten Dächern der bäuerlichen Anwesen. Er ist wuchtig und von besonderer baulicher Harmonie.

Mit seiner Höhe von 45 Metern ragt er über Gebäude und Bäume empor. Während der Dunkelheit ist der Turm beleuchtet und bleibt auch dann als Wahrzeichen sichtbar.

Fast an der Spitze hängt an der Nordseite die Uhren- und Betglocke. Sie soll schon in der ehemaligen Kapelle ihren Platz gehabt haben. Die gotische Umschrift besagt: „EN GODES NAME BEN IK GEHEETEN MARIA" (In Gottes Namen bin ich Maria geheißen).[4]

Die Glocke hat jahrhundertelang die Menschen auf Feldern und Wiesen zum Gebet gerufen und ihnen die Tageszeit angegeben. Auf dem Hauptbalken in der Glockenstube steht in kräftigen Lettern der Spruch „So oft ich hör den Glockenschlag – das ich mein Ende bedenken mach". Zimmermeister Lindemann hat ihn 1716 bei einer Erneuerung in das Eichenholz geschlagen.

Fresken aus dem 15. Jahrhundert

Das Innere der Marienkirche ist schlicht und voller Ruhe. Es wurde 1982 mit einem neuen hellen Anstrich versehen. An den Wänden sind Fresken aus dem 15. Jahrhundert erhalten, zum Beispiel Maria auf der Mondsichel. Die Märtyrer Laurentius und Stephanus sind von den Spitzbogen eines Fensters eingerahmt. An der Nordwand steht eine große Abbildung des Heiligen Christophorus.

Ein großes hölzernes Kruzifix beherrscht den Altarraum. Der leidende Christus am Kreuz ist von ergreifender Eindringlichkeit. Dahinter leuchtet in warmen Farben ein Glasfenster aus unserer Zeit. Es stellt die Auferstehung Christi dar und steht in auffallendem Gegensatz zu dem leidenden Christus am Kreuz. Das Kruzifix aus dem Altar war verschollen. In der Beschreibung der Kirche 1902 ist es nicht erwähnt.

Pastor Helmke (Amtszeit 1895 bis 1928) stieß 1904 auf dem schwer zugänglichen Kirchenboden über dem Chorraum auf das Kruzifix. Es war nach der Visitation von 1654 aus der Kirche entfernt worden, denn es war „zu katholisch". Der Geistliche erbat von dem damaligen Landeskonservator Dr. Reimers ein Gutachten. Es besagte, dass die Skulptur dem

Maria auf der Mondsichel ist die Schutzpatronin der Kirche. Die Freskomalerei wird dem 15. Jahrhundert zugeschrieben.

Ende des 15. Jahrhunderts angehört und ungewöhnlich wertvoll ist. Helmke berichtete, dass seine Versuche, das Bildwerk in der Kirche wieder aufzustellen, am Widerstand der Isernhagener Bevölkerung scheiterten. Sie wollten den Anblick des realistisch gestalteten Leidenden nicht ertragen. Professor Schuchardt nahm die Figur in das Kestnermuseum in Hannover auf und forderte vom Kirchenvorstand, er solle das Bildwerk verkaufen. Die Kirchenväter waren jedoch der Meinung, dass sie „ihren Herrgott" nicht verkaufen könnten. Bei einer Kirchenrenovierung wurde der Altar 1963 erneuert, ein Jahr später kam das Kruzifix wieder an den Platz, der ihm gebührte.

Grabplatten der Bauernfamilien

Am Turmfuß und am Schiff von St. Marien sind zahlreiche beschriftete Grabplatten angebracht. Sie stammen aus der Zeit, als der Kirchhof noch Friedhof war. Die meisten wurden im 17. Jahrhundert von Steinmetzen geschlagen. Die Epitaphien sind nicht bedeutenden Adelsgeschlechtern, sondern alten Isernhagener Bauernfamilien gewidmet. Das Geld für die großzügigen Grabplatten stammte nicht zuletzt aus den Erlösen des Hopfenhandels, der im 17. Jahrhundert in Isernhagen florierte und Geld in die Familien brachte. Die Handelsfahrten der Isernhagener führten bis zu den Häfen an Nord- und Ostsee, ihre Waren wurden bis nach Skandinavien verschifft. In der tabellarischen Beschreibung des vormaligen Amtes Burgwedel von 1780 findet

Das Kruzifix auf dem Altar der Isernhagener Marienkirche wurde Ende des 15. Jahrhunderts geschnitzt.

Die vielen Grabplatten an der Isernhagener Kirche tragen nicht die Namen großer Adelsgeschlechter, sondern die der Jahrhunderte alten Bauernfamilien.

sich der Hinweis: „Isernhagen ist das größte Dorf das Amtes, lieget wie ein halber Mond und ist eine teutsche Meile lang. Der Nahrungszustand dießes ansehnliches Dorfes besteht in Mästung Hornvieh, so nach Hannover verkauft wird ... Verschiedene Einwohner handeln mit Hopfen ins Holsteinische und Lübecksche, wie auch mit Pferden, daher einige der Handelnden in guten Vermögensumständen sind".

Die Grabplatten sind nicht zuletzt eine Chronik alter Bauernfamilien. Manche sind mühelos zu entziffern, andere nur mit Schwierigkeit. Beim Umschreiten der Kirche findet man die immer noch vertrauten Namen. An der Ostseite des Chors ist die Platte des letzten Hopfenhändlers eingemauert. Die Inschrift besagt: „Weiland Hauswirths und Hopfenhändlers Gottfried Dusche KB geboren 7. März 1752 NB, verehelicht mit Anna Ilse geb. Baden KB und zeugte mit ihr zwei Söhne und vier Töchter". Dusche verstarb am 23. Mai 1809.[5]

Das Taufbecken der Petrikirche in Großburgwedel ist vor 1200 geschaffen worden

Die beiden östlichen Joche der St. Petri-Kirche in Großburgwedel sind vermutlich Ende des 12. Jahrhunderts entstanden.[7] Ein Zeuge aus dieser Zeit ist das Taufbecken aus Sandstein, das im Chor des Gotteshauses neben dem Altar steht. Der Pokal war so geräumig, dass Täuflinge ganz hineingetaucht werden konnten. Wichtiges Indiz für das Alter sind die Reste eines Frieses aus Akanthusblättern am oberen Rand. Wie lange die Ganztaufe hier angewendet wurde, ist nicht bekannt. Vor der Kirchenerneuerung 1734 war schon eine Taufschale eingesetzt.[8] Sie blieb erhalten und wird jetzt in dem neuen Gemeindehaus in Kleinburgwedel benutzt.

Wegen Platzmangels stellten die Burgwedeler ihren Taufstein 1734 in den Vorraum ihrer Kirche. Dort blieb er bis 1815 stehen. Für 90 Taler erwarb ihn ein Bauer, brachte ihn auf seine Weide und benutzte ihn als Viehtränke. Ein Jahrhundert später kaufte Schmiedemeister Stünkel das schwere Stück. Wegen seiner besonderen Größe eignete es sich zum Abkühlen der Radreifen, die auf den hölzernen Kreis gezogen wurden. Weil sie auf den Beckenrand gesetzt und nach und nach gedreht werden mussten, hinterließ das Eisen auf dem weicheren Stein tiefe Riefen und Schrunden.

Der Schmied brauchte das Sakralbecken nach 1930 nicht mehr. Es kam auf das Kirchengrundstück zurück, lag bis 1947 unbeachtet in einer Ecke. Später stellten Küster Blumen hinein. Erst 1960 restaurierte Meister Willi Schmalstieg das Taufbecken und stiftete einen neuen Fuß dafür. Seit Ostern des gleichen Jahres steht es wieder an dem Platz, der ihm gebührt.

> ### Stille Nacht 1819
>
> Die Marienkirche in Isernhagen erhebt für sich den Anspruch, dass während des Gottesdienstes am Heiligen Abend 1819 zum ersten Mal in Norddeutschland das Lied „Stille Nacht, heilige Nacht" in der Kirche erklang. Die Geschichte geht auf eine Eintragung im Kirchenbuch zurück und besagt, dass 1819 in der Adventszeit der müde Wanderer Ferdinand Trollmann aus dem Salzburgischen mit Frau und Kindern nach Isernhagen gekommen war.[6]
>
> Der Pastor und seine Familie haben damals Tisch und Haus mit ihnen geteilt. Trollmann brachte ein neues Lied mit und sang es im Pfarrhaus vor. Als am Christabend die Predigt vorbei war, trat Trollmann mit seiner Geige aus der Sakristei und spielte zuerst die Melodie vor. Dann sang er den Text. Nach einigem Zögern fiel die Orgel ein, und schließlich summte und sang die ganze Gemeinde mit. Gelegentlich wiederholt eine Trachtengruppe dieses Ereignis in einem Laienspiel in der Christandacht am Heiligabend.

Das romanische Taufbecken der Burgwedeler Petrikirche stammt aus der Zeit um 1200. Nach langen Zweckentfremdungen steht es wieder im Chor der Kirche.

Richtpunkt Kirchturm

Nähert man sich dem Ort Großburgwedel aus einiger Entfernung, sieht man in der Achse mehrerer Straßen den hohen spitzen Kirchturm als Richtpunkt. Der Eindruck ist durch die Bebauung der vergangenen Jahrzehnte zwar etwas verwischt, aber der Ortsplan zeigt, dass die Wege aus Burgdorf, Kleinburgwedel, Fuhrberg und Bissendorf auf das Gotteshaus ausgerichtet sind.

Der Kirchturm wurde um 1450 errichtet, er ist also wesentlich jünger als die erste Kirche. Im Jahrbuch der Stadt Hannover von 1426 wird berichtet, dass die Feste Burgwedel auf Befehl der Herzöge von Braunschweig und Lüneburg „heruntergerissen" worden sei. Material aus ihren Mauern kann durchaus als Baumaterial bei der Errichtung des Kirchturms verwendet worden sein. Das um so mehr, als es sich um Quader aus dem heimischen Raseneisenstein handelt.[9]

Der gemauerte Turm ist 20 Meter hoch. Wann die Bürger den 43 Meter hohen Helm darauf setzten, ist nur zu ahnen. Eine Inschrift am Glockenstuhl mit der Jahreszahl 1561 kann sich sowohl auf das Baujahr als auch auf eine Erneuerung beziehen. Der

Der 63 Meter hohe Turm der Burgwedeler Petrikirche ist von vielen Seiten als Richtpunkt zu sehen.

Blick in den Chor mit der Kreuzigungsgruppe auf dem Altartisch

Der Bildhauer Brandt Lüttmann schuf die Kreuzigungsgruppe um 1641.

An der Turmwestseite ist ein Sandsteinrelief des Gekreuzigten zwischen Maria und Johannes eingelassen. Es ist in einer Beschreibung von 1902 schon als sehr beschädigt bezeichnet worden.

Die verwitterte Bildplatte an der Chorwand soll von der 1769 abgebrochenen Fuhrberger Kapelle stammen.

Turmhelm war mit Schiefer gedeckt und erforderte einen hohen Unterhaltungsaufwand. Mehrfach wurde erwogen, ihn niedriger zu gestalten. Aber schließlich waren die Bürger immer wieder bereit, das 63 Meter hohe Wahrzeichen ihres Ortes zu erhalten.

Als 1949/50 anstelle der Schieferdeckung eine Kupferhaut „übergezogen" wurde, konnte der Turm zum ersten Mal exakt vermessen werden. Bis dahin variierte die Höhenangabe zwischen 58 und 63 Metern.[10]

Im 30-jährigen Krieg diente das Bauwerk als Wachturm. In der Kirchenrechnung von 1647 ist nachgewiesen, dass neun Reichsthaler aufgewendet werden mussten für neue Leitern im Glockenturm „dass die Wache daran auf- und niedersteigen kann". Bei großen Brandkatastrophen 1519, 1647 und 1724 blieben Kirche und Turm weitgehend verschont.

Er stand zunächst frei an der Westseite neben dem Gotteshaus. Nach 1450 wurde er durch ein quadratisches Joch mit dem Schiff verbunden. Der fünfseitige Chor und die Sakristei entstanden um 1500. Am mittleren Joch wurden im 17. Jahrhundert im Süden und im Norden Anbauten errichtet.

Aus der gotischen Zeit stammen die Freskomalereien im Chor. Sie sind oberhalb der Krönung der Maria auf 1504 datiert. Nach der Reformation übermalte man sie als „katholische Elemente". Sie wurden im Laufe der Zeit noch mehrfach übertüncht.

Als der Burgwedeler Malermeister Karl Laue 1959 die Gewölbe mit Binderfarbe weißen sollte, fand er unter mehreren Farbschichten Spuren der Fresken. Sie wurden freigelegt und restauriert. Im Hauptfeld ist Maria dargestellt. Sie empfängt von Christus eine Krone. Engel und Heilige schließen sich nach beiden Seiten an. Phantasievolle Ranken verbinden alle Figuren. Die Kreuzigungsgruppe auf dem Altartisch wurde 1641 von dem Bildhauer Brandt Lüttmann geschnitzt. Abweichend von anderen Bildwerken hat Lüttmann auf die Dornenkrone auf dem Haupt des Gekreuzigten verzichtet. An der östlichen Außenwand des Chores ist eine verwitterte Steinplatte eingelassen. Sie zeigt den Namenspatron der Kirche, den Heiligen Petrus, der vor dem Gekreuzigten kniet. Sie ist vermutlich aus Fuhrberg nach Großburgwedel gebracht worden, als die Kapelle in dem acht Kilometer nördlich liegenden Dorf 1769 abgebrochen wurde.

Eine Kapelle für 414 Taler in Fuhrberg

Fuhrberg (Burgwedel) war ein Grenzort zwischen den Bistümern Minden und Hildesheim. Es ist sicher, dass das Dorf schon früh eine Kapelle am Rande der Höfe hatte, die nach Burgwedel eingepfarrt war. Erst 1908 wurde Fuhrberg selbstständige Gemeinde mit einer eigenen Pfarrstelle.[11] Im Jahre 1669 wird belegt, dass „in diesem Dorfe keine Kirche, sondern nur eine Kapelle ist, worinne des Jahres etwa 6 mahl gepredigt und Beicht und Communion gehalten wird, welches der hiesige Pastor in Burgwedel verrichten muß".[12] In der umfassenden Beschreibung des Kirchspiels Burgwedel[13] ist ausführlich dargestellt, wie 1768 die alte Kapelle abgebrochen wurde. Eine neue mitten im Dorf wurde „hinlänglich räumlich und dem Ansehen nach gut und dauerhaft gebaut". Die Königliche Kammer gab kostenlos das Holz. Von der alten Kapelle benutzten die Fuhrberger brauchbare Teile. Außerdem leisteten sie Hand- und Spanndienst. Mit diesen Hilfen kostete die Kapelle nur 414 Taler. Obgleich die Umrechnung kaum möglich ist, war das ein geringer Betrag.

In der schlichten Kirche fällt der frühbarocke Altar auf. Er ist von der Vorgängerkapelle übernommen. Oberförster Otto Johann Frese hat ihn 1678 der Gemeinde geschenkt. Der Urheber der Schnitzarbeit ist nicht bekannt. Ähnlichkeiten deuten auf Daniel Bartels hin, der in Kirchhorst den Altar geschaffen hat. Das dreiteilige Bild über dem Altartisch ist in einer schlichten bäuerlichen Manier gemalt. Es wird dem Celler Maler Bues zugeschrieben. Einmalig ist, dass die Darstellung des letzten Abendmahls nicht wie gewohnt 13, sondern 15 Personen aufweist.

Die Kirche in Fuhrberg (Burgwedel) ist 1769 als Kapelle erbaut und 1932 zur Kirche erweitert worden. Damals entstanden Turm und Sakristeianbau. Früher trug das Dach einen kleinen vierseitigen Reiter mit Glocke.

Das Schiff der Michaeliskirche in Bissendorf (Wedemark) ist 1768 erbaut worden. Der 28 Meter hohe Turm entstand dagegen im 13. Jahrhundert.

Von dem ehemaligen barocken Ausbau des Kirchenschiffes ist nur die Voutendecke erhalten geblieben. Den schlichten Ausbau haben nach der Restaurierung manche Besucher bedauert.

Am romanischen Michaelisturm in Bissendorf steht ein barockes Kirchenschiff

Als die Bischöfe von Hildesheim nach dem Jahr 990 ihren Einflussbereich nach Westen ausdehnten, drängten sie über den Grenzfluss Wietze. Seit dieser Zeit gehörte die Wedemark, das spätere Amt Bissendorf, zum Hildesheimer Bistum. Nur das Kirchspiel Brelingen verblieb in der Mindener Diözese. Die erste Kirche in Bissendorf hat nach Meinung des Heimatforschers Dr. Hellmuth Hahn im 11. Jahrhundert am Rande der Siedlung gestanden. Er nimmt an, dass an diesem Platz schon vorher eine heidnische Kultstätte war.[1]

Zu dem großen Kirchspiel Bissendorf, das sich dem Heiligen Michael verpflichtete, gehörten jahrhundertelang die Dörfer Bennemühlen, Hellendorf, Mellendorf, Wennebostel, Scherenbostel, Schlage-Ickhorst, Hainhaus, Maspe und Twenge. Mellendorf wurde um 1529 selbstständige Gemeinde. Hellendorf wurde ihr 1945 angeschlossen. Bennemühlen kam zu Elze, Hainhaus, Maspe und Twenge zu Kaltenweide.[2]

Mehrere Ortsnamen mit Anklang an die Bezeichnung Bissendorf sind nicht nachweislich mit der Parochie verbunden. Erst die um 1360 auftauchende Bezeichnung „biscopinghedorpe" scheint auf den bedeutenden Kirchenort hinzuweisen. Es ist auch nicht ausgeschlossen, dass der Name des Ortes mit dem Geschlecht derer von Bissen zusammenhängt. Es ist 1235 nachgewiesen und 1435 ausgestorben. Zu dieser Zeit hat es schon eine Kirche gegeben. Einen Hinweis auf ihre Entstehungszeit gibt der 18 Meter hohe Turm. Er hat einen fast quadratischen Grundriss mit mehr als meterdicken Mauern aus Raseneisenstein. Nach der romanischen Bauweise und den Mörtelverbindungen kann er in das späte 12. oder frühe 13. Jahrhundert datiert werden. Von dem daran angeschlossenen Gotteshaus ist keine Einzelheit überliefert.[3]

Abgesehen von vielen wertvollen Grabplatten aus dem 16. bis 18. Jahrhundert ist nicht einmal die Grundmauer des früheren Bauwerks geblieben. In einem Visitationsbericht von 1668 ist ausgesagt, dass die Kirche „etwas klein und auch sehr niedrig" war. Hundert Jahre später, 1768, wurde der Neubau, die barocke Michaeliskirche, fertiggestellt und eingeweiht.[4]

Von der ehemaligen Kirche ist das Altarbild erhalten geblieben. „Das große Abendmahl" ist signiert: Wolffgang Richters – H. Ernst Bangemann – 1669.

Fast in der Spitze des Kirchturms führt eine Eichenleiter aus keilförmigen Bohlenstufen zur höchsten Luke. Sie muss schon vor den Reparaturarbeiten 1794 da gewesen sein.

Es hat lange Zeit im Pfarrarchiv verborgen gelegen und wurde erst 1986 von Pastor Volkmar Biesalski wieder an seinem Platz über dem Altartisch angebracht.[5] Aus alter Zeit blieb auch die sogenannte Reformationsglocke erhalten. Sie ist 1511 gegossen worden. In den Jahren 1966 bis 1968 wurde der barocke Innenausbau der Kirche entfernt und gegen einen modernen ausgetauscht.[6]

Diese für viele Bissendorfer schmerzhaften Operation und der Zustimmung des Denkmalamtes der Landeskirche ging ein langer Entscheidungsprozess voraus. Holzwurmbefall hatte die Einbauten so angegriffen, dass ihre Sanierung unmöglich erschien. Nach der schlichten Neugestaltung haben sich ältere Einwohner traurig geäußert, manche waren ausgesprochen böse über die Beseitigung ihrer vertrauten Barockeinbauten. Der zunächst unbefriedigende hellgrüne Anstrich musste noch einmal

Die älteste Glocke im großen Geläut der Bissendorfer Kirche ist 1511 gegossen worden.

Der Pastor wartete vergeblich auf seine Deputatschinken

Am 26. Juni 1664 ist Pastor Johannes Fischer das zwölfte Jahr im Amt. So ist im Protokoll einer Generalvisitation der Michaeliskirche zu lesen.[8] Fischer gibt an, dass er im laufenden Jahr noch keinen einzigen der ihm zustehenden 36 Schinken von den Höfen bekommen habe.

Von der Allgemeinbildung der Kinder wusste Fischer nichts Positives zu berichten. So waren sie im Katechismus wenig bewandert und im Sommerhalbjahr kam kaum eines in die Schule. Bei der Visitation vier Jahre später, am 26. Mai 1668, konnte der Geistliche berichten, dass er immerhin zwei der ihm zustehenden Schinken bekommen habe. Diese waren ihm jedoch wieder gestohlen worden. Schulmeister und Küster war zu dieser Zeit Christoph Röpers. Ihm wird bescheinigt, dass er „ziemlich lesen kann, lernet auch des Pastoren Söhnen den Donat [lateinische Grammatik] und analisieren [rechnen]". Mit ihrem Geistlichen, so erklärte die Gemeinde, sei sie zufrieden.

---

durch einen lichten ersetzt werden. Die mehrfarbige Wand hinter dem Altar wurde einfarbig gestaltet und als Hintergrund der großen Bronzeplastik des auferstehenden Christus angepasst. Der Bissendorfer Bildhauer Peter Greve hatte sie 1968 geschaffen.

Im Richard-Brandt-Heimatmuseum in Bissendorf ist ein Modell der Michaeliskirche ausgestellt. Unter dessen abnehmbarem Dach sind die feinsten Einzelheiten des früheren Barockausbaus zu sehen. Tischlermeister August Scheibel hat 1954 den Zustand vor dem Umbau festgehalten.

Die barocke Architektur mit Kanzelaltar, Orgel, Taufbecken und Gestühl ist in Form und farblicher Fassung getreu wiedergegeben. Auch ein sehr alter eichener Opferstock aus der Vorhalle der Kirche wird im Museum aufbewahrt.[7]

Die Chronik in der Turmspitze

In der Turmspitze führt eine Eichentreppe bis zu einem kleinen Klappfenster über der Uhrenglocke. Von hier aus kann man bei gutem Wetter Hannover, Deister und Süntel sehen. Nach ihrer Konstruktion war die Treppe schon vor der Turmreparatur im Jahre 1794 vorhanden. In dem Geläut, das aus fünf Glocken besteht, hängt auch eine spätgotische. Sie hat 55 Zentimeter Durchmesser. Über einem Ornamentreifen am Hals ist in gotischen Kleinbuchstaben die Jahreszahl 1511 eingegossen. Diese Glocke wird Reformationsglocke genannt, obgleich sie vor Einführung des lutherischen Gottesdienstes schon vorhanden war. Am 18. Juli 1794 wurden dem Bissendorfer Kirchturm eine neue Wetterfahne und ein runder Turmknauf aufgesetzt.

Amtsschreiber H. Nanne begann eine Chronik, die im Knauf eingeschlossen und bei jeder Reparatur fortgesetzt wurde. Nanne hat auch zu politischen Geschehnissen in Europa Stellung bezogen: „Ganz Europa war gegen Frankreich bewegt, und es ist seit zwei Jahren eine förmliche Revolution in Frankreich. Der Krieg ist fürchterlich und es hat schon manchen braven Kopf gekostet".

Von Pastor C. Dankwerts erfahren wir unter dem Datum vom 24. August 1867: „Nachdem die frühere Windfahne durch Sturm stark beschädigt war, musste zur Anfertigung einer neuen geschritten werden. Der Dachdecker Borchers aus Großburgwedel war bereit, die alte Fahne herabzuholen und die neue wieder hinauf zu bringen."

Schmiedemeister Johann Heinrich Runge hat sie angefertigt, Klempner Bartels fertigte den Turmknauf. Die alten Schriften und die neuen wurden darin verschlossen.

Nach dem 6. Juli 1881 ergänzte der Gemeindeschreiber die Berichte: „Der Blitzschlag war vom Glockenhäuschen aus an einem Draht heruntergefahren und hatte dabei den Schlaghammer in Bewegung gesetzt. Viele Menschen in der Umgebung der Kirche waren sehr erschrocken."

Über weitere Reparaturen berichten Schriftstücke aus den Jahren 1924 und 1949. Pastor Berthold Ernst Sperber berichtet in dem letztgenannten über die wesentlichen Veränderungen, die durch den Krieg und die Vertreibung in der Kirchengemeinde vor sich gegangen waren.

Alte Kirchenbücher berichten

Der Chronist von Mellendorf, Paul Gimmler, hat die Bissendorfer Kirchenbücher von 1678 bis 1760 in mühsamer Kleinarbeit ausgewertet. Er ist dabei auf Eintragungen gestoßen, die viel über die alte Zeit aussagen. Sie erzählen von Hunger und Not, Morden und Verkehrsunfällen neben den Daten über Freud und Leid in den Familien. Hier folgen einige Beispiele:[9]

7. April 1678: Eine fremde Frau begraben so zu Wiechendorf gestorben, wovon man aber gar keine Nachricht haben können, woher oder wie alt sie gewesen.

20. Februar 1684: Zu abends Casper von Heimburg, gewesener Ambtsvoigt allhie in der Kirche beygesetzet worden, aet. 67 Jahr, itliche Wochen und Tage [aet. Lebensdauer].

30. April 1700: ein fremder Knabe von 8 Jahren, so in Hellendorff ein Stück Brots gesamlet, und daselbst auf der Gaßen gestorben, begraben worden.

7. Februar 1717: ist Regina Brunß, welche von…, Schweinehirten zu Scherenbostel, erschossen, begraben worden, aet. 28 Jahr.

27. September 1722: ist Margarete Gloyen von Isernhagen hier zu Tode gefallen durch einen Hopfenfahrer Lohmann überfahren und begraben. Aet. 70 Jahr.

8. Oktober 1725: ist Johann Friederich Meinen zu Breling begraben, weil er von der Meitze kommend und elend in meiner Gemeinde hinter den Hellendorfer Tannen im Morast steckend umgekommen.

10. November 1729: Hans Mussmann beerdigt welcher gewaltsamen Todes gestorben, da ihn Pferde und Wagen überlauffen. Aet. 39 ¾ Jahr.

5. Dezember 1752: ist …, gewesener Einwohner und Amtsgeschworener, welcher in seinem Leben dem Truncke sehr ergeben gewesen, und nicht weit von Wennebostel nahe bei der Wiedenbracken auf einem Graben tot gefunden, beerdigt, 71 Jahr.

Die Grabplatte des Edelherrn Cordt von Bestenbostel und seiner Frau Catarina ist an der Südseite des Kirchenschiffs angebracht.

18. März 1757: ist Hans Vormeier aus Bissendorf, welcher in der Nacht vom 14. auf 15. auf dem Wege vom Schlage nach Bissendorf sich verirrt und im Moor umgekommen, beerdigt. Aet. 53 Jahr, 7 Monate und 6 Tage.

Durch die Arbeit Gimmlers war es möglich, die mittlere Lebenserwartung hochzurechnen. Sie lag bei 35 Jahren, heute ist sie mehr als doppelt so hoch. Die Sterblichkeit der Kinder bis zum zehnten Lebensjahr war erschreckend hoch. Sie lag bei den ausgewerteten 80 Jahren zwischen 35 und 45 Prozent. Es hat aber auch damals Menschen gegeben, die uralt wurden. So ist 1747 eine Frau in Bissendorf mit 105 Jahren, eine andere 1717 mit 100 Jahren gestorben. Aber nur 19 Personen wurden von 1680 bis 1760 in der Kirchengemeinde älter als 90 Jahre. In den Zeiten mit besonders hoher Kindersterblichkeit sind in der Statistik gelegentlich die Todesursachen angegeben. So wissen wir, dass 1724 an den Blattern 50 Bissendorfer Kinder starben. 1740 erlagen 39 Kinder aus dem Kirchspiel der „Rothen Ruhr", einer typhusähnlichen Erkrankung.

Die Mellendorfer Kirche: Skelett als Zeitmesser

Die westliche Wedemark gehörte mit dem Kirchspiel Brelingen um 1190 zum Archidiakonat Mandelsloh. Das Kirchspiel Bissendorf war demgegenüber schon im 11. Jahrhundert ein vorgeschobener Posten der Diözese Hildesheim. Für Mellendorf, das zwischen beiden liegt, ist der Schluss zulässig, dass die Herren auf dem „Salhop", dem Sitz der Edelinge, unabhängig von den streitenden Bischöfen ihre eigene Kirche gründeten. Sie blieb im Gegensatz zu den angrenzenden Kirchspielen nur auf die eine Siedlung begrenzt.[10]

Erst gegen 1285 wurde die Eigenkirche Mellendorf eine Filiale von Bissendorf und gehörte damit endgültig in den Machtbereich des Bischofs von Hildesheim. Die im Jahre 1225 bestätigte Übertragung des Mellendorfer Kirchlehens an Reyner von Escherde

Im Jahre 1714 wurde der Altar aufgestellt. Er hat einst eine eingebaute Kanzel gehabt.

Einige Grabsteine an der Südseite der Mellendorfer Kirche erinnern an den Kirchhof im Umkreis der frühen Kapelle. Der Turm am gotischen Schiff ist 1894 erbaut worden.

setzt ein Gotteshaus voraus. Wann in Mellendorf die erste Kapelle erbaut wurde, ist nicht überliefert. Es gibt aber Hinweise darauf, dass an der gleichen Stelle, an der die St. Georgs-Kirche steht, ein sehr frühes Gotteshaus seinen Platz hatte.

Bei Arbeiten am Fundament der Sakristei im Jahre 1965 stieß Rolf Hanebuth auf ein menschliches Skelett. Es lag zur Hälfte unterhalb der Grundmauer der Kirche und zur anderen Hälfte ragte es darüber hinaus. Das kann nur bedeuten, dass es vor der heutigen schon eine kleinere Kirche mit einem Kirchhof gegeben haben muss. Die Grundmauer der gotischen Kirche ist innerhalb des ehemaligen Kirchhofs gesetzt. Nach der Radiokarbonmethode ist ermittelt worden, dass dieses Skelett um 1380 beigesetzt worden sein muss. Bei Berücksichtigung der möglichen Fehlerquellen ist die Person zwischen 1310 und 1450 verstorben.[11]

An einem Stützpfeiler des Schiffes an der Südseite ist in gotischen Kleinbuchstaben die Jahreszahl 1497 eingeschlagen. Diese Angabe kann sich auf eine Ausbesserungsarbeit beziehen, die nach der Errichtung der Kirche erforderlich war. Das Schiff ist aus Backsteinen erbaut. Die Nordseite ist mit drei, die Südseite mit sechs Stützpfeilern verstärkt. Sie wurden zu verschiedenen Zeiten errichtet. Die Schrägen können der Bauzeit zugerechnet werden, während die Senkrechten nach vorliegenden Kirchenrechnungen in den Jahren 1694 bis 1696 gebaut wurden.[12]

Als bei einer Erneuerung 1966 der Außenputz abgeschlagen wurde, zeigte sich, dass die Mauern des Schiffes einst niedriger waren. Die Erhöhung ist am kleineren Ziegelformat zu erkennen. Drei rechteckige Kreuzgewölbe und ein Chorgewölbe bilden das Kirchenschiff.

Alle Schlusssteine in den Scheitelpunkten der Rippen sind runde Blöcke. Gotische Fensterformen sind nur im Chor erhalten geblieben. Die Erneuerung der Kirche begann zur Barockzeit 1714. Dabei wurde der Innenraum umgestaltet, ehemalige Wand- und Deckenmalereien wurden übertüncht. Einige gotische Weihekreuze an den Längswänden konnten freigelegt und neu gefasst werden. Sie rahmen zwei hölzerne Heiligenfiguren ein, die auf Konsolen an der Südwand stehen. Sie sind so stark geschädigt, dass sie nicht identifiziert werden können.

Bei der Umgestaltung der Kirche wurden unter anderem Altar und Kanzel durch einen barocken Kanzelaltar ersetzt. Der Kanzelkorb musste allerdings abgenommen werden, weil er bis unter die Decke reichte. In der Beschreibung der Kirche von 1902 war die Form von 1714 noch erhalten.

Zur Mellendorfer Kirche gehörte nur ein Holzturm. Er wurde 1529 erstmals erwähnt und 1893 abgebrochen. Er hatte keinen Durchgang in das Kirchenschiff und gehörte der politischen Gemeinde. Diese ungewöhnlichen Eigentumsverhältnisse mögen damit zusammenhängen, dass die beiden Glocken bei Gefahr Sturm läuteten und die Männer zu den Waffen riefen. Insofern unterlagen sie der Verfügungsgewalt des Amtsvogts zu Bissendorf. Der Holzturm wurde 1894 durch einen Backsteinbau ersetzt. Gotisierende Schalllöcher öffnen sich nach Osten und Westen.

Drei rechteckige Kreuzgewölbe und ein Chorgewölbe schließen das Kirchenschiff in Mellendorf ab. Runde Schlusssteine geben der Konstruktion die Stabilität.

Als der Pastor noch die Sünder „abkanzelte"

Herzog Ernst der Bekenner führte in den Gemeinden, über die er das Patronat ausübte, schon 1527 die „reine Lehre" ein. Mellendorf gehörte dazu. Der erste lutherische Pastor Petrus Oldeshorst hat mindestens seit 1529 im Sinne der Reformation gepredigt und Gottesdienst gehalten. Sein Amtsnachfolger Wilhelm Gisemann hat schon die sogenannte Kirchenzucht ausgeübt und von der Kanzel herab des Dorfes Bosheit, Ungehorsam und Unzucht gegeißelt.

Der vierte lutherische Pastor in Mellendorf, Paul Wolter, scheiterte an seiner besonderen Strenge. Er wurde 1618 in sein Amt eingeführt, acht Jahre später bat er um Versetzung und amtierte dann bis 1638 im Lüneburgischen. Wolter wurde in Braunschweig ausgebildet, wo die Kirchenzucht besonders streng gehandhabt wurde. Er kam mit der Mellendorfer Gemeinde in Konflikte, weil er bei den Gottesdiensten Diebe, Raufbolde und Säufer mit Namensnennung „abkanzelte".

Paul Gimmler erzählt in seiner Chronik von Mellendorf zwei Einzelfälle: Als ein gewisser Arendt Hornemann eine Gans des Pastors gestohlen hatte, wurde er in der Kirche als gemeiner Dieb bloßgestellt. Am Tag darauf stellte er den Geistlichen zur Rede und brachte ihn mit einem Stoß zu Fall. Drei Männer halfen dem Pastor auf die Beine. Wolter ließ die Sturmglocke läuten und alle waffenfähigen Männer zur „Nachjagd" zusammenrufen, um den Flüchtigen zu fangen. Damit aber maßte sich der Pastor ein Recht an, das nur dem Amtsvogt zustand.

Am 8. Juli 1625 brach wieder ein Sturm gegen Wolter los: Er hatte den Schwager des Dirich Cordes wegen seiner „üblen Exzesse" in Kirchenstrafe genommen und öffentlich gemaßregelt. Das nahm die Familie dem Geistlichen sehr übel. Nach einem Trinkgelage hagelte es Steine in Richtung Pfarrhaus. Des Pastors dramatische Schilderung ist überliefert: „Einer oder mehrere sind über den Zaun gestiegen, mit großem Sturm und etzlichen Steinen, so noch am Morgen fürm Hauß gelegen, dermaßen an die Haustür erschrecklich geschlagen, dass ich neben meiner Hausfrauwen in Todesgefahr gelegen. Und obwol die Nachbarn es umbher angehöret, weil der Sturm weit erschallet, hat keiner seinem Prediger zu gefallen uffstehn und steeren [helfen?] kommen."

Pastor Wolter erfuhr die Namen der Übeltäter, stellte sie zur Rede und warf ihnen vor, in der Nacht sogar geschossen zu haben. Daraufhin zog fast die ganze Gemeinde Mellendorf zum Amtshof in Bissendorf und verlangte die Freilassung der inzwischen Eingesperrten. Aber der Vogt entschied für den Pastor, die Gemeinde musste ihm Schadenersatz leisten. Wie der Rechtsstreit endgültig ausgegangen ist, bleibt offen. Der große Krieg brach über die Wedemark herein.

Pastor Wolter beantragte seine Versetzung, weil er sich in Mellendorf nicht mehr sicher fühlte.

Zehnjähriger Streit um Hellners Kirche in Brelingen

Die erste Kirche in Brelingen (Wedemark) soll schon gegen 1190 gebaut worden sein. Sie hat bis 1483 dort gestanden, wo heute noch die Kirche, die dritte dieses Ortes, ihren Platz hat. Der erste Bau war vermutlich aus Holz und musste wegen Baufälligkeit abgebrochen werden. An ihrer Stelle errich-

Die 1849 errichtete Brelinger Kirche ist ein Backsteinbau mit Sandsteinkanten. Der niedrige Turm musste wegen Kostenersparung stehen bleiben.

teten die Brelinger und die elf weiteren zum Kirchspiel gehörenden Dörfer eine kleine gotische Kirche mit 400 Sitzplätzen. Sie wurde 1848 abgebrochen und durch den heutigen klassizistischen Bau ersetzt. Der alte Turm blieb stehen. Er wurde 1827 erneuert. Um den Neubau kam es zu einem heftigen Streit zwischen Gemeinde und Kirchenbehörden. Er dauerte zehn Jahre.[13]

Streitpunkt war die Finanzierung. Ende der dreißiger Jahre des 19. Jahrhunderts wurde immer deutlicher, dass die alte Kirche zu klein wurde und darüber hinaus baufällig war. Das Kirchspiel hatte zu der Zeit 1 800 Gemeindeglieder. Nach der landesüblichen Erfahrung waren zum Gottesdienst 1 000 Plätze erforderlich.

Die Kirchenbehörden drängten die Gemeinde zum Neubau. Er wurde mit 14 000 Talern veranschlagt, und das brachte die sparsame Bevölkerung so sehr auf, dass es fast zu einem offenen Aufruhr kam. Der Versuch, einen nach heutigen Maßstäben gültigen Vergleichswert zu erfahren, schlug fehl. Es muss sich aber nach Kalkulationen aus unserer Zeit um einen Millionenbetrag gehandelt haben.

Um den Neubau vorzubereiten, luden der Bissendorfer Oberamtmann Wedemeyer und der Superintendent König aus Schwarmstedt die Vertreter der 220 Haushaltungen in die Brelinger Schule zur Beratung ein, 125 Personen kamen. Nach erregten Auseinandersetzungen verließen 58 die Versammlung. Es wurde nichts entschieden.[14]

Das Konsistorium in Hannover schaltete sich ein und beauftragte seinen Baumeister Ludwig Hellner, ein Gutachten aufzustellen. Sein siebenseitiges Untersuchungsergebnis besagte, dass nur ein Neubau das Problem lösen könnte. Die alte Kirche könnte weder saniert noch vergrößert werden. Aber es dauerte noch sieben Jahre, bis 1847 die Einwände der Dörfler in vielen Einzelgesprächen ausgeräumt wurden.

Das vorgesehene Baukonzept wurde gekürzt. Der niedrige Turm, der eigentlich um ein Geschoss erhöht werden sollte, blieb, wie er war. 1848 legt Pastor Friedrich Wilhelm Borchers den Grundstein. In dem beigefügten Bericht heißt es: „Am Sonntag Septuagesimä [der neunte Sonntag vor Ostern] war in der alten Kirche zum letzten Mal Gottesdienst gehalten und von diesem Zeitpunkt an war allmählich der Abbruch des alten, und der Neubau des neuen Gotteshauses vorgenommen." Die Einweihung erfolgte am 16. Dezember 1849. 2 500 Personen kamen dazu in das überfüllte Haus. Die Baukosten sind mit 14 400 Taler einschließlich der neuen Orgel angegeben.[15]

Der einfache Kanzelaltar in Brelingen ist von einem hohen Triumphbogen eingefasst. Die hochgesetzte Kanzel wird nur zu besonderen Gottesdiensten benutzt.

Der Saal der klassizistischen Kirche ist durch umlaufende Emporen gegliedert. Viereckige Säulen sind unter und über dieser Waagerechten angeordnet. Sie teilen den Raum in drei Schiffe. Eine Besonderheit ist ein schmaler Bogen über dem Kanzelaltar. Er steht auf hohen Säulen und wirkt wie ein Triumphbogen, der nicht das Schiff, sondern nur den Altar überspannt.

Bautagebuch eines Tischlers

Der Tischlergeselle Heinrich Friedrich Busse hat beim Bau der Brelinger Kirche 1849 gearbeitet. Er war schreibkundig und hinterließ in einer verschlossenen Flasche eine Botschaft.

Beim Neubau einer Heizung fand man sie 1964. Das seltene Dokument liegt in der Sakristei der Kirche. Es ist hier orthographisch korrigiert wiedergege-

Ein farbig gestaltetes barockes Epitaph in der Brelinger Kirche erzählt das Leben von Pastor Michael Müller und seiner Familie. Amtszeit 1670 bis 1711.

ben. Busse führt auf zwei doppelseitig beschrifteten Folioblättern aus:

„Zum Beschluß meiner Arbeit, die ich verfertigt habe, schreibe ich dieses Denkmal: Ich bin der Tischlergeselle Heinrich Friedrich Busse, in der Arbeit bei Tischlermeister Friedrich Lange hier in der Gemeinde Brelingen.

Ich habe vom 23. Januar 1849 gearbeitet an der Kirche bis zum 28. Juli 1849. Ich habe verfertigt an der Kirchenarbeit 1. die Verzierungen an den Pilaster Kapitälen; 2. die großen Altarsäulen von Anfang bis Ende; 3. den Altar mit der Vorlagestufe und zuletzt die vier Türen mit der Verkleidung, wo ich dieses verschlagen habe zur Erinnerung für die es finden."

Busse fügt hinzu, dass die Kirche gebaut wurde, als die Revolution in den deutschen Landen anfing. „Gebaut von Baumeister Hellner aus Hannover, Maurermeister Röpke aus Herrenhausen, Zimmermeister Niemeyer aus Rodewald, Tischlermeister Lange, Clemens und Marwede".

Die Reformation wurde in Brelingen 1534 eingeführt. Der erste evangelische Pastor war Johann Tecklenburg. Er amtierte bis 1580. Bei einer Kirchenvisitation 1576 werden außer dem Brelinger Gotteshaus die Kapellen in Elze, Negenborn, Abbensen und Berkhof genannt.[16]

Das Innere der Brelinger Kirche besticht durch eine klare Linie. Die Orgel auf der Westempore wurde 1930 eingebaut.

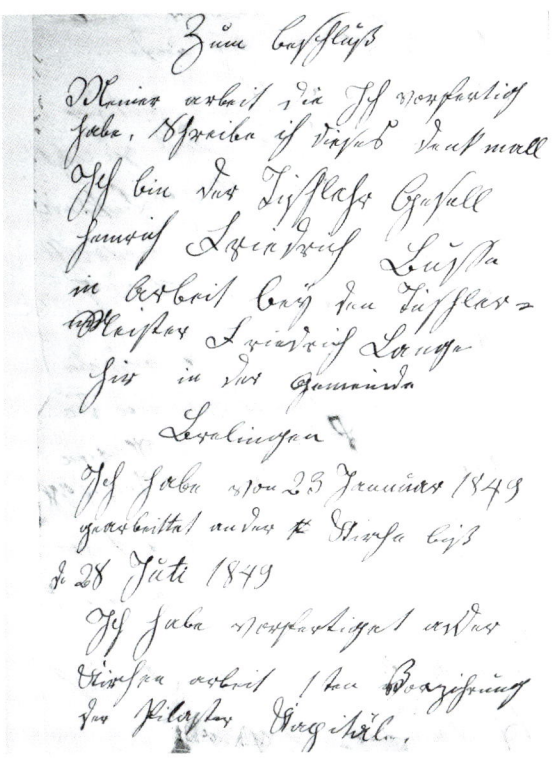

Das Bautagebuch von Heinrich Friedrich Busse

Die Negenborner Kapelle auf einem uralten Fundament

Knapp vier Kilometer westlich von Brelingen steht an der Straße nach Abbensen die kleine Kapelle von Negenborn (Wedemark).

Eine gepflegte Grünanlage umgibt das weiße Gebäude mit Fachwerk-Längsseiten. Der Innenraum ist schlicht, hell mit einfachen Holzbänken. Einmal in jedem Monat wird Gottesdienst gehalten.[17]

Die Gründung der Negenborner Kapelle geht auf das frühe Mittelalter zurück. Das heutige kleine Gotteshaus ist auf Fundamenten des Vorgängers errichtet.

Es ist nicht überliefert, wann das geschah. Im ältesten Kirchenbuch in Brelingen hat Pastor Henricus Niemann (Amtszeit 1649 bis 1670) vermerkt: „Die Capelle zu Negenborn ist viel Jahr lang wüst und baufällig gestanden und fast bey menschengedenken der Gottesdienst nicht darin verrichtet."

Die Instandsetzung dauerte von 1660 bis 1669. Die Armut nach dem 30-jährigen Krieg ließ keine schnellere Arbeit zu

Die kleine Kapelle von Negenborn (Wedemark) gehört zum Pfarrbezirk Brelingen. Sie ist im Mittelalter entstanden und von 1660 bis 1669 grundlegend erneuert worden

Die klassizistische Kirche in Alt-Garbsen wurde 1844 von Ludwig Hellner gebaut. Der Turm kam erst 1907 hinzu.

Die Kirche in Alt-Garbsen von Ludwig Hellner

Die Kirche an der Calenberger Straße in Alt-Garbsen ist 1844/45 nach Plänen des Konsistorialbaumeisters Ludwig Hellner erbaut worden.[1] Sie hat alle typischen Merkmale des Klassizismus, an denen die Gotteshäuser Hellners erkennbar sind. Die Kirche ist aus Backstein auf einem Bruchsteinsockel errichtet. Sie hat hohe schmale Fenster mit Rundbogenabschluss und feiner Sprossenteilung. Sie sind ohne Unterbrechung auch über die Emporen-Ebene hochgezogen. Der Turm ist nicht gleichzeitig mit dem Schiff gebaut, sondern kam erst 1907 hinzu.[2]

Im Inneren fallen zwei Besonderheiten auf. Der Innenraum wird durch allseitig umlaufende Emporen geprägt. Runde Säulen tragen sie. Die Sitzreihen sind nicht nur hintereinander angeordnet, sondern umfassen den Altarraum an drei Seiten. Über dem schlichten Altar ist die Kanzel an der Brüstung der Empore aufgehängt. Sie wird nur zu besonderen Gottesdiensten in Anspruch genommen, zum Beispiel Weihnachten oder bei Konfirmationen.[3]

Die leicht gewölbte Decke war früher blau gestrichen und mit goldenen Sternen übersät. Bei einer Renovierung wurde sie einfarbig eingefasst. Dadurch kam mehr Ruhe in das Kirchenschiff. Auf der Westempore der Alt-Garbsener Kirche steht die Or-

Eine wertvolle Barockorgel in Alt-Garbsen hat zunächst in der Marktkirche in Hannover und dann in der Klosterkirche Marienwerder gestanden.

gel. Sie wurde vor 1680 von dem niederländischen Orgelbaumeister Gerd de Mare gebaut.

Das Instrument steht unter Denkmalschutz und darf nur zum Gottesdienst oder bei Konzerten von berechtigten Personen gespielt werden. Es stand bis 1697 als Rückpositiv (Orgelpfeifen, die im Rücken des Organisten angebracht sind.) in der Marktkir-

In der Kirche in Alt-Garbsen umschließen die Sitzreihen den Altarraum an drei Seiten. Diese Anordnung ist selten. Die Kanzel ist über dem Altar an der Empore aufgehängt.

che zu Hannover und kam danach in die Klosterkirche Marienwerder. Im Jahre 1713 erwarb Cord Döbbecke die Orgel für seine Heimatgemeinde Garbsen. Sie kam in die alte Kapelle am Kirchplatz, bis das neue Gotteshaus gebaut wurde.[4]

Ein „uraltes kleines Kapellchen" hat schon um 1250 mitten im Ort gestanden. Es war aus roh behauenen Bruchseiten errichtet, hatte eine flache Decke und einen freistehenden Holzturm als Glockenträger. Mitte des 19. Jahrhunderts war sie so baufällig, dass Reparaturen unmöglich schienen. Deshalb entschloss sich die Gemeinde zu einem Neubau. Das war während der Amtszeit von Pastor Baldenius.[5]

Alt-Garbsen hatte 1848 etwa 400 Einwohner. Heute leben in der Stadt mit der Ausdehnung, die bei der Verwaltungs- und Gebietsreform 1974 festgelegt wurde, mehr als 57 000 Menschen. Sieben evangelische Gemeinden und ebensoviel Kirchen sind für die Seelsorge zuständig.[6]

In Obershagen läutet eine Glocke aus dem frühen 14. Jahrhundert

Die schlichte Obershagener Kirche (Uetze) wurde 1843 von Ludwig Hellner auf dem Sockel einer früheren erbaut. Das alte Gotteshaus trug die Jahreszahl 1661. Aus dieser Zeit stammt der Turm, den Hellner stehen ließ. Die Obershagener Kirche ist eine der wenigen, die frei auf dem ehemaligen Kirchhof stehen. Nur niedriges Strauchwerk steht ringsum. Das weiße Kirchenschiff mit rotem Satteldach wird nicht verdeckt. Der niedrige Turm hat ein schwarz verputztes Untergeschoss, ein schieferverkleidetes Obergeschoss und ein Pyramidendach.

Am Zaun vor dem Kirchhof ist ein holzgeschnitztes Wappen angebracht. Es hat eine Glocke als heraldisches Symbol und entspricht dem offiziellen Wappen der ehemals selbstständigen Gemeinde. In der Begründung heißt es: „In der Kirche von Obershagen befindet sich eine etwa 800 Jahre alte Glocke, die zu den ältesten des Landes Niedersachsen gehört".[7] Auch in anderen Veröffentlichungen wird das Alter mit etwa 800 Jahren angegeben. In einer Stellungnahme des Historikers Dr. Johannes Sommer heißt es dazu, dass die Glocke im frühen 14. Jahrhundert gegossen wurde und dass sie demnach etwa 650 Jahre alt sein muss.[8]

Als Hinweise auf das Alter der Obershagener Glocke nennt Sommer einerseits die steile Wandung des Klangkörpers und andererseits die gekordelten Rillen am Hals. Sie sind eine technische Besonderheit früher Gussformen, vergleichbar mit der 1355 gegossenen Glocke der Margarethenkirche in Gehrden.

Am Zaun des Kirchengrundstücks in Obershagen ist das geschnitzte Wappen aufgehängt, das die älteste Glocke darstellt.

Die schlichte Obershagener Kirche ist von Ludwig Hellner 1843 auf dem Sockel einer älteren gebaut worden. Das frühe Gotteshaus war mit der Jahreszahl 1661 datiert.

Obershagener Kriminalgeschichte

Merkwürdige Nachrichten aus einer alten Ortschronik erzählt der Hänigser Ortschronist Albert Depenau.[11] Im Jahre 1553 wurde die Kirche in Obershagen bestohlen. Unter anderem entwendete ein Dieb einen wertvollen silbernen Kelch. Die Gemeinde verdächtigte ihren Pastor Suidershausen und bedrohte ihn an Leib und Leben. Einige Männer drangen in das Pfarrhaus ein, und der wütendste unter ihnen, einer namens Behnecke, wollte den Geistlichen totschlagen. Aber der konnte ins Holz entkommen, ließ Hab und Gut im Stich und soll sich als Feldprediger durchgeschlagen haben.

Der eigentliche Dieb mit Namen Götzhausen ging später den Häschern ins Netz und erklärte, dass man die Unschuld des Pastors nach Obershagen berichten sollte. Der Dieb hatte seine Schuld gestanden und wurde in Peine hingerichtet. Damit endet die Geschichte aber nicht, denn Pastor Suidershausen hatte sich auf den Weg nach Obershagen gemacht. Zufällig begegnete ihm sein größter Gegner aus dem Jahre 1553, erkannte ihn aber nicht. Suidershausen aber erinnerte sich an den, der ihm das Leben nehmen wollte, zog seine Pistole und spannte den Hahn. Dann ließ er den anderen niederknien und beten – und verzieh ihm seine Tat. Nach Unterlagen im Archiv der Landeskirche hat Pastor Swidershusen bis 1580 in Altencelle amtiert und ist dort gestorben. Abweichungen in der Schreibweise von Eigennamen kommen dadurch zustande, dass die Schreiber nach dem phonetischen Klang und nicht nach einer Urkunde ihre Eintragungen gemacht haben.

Auf der Obershagener Glocke ist ein flaches Relief in Form eines „O" angebracht. Darunter stehen gekreuzte Schwerter. Das ist möglicherweise ein Hinweis auf die Familie Oberg und deren Wappen. Diese Familie war im ausgehenden Mittelalter im Burgdorfer Raum begütert. Dazu passt der frühe Name der Siedlung. Reiner von Escherde bekam 1350 „to dem Obergeshagen dart kerclen".[9]

Mit der Erwähnung dieses Dorfes erlischt die Siedlung „Scorstenhagen", die auch als Schornsteineshagen gedeutet wird, aus allen schriftlichen Zeugnissen. Im Burgdorfer Holz verschwinden bis 1421 mindestens acht Siedlungen. Darunter auch Scorstenhagen. Die Namen einiger der verschwundenen Dörfer sind noch in alten Flurnamen erhalten.[10]

Das Dorf Scorstenhagen wurde nach Burgdorf eingepfarrt, erhielt 1249 eine Kirche und weihte sie dem Heiligen Nikolaus. Sie wird 1307 noch erwähnt. In der zweiten Hälfte des 14. Jahrhunderts sind die Bewohner bei einer Fehde geflüchtet. Sie siedelten sich im Schutz der Aue auf deren Nordseite an.

Albert Depenau erzählt in seinem Bändchen „Rechts und links der Aue", dass die Schornsteinhäger Bauern unter Führung ihres Pastors den Marsch angetreten haben und dabei die Glocke aus ihrer Kirche mitführten.

Sie hat in der Notsiedlung Obershagen lange Zeit in einer alten Eiche gehangen, bis Kirche und Glockenturm gebaut waren. Das war möglicherweise 1360.[10] Nach der ersten Kirche aus dem 14. Jahrhundert haben die Obershagener 1661 eine neue gebaut. Diese Jahreszahl wurde entdeckt, als auf den alten Fundamenten das heutige Gotteshaus 1843 errichtet wurde.

Von Ludwig Hellner stammt auch die Kapelle in Empelde, die derzeit als Jugendzentrum genutzt wird. Nach der Ortschronik ist sie nach Plänen von Hellner von 1842 bis 1843 erbaut worden.

Hellners Kirche steht seit 1837 am romanischen Turm St. Nicolai in Oesselse

Die St. Nicolai-Kirche in Oesselse (Laatzen) ist in der Region Hannover die erste, die der Konsistorialbaumeister Ludwig Hellner gebaut hat. Sie wurde im September 1837 durch Pastor Brauns eingeweiht. Er hatte auch die letzte Predigt in der 1836 abgebrochenen alten Kirche gehalten. Das schöne klassizistische Bauwerk ist an den alten romanischen Turm angefügt, der vermutlich aus dem 12. Jahrhundert stammt. Eine Datierungshilfe sind die Säulen mit Würfelkapitellen in den Schallöffnungen der Glockenstube. Turm und Schiff sind aus Kalksandstein gebaut. Eine interessante technische Besonderheit ist die unterschiedliche Form der Quader. Sie sind unregelmäßig und schmal im romanischen, breit und glatter im klassizistischen Teil. Das Kirchenschiff ist über dem alten Grundriss jedoch wesentlich größer angelegt worden. Es ist fünfachsig und wird durch hohe Fenster mit Rundbogenabschluss belichtet. Der Chor ist gerade geschlossen. Die östlich aufgebaute Sakristei ist dreiseitig polygonal gebrochen, der schlichte Altar ist von vier geraden, kannelierten Säulen eingefasst. Der Kanzelkorb hängt an der Rückwand zwischen den mittleren Säulen. Die Feierlichkeit des Raumes wird durch die Farbgebung besonders betont. Zu den Wänden in gedämpftem Ockerton wurde viel Gold als Fassung für Ornamente verwendet.

In Oesselse hat es im Verlauf der Jahrhunderte mehrere Kirchen am gleichen Platz gegeben. Zur Zeit des Turmbaues kann eine frühe Kapelle vermutet werden. 1466 haben die Bewohner der Dörfer Oesselse, Ingeln und Müllingen gemeinsam eine Kirche in Oesselse gebaut. Otto Wehner nimmt an, dass sie im 30-jährigen Krieg zerstört oder schwer beschädigt wurde, denn 1647 wurde über einen Wiederaufbau berichtet, 1787 über die Erweiterung.[12]

Die Altenhagener St. Vincenz-Kirche ist fälschlich Hellner zugeschrieben worden

Zwischen alten Fachwerkhäusern steht in Altenhagen I die klassizistische St. Vincenz-Kirche. Sie ist 1844 erbaut und wird von einigen Autoren dem Konsistorialbaumeister Ludwig Hellner zugeschrieben.[13]

Dr.-Ing. Hermann Mewes schreibt dieses Gotteshaus dem Landbaumeister Peters zu. Zwischen den Bauten beider Baumeister sind viele Ähnlichkeiten zu erkennen. Unter anderem wird beim Vergleich der Altarwände deutlich, dass die Zuordnung der Altenhagener Kirche zu Hellner verständlich wird. Die ehemals selbstständige Gemeinde Altenhagen I ist heute Ortsteil der Stadt Springe. Das Dorf wurde um 1300 zwischen Katzberg und Nesselberg als Haufensiedlung angelegt.[14] Bis 1556 hatte der Ort keine eigene Kirche. Die Altenhagener gingen nach Sedemünder zum Gottesdienst. Dieses vermutlich größere Dorf ist im 16. Jahrhundert wüst gefallen. Es lag wenige Kilometer nördlich von Altenhagen.[15]

Noch 1510 ist in der Kirche Sedemünder Gottesdienst gefeiert worden. Es ist belegt, dass „de kereke thom oldenhaghen de tho Sedemunde" gewesen ist. Als Sedemünder wüst gefallen war, begannen gegen 1550 die Altenhagener, ihren Kirchturm und ein Gotteshaus zu bauen. Auf einem Stein auf dem Kirchhof hat nach einer Überlieferung gestanden, dass Jacob Busch 1556 beigesetzt wurde, der den Turm gestiftet hatte. Über die Form dieser Kirche weiß man nichts.[16]

Um 1840 war die alte Kirche endgültig zu klein und baufällig geworden. Sie musste abgerissen werden. Die Gemeinde hatte durch eine blühende Töpfergilde, die bis 1870 viele Menschen nach Altenhagen zog, eine stetig wachsende Einwohnerzahl. Im Volksmund nannte man das Dorf zeitweise „Pott-Altenhagen".

Die klassizistische Kirche in Altenhagen I ist als Ersatz für eine kleinere 1844 eingeweiht worden. Der Turm blieb erhalten, wurde aber erhöht.

Die Innenausstattung der Kirche in Altenhagen I zeigt alle Merkmale des Klassizismus.

Der Grundstein zur neuen Kirche wurde 1844 gelegt. Dabei blieb der untere Teil des Turms bestehen. Er wurde aber erhöht und durch ein klassizistisches Gesims abgeschlossen, so wie es auch am Kirchenschiff als Bogenfries unterhalb der Traufe verläuft. Ein kleiner Dachreiter krönt den Turm. Er ist Träger der Uhrenglocke, die an der Außenseite aufgehängt ist. Im Inneren ist der klassizistische Stil perfekt verwirklicht. Die Altarwand mit eingebauter Kanzel wird durch vier korinthische Säulen gegliedert. Ein kräftiges Gesims schließt sie oben ab. Die Orgel wurde zur Neubauzeit der Kirche von Philipp Furtwängler gebaut und steht unter Denkmalschutz.

Ältester Bestandteil der Ausstattung ist der Taufstein mit der Jahreszahl 1649. Er ist achteckig und aus Sandstein gehauen. Möglicherweise wurde er in den zur Ortschaft gehörenden Brüchen, also aus heimischem Material, geschlagen. Die Inschrift besagt, dass der ehemalige Quartiermeister Hinrich Severs und Elisabet Friesensehf die Taufe gestiftet haben.

Die einstige Sedemünder Kapelle, in der die Altenhagener bis in das 16. Jahrhundert Gottesdienst feierten, stand an der Ostseite der Bundesstraße 217, etwa 800 Meter südlich der Abzweigung nach Bad Münder. Die alten Flurnamen Glockenteich, Kirchhof, Kirchenbusch und Küsterland erinnern daran. In einer Karte des Amtes Springe von 1725 findet sich an der Stelle die Bezeichnung „rudera der Kirche", Ruinen der Kirche. Reste des Turms sollen bis 1840 noch sichtbar gewesen sein.

Vier kannelierte Säulen schließen den Kanzelaltar der Kirche in Oesselse ein. Die Kapitelle sind in Gold gefasst. Das Bauwerk ist typisch für den Konsistorialbaumeister Ludwig Hellner.

Die Kirche in Wettmar (Burgwedel) ist die erste, die Hase im ehemaligen Landkreis Hannover gebaut hat. Sie entstand 1855.

Hase hat auch das Innere der Wettmarer Kirche gestaltet.

Auf Hellners Klassizismus folgte die Neugotik von C.W. Hase

Der letzte Kirchenbau des Konsistorialbaumeisters Ludwig Hellner in der Region Hannover war die Brelinger Kirche. Sie wurde 1849 eingeweiht. Das erste Gotteshaus seines Nachfolgers Conrad Wilhelm Hase in dem gleichen Bereich war 1855 ein Neubau in Wettmar (Burgwedel). Das Konsistorium hatte Hellner 1824 als Baurevisor angestellt, ihm aber erst 1856 den Titel Konsistorialbaumeister verliehen. Seine fachlichen Fähigkeiten waren unumstritten. Aber er war schwierig im Umgang. Deshalb verkehrte die Kirchenbehörde in seinen letzten Dienstjahren nur noch schriftlich mit ihm. Demgegenüber wird über Hase 1862 ausgesagt, dass sich auf Grund seiner allgemeinen und technischen Ausbildung der Titel Baurat empfehle.

Das Werkverzeichnis des Baumeisters und Hochschullehrers Conrad Wilhelm Hase umfasst mehrere hundert Projekte. Zahlreiche öffentliche Gebäude, Schulen, Museen und insbesondere Kirchen gehören dazu. In der Region Hannover hat Hase viele Spuren seiner neugotischen Baukunst hinterlassen. Sie sind nicht nur positiv bewertet worden, aber sie zeigen die konsequente Verwendung des Baustoffs Backstein in vollendeter handwerklicher Gestaltung.[1]

Hase knüpfte an die mittelalterliche Backsteinbaukunst an, die im norddeutschen Raum zu hoher Vollendung geführt war. Er betrachtete den gebrannten Ton, den Backstein, nicht als Ersatz für Sandsteinquader. Er benutzte das heimische, rotgebrannte Material als eigenständiges Stil- und Formelement. Die praktischen Erfahrungen aus seiner Lehrzeit als Maurer kamen ihm dabei zugute.[2]

Als der Baumeister 1855 in Wettmar (Burgwedel) seine erste Kirche baute, hatte er bereits bei der Restaurierung der Klosteranlagen in Loccum seine Fähigkeit zur pfleglichen Behandlung alten Bauguts bewiesen. Außerdem war er an der Errichtung der Bahnhöfe in Lehrte, Wunstorf und Celle beteiligt.

Wettmar

In Wettmar hatte es schon im 12. Jahrhundert eine Kapelle gegeben. Die Gemeinde löste sich 1307 von St. Pancratius in Burgdorf und baute eine Kirche, die sie dem heiligen Magnus weihte. Als am 24. Juni 1850 ein großes Feuer 31 Gehöfte, Pfarrwitwenhaus und Kirche eingeäschert hatte, dauerte es fünf Jahre, bis die neue Kirche eingeweiht werden konnte.

Die Backsteinkirche in Dedensen (Seelze) ist die letzte Arbeit Hases im ehemaligen Landkreis. Er baute sie 1897/98.

Ein weiterer Brand 1978 beschädigte die Kirche erheblich. Aber schon ein Jahr später konnte sie wieder zum Gottesdienst benutzt werden.

Hase hatte das Wettmarer Gotteshaus im Inneren mit umfangreichen Holzausstattungen versehen. Sie wurden in Konstruktionen und Farbgebung mittelalterlichen Vorbildern angeglichen.

Die Calenberger Herzogin gab der Elisabethkirche in Langenhagen den Namen

In Langenhagen ist eine Kirche erst nach 1529 nachgewiesen. Es war ein kleines Gotteshaus mit gewölbtem gotischen Chor. Obgleich das Gebäude 1822 noch restauriert worden war, ließ sich in der zweiten Hälfte des vorigen Jahrhunderts der Verfall nicht mehr aufhalten.[3] Als die Pfarrei auf 2 000 See-

Der Altar der Elisabethenkirche ist aus teils glasiertem Backsteinen errichtet. Christus und die Heiligenfiguren sind aus Terrakotta gefertigt.

len angewachsen war, erwog das Konsistorium in Hannover den Neubau einer ausreichend großen und erweiterungsfähigen Kirche. Das war um so dringender, als zu dieser Zeit die politischen Gemeinden Kaltenweide, Krähenwinkel, Langenforth und Brink nach Langenhagen eingepfarrt wurden. Gegen den Kirchenvorstand und dessen Zögern drängte das Konsistorium auf den Neubau und verfügte 1865, dass spätestens nach Ablauf der Ruhefristen auf dem umliegenden Kirchhof 1867 mit dem Bau begonnen werden müsste.

Der Kirchenvorstand fasste Ende 1865 den Baubeschluss und beauftragte den Baurat Hase mit dem Entwurf und der Ausführung. Der Bau ist im Werkverzeichnis Hases unter Nummer 82 geführt. Er konnte jedoch nicht so ausgeführt werden, wie der Architekt ihn entworfen hatte. Der konzipierte hohe Turm an der Westseite, der ähnlich dem Christus-Kirchenturm am Klagesmarkt in Hannover werden sollte, wurde wegen Geldmangel nicht errichtet. Der alte Turm wurde in den Neubau einbezogen. So blieb ein wertvolles Baudenkmal erhalten.

Den historischen Wert kann man dem Kirchenturm nicht ohne weiteres ansehen. Er ist niedrig und nur der Helm überragt das Dach der Kirche. Auf meterdicken Raseneisensteinmauern, die durch Backstei-

In den Jahren 1867 bis 1869 erbaute Conrad Wilhelm Hase die Elisabethenkirche in Langenhagen. Der romanische Turm blieb erhalten, um die Kosten für einen Neubau zu sparen.

Die Kreuzrippengewölbe des Kirchenschiffs sind auffällig leicht gestaltet. Die schlanken Pfeiler beweisen die hohe Handwerkskunst des Baumeisters, der als Maurer angefangen hatte.

Der Taufstein in der Langenhagener Kirche ist 1630 von dem hannoverschem Bildhauer Sutel geschaffen worden.

ne erhöht wurden, sitzt ein Pyramidendach. Der alte Turm ist romanischen Ursprungs. Während des Dreißigjährigen Krieges wurde er zweimal gebrandschatzt. Seine Außenmauern hielten stand, als das Dach einbrach und das ganze Geläut abstürzte und zersprang.

Auch eine Luftmine im zweiten Weltkrieg überdauerte das Mauerwerk. Das Dach ist wieder mit eigens dafür gebrannten Mönch-Nonnen-Pfannen in alter Weise gedeckt. Die Heimatstube Langenhagen bewahrt eine Reihe von alten Ziegeln auf, die im späten Mittelalter den Turm gedeckt haben.[4]

Im Hauptschiff und den beiden schmalen Seitenschiffen sind die Kreuzrippen der Gewölbe schwebend leicht aus Formsteinen gestaltet. Die tragenden Pfeiler zwischen den Schiffen sind mit spitzbogigen Arkaden abgeschlossen. Plastische Elemente in der Kirche sind teilweise aus glasierten Formziegeln gestaltet. Neuartig und bis dahin ohne Vorbild sind die von Hase entworfenen Altar- und Kanzelaufbauten. In dem Altaraufsatz ist Christus als Terrakottafigur in den Backstein eingefügt. Das gilt auch für die vier seitlich angeordneten Evangelisten. Ein bedeutendes Kunstwerk aus der ehemaligen Kirche ist erhalten und in dem Hasebau wieder aufgestellt worden: der Taufstein. Er ist 1630 von dem hannoverschen Bildhauer Jeremias Sutel geschaffen worden und eins der wenigen Zeugnisse von der Hand dieses Meisters, die überkommen sind.

Die Schenkung der Herzogin

Am 18. März 1958 erhielt die evangelische Kirche in Langenhagen den Namen Elisabethkirche. Namenspatin ist nicht, wie gelegentlich angenommen wird, die katholische Landgräfin von Thüringen (1207 bis 1231), die als Heilige Elisabeth in die Kirchengeschichte einging, sondern die evangelische Herzogin Elisabeth von Calenberg-Göttingen (1510 bis 1558).

Nach der Reformation gab Herzogin Elisabeth der Pfarrei zu Langenhagen eine wirtschaftliche Grundlage. Sie schrieb am 15. September 1546 eigenhändig ein Dokument, das dem damaligen Pfarrherrn von Langenhagen, Heinrich Flügge, ein jährliches Legat von je sieben Maltern Gerste, Roggen und Hafer einbrachte. Es handelte sich um ein frei gewordenes Lehen von einem Gutshof in Ricklingen bei Hannover. Die Einkünfte des Geistlichen seien so gering, dass davon kein guter evangelischer Prediger leben könne, hatte Elisabeth festgestellt.

Nach dem Bau der Eisenbahn war die Lehrter Kirche zu klein

Die Türme der alten Dorfkirche in Lehrte an der Osterstraße und der Matthäuskirche am Markt sind nur 400 Meter voneinander entfernt. Geschichtlich trennen sie aber mindestens 570 Jahre. Noch vor 150 Jahren war Lehrte ein beschauliches Bauerndorf. Erst mit dem Bau der Eisenbahnlinie nahm die Entwicklung einen sprunghaften Verlauf. Mit der Bahn kamen die Menschen. Das alte Gotteshaus wurde zu klein und eine große Kirche musste gebaut werden. Hase, der auch am Bahnhof mitgearbeitet hatte, wurde mit der Planung beauftragt.[5]

Die alte Nikolauskirche ist als Pfarrei erstmals 1302 urkundlich genannt. Besitztümer der Hildesheimer Bischöfe in „lereth" sind aber schon 1147 erwähnt worden. Im 12. Jahrhundert soll es schon eine hölzerne Kapelle gegeben haben, die etwa 150 Meter südöstlich der Nikolauskirche gestanden haben soll.[6] Auch am Standort der Nikolauskirche soll es eine Vorgängerkapelle gegeben haben.

Während des Dreißigjährigen Krieges brannte das Gotteshaus bis auf Turm und Umfassungsmauern aus. Es wurde wieder aufgebaut. Als die „neue Kirche"

Ende der achtziger Jahre des 19. Jahrhunderts fertig geworden war, machten die Lehrter ihre alte Kirche zu einer Schule. Die hölzerne Empore wurde ausgebaut, zwei Klassenräume eingerichtet und bis 1962 saßen Schulkinder auf den Bänken. Dann stellte sich die Frage, ob das alte Bauwerk abgerissen werden sollte. Dagegen wehrten sich die Mitglieder des Kirchenvorstandes. Mit Sammellisten von Haus zu Haus brachten sie 5 000 DM zusammen und setzten damit beim Landeskirchenamt die Instandsetzung durch.

Wenn der Roggenschnitt beginnt, läutet in Lehrte die Ernteglocke

Wenn auf dem Baxmann-Hof in Lehrte, der alten Bauernstelle Nummer 18, der Roggenschnitt beginnt, läuft bis zum Erntedanksonntag ein altes Ritual ab. Eine Meldung an den Kirchenvorstand setzt das tägliche Läuten der Ernteglocke in Gang. Sie hängt im Turm der Nikolauskirche. Täglich von 11.00 bis 11.05 Uhr sollte einst den Schnittern und heute den Fahrern der Mähdrescher die Mittagszeit kundgetan werden. In einer kurzen Pause sollen sie Gott für den Erntesegen danken.[7]

Die sogenannte Ernteglocke im Turm der Nikolauskirche wurde 1875 in Leipzig gegossen.

Ernteläuten soll früher weit verbreitet gewesen sein. Jetzt ist Lehrte der einzige Ort zwischen Hildesheim und Lüneburg, der noch daran festhält. Wilhelm Behre hat die Geschichte aufgezeichnet. Hennecke Rickmann war 1540 Herr auf dem Meierhof Nummer 18. Er kaufte das Recht zum Ernteläuten eine Stunde vor Mittag vom Dompropst in Hildesheim. Bis 1890 vererbte sich die Tradition von Generation zu Generation.

In der Zeit, als die Nikolauskirche eine Schule war, ruhte das althergebrachte Ernteggeläut. Erst 1968, nachdem die alte Dorfkirche wieder für Gottesdienste eingerichtet worden war, kam die kleinste Glocke des Dreiergeläuts von der Matthäuskirche in die alte Dorfkirche. Sie wurde 1875 von G. A. Jauck in Leipzig gegossen. Kaiser Wilhelm I. stiftete sie zur Einweihung der neuen Kirche.

Ein Misthaufen sollte den Kirchenbau verhindern

Lehrte wurde früh an die Eisenbahn angeschlossen. Die ersten Linien, Hannover-Lehrte 1843, Lehrte-Celle 1845, Lehrte-Hildesheim 1846 und Lehrte-Gifhorn 1871, ließen die Einwohnerzahl schnell steigen. 1848 waren 947 Einwohner gezählt worden, 1871 waren es schon 2 374 und 1905 mehr als

Der Turm der Nikolauskirche in Lehrte hat schon im 14. Jahrhundert an seinem Platz gestanden. Das Gotteshaus ist zeitweise als Schule benutzt worden.

Die Brüstung der Orgelempore ist bei der Restaurierung dem übrigen Holzwerk der Kirche angepasst worden.

Die gotisierenden Spitzbogen sind nicht nur in den Fenstern der Matthäuskirche, sondern in der gesamten Konstruktion konsequent geblieben.

8 000.[8] Den ersten Entwurf für eine große Kirche legte Conrad Wilhelm Hase 1855 vor. Den zweiten Plan mit vergrößertem Umfang reichte er 1872 ein, und am 18. März 1876 wurde das imposante Bauwerk eingeweiht.[9] Der 31 Meter hohe Turm überragt alle Gebäude und Bäume in der weiteren Umgebung. Er steht auf einem hohen Sockelgeschoss. In halber Höhe wächst über spitzbogigen Arkadenblenden ein achteckiges Turmgeschoss empor.

Das schlanke Bauwerk mit seinem spitzen Turmhelm wirkt wie eine in Backstein geformte Plastik. Um Geld zu sparen, sollte zunächst auf den Turm verzichtet werden. Aber die Bürger waren der Ansicht, dass es auf die zusätzlichen Kosten nicht ankommen dürfe, wenn schon ein so großer Brocken geschluckt werden müsse. Der Platz für das Gotteshaus lag damals auf freiem Feld außerhalb des alten Dorfes. Es gab einige Einwohner, die den Kirchenbau so weit draußen verhindern wollten. Obgleich es sogar zu Austritten aus der Kirchengemeinde kam, erreichten sie ihr Ziel nicht. Aber die Gegner des vorgesehenen Standortes hatten eine listige Idee. Sie stellten fest, dass unmittelbar vor dem Portal der geplanten Matthäuskirche ein 600 Quadratmeter großes Grundstück durch ein Versehen von der Kirchenbehörde nicht angekauft worden war.

Der Besitzer dieser Fläche verkaufte die Parzelle an ein Konsortium von vier erbitterten Gegnern des Neubaues. Sie beantragten und erhielten die Baugenehmigung für ein kleines Fachwerkhaus. Es reichte bis an die Südwestecke des Turmes. Ein Stall mit Misthaufen und Klosett schob sich an das Portal heran, als der Rohbau der Kirche schon fertiggestellt war.

Erst kurz bevor das Gotteshaus eingeweiht wurde, enteignete der Minister für Handel und Gewerbe in Berlin das kleine Grundstück. Das Häuschen wurde an die Bahnhofstraße versetzt und hat dort noch eine Weile gestanden.

Der Turm verlor Ziegelsteine

1971 kamen Pastoren und Kirchenvorsteher überein, das Gotteshaus aufzugeben, obwohl es noch nicht 100 Jahre alt war. Aber wenn es stürmte oder die Glocken läuteten, konnte es vorkommen, dass Ziegel von der Höhe des Turmes herunter fielen. Vorsichtshalber sicherte die Gemeinde den Eingang durch ein aufgespanntes Stahlnetz. Das Amt für Bau- und Kunstpflege der Landeskirche stellte fest, dass der Turm mit etwa 300 000 Mark restauriert werden könnte. Es wandte sich gegen den Abbruch und sagte Geld für die Rettung zu. 1975 begannen Bauhandwerker den Turm zu sichern.

Der Turm der Matthäuskirche am Markt in Lehrte ist ein Kunstwerk aus Backsteinen. Bei der Restaurierung wurde er mit einer neuen Außenhaut umgeben. Das imposante Bauwerk ist 31 Meter hoch.

in Everloh (Gehrden) abgebrochen war, erbaute Hase im folgenden Jahr ein Backsteinkirchlein. Der Schnitzaltar aus der vorreformatorischen Zeit wurde wieder eingebaut.

Im benachbarten Harenberg (Seelze) hatte ebenfalls eine Fachwerkkapelle gestanden, die 1881 wegen Baufälligkeit abgebrochen werden musste. Hase errichtete an ihrer Stelle eine kleine Backsteinkirche mit spitzem Turm.

In Idensen (Wunstorf) rettete der Konsistorialbaumeister die alte romanische Kirche und erbaute für die Gemeinde 1887/88 die bereits erwähnte Dorfkirche. Seine letzte Arbeit im ehemaligen Landkreis Hannover ist die Kirche in Dedensen (Seelze). Er vollendete sie 1898. Hase starb 1902 in Hannover.

Zwei alte Grabplatten sind in der Turmhalle der Lehrter Kirche angebracht. Links: Der 1668 verstorbene Hinrich Kracken und seine Frau. Rechts: Der 1680 geborene Bartheld Molsen. Er wurde 29 Jahre alt.

Nach 1980 musste das Kirchenschiff erneuert werden. Balken und Holzverkleidung wurden ausgewechselt. Anstriche beseitigte Malermeister Werner Döring aus Hannover und rekonstruierte die Ornamente, die auf Hases Entwürfe zurückgingen. Der graue, triste Farbanstrich der dreißiger Jahre des 20. Jahrhunderts verschwand und machte der Gestaltung aus der Bauzeit Platz.[10]

Weitere Spuren von Hase im ehemaligen Landkreis Hannover

Wie schon erwähnt, baute Hase 1867 die Kirche von Hellner in Uetze nach dem großen Brand im Ort wieder auf. Das nächste Datum ist 1867 bis 1869 die Restaurierung der Klosteranlagen in Mariensee. Dann folgte nach der Matthäuskirche in Lehrte die Erneuerung des Kirchturms in Hagen (Neustadt a. Rbge.) 1874. Anschließend 1872 – 78 die Sanierung und Erneuerung der St. Osdag-Kirche in Mandelsloh. Mit der Restaurierung und Sanierung der Michaeliskirche in Ronnenberg begann der Baumeister 1876. Nachdem 1877 eine alte Fachwerkkapelle

Das Mittelstück des Altars der Kirche in Dedensen ist die zentrale Tafel aus einem Triptychon der ehemaligen Kapelle im Dorf.

In Everloh (Gehrden) am Fuß des Benther Berges baute Hase 1877 eine kleine Dorfkirche als Ersatz einer alten Fachwerkkapelle.

Das kleine Gotteshaus in Harenberg (Seelze) ist 1881 abgebrochen worden. Hase baute die Nachfolgekirche an gleicher Stelle.

Im Jahre 1873 ersetzte Hase den Fachwerkaufbau des Hagener Kirchturms durch einen massiven aus Stein.

Die Gemeindekirche in Idensen (Wunstorf) war Voraussetzung dafür, dass die älteste romanische Kirche erhalten blieb.

Das Portal der Dedenser Kirche ist mit Formsteinen eingefasst. Sie sind nach Hases Angaben in der Ziegelei gefertigt worden.

Die Kirche in Dedensen

In Dedensen an der Straße Altes Dorf steht das Gotteshaus aus Backsteinmauerwerk. Es hat einen schlanken Turm mit Satteldach, aus dem ein sechseckiger Dachreiter emporwächst. Er ist mit schwarzem Schiefer gedeckt. In der Dedenser Kirche ist die Neugotik Hases noch einmal vollendet sichtbar.

Die schlanken und schmalen Fenster sind spitzbogig geschlossen. Stützpfeiler flankieren das Westportal. Hases Kirche ist die dritte im Ort. Eine vermutlich gotische Kapelle wurde 1606 erwähnt. Die zweite, eine Barockkapelle mit der Jahreszahl 1695, hat gegenüber der heutigen gestanden, bevor sie wegen Baufälligkeit abgerissen werden musste.

Der Neubau wurde am 3. Juli 1898 eingeweiht. Das Innere der Kirche wird durch den Altar bestimmt. Der Baumeister hat ihn entworfen und auch die Ausführung überwacht. In dem Aufsatz ist das Mittelstück eines Triptychons eingearbeitet worden. Es ist aus der Barockkapelle übernommen worden und stellt die Kreuzigungsszene dar.

Das Holzwerk von Kanzel, Decke und Empore trägt deutlich die Handschrift des Architekten Hase. Aus der Vorgängerkapelle ist eine Holzplastik vor der Kanzel aufgestellt. Sie ist ein Symbol für Moses und hat ehemals die Kanzel getragen. Diese Plastik wird der hannoverschen Bildhauerfamilie Hoyer zugeschrieben.[11]

Meister Wilhelm Oberheu brennt Ziegel zur Restaurierung

Seit 1970 hat sich Ziegelmeister Wilhelm Oberheu in Bordenau (Neustadt a. Rbge.) auf Sonderanfertigungen von Backsteinen spezialisiert. Formsteine jeder Art finden sich im Programm des Ziegelbäckers. Nach Zeichnungen oder halb zerstörten Abbruchmustern rekonstruiert er jede nur denkbare Form. In der Region Hannover ist er der letzte Spezialist in seinem Fach. Seit er nicht mehr im aktiven Berufsleben steht, arbeitet er nur noch für Stammkunden.

Siedlungsland Mittlere Leine

Eine romanische Grabplatte in Seelze

Im Leinetal mit seinen über der Hochwassergrenze liegenden Uferterrassen waren schon in der Steinzeit Jäger und Sammler ansässig geworden. Fischer kamen hinzu und die frühen Siedlungen entstanden entlang alter Wege. Eine Verbindung auf dem hohen Leineufer führte von Hannover nach Westen. Sie ist 1649 als Weg der Reitpost von Berlin nach Kleve in alten Karten erwähnt.

Sie verlief im Leinebereich von Ahlem über Seelze, Lohnde, Gümmer, Luthe nach Wunstorf und in westlicher Richtung weiter. Zu erwähnen ist, dass die gleiche Trasse seit dem 15. Oktober 1847 die Bahnlinie von Hannover über Wunstorf nach Haste aufgenommen hat und seit 1916 den Mittellandkanal zwischen Minden und Hannover. An seiner Südseite entstand die heutige Bundesstraße 441 von Ahlem über Wunstorf nach Stolzenau, und schließlich verläuft in dem uralten Siedlungsgebiet die 1936 eröffnete Autobahn von Berlin zum Ruhrgebiet.

In einem so erschlossenen Land haben die Menschen auch früh ihre Gotteshäuser errichtet. Heinrich Wittmeyer bezieht sich in seiner Seelzer Kirchenchronik auf Forschungen von Heinrich Busse (Lenthe).[1] Er hat die These aufgestellt und durch Indizien erhärtet, dass für den Bereich von Seelze schon um das Jahr 900 in Döteberg eine erste Kirche gestanden hat.

Um 1200 hatten die Herren von Roden ihre Besitzungen in Limmer und Wunstorf durch eine Straße verbunden. Sie berührte das Dorf Seelze. Das mag der Anlass zur Verlegung der Kirche um drei Kilometer gewesen sein. Wann und warum in Döteberg das früh vermutete Gotteshaus verschwand, ist nicht überliefert.

Im Jahre 1248 ist ein Pfarrer mit Namen Reinardus in „Selse" erwähnt. Zu dieser Zeit hat eine romanische Kirche in Seelze gestanden.[2] Zum kirchlichen Grundbesitz gehörte der „Martenkamp" am Wege nach Döteberg. Er hatte seinen Namen durch das Stift St. Martin in Minden. Der Martenkamp hat wahrscheinlich der Gemeinde den Namen gegeben.

Das Gotteshaus war nicht dem Heiligen Martin geweiht. In einer Chronik von 1763 hat Pastor Mensching als mögliche Namenspatrone St. Medardus und St. Antonius angegeben. Sie sind in alten Siegeln übermittelt.

Die Martinskirche in Seelze ist 1766 begonnen und 1769 eingeweiht worden. Der Turmhelm fügte die Gemeinde erst 1876 hinzu.

Über die frühe Kirche ist nicht viel bekannt. Herzog Albrecht von Sachsen und Lüneburg zerstörte sie 1385 bei seiner Fehde gegen den Ritter Dietrich von Mandelsloh. Auf den Grundmauern wurde sie vermutlich wieder aufgebaut.

Die alte Kirche war kleiner als die jetzige. Starke Stützpfeiler stützten die Mauern, eine niedrige Decke schloss Chor und Schiff ab. Das Gotteshaus wurde 1753 durch Feuer vernichtet.

Grabplatte unter Brandschutt

Als nach dem Brand der Schutt abgeräumt wurde, kam unter dem Patronatssitz in einer Begräbniskammer eine Sandsteinplatte zu Tage. Darunter waren Reste eines Sarges erkennbar. Pastor Mensching ließ den Stein 1767 an der Ostseite der neuen Kirche einmauern. Das Flachrelief lässt erkennen, dass es eine Steinmetzarbeit aus der Zeit um 1200 ist. Nach der Umschrift in Großbuchstaben ist es der Grabstein der Mechthildis de Lona, Gattin des Hermanni de Lon. Die Edlen de Lon sind in Urkunden in Seelze 1216 und 1225 als Lehnsherren erwähnt. Im benachbarten Lohnde kommt das Geschlecht als de Lone, Laun und Loin vor.

Das barocke Kirchenschiff der Martinskirche hebt sich durch seine Farbgebung von der Umgebung ab. Es ist weiß verputzt, mit roten Eckquadern und Gesimsen. Die Saalkirche, mit deren Bau am 1. Januar 1766 begonnen wurde, konnte nach dreijähriger Bauzeit 1769 eingeweiht werden.

Der Turm war bis 1876 ohne Spitze. Erst dann hat ihn Baumeister Hase konzipiert und gebaut. Er hatte drei verschiedene Entwürfe eingereicht. Der Kirchenvorstand entschied sich für die Lösung mit vier Ecktürmchen als Übergang vom Turm zum Pyramidendach.

An der Nordseite der Kirche in Seelze liegt das Grabgewölbe der Familie von Hugo. Zwei Wappen sind angebracht: Conrad von Hugo – Maria Emerentzia von Konerdieng an der linken Seite und Christopher Hinrich von Hugo – Dorothea Sara von Rahmdorn, darunter die Jahreszahl 1758.

Am Himmelfahrtstag 1669 überraschte er zum Beispiel 15 Manns- und Frauenpersonen in einem der Häuser. Sie verdrückten sich durch die Hintertür, als sie den Pastor kommen sahen. Als Altermann sie auf ihr verwerfliches Tun aufmerksam machte, wurde ihm erwidert, er wolle etwas verbieten, was sieben Geistliche vor ihm geduldet hätten.

Spätgotische Kapelle in Gümmer

Etwas versteckt liegt in Gümmer (Seelze) nördlich der Ortsdurchfahrt die spätgotische Kapelle an der Glockengasse. Das Glöckchen auf dem Dachreiter hat der Gasse den Namen gegeben. Es ruft dreimal im Monat zum Gottesdienst.[3] Auf einem ziegelroten Sockel steht das verputzte und weiß gestrichene Bruchsteinmauerwerk. Die kräftigen Stützpfeiler sind rot wie das steile Satteldach und die Ziegel auf dem vierseitigen Dachreiter. Über seiner Glocke dreht sich ein Turmhahn.

Die Kapelle wurde 1508 gebaut. Das geht aus der Inschrift im Sturz der spitzbogigen Tür an der Nordseite hervor. Zwei rechteckige Kreuzgewölbe und ein Chorgewölbe überspannen den Innenraum des

Eine der ältesten Grabplatten im Landkreis Hannover aus dem frühen 13. Jahrhundert ist an der Ostseite der Seelzer Kirche angebracht.

„Durstige Schäfchen"

Aus dem 17. Jahrhundert liegen Berichte vor, die manchen Kirchgängern kein gutes Zeugnis ausstellen. Sie ließen ihre dicken Gesangbücher bei den sogenannten Kirchhöfnern, deren Häuser im unmittelbaren Umkreis der Kirche standen.

Denn die Wege zum Gottesdienst waren weit und die Bücher schwer. Bei sommerlicher Hitze war eine Erfrischung, bei winterlicher Kälte eine Aufwärmung nach dem Anmarsch notwendig. Die Kirchhöfner richteten Ausschankstellen ein.

Dem energielosen Pastor Hollenberg, der sich gegenüber seinen Schäfchen nicht durchsetzen konnte, wurde 1668 ein junger energischer Kollege beigegeben, Pastor Altermann aus Pattensen. Er beklagte, dass sich manche Kirchgänger, während gesungen und gebetet wurde, in einem Hause „mit Branntwein anfüllten".

Das kleine gotische Gotteshaus in Gümmer ist kaum verändert. Über der Tür steht die Jahreszahl 1508.

kleinen Gotteshauses. Der Chor ist um eine Stufe erhöht und dreiseitig geschlossen. Hinter dem schlichten Altarstein ist der Chor durch zwei gekuppelte farbige Glasfenster betont.[4]

Die Kapelle ist nicht die erste im Ort. Ende des 14. Jahrhunderts hat auf jeden Fall ein Gotteshaus im Dorf gestanden. Im Streit zwischen Dietrich von Mandelsloh und Herzog Albrecht von Sachsen und Lüneburg im Jahre 1385 wurde nicht nur die Kirche in Seelze zerstört, sondern „.... dat dorp to gummere kerken unde kerkhoff geschind und gebrand". Ob danach die Kapelle erneuert oder erst 1508 wieder errichtet werden konnte, ist nicht überliefert.[5]

In Luthe war ein vorgeschobener Posten

An der Leine im Bereich des Dorfes Luthe (Wunstorf) schwenkt das Flußbett nach Norden. Früh hat es an dieser Stelle Fischer gegeben und um Christi Geburt siedelten sich Bauern an.[6] Im Wappen der Ortschaft ist eine Seerose als heraldisches Zeichen

1819/20 baute der Ingenieurhauptmann Bergmann aus Hannover die klassizistische Kirche in Luthe (Wunstorf). Schon 1736 hatte die Gemeinde ein neues Gotteshaus gefordert.

Der Kanzelaltar der Kirche in Luthe

verwendet. Sie ist Hinweis auf den Luther See, an dessen Ufern sich die ersten Siedler festsetzten.[7]

Geschichtlich ist Luthe in einer Chronik aus dem Jahre 1228 nachgewiesen. Sein Name wird „Lude", „Lute" oder auch „Lutchen" geschrieben. Es ist nicht unwahrscheinlich, dass sich der Dorfname aus dem Lateinischen „lutum" ableitet (Pfütze, Schmutz, Schlamm).

In der Siedlung hat früh eine romanische Kapelle gestanden. Es sind jedoch keine konkreten Hinweise darauf vorhanden. Auch der Anlass für den Bau der späteren gotischen Kapelle ist nirgends verzeichnet.

Das benachbarte Wunstorf war durch die Gründung des Kanonissenstifts im Jahre 865 der erste christliche Stützpunkt zwischen den Bistümern Minden und Hildesheim. Luthe lag an einer exponierten Grenzstelle im Archidiakonat Wunstorf und hat deshalb als vorgeschobener Posten sehr früh eine eigene Kapelle gehabt.

Auf einem Quaderstein am Turm der Kirche in Luthe ist die Jahreszahl 1490 in gotischen Kleinbuchstaben zu lesen.

Das älteste gesicherte Datum ist eine Jahreszahl in einem Steinblock an der nordwestlichen Turmecke. Dort steht in gotischen Buchstaben die Angabe „1490". Der Turm blieb stehen, als die gotische Kirche 1818 abgebrochen wurde. Er hat die Breite des ehemaligen kleinen Kirchenschiffs. Dieses war nur etwa doppelt so groß wie die heutige Turmhalle.

600 Seelen lebten 1736 in der Gemeinde Luthe. Die alte Kirche war längst zu klein geworden und wurde immer baufälliger. Das Konsistorium forderte die Erweiterung oder einen Neubau. 1782 und 1800 wurden die Forderungen wiederholt. Erst beim vierten Anlauf beauftragte die Gemeinde den Ingenieurhauptmann Bergmann, einen Kostenanschlag und einen Bauplan vorzulegen. 1820 war die neue Kirche endlich fertig und groß genug für die inzwischen 800 Einwohner.

Die Saalkirche mit rechteckigem Grundriss ohne besonderen Chor weist Stilelemente des Klassizismus auf. Im Inneren ist sie durch die Stützenreihen der Emporen dreischiffig gegliedert. Den schmalen Kanzelaltar flankieren zwei kannelierte Säulen. Die Decke ist über dem Mittelraum als Halbtonne gewölbt, über den Emporen ist sie flach.

Bis 1638 gehörte Luthe zum Kirchspiel Wunstorf.[8] Dann erstritt das Dorf gegen heftigen Widerstand der Wunstorfer Geistlichen das Recht, eine selbständige Gemeinde zu bilden. Solche „Auspfarrungen" waren im 17. Jahrhundert wegen der steigenden Bevölkerungszahlen keine Seltenheit.

Der selbstständigen Kirche stifteten Hinrich Tilen und Hinrich Howindt ein Taufbecken. Der sechseckige Pokal steht noch heute in der Kirche.

Rundfenster am Kirchturm ist Kolenfelder Wappensymbol

Zu beiden Seiten des Eingangs der Kirche in Kolenfeld (Wunstorf) stehen mächtige Linden. Sie überragen das Satteldach des Gotteshauses. Es ist nicht überliefert, wann sie gepflanzt worden sind. Nach ihrem Aussehen könnten sie seit der Einweihung des barocken Neubaus 1747 dort stehen.[9] Die Kolenfelder Kirche ist ein Beispiel für die Kombination romanischer Turmbauten mit einem Schiff aus dem 18. Jahrhundert.

Zwei Fensteröffnungen im ersten Turmgeschoss werden nach Norden durch einen Stein mit Rundöffnung, nach Süden mit hochgestelltem Rechteck geschlossen. Das Rundfenster ist ein bedeutendes romanisches Kunstdenkmal. Ein in den Stein gehauener Lorbeerkranz umgibt die Öffnung. Als heraldisches Zeichen wird das Fenster im Wappen von Kolenfeld verwendet.

In der christlichen Symbolik wird Lorbeer als Zeichen für die Taufe gedeutet. Er ist das Siegel für das neue Leben Christi nach der Taufe durch Johannes. Der Kranz wird in der mittelalterlichen Kunst mit der Krone gleichgesetzt. Der Ort wird 1128 als Callenfeldt, 1173 als Coldeneuelde und 1255 als Coldevelde erwähnt.

An der Entstehung der Siedlung und ihrer Kirche hat das Kloster Loccum wesentlichen Anteil. Der Mönchehof, ein Freihof des Klosters, wird bereits 1215 erwähnt. Die Zisterzienser bewirtschafteten ihn. Er lag etwa dort, wo heute die Kirche steht. Es ist sicher, dass schon in der frühesten Zeit eine Kapelle im Mönchehof gestanden hat.[10]

Als bedeutendes Kunstdenkmal gilt das Rundfenster mit Lorbeerkranz im Turm der Kolenfelder Kirche. Es ist als heraldisches Symbol in das Wappen der Ortschaft aufgenommen worden.

1584 wurde die große Glocke aus dem Kolenfeld gegossen. Sie hat 106 Zentimeter Durchmesser. Über dem Rankenfries am Hals ist der Name des Pastors eingegossen.

Der Freihof brannte mit allen Gebäuden 1568 ab und wurde außerhalb des Dorfes wieder aufgebaut. Die Frühzeit der romanischen Kirche, als Nachfolgerin der ersten Kapelle, ist nicht erforscht. Es kann aber angenommen werden, dass sie im 12. Jahrhundert entstand, als der Turm gebaut wurde.

Vor dem Abbruch 1743 ist sie gezeichnet worden. An den Westturm schloss sich, so wie es in der romanischen Zeit üblich war, ein kleines rechteckiges Schiff mit Chorhaus im Osten und halbrunder Apsis an. Auch die kleinen Fenster waren durch Rundbogen geschlossen.

Bis zur Reformation standen drei Altäre in der Apsis. Der mittlere, der Hochaltar, war dem Apostel Paulus, ein Seitenaltar der Gottesmutter und der andere dem Schutzheiligen der Kirche, Sankt Dionysius, geweiht.

Wegen der Baufälligkeit des Gotteshauses beantragte die Gemeinde 1683 beim Konsistorium in Hannover die Erneuerung ihrer Kirche. Es wurden zwar einige Reparaturen ausgeführt, aber in einem Bericht heißt es noch 1728, dass „in der anberührten gar miserablen Kirche die Zuhörer dermaßen nicht

Der romanische Turm der Kolenfelder Kirche stammt wahrscheinlich aus dem 12. Jahrhundert. Das Gotteshaus war eine Gründung des Klosters Loccum. Die heutige Barockkirche ist 1747 eingeweiht.

Der Kanzelaltar der Kolenfelder Kirche ist von dem berühmten hannoverischen Bildhauer Ziesenis geschaffen worden.

Das Altarbild in einem prächtigen Rahmen wird dem Hofvergolder Heinrich Wiedemann zugeschrieben. Es zeigt das Abendmahl nicht, wie üblich, vor dem Hintergrund der Landschaft Jerusalems, sondern in einer Barockkirche.

Hinter der Barockorgel auf der hochgesetzten zweiten Empore ist ein Schildchen angebracht mit dem Namen „F. W. Naumann 1764". Naumann war ein Schüler des berühmten Baumeisters Arp Schnitger.

vor Regen und Wind befreit sind". Ein Jahr später stellte eine Kommission die Schäden amtlich in einer Mängelliste zusammen. Die Reparatur des baufälligen Turms begann 1741. Ein neues Kirchenschiff, nach den Plänen des Architekten J. D. Schneider, wurde 1743 genehmigt und gleichzeitig die Benutzung der Kirche wegen der akuten Gefahren verboten.

Der damalige Pastor Gülicher stellte für den Gottesdienst sein Haus zur Verfügung. Das romanische Bauwerk wurde abgebrochen. Die neue Saalkirche wurde 1747 fertiggestellt.

Eingeschossige Emporen ziehen sich an drei Seiten um den Kirchenraum. An der Westseite wurde für die Orgel eine zweite, hochgesetzte Prieche eingebaut. Das Instrument ist nach Bauweise und Klang eine besondere Kostbarkeit und steht unter Denkmalschutz.

Ein Täfelchen mit Bleistiftinschrift weist auf „F. W. Naumann 1746" hin. Er war Schüler und Mitarbeiter des bedeutendsten norddeutschen Orgelbauers der Barockzeit, Arp Schnitger (1648 bis 1719).

Der Kanzelaltar stammt aus der Werkstatt des Johann Friedrich Blasius Ziesenis. Anna Elisabet Kochen, geborene Ewalt, hat ihn 1747 gestiftet. Der Aufbau ist 7,5 Meter hoch. Schräg gestellte Säulenachsen flankieren ihn. Über der Tür zur Kanzel halten zwei Engel einen geöffneten Vorhang, beiderseits stehen auf dem Gesims Figuren aus der Reihe der Tugenden.[11] Die Goldfassung wird dem Hofvergolder Johann Heinrich Wiedemann zugeschrieben. Er kann auch das Altarbild gemalt haben. Die Darstellung des letzten Abendmahls hat keinen Landschaftshintergrund, sondern ist in einen barocken Kirchenraum verlegt.

Der Taufstein links vom Altar ist älter als die Kirche. Der Abt zu Loccum, Johannes Kitzow, und dessen Frau Elisabeth stifteten ihn 1651. Die größte Glocke im Turm hat 106 Zentimeter Durchmesser. Sie wiegt 600 Kilogramm. Christopher Horenbach hat sie 1584 gegossen. Sie ist besonders bemerkenswert. Der Mantel hatte einen langen Sprung. Die einzige Gießerei, die solche Fehler reparieren kann, ist in Nördlingen in Bayern ansässig. Sie hat das alte Stück instand gesetzt.

Vier Kapellen rings um Hemmingen

Nicht nur die Kirchen im Umkreis von Hannover sind teilweise besonders bemerkenswert. Auch kleine Kapellen, die Zeugnisse tiefer Frömmigkeit unserer Ahnen, haben ihre Geschichte und ihre Schönheit. Im Umkreis der politischen Gemeinde Hemmingen sind es vier kleine Gotteshäuser, die erhalten geblieben sind und in denen noch Gottesdienste gefeiert, Hochzeiten und Taufen vollzogen werden.

Arnum

Die kleine Bruchsteinkapelle in Arnum geht auf das Ende des 13. Jahrhunderts zurück. Die Ausstattung ist eins der wenigen Beispiele für „Bauernbarock".[1]

Nach einer gründlichen Renovierung weihte die Gemeinde das kleine Gebäude 1985 wieder ein. Aber es reichte für den sonntäglichen Gottesdienst nicht aus. Der Neubau einer Kirche wurde beschlossen. Trotzdem ist das Gebäude nach wie vor in das Leben der Gemeinde eingebunden. Immer, wenn kirchliche Feiern nicht die ganze Gemeinde betreffen, sondern nur einen kleineren Personenkreis, kommen die Arnumer gern in ihre alte Kapelle.[2]

Arnum liegt an der verkehrsreichen Bundesstraße 3 südlich der Landeshauptstadt. Das kleine Gotteshaus

Der einfache Barockaltar der Arnumer Kapelle

Nach dem Dreißigjährigen Krieg wurde die Bruchsteinkapelle in Arnum 1658 erneuert. Das Gebäude stammt aus dem 13. oder 14. Jahrhundert.

Bei Aufräumungsarbeiten in der Kapelle in Arnum fand sich auf dem Dachboden der bittende Engel an.

an dieser Straße ist zwischen großen Häusern fast verborgen. Viele Menschen gehen oder fahren daran vorbei, ohne es zu bemerken. Die Kanten des viereckigen Bruchsteinmauerwerks sind durch Quader verstärkt. Der Dachstuhl brannte während des dreißigjährigen Krieges ab. Einbauten im Innenraum wurden dabei ebenfalls vernichtet. Auf einem Balken an der neu gezimmerten Empore steht das Erneuerungsjahr 1685. Bei der Restaurierung 1985 kam eine neue Orgel auf die Prieche an der Westseite.

Das Satteldach ist an der Ostseite mit einem Krüppelwalm geschlossen. In einem Dachreiter hängt eine Glocke mit 44 Zentimeter Durchmesser. Ludolf Siegfried aus Hannover hat sie 1643 gegossen. Der Meister hat in der Zeit von 1640 bis 1670 viele Glocken für den Raum zwischen Deister und Leine geliefert. Unter anderem für die Geläute in der Klosterkirche Barsinghausen, in der Blasiuskirche Großgoltern und in der Michaeliskirche Ronnenberg.[3]

Der Aufsatz auf dem Altar wurde um 1875 geschnitzt und gehört trotz der Seltenheit nicht zu den kunsthistorisch wertvollen Kirchenausstattungen. Aber die Einwohner von Arnum hängen daran. An der Nordseite des Raumes steht auf einer Konsole die hölzerne Skulptur eines bittenden Engels. Die kniende Figur wurde bei Aufräumungsarbeiten auf dem Dachboden gefunden. Sie kann ehemals auf einem Opferstock gestanden haben.

Vermutlich im 16. Jahrhundert ist die Kapelle in Hemmingen erbaut worden.

In Hemmingen steht ein spätgotischer Altar ohne Flügel

Hemmingen kommt im Lehnsregister des Bistums Minden im Jahre 1310 vor. Es gehörte zum Archidiakonat Pattensen und hatte vermutlich schon zu diesem frühen Zeitpunkt eine Kapelle. Die jetzige wird dem 16. Jahrhundert zugeordnet.

Sie steht am Kapellenweg abseits der Ortsdurchfahrt ein wenig versteckt. Nach der massiven Aufmauerung aus Bruchsteinen und dem überragenden Dach ist sie als ursprüngliche Wehrkirche einzuordnen.[4] Unter dem Dachreiter hängt eine Glocke von 1662. Sie wurde ebenfalls von Ludolf Siegfried gegossen. Die ganze Dorfschaft hat sie gestiftet.

Im Innenraum sind an der Westseite und zur Hälfte an der Nordseite hölzerne Emporen eingebaut. Ein starker Querbalken in Höhe der Oberkante des Altars wird als Lager für einen ehemals eingebauten Dachboden angesehen. Hier soll in Notzeiten Korn eingelagert worden sein.[5]

Über dem gemauerten Altar steht das Mittelstück eines ehemals dreiteiligen spätgotischen Altars mit

Der spätgotische Altar in der Kapelle in Hemmingen ist nicht vollständig. Die Seitenteile sind verschollen.

acht geschnitzten Heiligenfiguren. Maßwerk schließt die Felder oben ab. Bereits in einer Beschreibung der Kapelle von 1899 wird berichtet, dass die früheren Flügel des Altars fehlen. Es ist nicht ermittelt, ob sie wegen ihres schlechten Zustands nicht mehr restauriert werden konnten oder ob sie an einer anderen Stelle verwahrt werden. In den fünfziger Jahren des 20. Jahrhunderts haben die Pastoren der Gemeinde auf der Suche nach den Flügeln mehrere Museen besucht. Sie haben aber die Tafeln nicht gefunden.[6]

Über der Deveser Kapelle hängt eine Glocke von 1643

Am Nordrand des Dorfes Devese steht am Westerfelder Weg eine kleine Fachwerkkapelle. Das kleine Gotteshaus gehört zur Kirchengemeinde Hemmingen-Westerfeld. Einmal im Monat halten die Geistlichen der Westerfelder Kirche in Devese sonnabends Gottesdienst. An Feiertagen wird zusätzlich zu Gebet und Predigt gerufen.[7]

Das Gebäude steht auf einem hohen Bruchsteinsockel, der in den Innenraum hineinragt. Dieser ist nur 7,2 Meter lang und 4,7 Meter breit. Höchstens 50 Personen finden darin Platz. Das ziegelgedeckte Dach endet im Osten und im Westen in einem Krüppelwalm. Unter einem Schutzdach auf zwei Pfosten hängt eine Glocke. Sie wurde 1643 gegossen und hat folgenden umlaufenden Text: „Die gemeine zu Defess hat diese Glocken zur Ehre Gottes gisen lassen 1643 – Ludolf Siegfried me Fecit". Es ist wahrscheinlich, dass die Kapelle um 1643 auf dem breiten Sockel eines früheren Gotteshauses errichtet wurde. Ein Hinweis auf den Vorgängerbau ist in einem Visitationsprotokoll des Calenberger Superintendenten aus dem Jahre 1543 enthalten. Über dieses vermutlich gotische Gotteshaus sind keine Einzelheiten bekannt.

Nach einer Beschädigung während des 30-jährigen Krieges wurde die Kapelle erst Ende des 18. Jahrhunderts wieder aufgebaut. 1978 ist sie noch einmal gründlich renoviert worden. Seither ist eine schwere Sandsteinplatte als Altar aufgestellt. Sie hatte zuvor als Trittstufe vor dem Eingang gelegen.

Privatinitiative rettete die Kapelle in Harkenbleck

Harkenbleck ist als „herkenblede" im Lehnsregister des Bistums Minden 1226 erwähnt. Die Kapelle wurde 1412 erbaut. Die Jahreszahl steht auf einem Sturz über dem Eingang. Ursprünglich war sie als Wehrkirche mit sehr kleinen Fenstern versehen.

Die Glocke unter dem kleinen Dachreiter der Kapelle in Devese stammt von 1643. Das war vermutlich auch das Baujahr.

Aus Bruchsteinen ist die Kapelle in Harkenbleck im Jahre 1412 erbaut worden. Das Datum ist in gotischen Kleinbuchstaben über der Tür angegeben.

Bei einer Erneuerung in der Barockzeit wurden sie vergrößert. An der Ostseite ist ein schmales Rechteckfenster erhalten geblieben.

Unter dem kleinen Gotteshaus sind die Mitglieder der Patronatsfamilie von Reden beigesetzt. Es kamen der Altar mit der Jahreszahl 1687 und die Kanzel in die Kapelle hinzu. Die Inschrift im Altaraufsatz besagt: „Elisabeth Eleonore von Reden gebohren von Estorff Drostin 1687". Sie war die Frau des damaligen Drostes von Reden.

In seinem Buch „Der Großraum Hannover" berichtete Richard Brandt, dass die Kapelle nicht mehr benutzt werde.[8] Wenig später machte es private Initiative möglich, dass dieses Baudenkmal nicht nur instand gesetzt, sondern auch den Bürgern wieder zugänglich gemacht werden konnte. Das kleine Gotteshaus war Eigentum der Familie von Reden. Verkaufsverhandlungen mit der evangelischen Gemeinde Wilkenburg waren insofern erfolglos, als die Landeskirche die Geldmittel nicht zur Verfügung stellen

Im Gegensatz zum Altar ist die Kanzel in der kleinen Kapelle dem norddeutschen Kulturkreis zuzuordnen. Unter dem Schalldeckel schwebt eine Taube.

konnte. Obgleich zunächst nur kirchliche Stellen als Käufer in Frage kommen sollten, erklärte sich der Patronatsherr nach einigem Zögern bereit, das Gotteshaus dem „Förderverein Harkenblecker Kapelle" zu überlassen.[9] Dieser Verein wurde am 10. März 1983 gegründet und als Verein für Heimat- und Denkmalpflege eingetragen. Die Mitgliederzahl stieg schnell auf 120 an. Das bedeutet, dass die Hälfte aller Familien in Harkenbleck beigetreten ist. Zum Kauf stellte die Gemeinde Hemmingen 30 000 DM zur Verfügung. Der Verein brachte Eigenleistungen im Gegenwert von 35 000 DM ein. Zuwendungen der Landeskirche, der Klosterkammer Hannover und des ehemaligen Landkreises Hannover machten es möglich, die Restaurierung mit fast 220 000 Mark zu finanzieren. Darin ist der Kaufpreis für eine Orgel enthalten.

In der Kapelle wird an jedem zweiten Sonntag Gottesdienst durch Geistliche aus Wilkenburg gehalten. Einmal im Monat feiert die katholische Gemeinde St. Maria aus Pattensen hier die Heilige Messe. Taufen, grüne, silberne und goldene Hochzeiten werden eingesegnet. Aber nicht nur kirchliche Feiern machen das Leben in der Kapelle aus. Konzerte und Gemäldeausstellungen bringen viele Besucher.

Der Barockaltar der Kapelle in Harkenbleck ist nach einer Innschrift 1687 gestiftet worden. Nach seiner Gestaltung könnten ihn süddeutsche Künstler geschaffen haben.

Kapellen unter Denkmalschutz zwischen Deister und Benther Berg

Schon bevor das Niedersächsische Denkmalschutzgesetz 1979 erlassen wurde, hatte der Landkreis Hannover mit der Erfassung der geschichtlich wertvollen Bausubstanz begonnen.

Das Verfahren war 1987 abgeschlossen, das Verzeichnis der Baudenkmale erschien im „Amtsblatt für den Landkreis Hannover" im Jahre 1988. Für des südlichen Teil des Kreises hat das Institut für Denkmalpflege eine Denkmaltopographie (Orts- und Lagebeschreibung) herausgegeben. Sie ist im Rahmen der Denkmaltopographie Bundesrepublik Deutschland – Baudenkmale in Niedersachsen – Landkreis Hannover unter Nummer 13.1 erschienen.

Für den Landkreis ist sie von Henner Hannig bearbeitet worden. Bei der Aufstellung waren Räte und Ortsräte, Kirchenvorstände und Geistliche in vielen Sitzungen und Begehungen beteiligt.

Im Raum zwischen Deister und Benther Berg weist das Werk neben anderen auch die folgenden zehn Kapellen und kleinen Kirchen aus. Sie sind in den vorhergehenden Kapiteln nicht behandelt.

Die Kapelle in Alvesrode (Springe) ist 1839 an das alte Schulgebäude angelehnt. Sie ist ein zweigeschossiger Fachwerkbau.

In Lemmie (Gehreden) ist 1631 die Fachwerkkapelle urkundlich erwähnt worden. Der Westgiebel ist später durch eine Bruchsteinwand ersetzt worden.

Zur gleichen Zeit wie das Kloster Wennigsen entstand in dem benachbarten Sorsum eine Kapelle. Sie ist im 20. Jahrhundert erneuert worden.

Schon 1683 ist in Redderse (Gehrden) eine Kapelle nachgewiesen. Die heutige wurde 1738 an gleicher Stelle errichtet.

Die Bruchsteinkapelle an der Holtenser Straße in Linderte (Ronnenberg) steht am höchsten Punkt der Ortschaft.

An der Eulenflucht in Weetzen (Ronnenberg) steht eine Fachwerkkapelle aus dem 17. Jahrhundert.

Die gotische Kapelle in Velber (Seelze) ist 1841 umgebaut worden. Wertvoll ist der dreiflügelige Altar aus dem Jahre 1610.

Am Steinweg in Benthe (Ronnenberg) steht seit 1700 die Kapelle. Sie ist mit Platten behängt. Das Fachwerk darunter ist nicht sichtbar.

Die schmucklose Kapelle in Langreder (Barsinghausen) birgt im Inneren einen gotischen Schnitzaltar.

Die Nordansicht der St. Martins-Kirche in Bennigsen

Zwischen Romanik und Jugendstil: St. Martins-Kirche in Bennigsen

Über dem Eingang an der Nordseite der Bennigser Kirche ist ein Bogenfeld eingemauert. Die seltene Darstellung zeigt ein Kreuz in der Mitte und elf miteinander verbundene Köpfe.

Über dem Eingang an der Nordseite der St. Martins-Kirche in Bennigsen ist ein Tympanon, ein Bogenfeld, eingemauert. Es ist eine Sandsteinplatte aus dem Deister, 120 Zentimeter lang und 48 Zentimeter hoch. Elf miteinander verbundene Köpfe überspannen das Kreuz des Heilands. Sie können die „elf Getreuen" am Kreuz symbolisieren. Das Bogenfeld ist eines der ältesten Zeugnisse sakraler Kunst in unserem Raum. Die Ortschaft ist während der Amtszeit des Bischofs Milo von Minden (969 bis 996) als „Bennucheshusen" schon erwähnt. Eine Kapelle ist zu dieser Zeit wahrscheinlich, eine romanische Kirche wird um 1100 angenommen.[1]

Aus dieser Zeit stammt auch das Taufbecken, das seit 1954 im Vorraum der Kirche steht. Es hat wahrscheinlich in der alten Kirche gestanden, die während der Hildesheimer Stiftsfehde (1519 bis 1523) zerstört wurde.[2] Alexander von Bennigsen hat das Becken 1886 auf dem Kirchplatz entdeckt. Nur ein kleiner Teil ragte aus dem Boden. Trotz Verwitterung sind im oberen Rand Teile eines Blätterfrieses erhalten geblieben. Sie geben einen Hinweis auf romanische Steinmetzarbeit.[3]

Nach der Zerstörung des ersten Gotteshauses 1522 dauerte es lange, bis wieder eine Kirche gebaut werden konnte. Als nach der Reformation im April 1543 die erste evangelische Kirchenrevision in Bennigsen angeordnet wurde, war das zerstörte Gotteshaus noch nicht wieder aufgebaut. Das geschah erst 1554. Die alten Grundmauern bestimmten den neuen Grundriss. Wegen des schlechten Bauzustands und weil es zu klein geworden war, ließ die Gemeinde 1789 „das häßliche alte Kirchlein" durch Um- und Anbauten umgestalten.

Die Kirche diente der Gemeinde etwa 115 Jahre lang. Dann wurde sie durch Blitzschlag vernichtet. Unter den evangelischen Kirchen im ehemaligen Landkreis Hannover nimmt die heutige St. Martins-Kirche in Bennigsen architektonisch einen besonderen Platz ein. Es ist die einzige Kirche mit Jugendstilelementen. Diese Epoche brachte zwischen 1895 und 1914 einen unverwechselbaren Gestaltungsreichtum hervor. Während dieser Zeitspanne ist die St. Martins-Kirche in Bennigsen aus Kalkstein vom benachbarten Limberg bei Gestorf errichtet worden.

Nach einem Entwurf des Architekten Wendebourg haben die Gebrüder Meyer aus Bennigsen den Altar der St. Martins-Kirche geschaffen.

Das Taufbecken, das in der Turmhalle der Bennigser Kirche steht, stammt vermutlich aus der Zeit der ersten romanischen Kirche.

Deckenmalereien der St. Martins-Kirche

Deckenmalereien der St. Martins-Kirche

Die Taufschale ist aus Messing getrieben und mit Jugendstilornamenten verziert.

Die Gemeinde weihte ihr neues Gotteshaus am 15. Dezember 1907 feierlich ein. Das alte war abgebrannt. Noch 1904 hatte der Kirchenvorstand die Feuerversicherung für das Gebäude erneuert, um sie der veränderten Zeit anzupassen. Es erwies sich, dass dieser Zeitpunkt im Hinblick auf das Kommende gut gewählt war. Am Sonnabend, 1. Juli 1905, setzte bei schwüler Witterung mittags ein Gewitter ein. Die Kraft des Unwetters schien gegen 11 Uhr abends nach heftigem Regen gebrochen zu sein. Jedoch am Sonntagmorgen gegen 1.30 Uhr fuhren drei Blitze in den Kirchturm und zündeten.

Der damalige Geistliche, Pastor Langelotz, hat die Katastrophe ausführlich beschrieben. „Etwa fünf Minuten nach dem ersten heftigen Schlage vernahmen wir auf der Straße vor dem Hause Lärm, und als ich aus der Haustür blickte, sah ich aus der Spitze des Kirchturms einzelne Funken fliegen", berichtet der Pastor, und weiter: „Auf der Straße begegnete ich einem Kirchenvorsteher, mit dem ich zur Kirche eilte, und zwar, da der Eingang in dem brennenden Turm schon bedenklich war, zu der Tür auf der Südostseite". Der Schlüssel für die Seitentür war nicht zur Hand. Ein Feuerwehrmann versuchte vergeblich, das Schloss mit der Axt zu sprengen. Er brach dann die Tür zur Gutsempore auf und ließ sich an einem Seil zum Kirchenboden herunter. Alles erreichbare und tragbare Inventar und Altargerät wurde im Pastorenhaus in Sicherheit gebracht, auch Nachbar Keese stellte sein Haus zur Verfügung. Nur das Duplikat eines alten Kirchenbuchs blieb zurück und ging verloren. Im Turm herrschte unvorstellbare Hitze. Der Glockenstuhl verbrannte und die Glocken stürzten in die Tiefe. Das Feuer griff auf das Schiff über, das bald in seiner ganzen Ausdehnung in Flammen stand. Nur die Umfassungsmauern und der eiserne Ofen blieben übrig.

Im Frühjahr 1906 schrieb die Gemeinde einen Neubau aus. Das Konsistorium in Hannover genehmigte Kostenanschlag und Entwurf des Architekten Eduard Wendebourg aus Hannover. Anfang Mai begannen die Erdarbeiten und die Aufmauerung des Sockels. Steinquader des früheren Turms konnten verwendet werden. Der Architekt hat sich selbst auf dem großen sogenannten Weihnachtsfenster an der Nordwand des Kirchenschiffs verewigen lassen. Er steht vor dem Kirchengebäude im rechten Feld des Fensters, das Glasermeister Henning Andres aus Hannover ausgeführt hat.

Unter dem Fenster fand sich auf einer Wandfläche die Eintragung: „Diese Kirche ist gemalt von Fr. Sievers Eldagsen 1907". Die Schrift war lange unter Übermalungen verborgen und kam erst 1980 bei einer Renovierung wieder zum Vorschein. Die Leitung der Ausmalung lag in den Händen des Kirchenmalers Koch, der um die Jahrhundertwende ein begehrter Künstler für kirchliche Arbeiten war.

Anlässlich der Einweihung 1908 schenkte Kaiserin Augusta Victoria der Gemeinde eine Bibel. Sie wurde 1979 bei einem Einbruch vom Altar gestohlen. Der Altar mit neugotischen Stilelementen wurde ebenfalls nach einem Entwurf des Architekten Wendebourg von den Bennigser Gebrüdern Meyer gefertigt. Die Figuren aus Eichenholz, oben Maria und Johannes, unten Moses und Christus, stammen aus einer Werkstatt in Braunschweig. Eine Berliner Malerin gestaltete das Altarbild „Beweinung Christi" nach einem Gemälde von Anthonis van Dyk. Während einer Kirchenrenovierung 1980 wurde es von Christa Dieselhorst aus Hannover restauriert.

Die Verflechtungen der Kirchengemeinde Bennigsen mit Archidiakonaten, Superintendenturen und Kirchenkreisen hat im Laufe der Geschichte vielfach gewechselt. Jetzt ist die Gemeinde pfarramtlich mit Lüdersen vereinigt und mit Gestorf verbunden. Seit 1.1.2001 gehört Bennigsen zum Kirchenkreis Laatzen-Springe.[4]

Die Kirche in Gestorf

In Gestorf hat das zweite Pfarramt seinen Sitz. Die Saalkirche aus Bruchstein wurde 1774 als Erweiterung eines gotischen und teilweise noch romanischen Langhauses gebaut. 1843 hat Hellner die Umfassungsmauern noch einmal erhöht und deutlich überformt sowie einen neuen Dachstuhl aufgesetzt.

Der Turm wird in die Mitte des 14. Jahrhunderts datiert.[5] Er steht nicht an der Westseite, sondern im Osten an den Bau angefügt, auf dem alten romanischen Chorgewölbe. Die Form der Schalllöcher sind Hilfsmittel für die Datierung.

In Gestorf ist der Kirchturm in gotischer Zeit auf das romanische Chorgewölbe aufgesetzt worden.

Zwischen Schneeren und Otternhagen

Schneeren: 120 Jahre ohne Turmaufsatz

Die Schneerener Kirche „Zum guten Hirten" ist durch ihre einzigartige Gestaltung auffallend unter den Gotteshäusern in dieser Region. Über dem weiß verputzten Turmmauerwerk erhebt sich ein Fachwerkaufbau. Er ist mit Dachpfannen verkleidet und mit einem Satteldach gedeckt. Alles sichtbare Holzwerk ist grün abgesetzt. Ein schlanker Dachreiter mit Uhr bildet die Spitze. Auf dem Querbalken an der Westseite steht: „Erbaut im Jahre des Herrn 1913".

Der Turm wurde beim Neubau der Schneerener Kirche 1724 errichtet. Über seine ursprüngliche Höhe und Form sind keine Angaben vorhanden. 1792 schlug ein Blitz ein und zündete. Das Oberteil brannte ab, die hölzernen Einbauten gingen in Flammen auf. Die Gemeinde schloss den verbliebenen steinernen Turmstumpf mit einem niedrigen Satteldach. Für die Glocken stellte sie einen hölzernen Träger auf den Kirchhof. Es dauerte 120 Jahre, bevor der heutige Aufbau aufgesetzt werden konnte. Eine starke Konstruktion aus Eichenbalken trägt

In der Inschrift über der Tür zur Kirche in Schneeren ist in den Buchstaben die Jahreszahl 1724 versteckt.

das Fachwerk und die Glocken. Das Mauerwerk ist mit eisernen Ankern gesichert.[1]

Die rechteckige Saalkirche aus behauenen Sandsteinquadern wurde 1724 erbaut. Über dem Eingang an der Nordseite ist ein Schriftstein eingelassen worden. Sein Text besagt, aus dem Lateinischen übersetzt: „Zur Ehre des dreieinigen Gottes ist dieses Gebäude errichtet". In den Schriftzeichen ist die Jahreszahl durch die Heraushebung einzelner Versalien (Großbuchstaben) abgebildet.[2]

Die Kirche „Zum Guten Hirten" in Schneeren ist 1724 erbaut worden. Das verkleidete Fachwerkgeschoss auf dem Turm erst 1912.

Das Gotteshaus ist nicht auf den Fundamenten eines Vorgängerbaus errichtet, sondern größer angelegt worden. Schiff und Turm sind mit kräftigen Stützpfeilern verstärkt. Bei einer Restaurierung 1954 mussten sie teilweise noch erhöht werden, um den Druck eines neuen Tonnengewölbes und des Daches zu tragen. Vorher war das Gotteshaus, wegen Gefährdung der Besucher, baupolizeilich geschlossen worden.[3]

1522 ist beurkundet, dass Schneeren, mit Mardorf von der Kirche in Husum ausgegliedert, zu einer selbstständigen Gemeinde erhoben wurde. Daraus folgt, dass im Ort schon eine Kirche bestanden haben muss. Offenbar baute die neue Gemeinde für die größere Zahl an Mitgliedern 1588 eine neue Kirche. An der Ostwand des jetzigen Gotteshauses ist ein Schriftstein eingelassen mit der Inschrift: „Mester Hinrich Hustede hat dit gemuret Anno 1588".

Es ist nicht überliefert, ob vor der Reformation ein Schutzverhältnis der Kirche zu einem Heiligen bestanden hat. Seit 1675, 150 Jahre nach der Reformation, ist in Schneeren jeweils am 10. August ein Lobetag zu Ehren des Heiligen Laurentius mit einem Bittgottesdienst gefeiert worden. Diese Tradition endete zu Beginn des ersten Weltkrieges. Nach der Legende wurde Laurentius am 10. August des Jahres 258 auf einem glühenden Rost gemartert. Anfang 1988 beantragte die evangelische Gemeinde bei der Landeskirche den Namen „Zum guten Hirten". Er wurde verliehen und am ersten Adventssonntag des gleichen Jahres der Gemeinde bekannt gegeben.

Johann Friedrich Blasius Ziesenis schuf 1780 den Altaraufsatz zur Kirche „Zum Guten Hirten".

Der rechteckige Saal der Kirche hat einen geraden Ostschluss. Die Altarwand wurde auf einer erhöhten Stufe aufgebaut und hat zwei Durchgänge, die einerseits zur Sakristei, andererseits zur hochgesetzten Orgel führen. Der hölzerne Aufsatz des Altars kam 1780 aus der Werkstatt des Bildhauers Johann Friedrich Blasius Ziesenis in die Kirche. Zwei Säulen und das Giebelfeld fassen ein Bild über dem Altar ein, das als Darstellung des letzten Abendmahls zu erkennen ist. Die Farben sind jedoch so nachgedunkelt, dass dieses Bild fast wie ein schwarzes Loch wirkt.[4]

Das Tonnengewölbe und die Ausstattung sind in einem gebrochenen Weiß gestrichen. Alle Wände haben einen warmen grünen Anstrich. Diese Gestaltung macht den Raum schlicht und feierlich. Die Kanzel ist älter als die Kirche. Sie wird dem Ende des 17. Jahrhunderts zugeordnet und ist beim Neubau aus der Barockzeit übernommen worden. Der achteckige Taufkelch aus Sandstein wurde 1729 von Johan Friedrich Aschen gestiftet. Eine Taufschale aus getriebenem Messing ist abgesehen von dem

Auf der Taufschale von 1641 ist dargestellt, wie die beiden Kundschafter mit der übergroßen Traube zurückkommen aus dem Land „wo Milch und Honig fließen".

Schriftstein mit der Jahreszahl 1588 das älteste Stück. Sie wird im Pfarrhaus aufbewahrt und nur zu Taufen in den Pokal in der Kirche gesetzt. Auf der Unterseite der Schale steht: „Anno 1641 hat Clamor Tie dieses zu der Ehre Gotes in die Tauf zu Schneren verert. Kinder: Ehrich – Augustus – Hans – Clamor Georg – Hinrih Tie".

Das Relief in der Mitte zeigt die Szene der Kundschafter, die aus „dem Land, wo Milch und Honig fließen", zurückkehren. Sie tragen an einer Stange eine übergroße Traube.

Mardorf: Kapelle mit achteckigem Grundriss

Die Gemeinde Mardorf am Nordwestrand des Steinhuder Meeres hat sich 1722 eine Fachwerkkapelle bauen lassen. Sie ist mit ihren weißen Ausführungen im dunklen Balkenwerk unter einem roten Ziegeldach ein Schmuckstück im Dorf. Das Satteldach mit Walmen an den beiden schmaleren Seiten wird von einem Dachstuhl auf zwei Ständern gekrönt. Die kleine Glocke, die er trägt, wurde 1721 gegossen.[5]

Die Fachwerkkapelle in Mardorf ist 1722 gebaut worden. Die Glocke unter dem kleinen Dachreiter stammt aus der gleichen Zeit.

Mardorf wurde 1522 nach Schneeren eingepfarrt. Der Gang zum sonntäglichen Gottesdienst über den fünf Kilometer langen Weg im tiefen Sand war den Einwohnern dringend angeraten. Nachdem die Kapelle erbaut war, musste der Schneerener Pastor nur dreimal im Jahr in Mardorf predigen. Der Weg von Mardorf zur Kirche in Schneeren endet an der Südseite des Gotteshauses an einer besonderen Tür, der sogenannten Mardorfer Tür.

Bis 1801 gab es in Mardorf keinen Friedhof. Die Verstorbenen mussten auf dem Kirchhof in Schneeren beigesetzt werden. Der lange Weg wurde mit zwei pferdegezogenen Leiterwagen zurückgelegt. Auf dem ersten stand der Sarg, auf dem zweiten saßen die Angehörigen. Der Lehrer führte die Schulkinder an. Sie sangen während des langen Marsches geistliche Lieder. An der Grenze zu Schneeren übernahmen die dortigen Kinder die Begleitung und führten den Trauerzug bis zur Mardorfer Tür der Kirche.

Um 1200 eine Kapelle in Bordenau

Für die Gründung einer Kapelle in Bordenau wird der Stephanstag des Jahres 1200 angenommen.[6] Die frühe Kapelle soll in den Leineschleifen gestanden haben, dort, wo die Aue südwestlich der Ortschaft in den Fluss einmündet. Später haben die Patronatsherren von Campen eine Kirche an der Stelle erbaut, wo die heutige steht. Sie wurde 1716 abgebrochen. Ein Jahr später erbaute der Obrist Christian Wilhelm von Campen das barocke Gotteshaus, das

Als Ersatz für eine abgebrochene Kirche in Bordenau ist 1717 das Gotteshaus erbaut und zur 1 100-Jahr-Feier 1989 restauriert worden.

Siegfried Zimmermann aus Marienwerder schuf den neuen Türgriff zur Bordenauer Kirche.

Seit 1989 ist die Eingangstür an der Westseite durch ein Kunstwerk bereichert. Der Bildhauer Siegfried Zimmermann aus Hannover-Marienwerder schuf ein Relief. Es zeigt links zwei Fischer mit ihrem Netz und rechts einen Türgriff in Fischgestalt und dazu den Spruch Matth. 4/19: „Folget mir nach ich will euch zu Menschen-Fischern machen".[7]

In Büren schwankte der Turm

Die St. Petri-Kirche in Büren steht am Kirchplatz etwas erhöht gegen die Umgebung. Das kleine Gotteshaus wurde 1769, als Ersatz für das alte baufällige Gebäude aus gotischer Zeit, das erstmals 1438 erwähnt wird, errichtet.

Der einfache Aufsatz des Kanzelaltars weist die Elemente des späten Barock auf und wurde gegen 1790 gebaut. Der spitze Dachreiter wurde 1990 erneuert. Die Glocken wurden schon vorher um 1970 herausgenommen, weil der Aufbau nicht mehr die erforderliche Stabilität hatte. Neben der Kirche errichteten die Bürener einen hölzernen Glockenträger aus Eichenholz. Durch Spenden von Gemeindegliedern war es oftmals möglich, geplante und notwendige Ausstattungen für die St. Petri-Kirche zu finanzieren.

heute noch steht und zuletzt zur 1100-Jahr-Feier der Ortschaft 1989 restauriert wurde.

Die rechteckige Saalkirche ist mit einem hölzernen Tonnengewölbe geschlossen. Der Dachreiter wird einerseits von der westlichen Giebelwand, andererseits von zwei Eichenpfosten getragen. Sie stehen im Kirchenraum.

An der Südseite des Schiffes führt eine Treppe hinunter in die Gruft, die auch zur Barockzeit entstanden ist. Eine Inschrift über dem Wappen der Familien besagt: „Anno 1648 Christoph Friderich von Campe – Anna Catharina v. Münchhausen".

Otternhagen

Etwa im Jahre 1530 wurde die Kirche in Otternhagen errichtet. Von der Vorgängerkirche, die am gleichen Platz gestanden haben muss, sind keine Spuren gefunden worden. Das Gotteshaus ist größer als alle umliegenden. Otternhagen war eine der größten Ortschaften in dem Amt Neustadt.

Laderholz

Neugotisch ist die Kapelle Laderholz. Der einschiffige massive Backsteinbau wurde am 30. Dezember 1885 eingeweiht. Das kleine Gotteshaus steht nicht an der Stelle eines älteren Kapellenbaus, sondern an dem Platz, den vorher ein Wirtshaus eingenommen hat.[8] Die frühere Kapelle hat an einem unbekannten Platz auf dem alten Kirchhof gestanden.

Lutter

Die Einwohner von Lutter bauten 1748 auf Findlingen ihre Fachwerkkapelle. Der Turm kam erst 1874 hinzu.

Kapelle und Glockenturm in Büren

Kirche in Otternhagen

Die Kapelle in Laderholz

Die Fachwerkkapelle in Lutter

Zwischen 1200 und 1850: Kirchen und Kapellen in der Gemeinde Sehnde

Die politische Gemeinde Sehnde, im Südosten der Region Hannover, veröffentlichte im April 1989 eine Broschüre, in der die Kirchen und Kapellen innerhalb des Gemeindegebietes vorgestellt werden.[1]

Nachdem 1527 im Herzogtum Braunschweig-Lüneburg und im nördlichen Fürstbistum Hildesheim nach und nach Pfarreien zur „neuen Lehre" übergingen, blieb nur eine kleine Enklave um Bolzum dem katholischen Gottesdienst verbunden. Im übrigen Sehnder Gebiet bildeten sich erst nach dem Zweiten Weltkrieg wieder katholische Pfarrgemeinden.

In der kirchlichen Gliederung gehört die politische Gemeinde Sehnde mit den Orten Höver, Bilm, Ilten, Sehnde, Gretenberg, Rethmar, Evern, Dolgen und Haimar zum Kirchenkreis Burgdorf und mit Wassel, Wirringen, Müllingen, Wehmingen, Bolzum und Klein Lobke zum Kirchenkreis Peine im Sprengel Hildesheim.[2]

In der zeitlichen Folge lassen sich einige der Gotteshäuser, die in der Broschüre beschrieben sind, kurz vorstellen:

Die Kirche in Ilten

In Ilten steht ein romanischer Turm, der etwa um 1200 errichtet worden sein kann. An seiner Nord- und Südseite sind die teilweise rundbogigen Schallarkaden erhalten. Sie sind durch romanische Säulen mit den typischen Würfelkapitellen gegliedert.

Der Kanzelaltar der Kirche in Ilten, 1724 von E. D. Bartels aus Hildesheim gefertigt.

Rundbogige Schallarkaden im Turm sind noch teilweise durch romanische Säulen mit Würfelkapitellen unterteilt.

In den Jahren 1722/23 wurde die jetzige Kirche erbaut. Die Rundfenster, die über den Portalen an der Nord- und Südseite eingelassen sind, tragen im Schlussstein die Jahreszahl 1723. Reich ist der Innenraum mit Barockelementen ausgestattet. Der Altar aus Lindenholz kam 1724 in die Kirchenhalle.

Als Urheber wird der Hildesheimer Meister Ernst Dietrich Bartels angenommen, dessen Arbeiten auch in den benachbarten Kirchen in Sehnde und Bolzum bewundert werden können.

Über dem Altar ist eine geschnitzte Abendmahlsgruppe aufgestellt. Säulen mit Laubgewinden schließen die Kanzel ein. Zu ihren Seiten stehen Plastiken der vier Evangelisten.[3]

Die Kirche in Wassel

Der Ort „wasle" kommt schon 1183 in einer Urkunde des Klosters Loccum vor. In diesem Jahr schenkte Adelheid von Wassel dem Kloster mehrere Ländereien. Die Ursprünge der Kirche gehen auf die Zeit um 1200 zurück.[4] Bei einem Umbau im 18. Jahrhundert wurde dem gerade geschlossenen Chor eine Sakristei angefügt. Der Turm ist über dem starken breitgelagerten Mauerwerk durch ein verschaltes Fachwerkgeschoss erhöht worden. Er ist, wie auch die schlanke achteckige Turmspitze, mit Schiefer gedeckt.

Die Kirche in Wassel geht auf das 12. Jahrhundert zurück. Im 18. Jahrhundert wurde sie zur heutigen Form erweitert.

Im Jahre 1494 ist die Bruchsteinkapelle in Höver erbaut worden. Auch die Glocke im Dachreiter geht auf dieses Jahr zurück.

Eine alte Glocke in Höver

Unter dem Spitzbogen der Eingangspforte der Kapelle in Höver ist die Jahreszahl 1494 in gotischen Minuskeln (Kleinbuchstaben) eingemeißelt. Der kleine Saalbau aus Bruchsteinen ist dreiseitig im Osten geschlossen. Auf dem Satteldach hängt in einem Dachreiter eine Glocke von 51 Zentimetern Durchmesser ohne Inschrift.

In den sechziger Jahren des 20. Jahrhunderts wurde das kleine Gotteshaus umgestaltet. Es blieben drei Bilder in den Füllungen der Empore erhalten. Sie wurden 1658 gemalt und stellen die Geburt, Kreuzigung und Auferstehung Christi dar.

Gotische Kapelle in Bilm

Im 14. und 15. Jahrhundert sind Besitzungen der Hildesheimer Bischöfe in „Byllum" oder „ville Billum" nachgewiesen. Eine gotische Kapelle ist zu dieser Zeit wahrscheinlich. Für die jetzige gibt es zwei Jahreszahlen. In der kleinen Glocke unter dem Dachreiter ist die Jahreszahl 1578 und der Gießer Christopher Horenbach genannt.

Die Angabe 1681 im Wetterhahn deutet auf eine Reparatur nach dem 30-jährigen Krieg hin. Der spätgotische Bau ist außen 12,5 mal 7,35 Meter groß. Die Fenster sind teils rund, teils spitzbogig geschlossen. An der Westseite steht auf der Empore ein kleines Harmonium. Es kam vom 19. zum 20. Jahrhundert aus den USA als Spende nach Bilm.

Die Kapelle in Bilm

Die Glocke im Dachreiter der Kapelle in Dolgen ist der Heiligen Ursula geweiht und wurde 1534 gegossen. Die Kapelle ist 1664 erwähnt worden.

Auf alten Umfassungsmauern wurde in Evern die Kapelle 1852 errichtet. Vorher war eine kleine Kirche 1825 abgebrannt. Sie wurde 1723 erbaut.

In der Martinskirche Engelbostel ist die alte Malerei rekonstruiert

Das romanische Taufbecken soll seit 1988 wieder in das Kirchenschiff

Der Turm der Martinskirche in Engelbostel ist nach einer umfassenden Reparatur im Jahre 1989 für lange Zeit gesichert. Das Gemäuer kann in seinen unteren Teilen 800 Jahre alt sein. 29 Stahlanker und 25 Tonnen Trasskalk haben es befestigt.[1]

Die Engelbosteler Kirche ist in den Akten des Klosters Mariensee 1196 erwähnt. In diesem Jahr schenkte Konrad von Roden dem neu gegründeten Kloster die Kirche zu „hendelingburstelle". Im Laufe von Jahrhunderten hat sich der Name in Engelbostel gewandelt. Es ist nicht erwiesen, ob der Turmbau ebenfalls so früh begann.

Das romanische Taufbecken

Bei der Restaurierung des Turms der Martinkirche Engelbostel wurde das Gemäuer durch stählerne Anker gesichert.

Beim Neubau des Schiffes 1788 wurde das romanische Taufbecken, das sich in der alten Kirche befunden hatte, nicht wieder aufgestellt. Es hat lange Zeit als Regenwasserbehälter am Pastorenhaus gestanden. Auf Betreiben des Heimatvereins Engelbostel kam es 1942 auf seinen jetzigen Platz. Vorgesehen ist, das Taufbecken wieder in der Kirche aufzustellen.[2]

Am Turm der Martinskirche sind zwei Bauperioden zu erkennen. Im unteren Geschoss gibt es romanische Elemente. Das kleine Rundfenster über dem Südeingang ist ein Beispiel. Im Turmfuß sind bei der Erneuerung 1989 die alten Raseneisensteine teilweise durch Natursteine ersetzt worden, um die Stabilität zu gewährleisten. Der Turm wurde vermutlich im 17. Jahrhundert aufgestockt.

100 Jahre später wurde seine Standfestigkeit in Frage gestellt. Weil er auf jeden Fall erhalten werden sollte, schlug das Konsistorium vor, an den beiden Ecken der Westseite Stützpfeiler vorzusetzen. 1788 wurde das Turmmauerwerk an vielen Stellen tief ausgestemmt und die Pfeiler wurden mit langen Steinen durch Verzahnung fest verbunden.[3]

Der Neubau der jetzigen Martinskirche in Engelbostel wurde 1787 beschlossen und ein Jahr später begonnen. Wie die Vorgängerkirche ausgesehen hat

Während der Bauzeit der Martinkirche hat Bildhauer Matern den hölzernen Kanzelaltar geschaffen.

und wann sie errichtet wurde, ist nicht bekannt. Erwiesen ist, dass es ein massives spätgotisches Bauwerk war. Es ist wahrscheinlich, dass dieses Gotteshaus nach 1385 an den vorher schon vorhandenen Schutz- und Wehrturm angesetzt wurde. Bei der Fehde zwischen Herzog Albrecht von Sachsen und den in Reichsacht geratenen Mandelslohern 1385 wurde „dat torp to engelingeborstelde de kerken und kerchoff geschint und gebrand".[4]

Dabei hat es sich vermutlich um eine Kapelle gehandelt, die als „Klus" (Klause) wenige hundert Meter südöstlich der jetzigen Kirche gestanden hat. Bei Ausschachtungsarbeiten kamen Reste von Grundmauern zutage, die darauf hindeuten.

1786 stellte sich bei einer Visitation heraus, dass die gotische Kirche nicht nur zu klein, sondern auch baufällig, dunkel und verbaut sei. Ein Neubauplan erwies sich als unzureichend, ein weiterer Entwurf wurde aufgestellt. Die Vergrößerung der überbauten Fläche machte es notwendig, Teile des Kirchhofs und angrenzender Grundstücke einzubeziehen.

Rätselhafter Kopf in der Mauer

Bei der Veränderung der Außenanlagen um die Kirche im 18. Jahrhundert sind Gedenksteine von Kindergräbern erhalten geblieben. Sie wurden in die Außenmauern des Kirchenschiffs eingesetzt. An der Nordwestecke fällt ein Exemplar besonders auf. Es ist in Augenhöhe eingelassen. In einem runden Wulst steht ein Männerkopf. Er hat strenge, leidende Züge. Ein langer lockiger Bart verdeckt Wangen und Kinn. Den Kopf umschließt ein geflochtener Kranz.

Diese sehr alte Steinmetzarbeit lässt sich als Nimbus deuten. Das ist ein Heiligenschein, der das Haupt Jesu umschließt. Hinter dem Kopf ist ein Kreuz angedeutet. Seit dem fünften Jahrhundert wird es in der kirchlichen Kunst zur Kennzeichnung des Heilands verwendet.[5]

Das rechteckige Kirchenschiff ist fast 30 Meter lang und 17 Meter breit. Das Innere wirkt schlicht. Drei Elemente heben sich hervor und weisen auf die historische Bedeutung hin. Auf der Empore an der Westseite steht die Orgel mit einem neunachsigen Prospekt. Er ist in drei spitzbogige Teile gegliedert.

Die Orgel ist ein Instrument des berühmten Meisters Adolf Compenius, der von 1626 bis 1636 und von 1644 bis 1650 Organist an der Aegidienkirche in Hannover war. Für dieses Gotteshaus baute er die

Gedenkstein eines Kindergrabes

In Augenhöhe ist an der Nordwestecke der Kirche diese eindrucksvolle alte Steinmetzarbeit angebracht.

Die Compenius-Orgel in der Martinskirche Engelbostel wurde 1879 aus der Aegidienkirche in Hannover gekauft. Das Instrument ist 1644 bis 1650 erbaut worden.

Die sehenswerte Ausmalung

Orgel.[6] 1879 erwarb die Gemeinde Engelbostel das Instrument für 900 Reichsmark. Um das Geld für den Kauf zu beschaffen, veräußerte die Gemeinde Engelbostel die ehemalige Schule, das Grundstück Kirchstraße 73.

Obwohl nur Teile der großen Orgel übernommen werden konnten und Pfeifen während des ersten Weltkriegs eingeschmolzen werden mussten, sind immer noch einige aus der Zeit des Meisters Compenius vorhanden.

Das Kirchspiel Engelbostel war sehr weiträumig. Im Erbregister der Amtsvogtei, das 1660 aufgestellt wurde, ist zur Martinskirche vermerkt: „auch hat sie eine Filial-Clause, die Kapelle zu Gotteshorn, so die Einwohner daselbst vor langer Zeit selber gebauet". Nur zweimal jährlich wurde Gottesdienst gehalten, mittwochs vor Ostern und mittwochs nach Pfingsten.

Die Klause verfiel nach und nach. Erst 1746 entstand die Fachwerkkapelle in der heutigen Form. Eine Glocke aus der „Filial-Clause" wurde übernommen. Sie stammt aus der Zeit um 1400. Die schwere Altarplatte ist auf 1485 datiert. Neben einer Inschrift zum Gedenken an einen Priester sind Salbkreuze eingemeißelt. An den Wänden hängen spätgotische Skulpturen.

1746 bauten die Godshorner ihre Fachwerkkapelle. Sie ist die Nachfolgerin einer sehr frühen Filialkirche von Engelbostel.

Schlusswort

Obgleich ein Buch für sich sprechen sollte, halte ich einige Bemerkungen zum Abschluss für erforderlich. Für den Leser oder Betrachter, der einen Nachweis über Bildautoren suchen sollte, ist nur zu erwähnen, dass alle Aufnahmen von mir fotografiert wurden. Die wenigen Ausnahmen sind im Abbildungsnachweis angegeben. Bei der Zusammenstellung des Materials konnte ich mich weitgehend auf eigene Recherchen und Veröffentlichungen stützen.*

Im Verlauf der Ermittlungen zu diesem Buch waren Superintendenten, Pastorinnen und Pastoren, Küsterinnen, Küster und Kirchenvorsteher behilflich. Dafür schulde ich ihnen Dank. Ich konnte außerdem Arbeiten einsehen, die örtliche Geschichtsschreiber, Lehrer und Bauhistoriker zusammengetragen haben. Zu Jubiläumstagen veröffentlichten Kirchengemeinden zahlreiche Schriften. Sie wurden mir bereitwillig zur Verfügung gestellt.

Als ich die vielen Fotos ordnete und zu Gruppen zusammenstellte, ergaben sich Schwierigkeiten. Es war unmöglich, eine überzeugende Systematik festzulegen. Weder die zeitliche Folge noch die Stilepochen ergaben ein Raster. Durch Erneuerungen oder Ergänzungen alter Kirchen waren vielfach die Merkmale von der Romanik bis zur Neuzeit in der Bausubstanz enthalten. Vielerorts hat es im Verlauf der Zeit drei oder mehr Gotteshäuser gegeben.

Ich habe einen Kompromiss gewählt und manche Epochen zusammengefasst, die Stilmerkmale gemeinsam haben. Andererseits ordnete ich die Kapitel räumlich. Für eilige Betrachter sind die Fotos durch Bildlegenden ergänzt. Sie sind so gestaltet, dass der Inhalt auch dann verständlich ist, wenn nicht der ganze Text gelesen wird.

Bei der Bucharbeit stellten sich manche Zusammenhänge deutlicher dar als bei den vorhergegangenen Zeitungsseiten. Es stellte sich heraus, dass nicht alle Kirchen und Kapellen erfasst waren, die bis zum Anfang dieses Jahrhunderts gebaut wurden. Die Arbeit weitete sich gegenüber der ursprünglichen Vorstellung immer wieder aus. Es gehörte nicht in das Konzept zu diesem Buch, auch die vielen neuen Gotteshäuser darin aufzunehmen, die nach dem zweiten Weltkrieg gebaut wurden. Ebenso fehlen die Friedhofskapellen, die in fast jedem Ortsteil der Städte und Gemeinden in den letzten Jahrzehnten gebaut wurden. Es ging um historische Bauten.

Meinen besonderen Dank statte ich dem Landkreis Hannover ab. Kreisausschuss und Verwaltungschef machten es möglich, dass dieses Werk erscheinen konnte.

Im Frühjahr 1991 *Heinz Koberg*

---

* *Diese Aussage bezieht sich auf die erste Auflage des vorliegenden Buches. Für die aktuelle Auflage wurden alle Fotos entsprechend neu fotografiert und erscheinen hier erstmals in Farbe.*

Anmerkungen zu den Kapiteln

Prunk und Kultur:
Die Barockzeit in Hannover

1 Müller, Siegfried, Die Bürgerstadt. In: Mlynek, Klaus/Röhrbein, Waldemar R., Geschichte der Stadt Hannover, Bd. 1, Von den Anfängen bis zum Beginn des 19. Jahrhunderts, S. 67 – 137, S. 152

2 Müller, Zum beschriebenen Leben in der Residenzstadt, besonders S. 148 – 155

3 Westermann, Herbert, Der Turm der Neustädter Kirche von 1700 und sein Architekt. In: Hann. G.blt. NF 29, 1975, S. 191 – 204, S. 195

4 Müller, Die Bürgerstadt, S. 182f

5 Annette v. Boetticher, Die Calenberger Neustadt in Hannover und ihre Kirchen in der „Straße der Toleranz". In: Kirchenpädagogik 1/2001, S. 26f

6 Müller, Die Bürgerstadt, S. 185f

7 Müller, Die Bürgerstadt, S. 183

8 Müller, Die Bürgerstadt, S. 184. Neß, Wolfgang/Rüttgerodt-Riechmann, Ilse/Weiß, Gerd/Zehnpfennig, Marianne, Stadt Hannover, Teil 1. In: Baudenkmaltopographie Bundesrepublik Deutschland, Baudenkmale in Niedersachsen. 10.1, 1983, S. 85

9 Westermann, Herbert, Zur älteren Baugeschichte der Hof- und Stadtkirche St. Johannis in Hannover. In: Hann. G.blt. NF 24, 1970, S. 147-162, S. 156

10 Knocke, Helmut/Thielen, Hugo, Hannover Kunst- und Kulturlexikon - Handbuch und Stadtführer, 1994, S. 153

11 von Poser, Hasso, Kirche und Kunst im Luthertum. In: Röhrbein, Waldemar R. (Hg.), Reformation und Kirchentag – Kirche und Laienbewegung in Hannover, 1983, S. 69 - 83, S. 74. Von Poser relativiert jedoch den Gedanken eines genuin protestantischen Raumideals, da „Predigt- oder Gemeindekirchen" schon Vorläufer im 15. Jahrhundert gehabt hatten, als das Volk im gottesdienstlichen Leben aktiver wurde und die Bedeutung der Predigt stieg (S. 70).

12 Zankl, Franz Rudolf, Die Kirchen in der Alt- und Neustadt Hannovers. In: Röhrbein, Waldemar R. (Hg.), Reformation und Kirchentag – Kirche und Laienbewegung in Hannover, 1983, S. 51 - 69, S. 63

13 Knocke/Thielen, S. 154

14 Kranold, A., Aus der Geschichte der Hof- und Stadtkirche St. Johannis auf der Neustadt in Hannover – zum 250-jährigen Kirchweihfeste, 1920, S. 26. Graeven, Hans, Die alten Gräber der Neustädter Kirche. In: Hann. G.blt., 5. Jahrgang, 1902, S. 253 - 255. Ders.: Leibnizens Grabstätte. In: Ebenda, S. 375 – 384

15 Kranold, S. 20

16 Kranold, S. 23

17 Beseler, Hartwig/Gutschow, Niels, Kriegsschicksale Deutscher Architektur: Verluste - Schäden - Wiederaufbau, Band I, 1988, S. 256

18 Knocke/Thielen, S. 153

19 Zimmermann, Helmut, Die Calenberger Neustadt im Spiegel der Zeit – Zur freundlichen Erinnerung: 25 Jahre Sparkassen-Geschäftsstelle Calenberger Neustadt, 1991, S. 7f

20 Pape, Klaus/Hieronimus, Ekkehard, Der Kirchenkreis Hannover-Linden – Gestalt und Geschichte – Festschrift zu seinem hundertjährigen Bestehen, 1959, S. 24f

21 Schweingel, Ulrich, Ein Blick in die Geschichte Limmers. In: 800 Jahre Limmer 1189 – 1989, Festschrift, S. 6 – 20, S. 6f

22 Ebenda, S. 7

23 Pape/Hieronimus, S. 34

24 Schweingel, Ulrich, St. Nikolai-Kirche zu Hannover-Limmer, Sackmannstraße 1791 – 1996, Führung durch die Kirche, Faltblatt, S. 2

25 Hoffmann, Almut, Pastor Sackmann im Bildnis, hrsg. vom Kirchenvorstand St. Nikolai Hannover-Limmer, 1980

26 Dannowski, Hans Werner, Jacobus Sackmann in Limmer. In: 800 Jahre Limmer 1189 – 1989, Festschrift, S. 21 – 25, S. 21

27 Pape/Hieronimus, S. 28

28 Dannowski, S. 22. Zu den Predigten vgl. auch Hansen, Reimer (Hg.), Die unziemlichen hoch- und niederdeutschen Predigten des Jacobus Sackmann. In: Breeser Blätter 4, 1989

29 Zimmermann, Helmut, Jacobus Sackmann – Porträt eines Calenberger Predigers, 1984, S. 100ff

30 Hannoversche Allgemeine Zeitung, Stadtanzeiger Süd, 10. Mai 2001, 11. Oktober 2001, 26. August 2004

31 Theile, Paul, 1000 Jahre christliches Wirken am Kronsberg, 1987, S. 68f

32 Theile, S. 72
33 Theile, S. 74
34 Theile, S. 76

Conrad Wilhelm Hase: Kirchbau im 19. Jahrhundert

1 Kokkelink, Günther, Lemke-Kokkelink, Monika, Baukunst in Norddeutschland: Architektur und Kunsthandwerk der Hannoverschen Schule 1850 – 1900, Hannover, 1998, S. 87.
2 Vgl., ebd., S. 91.
3 Uhlhorn, Gerhard, Katholizismus und Protestantismus gegenüber der sozialen Frage, Göttingen, 1887, S. 48.
4 Meyer, Philipp, Die Kirchengemeinden Hannovers in der werdenden Großstadt, in: Dannowski, Hans Werner, Röhrbein, Waldemar R., Geschichten um Hannovers Kirchen, Lutherhaus Verlag, Hannover, 1983, S. 110.
5 Kokkelink, S. 362.
6 Kokkelink, Günther, Der Kirchenbau des Conrad Wilhelm Hase und seiner Schüler in Hannover, in: Dannowski, Hans Werner, Röhrbein, Waldemar R., Geschichten um Hannovers Kirchen, Lutherhaus Verlag, Hannover, 1983, S. 115.
7 Vgl. ebd., S. 115.
8 Vietzke, Burkhart, Erinnerungen aus über 100 Jahren, 7, in: Festschrift 100 Jahre Dreifaltigkeitskirche, 1983.
9 Ebd., S. 8.
10 Ebd., S. 8.
11 Kokkelink, S. 361.
12 Vgl. Kokkelink, S. 361f.
13 Heim, Jochem, Baugeschichte der evangelisch-lutherischen Dreifaltigkeitskirche in Hannover, 1, in: Festschrift 100 Jahre Dreifaltigkeitskirche, 1983.
14 Vietzke, S. 3.
15 Festschrift: Die Einweihungsfeier der Apostelkirche zu Hannover, 1884, S. 1.
16 Kokkelink, S. 364
17 Festschrift: Die Einweihungsfeier, S. 1.
18 Festschrift: 100 Jahre Apostelkirche Hannover, S. 5.
19 Schreiben des Kirchenvorstandes der Christuskirche: Die neu zu erbauende Apostel-Kirche zu Hannover, April, 1879.
20 Ebd.
21 Festschrift: 125 Jahre Michaelis Gemeinde, S. 16.
22 Amt, Stefan, Die Planungs- und Baugeschichte der Lutherkirche, in: Hannoversche Geschichtsblätter, Neue Folge Band 52, S. 279.
23 Ebd., S. 261.
24 Ebd., S. 270.
25 Festschrift: Aus der Geschichte der Lutherkirchengemeinde zu Hannover 1898 – 1948, S. 4.

Wachsende Städte brauchen neue Gotteshäuser

1 LeMO-Lebendiges virtuelles Museum Online: http://www.dhm.de/lemo/html/kaiserreich/index.html, Stand 2004.
2 Ebd.
3 Das grosse Kunstlexikon von P.W. Hartmann: http://www.beyars.com/kunstlexikon/lexikon_4083.html , Stand Oktober 2004.
4 Stefanie Lieb und Stefan Amt: Neuromanik in Hannover und ihre mittelalterlichen Vorbilder. Die Bethlehemkirche mit Pfarrhof von Karl Mohrmann. In: Form und Stil. Festschrift für Günther Binding zum 65. Geburtstag. hg. von Stefanie Lieb. Darmstadt, 2001, S. 298.

Misburger St. Johannes-Kirche musste Kupferdach opfern

1 Festschrift 100 Jahre St. Johannis Misburg, Hannover 2004, S. 22.
2 Ebd.
3 Ebd., S.20.
4 Festschrift 75 Jahre St. Johanniskirche in Misburg 1904 – 1979, Hannover 1979, S. 5
5 Ebd., S. 10.
6 Ebd., S. 15.
7 Ebd., S. 20.
8 Chronik der Ev.-Luth. St. Johanniskirche: http://www.johannis-misburg.de/chronik.htm, Stand Oktober 2004.
9 Festschrift 100 Jahre St. Johanniskirche Misburg, Hannover 2004, S. 7.

Lister Matthäuskirche hatte drei Kirchenschiffe in einem Jahrhundert

1 Hans Blaume (Hrsg.): Von Hageringehusen nach Herrenhausen. 75 Jahre Kirchengemeinde Herrenhausen, Hannover 1981, S. 49.
2 Elisabeth Wentzke: Geschichte der Lister Kirche, http://www.mrokahr.de/meine_Kirche/Geschichte/geschichte.html, Stand Oktober 2004.
3 Ebd.
4 Elisabeth Wentzke: ebd.
5 HannoverschesTageblatt vom 25. März 1906.
6 Delius, Friedrich: Die Kirche: Das Gebäude – Der Raum – Das Inventar. Berlin 2001, S. 19.
7 Die Botschaft vom 10. Juni 1956.

8 Gemeindeblatt der evangelisch-lutherischen Lister Matthäus Gemeinde: Der Gruß – Sonderheft zum 75-jährigen Jubiläum der Kirche, Hannover 1981, S. 23.

9 Die Botschaft vom 16. Juli 1950.

10 Hannoversche Allgemeine Zeitung vom 6. Oktober 1972.

11 Hannoversche Allgemeine Zeitung vom 6. März 1970.

12 Gemeindeblatt der evangelisch-lutherischen Lister Matthäus Gemeinde: Der Gruß – Sonderheft zum 75-jährigen Jubiläum der Kirche, Hannover 1981, S. 14.

13 Hannoversche Allgemeine Zeitung vom 4. Juni 1988.

Zwei Hase-Schüler konkurrierten um die Herrenhäuser Kirche

1 Hans Blaume (Hrsg.): Von Hageringehusen nach Herrenhausen. 75 Jahre Kirchengemeinde Herrenhausen, Hannover 1981, S. 48.

2 Informationsbroschüre der evangelisch-lutherischen Kirchengemeinde Hannover-Herrenhausen, Hannover 2000.

3 Hans Blaume (Hrsg.): ebd., S. 49.

4 Helmut Knocke, Hugo Thielen: Hannover Kunst- und Kulturlexikon. Handbuch und Stadtführer, Hannover, 1994, S. 117f.

5 Hans Blaume (Hrsg.): ebd., S. 52.

6 Hannoversche Allgemeine Zeitung vom 8. Januar 1963.

7 Hannoversche Allgemeine Zeitung vom 7. Oktober 1993.

Geflügelte Löwen wachen über die Markuskirche

1 Hannoversches Tageblatt vom 13. April 1906.

2 Ebd.

3 Ebd.

4 Ebd.

5 Helmut Knocke, Hugo Thielen: Hannover Kunst- und Kulturlexikon. Handbuch und Stadtführer, Hannover, 1994, S. 158.

6 Hannoversches Tageblatt vom 13. April 1906.

7 Ebd.

8 Ebd.

9 Ebd.

Bethlehemkirche: Der Mittelturm drohte einzustürzen

1 Hannoversches Tageblatt vom 12.11.1906.

2 Palaver - Gemeindeblatt der Bethlehemgemeinde Linden, April 1997, S.5.

3 Stefanie Lieb und Stefan Amt: Neuromantik in Hannover und ihre mittelalterlichen Vorbilder. Die Bethlehemkirche mit Pfarrhof von Karl Mohrmann. In: Neuromanik in Hannover und ihre mittelalterlichen Vorbilder. Die Bethlehemkirche mit Pfarrhof von Karl Mohrmann. In: Form und Stil. Festschrift für Günther Binding zum 65. Geburtstag. hrsg. von Stefanie Lieb. Darmstadt, 2001, S. 299.

4 Hannoversches Tageblatt vom 12.11.1906.

5 Hannoversches Tageblatt vom 12.11.1906.

6 Stefanie Lieb und Stefan Amt: ebd., S. 312.

7 Ebd., S. 307.

8 Ebd., S. 302.

9 Ebd.

10 Hannoversche Allgemeine Zeitung vom 30. Juli 1980.

11 Stefanie Lieb und Stefan Amt: S. 302.

12 Hannoversche Allgemeine Zeitung vom 30. März 1990.

Geheimnisse umgeben die St. Nicolaikirche in Bothfeld

1 Hannoversche Allgemeine Zeitung vom 8. Februar 2001.

2 Hannoversche Allgemeine Zeitung vom 29. März 1950.

3 Jobst Tehnzen: Sie tickt seit 100 Jahren. Die Turmuhr von St. Nicolai-Bothfeld, Hannover 1999, S 2.

4 Dr. Ingeborg Tehnzen-Heinrich: 700 Jahre Sankt Nicolai. Chronologischer Abriss einer Kirchengeschichte. Hannover-Bothfeld 1988.

5 Hannoversche Allgemeine Zeitung vom 14. Juli 1988.

6 Dr. Ingeborg Tehnzen-Heinrich: ebd.

7 Hannoversche Zeitung vom 8. März 1955.

8 Dr. Ingeborg Tehnzen-Heinrich: ebd.

9 Helmut Knocke, Hugo Thielen: Hannover Kunst- und Kulturlexikon. Handbuch und Stadtführer, Hannover, 1994, S. 180.

10 Hannoversche Allgemeine Zeitung vom 14. Juli 1988.

11 Informationsbroschüre der St. Nicolaikirche, 2001.

12 Ebd.

Das Evangelische Kirchenzentrum Kronsberg

1 Hannoversche Allgemeine Zeitung, 9. Oktober 2000
2 Hannoversche Allgemeine Zeitung, Stadtanzeiger Süd, 17. August 2000

Die lange Zeit der Romanik

1 Deutsche Stilfibel von Ludwig Grote und Egon Pruggmayer, Staackmann, Leipzig 1936
2 „Die Kunstdenkmale des Kreises Neustadt am Rübenberge" 1958 (Nöldeke, Kiecker, Karpa, Clasen und Kiesow)
3 Heimatchronik des Kreises Neustadt am Rübenberge 1974
4 Altersfoto Hase aus dem Archiv des Historischen Museums Hannover
5 „Hannover" Architekten und Ingenieurverein 1882 „Führer durch die Stadt und ihre Bauten"
6 Heimatchronik des Landkreises Hannover, 1980
7 „Schöne Kirchen in Niedersachsen", Dr. Ulfrid Müller, 1979
8 Hannoversche Allgemeine Zeit, Leinezeitung vom 23. 12. 1979
9 „Die Stiftskirche Wunstorf", Dr. Urs Boeck, 1970
10 Georg Dehio „Handbuch der Kunstdenkmäler Band Niedersachsen/Bremen"
11 „Steine und Holz reden", Superintendent Gerd Steffen, 1987

Durch ein tausendjähriges Portal in die Ronnenberger Michaeliskirche

1 Albrecht Haupt, Berlin 1923
2 Gottfried Piper „Die Glocken und Orgeln des Kirchenkreises Ronnenberg", Gehrden 1982
3 „Der Landkreis Hannover", Hannover 1963
4 „Schöne Kirchen in Niedersachsen", Dr. Ulfrid Müller, Hannover 1979
5 Superintendent Hans-Bernhard Ottmer, Ronnenberg
6 Heimatchronik Landkreis Hannover 1980
7 Kunstdenkmäler der Provinz Hannover, Landkreise Hannover und Linden 1899
8 „Lexikon der Symbole", Gerd Heinz-Mohr 1988
9 „Chronik von Otze", Herberg Kopmann, Emmi Raupers
10 Archiv des Kirchenkreises Burgdorf, Werner Stein
11 Kunstdenkmäler des Kreises Burgdorf, 1902

Fünf Klöster im Calenberger Land

1 Klosterkammer Hannover, Geschichte 1542 bis 1980
2 Heimatchronik des Landkreises Hannover, 1980
3 S. 1
4 Dr. Manfred Hamann in „Die Calenberger Klöster", Klosterkammer Hannover 1977
5 Erik Ederberg in „Zur Baugeschichte der Calenberger Klöster", Klosterkammer Hannover 1977
6 „Die Kunstdenkmäler der Provinz Hannover", Landkreise Hannover und Linden 1899
7 Gottfried Piper, „Die Glocken und Orgeln des Kirchenkreises Ronnenberg", 1982
8 Museumsschrift „Barsinghausen im Schatten des Klosters", Heimatmuseum Barsinghausen

Der Wennigser Kirchturm ist älter als das Kloster

1 Klosterkammer Hannover, „Die Calenberger Klöster", 1977
2 Fremdenverkehrsbüro der Gemeinde Wennigsen
3 Äbtissin Mechthild von Boxberg
4 Neue Presse vom 23. April 1990
5 Kunstdenkmäler der Provinz Hannover, Landkreise Hannover und Linden, 1899
6 Dr. Manfred Hamann, „Zur Geschichte der Calenberger Klöster", 1977

Frühe romanische Kirchen im nördlichen Deistervorland

1 Kunstdenkmäler der Provinz Hannover, Landkreise Hannover und Linden, 1899
2 Gottfried Piper „Die Glocken und Orgeln des Kirchenkreises Ronnenberg", 1982
3 Festschrift „800 Jahre St. Blasius-Kirche in Großgoltern", Heinz Christian Meier, 1980
4 Festschrift „750 Jahre St. Agathen-Kirche zu Leveste", Rainer Gerd Fenner, 1979
5 Superintendent Gerd Steffen, Wunstorf, „Die Kirche in Idensen", 1987
6 Wappenbuch Landkreis Hannover, 1985
7 Werner Fütterer, „Gehrden vom Flecken zur Großgemeinde", 1976
8 Margarethenkirche Gehrden, Gemeindebrief 4/84

St. Lucas Pattensen liegt an der Kreuzung alter Straßen

1. Kunstdenkmälerinventare Niedersachsen, Kreis Springe 1978
2. Flurnamensammlung Landkreis Hannover Blatt 5/4 Pattensen, Heinz Weber 1987
3. Horst Drücker, „Entstehung und frühe Bedeutung der Stadt Pattensen" und Wappenbuch Landkreis Hannover, 1985
4. Superintendent i. R. Rudolf Schlie, Pattensen, „Antonius Corvinus und die Reformation im Calenberger Land"
5. Pastor Otfried Krüger
6. St. Lucas-Kirche Pattensen, Kurzbeschreibung
7. Küster Günther Kiehne
8. Festschrift „800 Jahre St. Blasius-Kirche in Großgoltern", Heinz Christian Meier, 1980
9. Wappenbuch Landkreis Hannover, 1985
10. Denkmalstopographie Bundesrepublik Deutschland, Landkreis Hannover Band 13/l, bearbeitet von Henner Hannig
11. Pastor Grundert, Großgoltern
12. Beobachtet und fotografiert von Ilse Neu, Gehrden, 1988
13. Prof. Dr. Georges Kiesel, Echternach, Experte für romanische Baukunst

Frühe Kirchengemeinden entlang der Leine

1. Hans Jürgen Rieckenberg in „Mandelsloh 985 bis 1985"
2. Dr. Ulfrid Müller „Die St. Osdag-Kirche – 800 Jahre Baugeschichte" in „Mandelsloh 985 bis 1985"
3. Eberhard Doll, Mandelsloh, in „Norddeutsche Familienkunde", Januar/März 1980
4. Pastor Chirstoph Bölsing, Mandelsloh
5. Dr. Ing. Hermann Mewes „Lutherischer Kirchenbau in Niedersachsen", 1930
6. Gemeindebuch für den Kirchenkreis Neustadt a. Rbge., 1959

Der Kirchturm in Niedernstöcken ist weithin sichtbar

1. Hans Ehlich, „Dorf an der Leine" Niedernstöcken 1033 bis 1983
2. Pastor Gottfried Jenke
3. Gemeindebuch für den Kreis Neustadt a. Rbge., 1959
4. Hans Jürgen Rieckenberg in „Mandelsloh 985 bis 1985"
5. Armin Mandel, Wunstorf, „Ein Dorf an der Leine", 1974
6. Friedrich Georg Heinrich Kühnhold „Basse – Grafschaft – Vogtei – Kirchspiel", 1909
7. Heimatchronik des Landkreises Hannover, 1980
8. Pastor Friedrich Lothar Kolesch, Basse

Die Kirchen in Neustadt a. Rbge. und Jeinsen im Schutz mittelalterlicher Burgen

1. Dr. Waldemar R. Röhrbein in der Heimatchronik des Landkreises Hannover 1980
2. Kirchenbaudirektor Dr. Ulfrid Müller „Liebfrauenkirche Neustadt a. Rbge. 1978"
3. Pastor Klaus Buschmann, Neustadt a. Rbge.
4. Hannoversches Tageblatt vom 12. 9. 1937
5. Hannoversche Allgemeine Zeitung vom 8. 6. 1957
   Ulfrid Müller in „Niederdeutsche Beiträge zur Kunstgeschichte" Band 11, 1972
6. Ulfrid Müller in „Niederdeutsche Beiträge zur Kunstgeschichte" Band 11, 1972
7. Pastor Frank Hüsemann, Jeinsen
8. Pastor Herbert Joachim Günter „Festschrift zur 600-Jahr-Feier der Gemeinde Jeinsen"
9. Kunstdenkmälerinventare Niedersachsen, Kreis Springe, 1978
10. Pastor Herbert Joachim Günter, „Die Kirche St. Georg zu Jeinsen" 1952
11. Schedel'sche Weltchronik von 1493
12. Kunstdenkmäler der Provinz Hannover, Landkreise Hannover und Linden 1899
13. Wappenbuch des Landkreises Hannover 1985
14. St. Vitus-Kirchengemeinde: „St. Vitus-Kirche – kleiner Führer"
15. Pastor Wolfgang Gerts, Wilkenburg

Die Gotik löst den romanischen Stil ab

1. Hans-Erich Wilhelm, Lenthe, „Die Kapelle St. Michaelis in Northen"
2. Amt für Bau- und Kunstpflege, Außenstelle für den Sprengel Celle
3. Kunstdenkmäler der Provinz Hannover, Landkreise Burgdorf und Fallingbostel 1902
4. Pastor Morgner, Dollbergen
5. Immanuelgemeinde Laatzen: „1650 Jahre alte Kapelle Laatzen"
6. Superintendent Jobst Besser, Laatzen

Zwei Marienklöster an der Leine

1. Ingrid Falldorf, Konventualin in Mariensee
2. Erik Ederberg, „Kloster und Klosterkirche Marienwerder 1979"
3. Äbtissin Freda von den Lancken, Marienwerder
4. Gerd Heinz-Mohr, „Lexikon der Symbole" 1988

5 Erich Riebartsch, „Geschichte des Bistums Hildesheim von 815 bis 1024" 1985
6 Äbtissin Barbara Bosse-Klahn
7 Gottfried Piper, „Die Glocken und Orgeln des Kirchenkreises Ronnenberg" 1982
8 Dr. Manfred Hamann „Zur Geschichte der Calenberger Klöster", 1977

In einem Jahrtausend vier Kirchen in Sievershausen

1 Pastor Klaus Rauterberg, Sievershausen
2 Dr. Johannes Sommer „1000 Jahre St. Martinskirche zu Sievershausen", 1952
3 Wappenbuch Landkreis Hannover 1985
4 Erich Riebartsch, „Geschichte des Bistums Hildesheim von 815 bis 1024", 1985
5 Dr. Waldemar Röhrbein in „Heimatchronik des Landkreises Hannover", 1980
6 Richard Brandt, „Im Schatten der Residenz", 1934
7 Pastor Bernd Leinung, Uetze
8 Hannoversche Allgemeine Zeitung vom 12. 2. 1983
9 Schriftenreihe des Gymnasiums Uetze Nr. 15, „Zur Geschichte der Kirche Johannes der Täufer"
10 Walter Göldner in „Die Botschaft" vom 9. 7. 1963
11 Sachlexikon unserer technischen Kultur 1986
12 Albert Depenau, Hänigsen, „Als die Hänigser ihre Kirche abreißen lassen wollten", 1964
13 Kunstdenkmäler der Provinz Hannover, Kreis Burgdorf 1902

300 Jahre nach der Reformation kamen wieder Katholiken in das Calenberger Land

1 Heimatchronik des Landkreises Hannover 1980
2 Superintendent i. R. Rudolf Schlie, „Anatonius Corvinus und die Reformation im Calenberger Land"
3 Hannoversche Volkszeitung vom 25. 6. 1911
4 „Geschichte der Pfarrkirche St. Bonifatius Gehrden", 1986
5 Pressestelle des Bischöflichen Generalvikariats Hildesheim
6 Pfarrer Clemens Schönberner
7 Paul Gimmler, „Das alte Mellendorf", 1970
8 Erich Stoll, „Großburgwedel Chronik", 1972
9 „Bordenau Geschichte und Struktur" 889 bis 1989
10 Bauabteilung der Gemeinde Isernhagen
11 Superintendent Gerd Steffen, Wunstorf

Ein besorgter Vater gründete in Wülfinghausen ein Kloster für seine Töchter

1 Dr. Manfred Hamann in „Die Calenberger Klöster" 1977, Klosterkammer Hannover
2 Flurnamensammlung Landkreis Hannover, Band Eldagsen, Heinz Weber, 1983
3 Kunstdenkmäler Kreis Springe, H. Th. Wenner, 1978
4 Äbtissin Gisela Klawitter, Wülfinghausen
5 Erik Ederberg, „Zur Baugeschichte der Calenberger Klöster", 1977
6 Flurnamensammlung Landkreis Hannover, Blatt 5/2 Alferde, Heinz Weber, 1986

Die Kirche in Alferde ist gelegentlich Rallyeziel

1 Kirchenvorsteher Reinhold Haupt, Zeittafel für die Nikolauskirche Alferde
2 Chronist Hans Dobbertin, Eldagsen
3 Kunstdenkmälerinventare Band 19, Kreis Springe 1978
4 „Aus der Geschichte der Stadt Eldagsen", hg. 1984 von der Stadt Springe. Das Werk basiert auf den Aufzeichnungen der Bürgermeister während der vergangenen 150 Jahre.
5 Evangelisch-lutherisches Gemeindebuch für den Kirchenkreis Springe
6 Pastor Löber, Springe
7 „Führer durch das Heimatmuseum Springe"
8 „Andreaskirche Springe", Eberhard Jäger, 1983
9 Manuskript Dr. E. Büttner „Die Kirche von St. Andreas zu Springe in alter und neuer Zeit zu ihrem Baujubiläum 1445 bis 1945" (Archiv der Superintendentur)
10 Heimatchronik des Landkreises Hannover 1980
11 Cornelius Schneider-Pungs, „Die neue Orgel der St. Andreas-Kirche", 1983

In der Pankratiuskirche in Burgdorf steht eine Nachbildung des alten Taufpokals

1 Erich Riebartsch „Geschichte des Bistums Hildesheim von 815 bis 1024", Hildesheim 1985
2 Kunstdenkmäler der Provinz Hannover, Kreis Burgdorf 1902
3 Superintendent Heiko Frerichs, Dr. Reinhard Scheelje, „Pankratiuskirche Burgdorf" (nicht datiert)
4 „Burgdorf – Beginn und Entwicklung bis zur Gegenwart"
5 Hannoversche Allgemeine Zeitung Nord vom 11. 7. 1984
6 Dr. Reinhard Scheelje in Hannoversche Allgemeine Zeitung vom 31. 7.1984

7 Pastor Werner Pries, Burgdorf
8 Hannoversche Allgemeine Zeitung vom 24. 1. 1985 (Landkreis Nord)
9 Ludwig Grote, „Deutsche Stilfibel", 1956
10 Chronik des Dorfes Fuhrberg, 1981
11 Aufzeichnungen von Bernhard Rehkopf, Lehrer in Altwarmbüchen

Kirchhorster Gotteshaus an der Stelle einer frühen heidnischen Kultstätte

1 Kurzbericht zur radiästhetischen Aufnahme der Kirche in Kirchhorst, Heinz Lörke (Langenhagen) und Heinrich Ostermeyer (Neuwarmbüchen), April 1988
2 Wilhelm Uhlhorn „Die Kirche in Kirchhorst und ihre Kunstdenkmäler" in der Zeitschrift des historischen Vereins für Niedersachsen, Jahrgang 1899
3 Immo Franke „St. Nikolai zu Kirchhorst Altarjubiläum 1678 bis 1978"
4 Kunstdenkmäler der Provinz Hannover, Kreis Burgdorf 1902
5 Pastor Falkenhagen, Pfarrakten der Gemeinde Kirchhorst
6 Pastor Volker Reemts, Kirchhorst
7 Hinweis durch Dipl.-Ing. Otto Schulz, Bissendorf

Nach dem Dreißigjährigen Krieg begann die hohe Zeit der Barockkünstler

1 Kirchen und Kapellen in der Gemeinde Sehnde, April 1989
2 Dr. Ulfrid Müller, „Niederdeutsche Beiträge zur Kunstgeschichte" Band 11, 1972
3 Immo Franke in „St. Nikolai zu Kirchhorst – Altarjubiläum 1678 bis 1978"
4 Friedrich Bleibaum, „Bildschnitzer des hannoverschen und Hildesheimer Barock", 1924
5 Bericht des Pastors Johann Georg Wagemann an das Konsistorium 1756

Die schönste Barockkirche steht in Schloss Ricklingen

1 Superintendent Gerd Steffen, Wunstorf
2 Zum Kirchbaujubiläum hat die evangelisch-lutherische Kirchengemeinde Osterwald eine Festschrift herausgegeben. Karl H. Asbrock, Margarete Bellmer und Claudia Dobrunz haben sie zusammengestellt. Sie basiert auf einer umfangreichen Arbeit von Hans Ehlich. Er unterrichtete als Schulleiter in Osterwald von 1953 bis 1962. Außerdem sind für die Festschrift Aufzeichnungen des Osterwalder Bürgers Heinrich Schneehage verwendet. Er hatte 1962 mit der Erarbeitung der „Geschichte zur Osterwalder Kirche" begonnen. Weitere Quellen sind Pfarrakten der Gemeinde.

Der Baustoff Raseneisenstein

1 Marlies Bertram in „St. Marien Isernhagen", 1986
2 Kurt Griemsmann, „Isernhagen als Waldhufendorf in seiner Landschaft", 1973
3 Ulfrid Müller, „Die Baugeschichte der St. Marien-Kirche", 1986
4 Pastor Volker Buttler, „Die Geschichte der Kirchengemeinde seit der Reformation", 1986
5 Friedrich Dusche, Isernhagen K. B.
6 Hilde Mußmann, Isernhagen N. B.
7 Ulfrid Müller, „St. Petri Burgwedel", 1983
8 Superintendent Hermann Franck, Großburgwedel
9 Erich Stoll, Chronik Großburgwedel, 1972
10 Willi Thoms, Großburgwedel
11 Pastor Gerd Mindermann in der Chronik, „Von Wrberghen bis Fuhrberg", 1981
12 Erbregister der Vogtei Burgwedel, 1669
13 Corpus bonorum, Burgwedel 1781

Am romanischen Michaelisturm in Bissendorf steht ein barockes Kirchenschiff

1 Dr. Hellmuth Hahn, Bissendorf
2 Pfarrarchiv Bissendorf
3 Heinrich Henstorf, „Chronik von Bissendorf", 1939
4 Kunstdenkmäler der Provinz Hannover, Kreis Burgdorf 1902
5 Gemeindehelfer Helmut Neuber, Bissendorf
6 Pastor i. R. Bernhard Onnasch, Bissendorf
7 Richard-Brandt-Heimatmuseum, Bissendorf
8 Pfarrarchiv Michaeliskirche
9 Historisches Archiv, Dr. Hellmuth Hahn
10 Paul Gimmler, „Mellendorf – Geschichte eines wedemärkischen Dorfes", 1970
11 Dipl.-Physiker Geyh, Institut für Bodenforschung, Hannover
12 Pastor Werner Scholz, Mellendorf
13 Martin Müller, „Das 1000-jährige Brelingen"
14 Martin Müller, „Kirchenneubau in revolutionsgeladener Zeit"
15 Pastor Gerhard Oehlschläger, Kirchenbuch Brelingen
16 Hans-Jürgen Rieckenberg, „Mandelsloh und die Wedemark" in „Mandelsloh 985 bis 1985"
17 Pastor Gerhard Oehlschläger, Brelingen

Die Kirche in Alt-Garbsen von Ludwig Hellner

1. Dr. Ing. Hermann Mewes „Lutherischer Kirchenbau in Niedersachsen" 1964
2. Superintenden Joachim Ibrom, Garbsen
3. Pastor Burkhard Grahe, Garbsen
4. Hinweistafel an der Orgel
5. Margarete Krüger, Garbsen, „Datensammlung zur Altgarbsener Kirche"
6. Statistischer Vierteljahresbericht Hannover, Sonderdruck Bevölkerungsentwicklung 1983
7. Wappenbuch Landkreis Hannover 1985
8. Dr. Johannes Sommer, Burgdorf, „Kunstdenkmäler der Heimat"
9. Kunstdenkmäler der Provinz Hannover, Kreis Burgdorf, 1902
10. Albert Depenau, Hänigsen, „Rechts und Links der Aue"
11. Albert Depenau, Hängisen, im Wochenspiegel Nr. 11/87
12. Otto Wehner „150 Jahre Nicolai-Kirche in Oesselse"
13. Kunstdenkmälerinventare Niedersachsen, Kreis Springe 1978
14. Evangelisch-lutherisches Gemeindebuch des Kirchenkreises Springe 1978
15. Flurnamensammlung Landkreis Hannover, Blatt 3/2 Altenhagen I, Heinz Weber 1982
16. Heinrich Denecke, Altenhagen I

Auf Hellners Klassizismus folgte die Neugotik von C. W. Hase

1. Verband Deutscher Architekten und Ingenieure: „Festschrift zur fünften Generalversammlung" Juli 1882
2. Elisabethkirche und ihre Geschichte: „Der Baumeister Conrad Wilhelm Hase"
3. Walter Bode, Langenhagen, „Langenhäger Lesebuch", 1982
4. Hannoversche Allgemeine Zeitung vom 3. 9. 1985
5. Richard Brandt, „Im Schatten der Residenz", 1947
6. Kirchenvorsteher Wilhelm Behre, Lehrte
7. Lothar Rolf Luhm in Hannoversche Allgemeine Zeitung vom 7. 8. 1982
8. Statistischer Vierteljahresbericht Hannover, Sonderdruck Bevölkerungsentwicklung 1983
9. Lothar Rolf Luhm in Hannoversche Allgemeine Zeitung vom 12. 2. 1971
10. Hannoversche Allgemeine Zeitung vom 3. 4. 1982
11. Pastor Jürgen Küster, Dedensen

Siedlungsland Mittlere Leine

1. Heinrich Busse, Heinrich Wittmeyer, Kirchenchronik Seelze 1948
2. Kunstdenkmäler der Provinz Hannover, Landkreise Hannover und Linden 1899
3. Pastor Jürgen Küster, Dedensen
4. Georg Dehio, „Handbuch der deutschen Kunstdenkmäler Bremen/Niedersachsen", 1977
5. Die Kunstdenkmale des Kreises Neustadt am Rübenberge, Textband 1958
6. Heimatbuch des Landkreises Hannover 1980
7. Wappenbuch Landkreis Hannover 1983
8. Heimatchronik des Kreises Neustadt am Rübenberg 1974
9. Pastor Klaus Lorenz, Kolenfeld
10. Heinrich Lathwesen, „Kolenfeld – die Geschichte eines calenbergischen Dorfes", 1961
11. Ulfried Müller, „Niederdeutsche Beiträge zur Kunstgeschichte" Band 11, 1972

Vier Kapellen rings um Hemmingen

1. Kunstdenkmäler der Provinz Hannover, Landkreise Hannover und Linden, 1899
2. Pastorin Renate Stäblein, Arnum
3. Gottfried Piper „Die Glocken und Orgeln des Kirchenkreises Ronnenberg"
4. Denkmalstopographie Bundesrepublik Deutschland, Landkreis Hannover Band 13.1
5. Superintendent Jobst Besser, Laatzen
6. Lieselotte Milleit, Hemmingen
7. Pastor Braun, Hemmingen
8. Richard Brandt, „Der Großraum Hannover – heimatkundliche Skizzen", 1980
9. Förderverein Harkenblecker Kapelle, Vorsitzender Günter Baehrens, Schatzmeister Werner Plate

Zwischen Romanik und Jugendstil: St. Martins-Kirche in Bennigsen

1. Denkmalstopographie Bundesrepublik Deutschland, Baudenkmale in Niedersachsen, Landkreis Hannover Band 13.1
2. Wilhelm Jenkner, „Chronik der ev.-luth. Kirchengemeinde St. Martin in Bennigsen", 1980
3. Pastor Ralf Geißler, Bennigsen
4. Superintendent Jobst Besser, Laatzen
5. Kunstdenkmälerinventare Niedersachsens, Kreis Springe 1978

Zwischen Schneeren und Otternhagen

1. Pastor E. F. Heider „Die Kirche zu Schneeren" 1980
2. Pastor Klaus Gülich, Schneeren
3. Wilhelm Struckmann, „Ortschronik Schneeren"
4. Ulfrid Müller, „Niederdeutsche Beiträge zur Kunstgeschichte" Band 11, 1972
5. Heimatchronik des Kreises Neustadt am Rübenberge 1974
6. Werner Bessier in „Bordenau – Geschichte und Struktur 889 bis 1989"
7. Gemeindebüro Bordenau
8. Eberhard Doll „Kapellen- und Schulgeschichte", Mandelsloh 1985

Zwischen 1200 und 1850: Kirchen und Kapellen in der Gemeinde Sehnde

1. Heinz-Siegfried Strelow in „Kirchen und Kapellen in der Gemeinde Sehnde" 1990
2. Ev.-luth. Landeskirche: „Ev.-luth. Kirchen im Landkreis Hannover"
3. Kunstdenkmäler der Provinz Hannover, Kreis Burgdorf 1902
4. Kunstdenkmäler der Provinz Hannover, Landkreise Hannover und Linden 1899

In der Martinskirche Engelbostel ist die alte Malerei rekonstruiert

1. Hannoversche Allgemeine Zeitung, Landkreiszeitung Nord vom 15. 2. 1989
2. Langenhäger Skizzen Heft 3, 1984, bearbeitet von Walter Bode, Marianne Humpe und M. van Hazebrouck
3. Dorfchronik Engelbostel, Heimatbund Engelbostel, zusammengestellt von Wilhelm Hirte
4. Kunstdenkmäler der Provinz Hannover, Landkreise Hannover und Linden 1899
5. Gerd Heinz-Mohr „Bilder und Zeichen der christlichen Kunst", Eugen Diederichs-Verlag, München 1971
6. Hannover Allgemeine Zeitung, Landkreiszeitung Nord vom 5. 7. 1975

Abbildungsverzeichnis

Umschlagfoto: Micha Pawlitzki

S. 122, 124, 125, 128, 131, 132, 133, 175, 177, 178, 179, 180 (unten),
S. 181, 197, 199 (oben links und unten), 200 (unten), 192: Klosterkammer Hannover

S. 172 (oben links und unten), 173: Kloster Mariensee

S. 260, 261, 266: Kirchengemeinde Elisabethkirche Langenhagen

S. 90, 92: Kirchengemeinde St. Thomas Oberricklingen

S. 17 (unten), 110: Superintendentur Wunstorf

S. 48: Apostelgemeinde Hannover

S. 111: Fotoarchiv des Historischen Museums Hannover

S. 144, 164 (oben): Schedelsche Weltchronik, Nürnberg 1493

S. 183: Dr. Johannes Sommer

S. 216: Heinz Lörke, Langenhagen

S. 145, 146, 147, 156, 224, 259, 277 (unten links), 292 (unten), 293, 294 (rechts), 295 (unten),
S. 296 (links oben und unten): Ulfrid Müller

Alle übrigen Abbildungen stammen von Thomas Langreder, Hannover.

Verzeichnis der Orte

Ahlem, 269
Alferde, 203, 204, 205
Aligse, 211
Altenhagen I, 256, 257
Altgarbsen, 156
Altwarmbüchen, 126, 211, 214, 215, 217, 218
Alvesrode, 281
Argestorf, 194
Arnum, 277, 278

Barsinghausen, 11, 126, 127, 129, 135, 176, 221, 278, 283
Basse, 149, 156, 157, 158, 159, 221, 229
Bennemühlen, 243
Bennigsen, 87, 132, 284, 285, 286, 288
Benthe, 135, 194, 283
Benther Berg, 169, 281
Bilm, 9, 294, 296
Bissendorf, 57, 239, 242, 243, 244, 245, 246, 247, 248
Boitzum, 201
Bolzum, 129, 193, 223, 294, 295
Bonn, 209
Braunschweig, 13, 16, 53, 188, 195, 200, 211, 219, 239, 248, 288, 294
Brelingen, 156, 243, 246, 248, 249, 250, 251
Brink, 290
Bordenau, 196, 268, 291
Büren, 292
Burgdorf, 107, 120, 183, 189, 192, 210, 211, 213, 214, 215, 217, 239, 255, 259, 294
Burgwedel, 183, 214, 215, 237, 239, 241, 258, 259

Calenberg, 11, 25, 27, 123, 159, 163, 176, 192, 193, 262
Celle, 128, 129, 189, 192, 221, 259, 263
Corvey, 203

Dedensen, 111, 259, 266, 268
Degersen, 135, 194
Devese, 279
Diepholz, 108
Ditterke, 135, 194
Dolgen, 294, 296
Döteberg, 269
Dudensen, 174, 176

Eckerde, 144
Eddesse, 183
Edemissen, 183
Eldagsen, 105, 108, 129, 132, 204, 205, 206, 288
Eltze, 183
Elze (Leine), 107, 243, 250
Engelbostel, 196, 297, 299, 300
Engensen, 211, 214, 215
Eppendorf (Hbg.), 149
Esperke, 155, 156
Everloh, 111, 194, 266, 267
Evern, 294, 296

Fuhrberg, 214, 221, 239, 241
Fulda, 107

Garbsen, 221, 252, 253, 254
Gehrden, 111, 125, 135, 138, 139, 140, 167, 176, 193, 194, 195, 254, 267, 282
Gestorf, 141, 156, 285, 288
Gifhorn, 263
Grasdorf, 23, 221
Gretenberg, 223, 294
Großburgwedel, 105, 196, 238, 239, 241, 244
Großgoltern, 135, 137, 144, 145, 146, 147, 161, 221, 278
Gümmer, 269, 271

Hagen, 266
Haimar, 294
Hainhaus, 243
Hameln, 107
Hänigsen, 188, 189, 190

Hannover, (ehemaliger) Landkreis, 107, 111, 146, 153, 156, 255, 258, 259, 266, 268, 271, 280, 281, 285, 294, 301
Hannover, Stadt, 158, 253, 254, 260, 262, 263, 266, 269, 272, 274, 277, 278, 288, 292, 298, 299
Harenberg, 111, 266, 267
Harkenbleck, 279, 280
Hellendorf, 243
Helstorf, 149, 152, 161
Hemmingen, 277, 278, 279, 280
Hildesheim, 13, 107, 108, 129, 141, 149, 156, 171, 174, 183, 187, 193, 194, 197, 200, 211, 213, 223, 263, 272, 294
Hohenbostel, 135
Hohenhameln, 183
Holtensen (Wennigsen), 135
Holtensen (Wülfinghausen), 201
Höver, 294, 295
Husum, 290

Idensen, 109, 111, 137, 266, 268
Ilten, 129, 221, 223, 294
Immensen, 211
Ingeln, 256
Isernhagen K.B., 215, 234, 235, 236, 237, 238, 245, 196

Jeinsen, 132, 133, 156, 159, 161, 162, 163, 206, 221

Kaltenweide, 243, 260
Kirchdorf, 135
Kirchhorst, 129, 183, 211, 216, 217, 219, 221, 222, 241
Kirchwehren, 161, 221, 223, 224
Klein Lobke, 294
Kolenfeld, 161, 221, 273, 274
Köln, 137
Krähenwinkel, 260

Laatzen, 89, 140, 156, 165, 171, 255, 288
Laderholz, 292, 293

Landringhausen, 135
Langenhagen, 141, 217, 259, 260, 262
Langreder, 283
Lauenau, 206
Lehrte, 111, 192, 259, 262, 263, 265, 266
Leipzig, 263
Lemmie, 194, 281
Leveste, 134, 135, 136, 137, 194
Limmer, 32, 33, 34, 269
Linden, 33, 37, 47, 52
Linderte, 282
Loccum, 55, 259, 273, 274, 276, 295
Lohnde, 269, 270
Lohne, 217
Lüdersen, 288
Lüneburg, 185, 189, 192, 195, 200, 219, 239
Luthe, 269, 272, 273
Lutter, 292, 293

Mandelsloh, 141, 148, 149, 150, 151, 152, 153, 156, 159, 169, 246, 266, 270, 272
Mardorf, 291
Mariensee, 11, 108, 111, 123, 132, 149, 158, 172, 173, 174, 175, 176, 221, 223, 266, 297
Marienwerder, 11, 108, 123, 173, 177, 178, 179, 180, 181, 221, 253, 292
Maspe, 243
Mehrum, 183
Meinersen, 189
Meitze, 245
Mellendorf, 196, 243, 245, 246, 247, 248
Minden, 107, 109, 112, 123, 141, 144, 149, 153, 156, 162, 165, 176, 180, 241, 269, 272, 278, 279, 285

Müllingen, 256, 294
Münder, 206, 207, 257

Negenborn, 250, 251
Nenndorf, 110
Neustadt a. Rbge., 105, 126, 140, 149, 154, 155, 156, 158, 159, 160, 161, 266, 268, 292
Niedernstöcken, 153, 154, 155, 156, 161
Nienburg, 108
Northen, 167, 168, 194
Nürnberg, 107

Obernkirchen, 181
Obershagen, 156
Oesselse, 156
Osterwald (Garbsen), 209, 221, 229, 230, 232, 233
Otternhagen
Otze, 120, 121

Paderborn, 107, 108
Pattensen, 36, 107, 108, 141, 142, 156, 162, 192, 193, 271, 278, 280

Redderse, 194, 282
Rethmar, 294
Ricklingen, 23, 24, 50, 51, 52, 156, 221, 225, 226, 227, 228, 229, 230, 232, 262
Ronnenberg, 111, 115, 116, 117, 119, 135, 266, 278, 282, 283

Sarstedt, 162
Scherenbostel, 243, 245
Schlage-Ickhorst, 243
Schliekum, 162
Schloss Ricklingen, 221, 225, 226, 227, 228, 230, 232
Schneeren, 221, 289, 290, 291
Schwüblingsen, 169, 170

Sedemünder, 256, 257
Seelze, 111, 146, 161, 232, 259, 266, 267, 269, 270, 271, 272, 283
Sehnde, 129, 193, 220, 221, 223, 294, 295
Sievershausen, 108, 183, 184, 185, 188, 192, 211
Sorsum, 194, 281
Springe, 141, 156, 201, 203, 206, 207, 208, 209, 222, 256, 257, 281, 288
Steinwedel, 211
Stemmen, 137

Thönse, 211, 214
Twenge, 243

Uetze, 156, 183, 184, 185, 186, 187, 188, 254, 266

Velber, 283
Vöhrum, 183
Völksen, 206

Wassel, 294, 295
Weetzen, 194, 283
Wehmingen, 294
Wennebostel, 243, 245
Wennigsen, 11, 108, 123, 128, 129, 130, 131, 132, 133, 135, 176, 194, 221, 281
Wettmar, 111, 183, 211, 214, 258, 259
Wiechendorf, 245
Wilkenburg, 164, 165, 280
Wipshausen, 183
Wirringen, 294
Wülfel, 171
Wülfinghausen, 11, 108, 123, 197, 198, 199, 200, 201, 206, 221
Wunstorf, 105, 108, 109, 110, 111, 112, 113, 132, 137, 141, 226, 230, 161, 177, 196, 259, 266, 268, 269, 272, 273

Verzeichnis der Namen

Adensen, Edelherren von, 197
Adolf IV. von Schaumburg, 138
Albrecht von Brandenburg, 185
Albrecht von Sachsen, 232, 270, 272, 298
Alten, von, 23, 24, 52, 132
Alten, von, Baron, 24
Alten, von, Kapitän, 43
Alten, Bodo von, 166
Alten, Hans-Bruno von, 23
Alten, Johannes von, 180
Alten, Volkmar von, 180
Altermann, Pastor in Seelze, 271
Anton Ulrich, 34
Aschen, Anna von, 149
Auguste Viktoria, 49, 64

Baethgen, Christoph, Pastor, 153, 154
Bahlsen, Gebrüder, 44, 45
Baldenius, Pastor in Altgarbsen, 254
Bangemann, Ernst Heinrich, Maler, 243
Bark, 43, 45
Bartels, Andreas, 129
Bartels, Conrad Heinrich, 128, 129, 130
Bartels, Daniel, 129, 219, 221, 223, 241
Bartels, Ernst Dietrich, 195, 223, 294, 295
Bartels, Klempner, Bissendorf, 244
Bartning, Otto, Architekt, 69, 88
Baxmann, Lehrte, 263
Behre, Wilhelm, Lehrte, 263
Berge, Hermann Christian zum, 86
Berge, Ida zum, 86
Bergmann, J. G., Konsistorialbaumeister, 156, 212, 272
Bernward, Bischof, 19, 183
Bertram, Bischof, 193
Beste, Ingeborg, Bildhauerin, 139
Bestenbostel, Cordt von, 245
Bettex, Hanns, 11
Biesalski, Volkmar, Pastor, 243
Bischöfe von Minden, 149
Bissen, von, 243
Blome, Bildschnitzer, 138, 140
Blume, Heinrich Georg, Zimmermeister, 36
Bock, Statius, Pastor, 205
Bödeker, Wilhelm, Pastor, 18
Bodenstein, Andreas, 130

Bodo, Propst, 125, 126
Boeselager, Maximilian von, 131
Bohlmann, Karl, 85, 86
Bonifatius, Bischof, 107, 115
Borchers, Friedrich Wilhelm, Pastor, 249
Borchers, Dachdecker, 244
Börgemann, Karl, 37, 47
Bothmer, Joachim Christian, 230
Brauns, Pastor in Oesselse, 255
Brenneisen, Otto, Glasmaler, 212
Brieg, Helge, 77
Bücker, Heinrich-Gerhard, 69
Bues, Kirchenmaler, 241
Bugenhagen, Johannes, 93
Buhl, Alex, Klempnermeister, 145
Busch, Johann, Mönch, 133
Busse, Heinrich Friedrich, 249, 250, 251, 269
Büttner, Christian, Restaurator, 226
Büttner, Dr. E., 207
Büürma, Maler, 68

Caroline von Hannover, 39
Christ, Hans, Baumeister, 211
Comperl, Baumeister, 180
Cordes, Dirich, 248
Cortnum, Andreas, 219
Corvinus, Antonius, 142, 192, 193
Cramm, Familie von, 217
Cranach, Lukas, 19, 20
Crodel, Charles, 23
Cumberland, Ernst August von, 72, 84, 195

Dankwerts, Pastor, 244
Dannowski, Hans Werner, 101
Depenau, Albert, 255
Depken, Deneke, Zimmermeister, 196
Dierschke, Werner, Architekt, 93
Dinglinger, Baumeister, 145
Döbbecke, Cord, 254
Dopmeyer, Carl, Bildhauer, 59, 208, 209
Döring, Werner, 266
Dusche, Gottfried, 238
Duve, Johann, 18, 28, 30, 31

Ebell, Georg, 55
Ederberg, Erik, 131
Elisabeth von Calenberg, Herzogin, 11, 123, 159, 192, 262

Elisabeth von Thüringen, 192, 262
Engerode, Dietmar von, 197
Erich I. von Calenberg, 192
Erich II. von Calenberg, 192, 193
Ernst August von Hannover, 25, 39, 72, 84, 188, 195
Ernst der Bekenner, Herzog, 184, 192, 248
Erythropel, David Ruprecht, 30
Erythropel, Superintendent, 162
Escherde, Reyner von, 246, 255

Falkenhagen, Balthasar, Pastor, 218, 222
Fischer, Johannes, Pastor, 244
Floris, Cornelius, Bildhauer, 214
Flügge, Heinrich, Pastor, 262
Franke, Immo, 222, 230
Frens, Freiherr von, 193
Frese, Otto Johann, 241
Freytag, Superintendent, 188
Friedrich von Lüneburg, 185
Frieß, Architekt, 95
Frühling, Ludwig, 37
Furtwängler, Philipp, 65, 195, 209, 257

Gade, Rudolf, 153
Gassmann, Jacques, 30
Gayno, fränkischer Ritter, 162
Gelin, Otfried, Pastor, 185
Gelpke, Theodor, 45
Georg, Johann, Porträtmaler, 161
Georg I., 89, 133
Georg II., 144, 200
Georg IV., 123
Georg V., 30, 39, 188, 207
Georg Ludwig, 89
Georg von Hannover, 45
Georg Wilhelm zu Braunschweig, 219
Gerkan, Meinhard von, 103
Gimmler, Paul, 245, 248
Grawit, 43
Greve, Peter, Bildhauer, 58, 91, 244
Grono, Karl, Maler, 51
Grote, Georg Ernst, Pastor, 144
Gülicher, Pastor, 276
Gundelach, Karl, Bildhauer, 75
Günther, Jochen, Pastor, 82

Hägemann, D., 72
Hahn, Dr. Hellmuth, 243
Haller, Johann, Pastor, 166
Hallermund, Grafen von, 197, 206, 207
Hammer, Emil, 58, 195, 209
Hammerstiel, Robert, 73

Händel, Georg Friedrich, 25
Hanebuth, Jasper und Heinrich, 84
Heinrich, 33, 84
Hanebuth, Rolf, 246
Harden, Johannes, Pastor, 184
Hase, Conrad Wilhelm, 37, 38, 39, 40, 41, 44, 45, 46, 47, 49, 50, 52, 55, 59, 61, 64, 75, 110, 111, 112, 117, 140, 150, 151, 156, 174, 175, 177, 183, 184, 187, 188, 193, 258, 259, 260, 262, 264, 266, 267, 268 270
Hausmann, Gerhard, Glasmaler, 97
Hehl, Christoph, Architekt, 37, 44, 45
Heimburg, Caspar von, 245
Heinrich VI., 33
Hellner, Ludwig, 151, 153, 154, 156, 187, 249, 250
Helmershausen, Rogerus von, 112
Helmke, Pastor, 236, 237
Henning, Hubert, Glasmaler, 195
Herbort, Tilemann, Pastor, 33
Hermanns, Engel Christina, 34
Herr von Steenhus, 19
Herzig, Architekt, 193
Heumann, Johann Dietrich, 31
Hillebrand, Eberhard, 56, 59, 71, 214
Hillebrand, Gebrüder, 126
Hillebrand, Rudolph Eberhard, 37, 55, 58
Hinüber, Andreas, 181
Hinüber, Jobst von, 181
Hirche, Bernhard, Architekt, 99
Hocker, Walter, Pastor, 192
Hoffmann, Martha, Küsterin, 45
Hoffmann von Fallersleben,
August Heinrich und Auguste, 86
Hollenberg, Pastor, 271
Horenbach, Christoph, 276, 296
Hornemann, Arendt, 248
Horrmeyer, Ferdy, Maler, 66, 68
Hosemann, Sigesmund, Pastor, 196
Hoyer, Bildhauer, 268
Hugo, von, 270
Hunold, Maurermeister, 195

Ilten, Clara Eleonora von, 180

Jacobs, Busse, 119
Jagielski, Matthias, Architekt, 194
Jahns, Superintendent, 230
Jauck, G. A., 263
Jeinsen, Familie von, 132, 206
Jeinsen, Clara Margareta von, 132, 133

Karl VI., 34
Karl der Große, 107

Käßmann, Margot, Landesbischöfin, 99
Kattentidt, Heribert, 85
Kitzow, Johann, Abt, 276
Klais, Johann, 209
Klein, Rüdiger, 60
Kleinschmidt, Pastor, 158
Klinghe, Berend, 121
Klosterfonds, 4, 11, 31, 57, 123
Klosterkammer, 123, 131, 280
Knigge, Anna Ottilie, 137
Knigge, Wilhelm, 137
Knust, Carl, 37, 201
Knust, Theodor, 50, 52
Koberger, Antonius, 107
Koch, Friedrich, Kirchenmaler, 151, 288
Kochen, Elisabet, 276
Kögel, Linda, Malerin, 68
Kollenrodt, Heinrich, 67
König, Superintendent, 249
Königstreu, Johann Ludewig Mehmet von, 89
Konrad II., 153
Köster, Peter, 84
Kruse, Amtmann, 230
Kühnhold, Friedrich Georg Heinrich, 158
Knust, Zimmermeister, 201
Kuhlemann, Max, 66
Kühn, Fritz, 94
Kwiatowski Trinitatis, Friedrich, 48

Lange, Friedrich, Tischlermeister, 250
Langer, Architekt, 95
Lauber, Johann Christian, Kunsttischler, 163
Laue, Karl, Malermeister, 241
Laves, Georg Ludwig, 177, 181
Le Corbusier, 99
Lehmann, Kurt, Bildhauer, 21
Leibniz, Gottfried Wilhelm, 25, 30, 31
Lenthe, Albrecht Werner von, 168 169
Lerbeck, Heinrich von, 149, 181
Leyer, Superintendent, 227
Lichtenberg, Georg Christoph, 151, 152
Lilje, Dr. Hanns, 30, 43, 171
Lindemann, Zimmermeister, 236
Linnemann, Gebrüder, 72
Lone, de Lon, 270
Lörke, Heinz, 217
Lorey, Adam, Architekt, 63
Ludwig XIV., 34
Ludwig der Deutsche, 112
Ludwig der Fromme, 107, 174
Lüer, Otto, Architekt, 75, 77

Lüer, Wilhelm, 37, 75, 77
Luther, Dr. Martin, 57, 59, 65, 192
Lüttmann, Brandt, Bildhauer, 240, 241

Magdalena von Bentheim, 211
Mandelsloh, Dietrich von, 270, 272
Mannewitz, Fritz, Glasmaler, 85, 92
Marburg, Silberschmied, 92
Marcks, Gerhard, 16
Mare, Gerd de, 253
Margraf, Ruth, 56
Martin, Bischof von Tours, 119
Mauch, Pastor, 151
Meffert, Otto, 57, 91
Meier, Wilhelm, Orgelbauer, 232
Melanchthon, Philipp, 192
Mensching, Pastor, 269, 270
Merian, Matthäus, 105
Meßwarb, Wilhelm, 174
Mewes, Dr.-Ing. Hermann, 156, 256
Meyer, Johann, 121
Meyer, Pastor, 189
Mohrmann, Karl, Konsistorialbaumeister, 63, 64, 79, 81, 82
Möller, Claus, Dachdeckermeister, 211
Möller, Paul Gerhardt, Pastor, 214
Moritz von Sachsen, 185
Moroder, Edmund, Bildhauer, 185, 186
Müller, Dr. Ulfrid, Baudirektor, 9, 115, 235
Münchhausen, Familie von, 161

Naglatzki, Herbert, Pastor, 56
Nanne, H. Amtsschreiber, 244
Naumann, F. W., Orgelbauer, 276
Neri, Filippo, 34
Niemann, Henricus, 251
Nöller Superintendent, 207

Oberg, Patronatsfamilie, 255
Oberheu, Wilhelm, Ziegelmeister, 268
Oesterlen, Dieter, Architekt, 16
Oesterley, Carl, Hofmaler, 174
Oldeshorst, Petrus, Pastor, 248
Osann, Superintendent, 232
Osten, Victor Jürgen von der, 23, 24
Ostermeyer, Heinrich, 217
Otto von Braunschweig-Lüneburg, 13
Otto von der Heide, Herzog, 211
Otto III., 156

Pape, Oberlandesbaumeister, 125
Perinetti, Jacopo, 226

Peters, Landessuperintendent, 189
Philipp von Hessen, 192
Piper, Gottfried, 115
Plockhorst, Bernhard, Professor, 43
Poensgen, Jochen, 106
Polde, Gerd, Pastor, 214
Prieß, Werner, Pastor, 212
Puschmann, Wolfgang, Stadtsuperintendent, 99

Rammers, Hans, Tischlermeister, 219, 223
Rasch, Hermann, Stadtdirektor, 45
Raschen, Christina, 33
Rauscheplate, Hermann, 198, 199, 200
Reden, Hans von, 198, 199
Reimers, Dr. Landeskonservator, 236
Reinardus, Pfarrer, 269
Reinbeck, Andreas, Pastor, 185
Rhegius, Urbanus, Superintendent, 192
Richters, Wolffgang, Maler, 243
Rickmann, Hennecke, 263
Riebartsch, Erich, 211
Roden, Konrad von, 33, 173
Roden-Limmer, Grafen von, 43
Röhrbein, Alfred, Pastor, 61
Rokahr, Bernd, Architekt, 61
Röpers, Christoph, Küster, 33, 244
Rosenmeyer, Hans Jürgen, 33
Rückriem, Ulrich, Bildhauer, 100, 101
Runge, Johann Heinrich, 244

Sackmann, Jacobus, Pastor, 32, 33, 34
Sartorio, Hieronimo, 28
Schäfer, Thomas, 34
Scheibel, August, 244
Scherer, Hans, Orgelbauer, 213
Schliep, Hans Joachim, Pastor, 99, 102
Schmalstieg, Willi, 238
Schneider, H., Glaskünstler, 66
Schneider, J. D., Architekt, 276
Schnitger, Arp., Orgelbauer, 276
Schönberner, Clemens, Pfarrer, 194
Schrader, Malermeister, 218
Schrader, Glockengießer, 137
Schuchardt, Professor, 237
Schwalenberg, Widekind von, 123
Silbermann, Andreas und Gottfried, 176
Simon, Bankier, 71
Sohns, Kurt, Maler, 125
Sommer, Dr. Johannes, 183, 254
Sophie von Hannover, 25, 34
Spelmann, Johann, Baumeister, 207

Sperber, Berthold-Ermst, Pastor, 245
Stade, Dr. Gerhard, 69
Steffani, Agostino, 25
Stegle, Kunsttischler, 230, 231
Steinohrt, Ingeborg, Bildhauerin, 58
Stender, Stefan, 195
Stünkel, Schmiedemeister, 157, 238
Surkemper, Vikar, 194
Sutel, Jeremias, Bildhauer, 17, 166, 262

Tappe, Johann Peter, 55
Tecklenburg, Johann, Pastor, 250
Tehnzen-Heinrich, Dr. Ingeborg, 85
Tochtermann, Architekt, 207
Troche, Peter, 39, 41
Trollmann, Ferdinand, Musiker, 238

Uden, Nicolaus Gerhard, 29
Uhle, Hans Jacob, Bildhauer, 180
Uhlhorn, Gerhard, 37, 48, 49
Uhlhorn, Wilhelm, Pastor, 217, 218

Vasmer, Statius, 16, 17
Vogel, Gudrun; Architektin, 69
Vogel, Klaus, Architekt, 69
Vogell, Oberlandbaumeister, 125, 180
Voigt, Hermann Leudewig, 229
Voigt, Jacob, 156
Voigt, Johann Georg, 225, 227
Voigt, Johanne Louise, 229

Wahrendorf, Franz Erich, Pastor, 229, 230
Walter, Christel, Restauratorin, 185
Weber, Jürgen, Bildhauer, 16
Wedemeyer, Margarita, 205, 206
Wedemeyer, Oberamtmann, 249
Wegener, Fritz, Architekt, 37, 212
Wehner, Otto, Historiker, 256
Weikert, Hanns, Kirchenmaler, 137
Weinbrenner, Friedrich, Architekt, 156
Wellenkamp, Landbaumeister, 207
Wendebourg, Eduard, 67, 71, 82, 84, 85, 286, 288
Wente, Zimmermeister, 230
Westermann, Brand, Hofbauschreiber, 28
Wichtendahl, Oskar, Kunstmaler, 77
Wiedemann, Heinrich, Hofvergolder, 275, 276
Wilhelm I., 263
Wilhelm II., 75, 76
Wilhelm, Herzog von Calenberg, 133
Willenbrock, Joseph, Orgelbauer, 176
Windheim, Dorothee von, 21
Wintheim, Catarina von, 16, 17

Wittmeyer, Heinrich, Chronist, 269
Wöhler, Hans-Henning, 215
Wölpe, Grafen von, 156
Wrede, Marion, Kirchenpädagogin, 15, 16, 17, 18, 19, 20
Wülfinghausen, Arnold von, 197

Zais, Joachim, Architekt, 103
Zeller, Magnus, Maler, 161
Ziesenis, Anna Catherina, 161
Ziesenis, Dietrich, 161
Ziesenis, Elisabeth, 161
Ziesenis, Johann Friedrich Blasius, 20, 25, 27, 30, 31, 145, 146, 151, 154, 160, 161, 173, 174, 221, 223, 224, 276, 290
Ziesenis, Johann Georg, 161
Zimmermann, Siegfried, Bildhauer, 98, 292
Zuberbier, Johann Andreas, 151, 174, 176

Hergestellt mit freundlicher Unterstützung
der Verlagsgruppe Madsack, Hannover, in
ihrem Druckzentrum Göttingen.